CAMBRIDGE LIBRARY COLLECTION

Books of enduring scholarly value

Religion

For centuries, scripture and theology were the focus of prodigious amounts of scholarship and publishing, dominated in the English-speaking world by the work of Protestant Christians. Enlightenment philosophy and science, anthropology, ethnology and the colonial experience all brought new perspectives, lively debates and heated controversies to the study of religion and its role in the world, many of which continue to this day. This series explores the editing and interpretation of religious texts, the history of religious ideas and institutions, and not least the encounter between religion and science.

A Palestinian Syriac Lectionary

The twin sisters Agnes Lewis (1843–1926) and Margaret Gibson (1843–1920) were pioneering biblical scholars who became experts in a number of ancient languages. Travelling widely in the Middle East, they made several significant discoveries, including one of the earliest manuscripts of the Four Gospels in Syriac, a dialect of Aramaic, the language probably spoken by Jesus himself. This text, first published in 1897 as part of the Studia Sinaitica, contains a collection of Syriac scriptural lessons from a manuscript acquired in Cairo by Lewis in 1895. She believed the manuscript might have been used by the Syrian Church, although the date of the pages is uncertain. Included with the edited and annotated text is a glossary by Margaret Gibson and critical notes by distinguished theologian Eberhard Nestle, providing a useful resource for Syriac scholars which also casts light on the development of Christianity across the Middle East.

A Palestinian Syriac Lectionary

Containing Lessons from the Pentateuch, Job, Proverbs, Prophets, Acts, and Epistles

Edited by Agnes Smith Lewis

CAMBRIDGE
UNIVERSITY PRESS

CAMBRIDGE UNIVERSITY PRESS

Cambridge, New York, Melbourne, Madrid, Cape Town,
Singapore, São Paolo, Delhi, Mexico City

Published in the United States of America by Cambridge University Press, New York

www.cambridge.org
Information on this title: www.cambridge.org/9781108043496

This edition first published 1897
This digitally printed version 2012

ISBN 978-1-108-04349-6 Paperback

A
PALESTINIAN SYRIAC LECTIONARY

CONTAINING LESSONS FROM

THE PENTATEUCH, JOB, PROVERBS, PROPHETS, ACTS, AND EPISTLES.

London: C. J. CLAY AND SONS,
CAMBRIDGE UNIVERSITY PRESS WAREHOUSE,
AVE MARIA LANE.
Glasgow: 263, ARGYLE STREET.

Leipzig: F. A. BROCKHAUS.
New York: THE MACMILLAN COMPANY.

f 75[a] f 74[b]

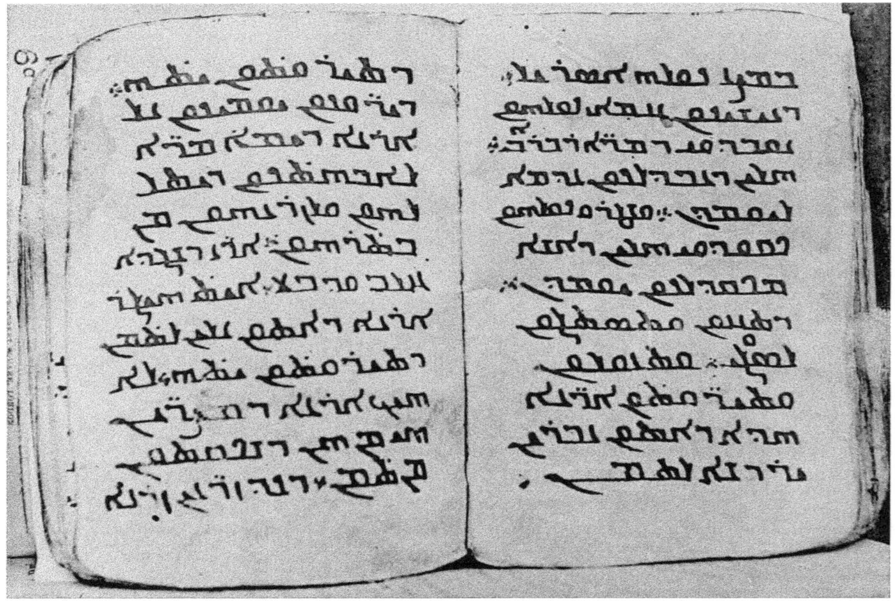

from a photograph by Margaret D. Gibson

PALESTINIAN SYRIAC LECTIONARY

Deut. xi 7—10[a]

To face title page

STUDIA SINAITICA No. VI.

A PALESTINIAN SYRIAC LECTIONARY

CONTAINING LESSONS FROM

THE PENTATEUCH, JOB, PROVERBS, PROPHETS, ACTS, AND EPISTLES

EDITED BY

AGNES SMITH LEWIS

WITH CRITICAL NOTES BY

PROFESSOR EBERHARD NESTLE D.D.

AND A GLOSSARY BY

MARGARET D. GIBSON

LONDON:
C. J. CLAY AND SONS,
CAMBRIDGE UNIVERSITY PRESS WAREHOUSE,
AVE MARIA LANE.
1897

Cambridge:
PRINTED BY J. AND C. F. CLAY,
AT THE UNIVERSITY PRESS.

CORRIGENDA.

page	line	
lxxix	1	*for* ܐܣܝ *read* ܐܣܝܐ
	20	„ ܪ̈ܒ „ ܠܪ̈ܒ
	23	„ اش „ اس
	25	„ 18 „ 17
lxxx	19	„ ὄρος „ σπήλαιον καὶ ὀπή.
	26	„ ܒܟܐ „ ܠܬܒ
lxxxii	11	„ 39 „ 7
lxxxvi	6	„ ܚܕ „ ܚܕܬ
lxxxvii	16	„ ܫܒܘܬܐ „ ܫܒܒܘܬܐ
	26	„ ܫܒܝ „ ܫܒܐ
lxxxix	22	„ 123 „ 133
xci	26	„ ܫܠܛܐ „ ܫܠܝܛܐ
	28	„ ἰσχύω „ ἐξισχύω
xcii	26	„ 7 „ 8
xciii	16	*before* (p. 117) *add* Is. **53.** 6
xciv	17	om. παρέχω.
xcv	5	*for* 17 *read* 13
xcvi	8	*for* ܒܪܒܐ *read* ܦܪܒܐ
xcvii	9	*before* ܒܠܬܗ *add* ܒܪ
	24	*for* Eph. *read* Heb.
xcix	17	*for* ὑπερβάλλω *read* γνῶσις
c	18	om. ܕܐܠܗܐ, *for* χάρις *read* δῶρον
ci	last line	*after* Is. **60.** 20 *add* ἐκλείπω
cii	2	*for* ܣܪ̈ܝܢܗ *read* ܣܪ̈ܝܢܗܘ
ciii	6	*for* γένεσις *read* βίβλος
ciii	27	*for* ܒܒܪ̈ܝ *read* ܒܒܪ̈ܝܢ
cx	27	*after* ἀνθέω *add* ἐξανθέω
cxi	7	*for* 35 *read* 36
cxii	30	*for* ܡܛܠܐ *read* ܡܛܠܠܐ
cxiv	10	om. προ-
cxv	13	om. 11
	last line	*for* ἀκρογωναῖος *read* ἀκρογωνιαῖος
cxviii	21	*after* ἕρπω *add* ἑρπετόν
cxix	17	Job **21.** 28 has ܪ̈ܫܝܥܐ, ἀσεβής
	28	*after* Is. **11.** 11 *add* ὑπόλοιπον, but Is. **11.** 16 καταλείπω
cxx	2	*for* ܥܒ̈ܕܬܐ *read* ܥܒ̈ܝܕܬܐ
	11	*after* Is. **35.** 2 *add* δόξα
	26	*for* ܥܒܥ (2°) *read* ܡܥܒܥܝܢ
cxxi	20	*for* ܥܘܬܦ *read* ܥܬܦ
cxxii	5	om. 16
	13	*for* ܥܠܠ *read* ܥܠ
	26	*for* ἀρχή *read* ἐξουσία
cxxiii	13	*for* 57 *read* 7
	24	*for* **4** *read* **2**
	29	remove διακονία to next line, after Rom. **12.** 7
cxxiv	11	*for* Is. **9.** 9 *read* Is. **9.** 10
	27	*after* Joel **2.** 24 *add* ὑπερχέω
cxxv	2	*for* δόξα *read* κάλλος
cxxvi	15	*for* ܬܐܘܦܢܝܐ *read* ܬܘܘܦܢܝܐ

Mrs Gibson regrets that the Corrigenda enclosed escaped her notice before the publication of the Glossary to the *Palestinian Syriac Lectionary*, Studia Sinaitica, No. VI.

INTRODUCTION.

THE manuscript from which this text has been copied was acquired by me in the spring of 1895 whilst I was passing through Cairo on my way to Mount Sinai. I first saw it in the hands of a dealer, who had been sent, I cannot say recommended, to Mrs Gibson and myself by a learned Syrian gentleman, resident in Egypt. I had then been working for two years at the two Palestinian Syriac Lectionaries of the Gospels on Mount Sinai, one of which had been discovered by myself in 1892, the other by my friend, Dr J. Rendel Harris, in 1893[1]. There is an old Book which says, "to him that hath shall be given," and thus when my eye fell on the names of Paul the Apostle and of Amos the prophet in the rubrics I was seized with an irresistible longing, and ten minutes later the volume had become my own property.

I was unable to guess, even approximately, the date of my newly found treasure, for the last ten leaves, one of which doubtless contains the colophon, had been given away, one by one, by the dealer to various people who regarded them only in the light of curiosities. This is borne out by the fresh appearance of the rents.

My first care was to write out a summary of its contents, and these revealed the fact that I had become possessed of many interesting portions of the Old Testament text not hitherto known in Palestinian Syriac, as well as some from the Acts and from St Paul's Epistles, so that the little manuscript would surely prove to be unique of its kind. I had some misgivings as to whether or no it had been honestly come by, whether in fact it did not form part of a theft of MSS. which had recently taken place from the Convent of St Catherine. I therefore took care to describe it exactly to several of the Sinai monks, including Father Euthymius, who

[1] The text of one of these Lectionaries, with a collation from the other and from the Vatican one, is in course of preparation, and will be published in a few months by Messrs Gilbert and Rivington.

was sub-librarian for many years under the late lamented Father Galaktion, and who knows the Library better than any of his brethren. They all assured me, independently of each other, that nothing resembling it had ever been seen in the Convent. Nevertheless I do not accept implicitly the story told by the dealer, and embodied in the receipt he gave me, that it had been an heirloom in a Syrian family, who had emigrated to America from the village of Rashîf in the Lebanon, and who had parted with it for the sake of their passage-money. I have made every endeavour to discover the missing leaves, but hitherto without success. My justification for putting the Lectionary into *Studia Sinaitica* is that I picked it up, like a pebble, on the rugged path which leads to the Convent.

Description of the Manuscript.

The volume is very small, measuring only $5\frac{3}{4}$ inches by 4 inches. The writing is in one column, and there is no appearance of ruled lines, vertical or otherwise. There are 14 or 15 lines of writing on each page, and 228 leaves, not including the 12 which are missing. The leaves are divided for the most part into quires of eight, numbered with Syriac letters. The tenth quire, marked *yod*, apparently contained six leaves only, and its fifth leaf has been torn out. If it contained eight leaves, then three are missing, and with them the rubric to a fresh Lesson, for the blank in the text Job xi. 10^b—20 could not have occupied more than one leaf. The fourteenth quire, marked *nun*, has ten leaves, the fifteenth quire is marked with a final *nun*, and the sixteenth with a *semkath*. The last existing quire is marked with a ܟܒ., and we may assume that it is quire ܟܐ which has disappeared. There are indications that quire ܟܒ. may have contained ten leaves, because the usual mark on the verso of its eighth leaf is wanting and because the binding cord still encloses a fraction of two additional leaves along with it. The seventeenth quire is marked with a ܥ, the eighteenth with a ܦ̈. The second leaf of the nineteenth quire is wanting, but it has been replaced by a blank vellum leaf. This mutilation is evidently of much older date than the others. A reference to page 98 will shew that there is a record of this in Karshuni.

The binding has disappeared, though part of its inner shell, composed of paper leaves pasted together, remains at the beginning of the book. The vellum is good without being of excessive fineness.

A noticeable fact is that the rubrics are in Syriac, though a few Karshuni words occur in that to Lesson 34. This points, I think, to an older date than that of any of the Gospel Lectionaries now extant, even to the time when Syriac held its own against Arabic as a spoken tongue; perhaps even to a time when its sway was undisputed. Any argument from the handwriting is beset with the initial difficulty that there is so little to compare it with. It is not so stiff as that of the Sinai Lectionary B of the Gospels, nor so upright as that of C. It has more resemblance to that of the Vatican Lectionary A, found by St. E. and J. S. Assemanus. But its character is much more regular, the final *nuns* are heavier, and the *gimels* have more sweeping tails.

The excellent facsimile, reproduced from a photograph of Mrs Gibson's by the Cambridge Engraving Company, obviates the necessity for my pursuing the subject any further.

Its Origin.

There can be no doubt that this is a Lectionary which was used by the Malkite branch of the Syrian Church. The origin of the three Gospel Lectionaries, one of which has been known since 1756, and the other two only since 1892–93, and the history of the dialect in which they are written, are both involved in so deep an obscurity that even the scant light which the rubrics of this book throw on them will be highly welcome. It is generally conceded that the dialect is probably that which our Lord spoke, and that which bewrayed Saint Peter. No other form of Syriac comes so near to the language in which the Targums were written, and of these one at least was in oral use in Palestine in the first century of our era. And it is surmised that the Jewish rabbis who fled from "Darum," i.e. from Southern Judaea, after the war with Hadrian, migrated to Galilee, and thenceforward clothed their writings in a Galilean dress[1]. It has therefore seemed proper to call the dialect "Palestinian" rather than "Jerusalem" Syriac.

A suggestion has lately been made that it may possibly be Egyptian. In the "Liturgy of the Nile," recently acquired by the British Museum, and of which an account has been published by G. Margoliouth (Royal Asiatic Society's Journal for October, 1896), we find that in the service

[1] Dalman, *Grammatik des Jüdisch-Palästinischen Aramaeisch*, p. 31.

for the rise of the river, one of the three lessons read is that from Genesis ii. 4–19. Dr Rendel Harris called my attention to the fact that in the rubric to Lesson 60 of our Lectionary, containing that very passage, we find the words ܘܬܘܒ ܝܘܡ ܩܘܕܫܗ ܕܡܝܐ ܕܡܨܦܘܥܬܐ, "and again the day of the consecration of the water of the inundation."

I still think that ܡܨܦܘܥܬܐ may be a mistake for ܡܨܒܘܥܬܐ, "baptism." Its third letter is not so decidedly formed as I could wish. It certainly resembles a ܦ more than a ܒ; and yet it is not so tall as other ܦ's on the same page. But Gen. ii. 4–19 is a lesson so appropriate to the overflow of the great river which compasseth the whole land of Cush, and the coincidence of this passage being undoubtedly used for the consecration of the Nile water in Mr Margoliouth's Lectionary is so striking, that a question arises as to whether ܡܨܦܘܥܬܐ may not be a form of the verb ܫܦܥ, "to overflow."

ܣ and ܨ are sometimes interchanged in Palestinian Syriac. This may be observed in my forthcoming edition of the Gospel Lectionaries, e.g.

ܐܣܛܘܠܐ Codd. A and B, ܐܨܛܘܠܐ Cod. C (Mark xvi. 5);
ܕܐܨܛܠܒܘ Codd. A and B, ܕܣܛܠܒܘ Cod. C (John xix. 31);
ܕܐܨܛܠܒ Codd. A and B, ܕܣܛܠܒ Cod. C (Matt. xxviii. 5);
ܕܐܨܛܠܒ Codd. A and B, ܕܐܣܛܠܒ Cod. C (Mark xvi. 6);
ܘܡܨܛܠܒ Codd. A and B, ܘܡܣܛܠܒ Cod. C (Luke xxiv. 7).

ܚܡܫܬܥܣܪ ܐܣܛܕܝܢ Cod. A, ܚܡܣܛܥܣܪ ܐܨܛܕܝܢ Cod. B (John xi. 18).

ܣ and ܫ are likewise sometimes interchanged in ܥܣܪܐ Codd. A and B, ܥܫܪܐ Cod. C (Luke xvii. 12); ܒܣܥܪܐ Cod. A, ܒܣܥܪܗ Cod. B, ܒܫܥܪܗ Cod. C (John xii. 3); and so, I may add, are ܣ and ܙ. ܚܣܕܐ Cod. A, ܚܙܕܐ Codd. B and C (John i. 17).

This confusion of sibilants does not often occur, but yet it is logical to conclude that ܨ may also stand for ܫ. I am therefore willing to admit that my Lectionary may be Egyptian by something more than by the accident of its having been bought at Cairo.

If this be so, two theories are possible. First, the very startling one that the dialect is not Palestinian nor Galilean at all, and that the people who used it had their home in Egypt. But the evidence for this supposition is too slight; as it rests on a single doubtful letter; and it is counterbalanced by the fact, that the Gospel Lectionary of the Vatican was written either in the city of Antioch, or near Jerusalem. This, it is true, was in the 11th century, but it points to the survival of the dialect in that district for ecclesiastical purposes, and therefore to the continued existence of a community who had been in the habit of speaking it.

Secondly, that besides the host of Jews who had to fly from both Palestine and Galilee during the fearful oppression under which they suffered at the hands of the Romans during the early centuries of our era, there were Christian Syrians who found a refuge in Egypt and formed settlements there; and that thus in Egypt service-books were written, the same in tongue, though perhaps differing slightly in form, from those of the Malkite Syrians in Palestine.

The question as to whether these Malkites had their chief seat in Palestine or in Egypt is in no wise affected by the discovery of two Palestinian Gospel Lectionaries and of some fragments in the Convent of St Catherine. For though the Sinai peninsula has been the home of many Egyptian solitaries, it was almost as accessible to an Elijah fleeing from the threats of Jezebel, as to a Moses from the face of Pharaoh.

Mistakes in the Rubrics.

Another curious feature of this Lectionary is the mistakes that occur in some of the rubrics. ܦܠܘܣܐܝܢ in the rubric to Lesson 12, and ܦܠܘܣܝܢ in that to Lesson 13 may be merely, as Dr Nestle considers, examples of a transposition of letters which often occurs in foreign names. But what are we to say of Lesson 4 (Rom. ix. 30—x. 10) being labelled as from the Epistle to the Hebrews? Lesson 7 (Ephes. ii. 4–10) as from the Epistle to the Galatians? Lessons 8 and 9 (Ephes. ii. 13–22 and iii. 14–21) as from the Epistle to the Jews? Lesson 10 (Philippians ii. 5–11) as from Timothy? Lesson 11 (Philippians iv. 4–9) as from Romans? Lesson 34 (Titus ii. 11–15) as from an Epistle to Timothy? and Lesson 86 (1 Cor. xv. 1–11) as from the Epistle to the Romans? If the mistakes in the rubrics to Lessons 4, 8 and 9 had stood alone, we might have taken them for echoes of an early tradition; for were there not Jews both in Rome and in Ephesus? but the occurrence of other similar blunders obliges us to suppose that these rubrics were either composed or copied in a place where exact knowledge about the Canon of the New Testament was at a low ebb. This might readily be the case in a small Malkite community cut off from intercourse with the larger body of Syrian Monophysites, not so much perhaps by geographical distance, as by the intolerance of dissent in which Eastern ecclesiastics are not a whit behind some of their Western brethren. This has been always and everywhere a serious obstacle to the progress of scientific truth, and it would be none the less operative in a case where the smaller body held a faith now regarded as orthodox by the majority of Christians.

Conclusion.

The most curious and interesting variant in this Lectionary is perhaps that in Isaiah ix. 7 (p. 27) ܘܪ̈ܒܐ ܗܝ ܡܠܟܘܬܗ ܘܠܫܘܠ̈ܛܢܗ ܠܝܬ ܣܘܦ *καὶ μεγάλη ἡ Βασιλεία αὐτοῦ· καὶ τῇ ἀρχῇ αὐτοῦ οὐκ ἔστιν ὅρος.*

Very interesting also is the reading noticed by Dr Nestle[1] in I. Tim. iii. 16 as corroborating that in D gr. *ὁμολογοῦμεν ὡς.* It strengthens the view of those who hold the following passage to be an early form of creed.

The word ܚܗܒ occurs in various forms so frequently in passages where we should expect ܚܛܒ that I cannot help suspecting the scribe of negligence in omitting to add the upper limb of the ܛ. Such passages are Ex. xi. 5 (p. 69); Is. viii. 14 (p. 25); Is. ix. 1 (p. 26)[2]. And as ܦ̈ is so often represented by ܒ in the Palestinian Syriac Codex C of the Gospels I think that the ܒܣܓܝ ܐܒܝܢ of Heb. i. 1 (p. 22) must be really ܒܣܓܝ ܐܦ̈ܝܢ *πολυτρόπως.*

As the Lessons from the Old Testament are evidently all translations from the Septuagint, I trust that I have consulted the convenience of Biblical students by following its order, rather than that of the Hebrew

[1] See Critical Notes, p. lxxiv. [2] Ibid. p. lvi.

text, in the numbering of chapters and verses. They are those of the Oxford edition, whose print is more agreeable to weak eyes than that of the really better one of Dr Swete. In the Index I have followed the order of Books which is most familiar to us, that of our English versions. I have done so by the advice of two very eminent scholars, who find that the scientific diversity observed in recent works results in a considerable tax on their patience.

I am indebted to my sister, Mrs James Y. Gibson, for helping me in the correction of proofs, a task which was much facilitated by our possession of the manuscript, also to Dr Eberhard Nestle, of Ulm, for much valuable advice. To him I have entrusted the task of writing the critical notes which so important an addition to our stock of Biblical documents demands, and for which he is peculiarly well fitted by his intimate knowledge of the Septuagint and of the problems connected with it. My sister has saved me the great trouble of compiling a Glossary, and what is due to the skill and diligence of the printers, speaks for itself.

AGNES SMITH LEWIS.

CAMBRIDGE,
September, 1897.

CONTENTS.

CRITICAL NOTES

BY

PROF. EBERHARD NESTLE, D.D.

THE present Lectionary is by far the richest contribution which has been made to the Palestinian Syriac literature and language, since the so-called *Evangeliarium Hierosolymitanum* was published by Count Miniscalchi Erizzo in the years 1861 and 1864, and republished by Paul de Lagarde in 1892. This will be more apparent when we draw up a list of Biblical Texts, which have been at our disposal hitherto, and to which this Lectionary is a valuable addition. We have united both in one list, indicating those texts which are made accessible for the first time by means of the present Lectionary with larger figures, and denoting by the letters *α*—*ε* the earlier works in which the Biblical portions are to be found.

These are the following:

α. Anecdota Syriaca. Collegit edidit explicuit T. P. N. LAND. Tomus quartus. Lugduni Batavorum, E. J. Brill, MDCCCLXXV. 4°, pp. 103–294. Fragmenta Syropalaestina, pp. 176–233 of the Introduction. Compare with this volume Theod. NÖLDEKE, Literarisches Centralblatt, 1876, n. 5, 143–148, and E. NESTLE, Theologische Literaturzeitung, 1876, n. 26, 668–671, and the paper of LAND himself, De zoogenaamde hierosolymitaansche of christelijk-palestijnsche Bijbelvertaling, in: Verslagen en Mededeelingen der K. Acad. der Wetenschapen. Afd. Letterkunde. Tweede Reeks, Deel V. bl. 196–208.

β. Biblical Fragments from Mount Sinai edited by J. Rendel HARRIS. London, C. J. Clay and Sons, 1890. No. 16, pp. xiv, xv. 65–68. Reproduced (from a transcript by F. Schulthess) in the Anhang (pp. 131–134) of the Idioticon des Christlich Palästinischen Aramaeisch von Friedrich SCHWALLY. Giessen, J. Ricker, 1893. Comp. on the book of Harris,

O. v. GEBHARDT, Theol. Lit. Zeitg. 1890, 24, 589–591, on that of Schwally especially F. PRAETORIUS in the Zeitschrift der Deutschen Morgenländischen Gesellschaft 1894, Vol. 48, 361–367. (There is one difference between the text of Harris and its repetition by Schwally: p. 67, l. 8, ܗܝܢ, Schwally p. 133, ܗܢ.)

γ. Anecdota Oxoniensia. The Palestinian Version of the Holy Scriptures. Five more Fragments recently acquired by the Bodleian Library. Edited with introduction and annotations by G. H. GWILLIAM, B.D., Oxford, Clarendon Press 1893, 4° (Semitic Series, Vol. I., Part V.). With three facsimiles.

δ. Anecdota Oxoniensia. Biblical and Patristic Relics of the Palestinian Syriac Literature from MSS. in the Bodleian Library and in the Library of Saint Catherine on Mount Sinai. Edited by G. H. GWILLIAM, B.D., F. Crawford BURKITT, M.A. and John F. STENNING, M.A. With three facsimiles, ibid. 1896 (= Semitic Series, Vol. I., Part IX.).

ε. The Liturgy of the Nile. The Palestinian Syriac Text, edited from a unique MS. in the British Museum, with a translation; introduction, vocabulary, and two photo-lithographic plates. By G. MARGOLIOUTH, M.A. Reprinted from the "Journal of the Royal Asiatic Society," London. David Nutt, 1897, 55 pp. (=Journal, October 1896, pp. 677–731). On p. 13 we read the following note: "The Biblical portions contained in the Service will be published separately in complete photographic facsimiles contained in eleven plates and will be accompanied by full textual and philological notes."

In these five (including the Lectionary six) publications we possess now

A. *Of the Old Testament* (including the Apocrypha).

Gen. **i. 1—iii. 24**; **vi. 9—ix. 19**; **xviii. 1–5, 18—xix. 30**; **xxii. 1–19**.
ii. 4–19$^{\epsilon}$.

Exod. **viii. 22^{b}—xi. 10**; xxviii. 1–12^{a} $^{\delta}$.

Num. iv. 46, 47, 49—v. 2, 3, 4, 6, 8$^{\gamma}$.

Deut. vi. 4–16; vii. 25–26^{a}; **x. 12—xi. 28**; **xii. 28—xiv. 3**.
xiii. 6–17^{a}.

2 Kings ii. 19–22$^{\epsilon}$.

3 Kings ii. 10^{b}–15^{a}; ix. 4, 5^{a} $^{\delta}$.

Psalms[1] **viii. 2, 3** ; **xxi. 2, 19** ; **xxii. 1, 5** ; **xxiv. 1, 2** ; **xxix. 2, 4** ; **xxx. 2, 6** ; **xxxiv. 1, 11** ; **xxxvii. 2, 18** ; **xl. 2**[2], **5, 7** ; xliii. 12–27 ; xliv. xlv. xlvi. xlviii. 15 ff. ; xlix. 1–9^{a} ; **liv. 2, 22** ; lv. 7 ff. ; lvi. 1–7^{a} ; **lxiv. 2, 6** ; **lxviii. 2, 3, 22** ; **lxxvi. 2, 21** ; lxxvii. 52–65 ; lxxxi. ; lxxxii. 1–10^{a} ; **lxxxiv. 2, 8** ; **lxxxv. 1, 15, 16** ; **lxxxvii. 2, 5, 6, 7, 18** ; lxxxix. ; xc. 1–12^{a} ; **xcvii. 1, 8, 9** ; **ci. 2, 3.**

Prov. **i. 1–9, 10–19** ; **ix. 1–11.**
ix. 1–11^{a}.

Job **xvi. 1—xvii. 16** ; **xxi. 1–34** ; xxii. 3–12$^{\delta}$.
xxi. 1–9^{a} (only 18 words)

Wisdom of Sol. ix. 8^{b}–11, 14—x. 2$^{\delta}$.

Amos ix. 5–14$^{a\ \epsilon}$; **viii. 9–12.**

Micah **v. 2–5.**

Joel **i. 14—ii. 27** ; **iii. 9–21.**

Jonah (**the whole**).

Zech. **ix. 9–15** ; **xi. 11^{b}–14.**

Is. **iii. 9^{b}–15** ; **vii. 10–16** ; **viii. 8—xi. 16** ; **xii. 1–6** ; xiv. 28–32 ;
xi. 6–10^{a}
xv. 1–5^{a} ; **xxv. 1–3^{a}** ; **xxxv. 1–10** ; **xl. 1–8, 9–17** ; **xlii. 5–10, 17—xliii.**
xl. 1–8, 9–12^{a}
14 ; **xliii. 10–15–21** ; **xliv. 2–7** ; **l. 4–9** ; **lii. 13—liii. 12** ; **lx. 1–22** ; **lxi. 1–11** ; **lxiii. 1–7.**

Jer. **xi. 18–20.**

B. *Of the New Testament* (besides the Gospels).

Acts **i. 1–14** ; **ii. 22–36** ; xiv. 6–13^{a} ; xvi. 16–34$^{\epsilon}$.

James **i. 1–12.**

Rom. **i. 1–7** ; **iii. 19—iv. 12** ; **v. 1–11** ; **vi. 3–11** ; **viii. 2–11** ; **ix. 30—x. 10** ; **xii. 1—xiii. 5** ; **xiv. 14—xv. 6.**

1 Cor. **i. 18–25** ; **x. 1–4** ; **xi. 23–32** ; **xv. 1–11.**

[1] The numbering of the *Psalms* is that of the Greek Bible (Swete's Septuagint); the same edition is followed in the order of the biblical books; therefore the Wisdom of Solomon stands between Job and Amos, and the Minor Prophets before Isaiah and Jeremiah.

[2] The underlined passages are contained twice in the Lectionary ; the leaf described on p. cxxxviii contains 1 Kings i. 1 ; Ps. xli. 1, 4 ; Job vii. 21.

2 Cor. **v. 14—vi. 10.**

Gal. ii. 3–5, 12–14; iii. 17, 18$^{\beta}$; **iii. 24—iv. 7**; **vi. 14–18.**
iii. 24–28$^{\beta}$

Ephes. **i. 3–14, 17—ii. 10, 13–22**; **iii. 14–21.**

Phil. **ii. 5–11**; **iv. 4–9.**

Coloss. **i. 12–20**; **ii. 8–15**; iv. 12–18$^{\gamma}$.

1 Thess. i. 1–3; iv. 3–15$^{\gamma}$, **13–18.**

Heb. **i. 1–12**; **ii. 11–18**; **ix. 11–15**; **x. 19–25, 32–38**; **xi. 32–40.**

1 Tim. **iii. 14–16.**

2 Tim. **i. 16—ii. 10.**
i. 10—ii. 7$^{\gamma}$.

Tit. i. 11—ii. 8$^{\gamma}$, **11–15.**

Considering that the former publications were taken chiefly from palimpsests, containing sometimes only poor fragments of the Biblical portions just quoted, we cannot be thankful enough for the rich harvest to be gathered from the present Lectionary. It is of special advantage, that it has six lessons twice (from Prov., Zech., Is., Phil., Hebr., one of them Is. xl. 1–8 already contained in Land's Anecdota)[1]. A closer comparison of these parallel passages will be of the highest interest. Here it must suffice to point out the increase of our knowledge, afforded by this Lectionary. These texts are of great value, first, for the students of Semitic languages, and secondly, for lovers of the Bible. Our linguistical knowledge can be improved by them as to Grammar and Dictionary. I give one example for either case.

(*a*) In the latest publication on Palestinian Syriac, in the Liturgy of the Nile above mentioned, G. Margoliouth writes (p. 56), on the form ܫܦܘܟ occurring (p. 26) Am. ix. 6 for ἐκχέων "evidently an active participle, analogous to the Samaritan form." In the present Lectionary several examples of this form will be found, which clearly show that it is no participle at all, but merely a perfect written with ܘ: cf. p. **13**, 14 ܫܒܘܡ and ܟܢܫܘܡ, **22**, 13 ܝܪ̈ܘܬ, etc.

(*b*) As to the *Dictionary*: p. **119**, 18, we read ܠܘܟܠܬ corresponding to ἐμόλυνα Is. lxiii. 3 (in the Codex Marchalianus). What is ܠܘܟܠܬ? Here we have again the spelling with ܘ for the vowel *a*; ܠܘܟܠܬ is the

[1] Isaiah xl. 1–8 is found a fourth time on the leaf described on page cxxxviii. A. S. L.

1 s. perf. Peal of a root ܠܟܠܟ. This root, which does not occur in our present Hebrew Dictionaries, was found by the Septuagint, Ezek. vii. 17, xxi. 7, (12) כָּל־בִּרְכַּיִם תֵּלַכְנָה מָּיִם, *πάντες μηροὶ μολυνθήσονται ὑγρασίᾳ*. The root לכלך is to be found in Buxtorf's Lexicon Talmudicum and one might even ask, whether it ought not to be received into the Hebrew Dictionary, on the ground of these passages in Ezekiel.

But the chief interest gathers round the Biblical texts contained in this Lectionary. The fact that it was necessary to quote the Codex Marchalianus in the above mentioned passage, instead of the common texts, shows its importance for the textual criticism of the Septuagint, and it has also interesting readings for the New Testament. Some of these have no other attestation; for instance James i. 1 "twelve tribes *of Israel*"; 1 Cor. i. 24 "the wisdom of the *Father*" (instead of "God"). In other passages the reading of this Syriacised Lectionary agrees with that of other Greek Lectionaries (Romans xii. 7, *ὁ διακονῶν* ℵ[c] ...lectt.[5]), but especially with that of the codices FG.

The following Notes are divided into two classes; the first refers to the Grammar and Language of the Syriac Text; the second to the nature of the underlying *Greek* Text and the question, whether there was once a complete translation of the Bible into the Palestinian Syriac dialect. Though the Lectionary adds so much to the Biblical portions which are available for this investigation, it clearly proves the contrary; viz. that they were not taken from an earlier complete translation of the Bible, but that each single lesson was translated *ad hoc*, from a Greek Lectionary.

The first part of the Notes follows the order of the Lectionary, quoting pages and lines of the printed text, the second the order of the Books of the Bible, quoting chapter and verse, in the Old Testament from the Cambridge Septuagint[1], in the New Testament from the edition of Westcott and Hort.

Students not yet sufficiently acquainted with the characteristics of this dialect will best begin their reading with the easy passages from Genesis, Exodus and Deuteronomy. For the Grammar readers may still be referred to the sketch which Noeldeke published after the appearance

[1] The numbering of chapters and verses in the text for the Old Testament Lessons is that of the Oxford Septuagint (1875). But there is no divergence between that and Dr Swete's, except in Gen. ii. 25, which he counts as iii. 1[a], and in the verses of the Psalms. This, however, is so slight that I trust it will cause no inconvenience. A. S. L.

of Miniscalchi's Edition, in Vol. 22 of the Zeitschrift der deutschen morgenländischen Gesellschaft[1].

I. NOTES ON THE SYRIAC TEXT.

p. **2**, l. 1. ܒܫܡܝܗ: note the orthography, cf. **11**, 6 and ܫܡܝܢ **11**, 6; ܫܡܝܐ **11**, 5; ܫܡܝܪ **48**, 21; **57**, 21.

2. ܟܕܘ ܗܘܝ: I know at present of no other example of this liturgical formula, which in connexion with the following ܠܥܠܡ ܥܠܡܝܢ must correspond to our "as it was"; ܟܕܘ = νῦν is very frequent in this dialect. How G. Hoffmann explains the origin of the form, see ZDMG, 32, 762. For ܠܥܠܡ ܥܠܡܝܢ we meet elsewhere ܠܥܠܡܝܢ ܒܥܠܡܝܢ or ܠܥܠܡ ܥܠܡ ܘܥܕܡܐ ܠܥܠܡ or ܠܥܠܡܗܘܢ ܕܥܠܡܝܐ (**10**, 15).

3. ܡܬܒܕܩܘܬܗ: the root is used in Hebr., Arab. and Targum, but not in Syriac; see Schwally, p. 64, and in this Lectionary, **26**, 12; nouns in ܘܬܐ– are very frequent in this dialect; comp. ܒܕܩܘܢ, ܚܪܘܢ, ܝܘܒܢ.

4. "We write ܫܠܝܚܘܬܐ ܕܡܪܝ ܦܘܠܘܣ ܫܠܝܚܐ," literally "the apostolate of St Paul the apostle." The first word is probably a translation of the *terminus technicus* ἀπόστολος, under which name Lectionaries taken from the Epistles are distinguished from those called εὐαγγελιστάρια or εὐαγγέλια. The title πραξαπόστολος is more accurate, as these Lectionaries include also parts of the Acts; see Scrivener's *Introduction*, (4th ed.) I. p. 74, Gregory-Tischendorf, p. 687 ff.

ܦܘܠܘܣ is commonly written with a final ܣ, as ܦܛܪܘܣ under the influence of ܛ with ܣ; we find however ܦܘܠܘܣ, Rom. i. 1, p. **16**, 7; *vice versa* also ܦܛܪܘܣ; comp. also ܐܣܛܪܝܢ **76**, 14; ܐܣܛܠܐ **14**, 9.

ܫܠܡܗ ܬܗܘܐ ܥܡܟܘܢ does not seem to be a Greek formula, but is probably due to the Syriac translator, or copyist; for ܬܗܘܐ we find also the spellings ܬܗܘܐ **28**, 24 and ܬܗܘܝ **41**, 4; ܐ and ܝ vary in the same line, **32**, 17; **35**, 4.

[1] I am preparing a new Grammatical Sketch, for which I was able to use the new edition of the *Evangeliarium Hierosolymitanum*, which will be published by Mrs Lewis from the two Sinai MSS. compared with Lagarde's edition of the Vatican MS. I hope to publish it, in German and English, in the course of the present year.

6. ܚܕ ܒܫܒܐ : The spelling ܫܘܒܐ is more common; for five ܫܒܐ **5**, 1; **8**, 10; **9**, 1; **12**, 4; I counted eighteen ܫܘܒܐ.

From the ordinal number 'first' we find the forms ܩܕܡ, ܩܐܕܡ, ܩܕܡܝܐ, ܩܕܡܝܝ, ܩܕܡܐܝ.

"To the *Galatians* from the Epistle of St Paul" is a very strange heading for a lesson taken from Rom. v. 1–5. The section Rom. v. 1–10 is according to Scrivener, p. 81, in the Greek Church the lesson for κυριακῇ γ. τῆς πεντηκοστῆς; according to A. J. Maclean (*East Syrian Daily Offices*, London, 1894, p. 271) in the Nestorian Church it is the lesson for the Second Sunday of the Fast.

8. ܐܘܢ : for the Greek words in this Lectionary, see the Glossary, from ܐܐܪܐ to ܦܘܪܣ.

ܗܝܡܢܘ : the use of the status emphaticus and absolutus in this dialect is noteworthy; comp. l. 14 ff. ܒܣܘܒܪܢܘ and ܒܡܣܘܒܪܢܘܬܐ, ܒܕܘܡܘܣ and ܒܕܘܡܘܐ, ܣܒܪ and ܣܒܪܐ. It ought to be taken into account, even in the Greek N. T., when the question of the use of the article in the writings of the Apostle Paul is discussed.

ܫܝܠܡ : note the orthography.

ܐܗܝ : is this ἔχωμεν or ἔχομεν?

8, 9. ܡܢ ܠܘܬ = πρὸς; why thus?

9. ܒܬܪܗܘܢ ܕ : there is no example in Schwally of the suffix.

ܡܫܝܚܝܐ : misprint for ܡܫܝܚܐ.

10. ܡܫܠܡܐ ·:· ܗܘܐ : the punctuation is given as it stands in the MS.; it must frequently be changed to suit our views. With the form ܡܫܠܡܐ comp. ܡܫܠܡܬܐ and ܡܫܬܠܡܬܗ, ܡܫܠܡܐ.

11. ܕܝ : we have the first example of the almost pleonastic use of ܕܝ : comp. l. 17, ܗܕܐ ܕܝ ܕ; **3**, 4 ܒܚܘܒܬܗ ܕܝ ܕ[ܕ]ܬܡܗܘܢ.

ܐܢܚܢ is the 1st pers. plur. of the personal pronoun in this Lectionary almost everywhere, so far as I am aware; on ܐܢܢ, which is frequent in the Evangeliarium (see Noeldeke, p. 469).

14, 15. Note the assonance between the roots ܣܘܒܪ saubar, *to bear*, and ܣܒܪ sabbar, *to hope*, which may have been in the ears of the Apostle when writing on ὑπομονὴ and ἐλπίς.

15. ܒܗܝܬ : is the form Peal or Pael? and if Peal perfect or participle?

if Peal, it is an incorrect rendering of *καταισχύνει*, if Pael, it is the first instance of this form; Peshito and Philoxenus ܡܒܗܬ part. Afel.

ܠܒܝܬ ܕܝ: cf. Schwally, 21.

16. ܠܒܝܬܝܢ: Schwally, 48; the stat. abs. is written ܠܒܝ, **27**, 17.

17. ܐܬܡܗܒ: masculine, despite the preceding ܗܕܐ; ܪܘܚ is masc. and fem.

3, 1. ܬܢܝܢܐ: forthcoming forms ܬܢܝܢܐ, ܬܢܝܢ, ܬܢܝܢܬܐ **45**, 4; ܬܪܝܢܐ in the formula ܝܘܡ ܬܪܝܢܐ ܪܒܐ **80**, 1; ܬܪܝܢܐ **9**, 4, 7, 12.

4. ܕܕܡܘܬܗ: a misspelling for ܕܡܘܬܗ *of his death.*

5. ܐܒܘܝ: the inverted ܦ frequently occurs in these manuscripts for hardened ܒ, cf. **23**, 6 ܦܘܠܘܤ (and *vice versa* ܒ stands for π, for instance ܒܕܘܠܘܤ); this spelling confirming the double ββ of Αββα in the N.T., and (partially) the observation of the Syrian grammarians that ܐܒܐ, ܐܒܗܐ with Rukkaka means the natural father, ܐܒܐ, ܐܒܗܘܬܐ the spiritual father. Schwally (p. 2) still considered that in this dialect it is impossible to make out whether ܒ was soft or hard. That ܐܒܐ regularly stands for *πατήρ μου* is important for the *Lord's Prayer*, Matt. vi. 9 and Luke xi. 2 (where most MSS. have merely *πάτερ*), and Rom. viii. 15, Gal. iv. 6. Also Mc. xiv. 36 and all the passages in the Gospel of John and elsewhere, where the Greek MSS. vary between ὁ πατήρ and ὁ πατήρ μου. I cannot understand what P. Smith intended by his special paragraph for this usage beginning "ܐܒܐ *more Chaldaico.*" It cannot be a mere misprint, because he says: Miniscalchi *meus* omisit et legisse videtur ܐܒܐ. Was there a time when *abāu* (or *abāi*) was appointed to be read?

6, 7. ܒܢܝ ܓܢܣܗ: note this rendering of *σύμφυτος*, which ought to be added to the long list of similar renderings in the *Thesaurus*, col. 592; cf. ܒܪ ܓܢܣܐ *συγγενής*, ܒܪ ܕܡܘܬܐ *σύμμορφος*, etc., comp. **97**, 12.

7. ܐܬܥܒܕܢܢ: *γεγόναμεν*: this substitution of the passive "to be made," for "to be" has its analogies in other languages.

ܠܕܡܘܬܐ ܗܟܢ ܕ: very pleonastic; comp. Luke iii. 22 (*σωματικῷ*) *εἴδει ὡς*.

14. ܡܫܪܐ: Though P. Smith, 2211, had already quoted ܒܐܪܡ

ܠܫܠܛܘܢ from the Evangeliarium, Mc. x. 42, Schwally completely omitted this interesting verb from his Idioticon. It is impossible to say whether it here stands for *κυριεύει* or *κυριεύσει*; comp. ܢܥܒܕܘܢ **45**, 19; ܕܝܥܒܕܘܢ **47**, 10; ܥܒܕܘ **82**, 16; ܢܥܒܕܐ **86**, 17, etc.

15. ܕܝ: again pleonastically, see next line.

17. ܗܘܘ ܡܫܬܡܥܝܢ: the rendering of the imperative in this way is frequent; comp. **10**, 17; **21**, 10, 18; **25**, 16; **39**, 10; **46**, 14; **49**, 5; **50**, 20, 21; **51**, 1 ff.; **96**, 14, 15; comp. also **21**, 17 ܗܘܝ ܬܕܡܥܐ.

18. ܒܥܒܕܐ ܒܝܫܘܥ ܡܫܝܚܐ. We find regularly in this dialect ܥܒܕܐ ܝܫܘܥ for the simple Ἰησοῦς of the Greek texts; but the repetition of ܒ is rather uncommon.

4, 1. ܬܬܠܬܝܐ: see ܬܬܠܬܝ **24**, 12, and ܬܬܠܬܐ ܪܒܐ ܝܘܡ **89**, 5.

2. ܝܫܘܥܫ: the regular spelling in this dialect; see on it Lagarde, *Mittheilungen*, 2, 358, and compare with it the differentiation between J*o*sua and J*e*sus.

ܕܝܢܝܐ: to be vocalized ܕܝܢܝܐ.

3. ܚܪܪܬܢ: the 3rd f. perf. with suff. is not frequent; in the common Syriac it would be ܚܪܪܬܢ 'charrertan.'

ܬܫܥܒܕܘܬܗ: on the root—not in Schwally or Brockelmann—see Levy, *Chald. Wörterbuch* 2, 565; Joel iii. 10, p. **64**, 5.

4. ܫܠܝܢ: note the orthography; probably Pael, though under the influence of ܢ the Pael will have *a* like the Peal.

5, 6. ܟܠ ܕܠܒܗ ܕܝ ܕ: very periphrastic.

6. ܝܬܗ: the use of ܝܬ is very prominent in this dialect.

9. ܒܣܪ: I should read ܕܒܣܪ τὰ τῆς σαρκός, as ܕܪܘܚܐ l. 10.

11. ܗܘ: although both subject ܪܥܝܢܗ and predicate ܡܫܬܥܒܕܐ, are feminines.

13, 14. ܥܒܕܝܢ ܠܐܠܗܐ ⁘ ܠܐ ܡܨܝܢ: a freedom of construction not possible in Hebrew: "please God they can not."

16. ܐܘܦ: the use of this particle is very curious; cf. **5**, 16; **6**, 1.

20. ܪܘܚܗ ܕܠܗܘܢ ܕ: the spirit *of* Him who; note ܠ for ܕ.

22. ܦܬܟܪܝܢ: note the orthography; we have ܦܬܟܪ (like ܦܬܓܡ, ܦܬܓܪ, ܦܪܕܝܣ, ܦܠܛܝܢ), ܦܬܟܪܗ, ܦܬܟܪܝܬ **13**, 5.

5, 1. ܪܒܝܢܐ: cf. ܪܒܝܢ, ܪܒܝܢܘܬܐ, ܐܪܒܝܢܐ ܕܐܠܗܘܬܐ **98**, 1; ܐܪܒܝܢܘܬܐ ܕܐܠܗܘܬܐ, ܐܪܒܝܢܘܬܐ (**32**, 23; **65**, 7; **70**, 15).

3. ܦܠܘ ܓܕܪܘܡܐ: a nice example of freedom in using the simple accusative, or ܠ (next line, ܠܢܡܘܣܐ, because the object precedes).

4. ܪܗܛ: read ܕܪܗܛ.

5. ܠܡܕܡ ܡܐ = why; interesting because the common form for "why" is not ܠܡܐ, but ܠܡܢܐ.

7. ܝܘܢ: not ܝܗܘܢ is used in these texts.

8. ܒܪ: like ܐܘܦ also ܒܪ is used in various ways.

9. ܢܥܒܘܬ: note orthography. Though it is written exactly like ܢܬܥܘܒ we must not suppose that the difference between the imperfects in *a* and *o* has disappeared; I noted similar spellings, such as ܬܠܘܕ, (ܢܦܘܩ), ܢܟܘܪ, ܬܥܒܕܘܢ, ܬܦܪܘܩ, ܬܕܘܒܪܘܢ, ܬܩܘܦܘܢ.

10. ܦܣܝܕ: the variation between ܦܣܗܕ and ܐܣܝܕ, or even ܣܣܝܕ is very curious; see Glossary.

11. ܒܪܘ = ܒܐܪܘ, Afel from ܢܒܪ.

14. ܐܬܒܣܒܪܘ: whether οὐχ was omitted by the copyist or the translator, or in the Greek text, cannot be ascertained; for frequent cases of this kind see Nestle, *Einführung in das griechische Neue Testament*, p. 95.

ܫܘܠܡܗ ܕܐܠܗܐ ܒܪ ܕܢܡܘܣܐ: two genitives governed by one noun: the end of God of the Law: i.e. the Divine end of the Law; rather harsh.

15. ܢܡܘܬ: the other spelling is ܢܡܘܬܐ, as with the imperfect of ܗܘܐ, or ܐܝ **5**, 19 and ܐܐ.

18, 19. ܬܚܘܣ: seems to be in both cases Peal, in the first a free rendering of καταγαγεῖν; and thus ܢܦܘܩ; in this form *o* may be original as well as the Syriac ܢܦܩ.

21. ܡܩܒܠ: we find ܩܒܠ, ܩܒܠܐ, ܩܒܠܝ (**56**, 1), ܩܒܠܗ, ܩܒܠܗܘܢ, ܩܒܠܬܢܗܘܢ **78**, 14.

6, 4, 5. Note the difference between the masculine ܗܘ ܡܬܗܦܟܢ and the feminine ܕܝ, ܗܝ ܡܬܕܒܪܢܐ, both for the neuter of the Greek text.

6. ܡܫܬܢܝܐ: ܡܫܬܢܝܐ **113**, 8; ܡܫܬܢܝܘܬܐ ܕܐܠܗܘܬܐ **105**, 4.

10. ܠܟܝܢ ܕ: quite parallel to ܠܗܘܢ ܕ **4**, 20. On the different spellings of the pronoun, the margin of the *Evangeliarium* to be published by Mrs Lewis and Mrs Gibson will give many examples.

11. ܗܘܐ ܐܘܢ: ὥστε; comp. l. 14, **9**, 12 and Schwally, p. 24.

19. ܐܪܕܝܘܬܗܘܢ: see **13**, 13, a misprint for ܐܪܝܘܬܗܘܢ, and thus **8**, 2, 13; the root, though not the form, occurs in Syriac; nouns of this form are very frequent in the Palestinian dialect, cf. ܐܘܕܝܘܬܐ, ܐܘܕܠܘܬܐ, ܐܪܘܝܐ, ܐܣܝܪܘܬܐ, ܐܣܝܪܬܘܬܐ, ܐܬܬܬܘܬܢ (**55**, 5), ܐܣܦܠܘܬܐ, ܐܣܦܪܘܬܐ, ܐܪܟܘܬܐ, ܐܬܡܘܬܐ.

7, 6. ܪܘܣ: this Greek word appears in all sorts of spellings.

8. ܐܬܬܬܐ: cf. ܬܬܬܐ **65**, 7 = ܬܬܬܝ **114**, 1; ܬܬܬܬܐ **70**, 15.

14. ܬܘܪܢܐ ܕܘܪܒܢܐ ܕܝܫܘܥ ܕܠܘܬܢ: three ܕ, one after the other.

17. ܘܐܬܩܒܥ ܗܘܬ: Afel: He (God) placed him, not, He (Christ) placed himself. There is no example as yet known of this form; but comp. ܡܬܩܘܬܐ beside Syriac ܡܩܬܐ.

8, 9. ܫܪܝܬܐ: this spelling explains how the Septuagint can translate הַסִירוּ Jer. v. 10 by ὑπολίπεσθε = הַשְׁאִירוּ (not recognized by Workman).

10. ܫܠܝܡܐ: ܫܠܝܡ, ܫܠܝܡ ܥܡܟ ܫܠܡܟ **105**, 5; ܫܠܡܐ سلام **33**, 7; ܫܠܡܟܘܢ نعيم **52**, 12.

9, 1. ܬܫܒܚܬܐ: ܬܫܒܚܝ **115**, 11.

ܠܘܬ ܝܗܘܕܝܐ: How was such a heading possible? to the "Judeans", is it a confusion with "to the Hebrews," or "by Judas"? At the time of the last illness of the late Emperor of Russia, many German newspapers, the *Norddeutsche Allgemeine Zeitung* at their head, had the statement that a pope went to him to pray over him and to anoint him with oil according to the advice given by "St Paul" in the Epistle to the "Jacobeans" (see *Christliche Welt* 1894, col. 1063). Have we here a Syriac parallel to this? According to Scrivener I. p. 86, Eph. ii. 14–22 is read κυριακῇ κδ′ after 2 Cor. xi. 1–6; in the Nestorian Church Eph. ii. 4—end on the Sixth Sunday of the Resurrection (Maclean, p. 277); on the Fifth Sunday Hebr. x. 19–37.

3. ܒܐܝܕܝܗ: We find in the Lectionary the forms of this word ܒܐܝܕܝܐ, ܐܝܕܝܐ **94**, 20; ܐܝܕܝ **15**, 2, **94**, 23; ܐܝܕܗ **15**, 7 beside ܐܝܕܝܗ l. 3; ܐܝܕܝܗܘܢ **94**, 21.

5. ܡܨܝܥܐ: note the orthography; not yet found in the *Thesaurus*, 2195; on the spelling with ܝ comp. ܡܬܪܝܥ **17**, 13. If there is any connection between ܡܨܝܥ and μέσος, we should compare Guglielmo Franchi, *Sole della lingua santa* (Bergamo 1591, p. 22), who in order to explain the different pronunciation of ܙ and ܨ adduces "un bellissimo esempio" from the *Principij della lingua Toscana* of Claudio Tolomei, scil. *mezzo* = medesimo = *medius* = ܙ, and *mezzo* = *maturus* = ܨ.

17. ܘܩܕܝܫܝܢ: note the orthography; ܠܐܘܣܐ ܩܕܝܫ ܡܪܝܐ cannot be "a holy temple of the Lord." Read ܕܡܪܝܐ.

10, 1. ܬܫܒܚܬܐ: ܬܫܒܚܬܝ **116**, 10.

2. ܐܪܥܢܘܬܗ ܕܝ ܠܘܬ: on ܕܝ, cf. above on **2**, 11, **3**, 15; the status absolutus ܐܪܥܢܘܒܐ ܠܐ **11**, 7.

3. After ܟܠܗܐ the word for πατριὰ is missing.

5. ܒܪܢܫܝܢܘܢ: in no other dialect is ܒܪܢܫ so frequently used for ἄνθρωπος; this is of importance for the question of the original meaning of ὁ υἱὸς τοῦ ἀνθρώπου in the N.T.

9. ܘܪܘܥܐ: an interesting spelling for ܘܐܪܘܥܐ.

16. ܐܫܦܪܐ: probably = ܫܦܪܝ **118**, 6; comp. on **7**, 8.

How can this lesson from Phil. ii. be inscribed "to Timothy"? In the Greek Church they begin to read Philippians on Monday of the 25th week (see Scrivener, p. 86, n. 3); the Nestorians read Phil. i. 27—ii. 12 on Sunday after the Ascension; on Ascension day two lessons from 1 Timothy.

17. ܒܡ: write ܡܒ.

11, 12. ܥܪܝܡܘܬܟܘܢ = τὸ ἐπιεικὲς ὑμῶν is of unusual interest; the chief meaning of ܥܪܝܡ, Hebr. עָרוּם being φρόνιμος, *wise*, from Gen. iii. 1 to Matt. x. 16 in the Peshito and the Syro-Palestinian; but here it must be =*forbearing*, or rather *gentle* and *kind.* Now compare Luke xvi. 8 "and his lord commended the unrighteous steward ὅτι φρονίμως ἐποίησεν· ὅτι οἱ υἱοὶ τοῦ αἰῶνος τούτου φρονιμώτεροι ὑπὲρ τοὺς υἱοὺς τοῦ φωτὸς εἰς τὴν γενεὰν τὴν ἑαυτῶν εἰσιν." This cannot mean—as it is still translated in the R.V.—the children of this world are *for their own generation* (or *age*) wiser, but, they behave towards their fellow men more wisely, i.e. kindly and gently, than many pious people do towards their fellows. Jesus must have observed that piety is sometimes combined with hard, unkind or avaricious behaviour towards the brethren; therefore He recommended His disciples to be ܥܪܝܡ.

13. ܟܠܘܡ: besides this spelling we find ܟܘܠܘܡ, ܟܠܘܡ, ܟܘܠܡ, see Schwally, 41.

18. ܕܐܬܬܐ: this must be some form for ܕܐܝܬ; we have ܐܝܬ **4**, 16; ܐܝܬ ܐܢܐ **48**, 9; ܐܝܬܬ **48**, 8; ܐܝܬ ܗܘ **12**, 15, 16; ܐܝܬܘܝ **36**, 16; ܐܝܬ ܗܝ **53**, 14; at present I know no other example of it.

ܡܫܝܚܢ: see the Glossary.

20. ܬܫܒܘܚܬܐ: beside ܬܫܒܚܬ l. 21; in Luke xiv. 10 we have the st. abs. ܬܫܒܝܚܐ, like ܬܫܡܫܝܬܐ **6**, 17; the masculine form is not yet found elsewhere.

12, 2. ܒܓܘܝ: the fact that the simple preposition ἐν almost regularly corresponds in this dialect to ܒܓܘ is of value for the question, what is the meaning of ἐντὸς in a passage like Luke xvii. 21 ἡ βασιλεία τοῦ θεοῦ ἐντὸς ὑμῶν ἐστιν?

4. ܬܪܬܝܢܥܣܪܬܐ: comp. ܕܬܪܬܝܢܥܣܪ **120**, 6; ܬܪܬܝܢܥܣܪܬܐ ܫܒܛܝܐ **34**, 17.

ܠܘܬ ܬܣܠܘܢܝܩܝܢ: either a transposition from Colossians or from Thessalonians; comp. the similar form **13**, 1. Col. i. 1–21 is read among the Nestorians on 'New Sunday' (Maclean, p. 275).

5. ܕܘܒܠܐܢ: various spellings; ܕܘܒܠܢ **21**, 11; ܕܘܒܠܐܝ **44**, 7; ܕܘܒܠ **74**, 18; ܕܘܒܠܐܢ **97**, 18.

6. ܕܗܢ = ܗܕܗܢ; also l. 9; ܕܗ **64**, 5.

14. ܕܐܬܒܪܝ: we should be justified in striking out ܕ.

13, 1. ܒܠܘܢ: it is interesting to find ܒܠ (= ܒܠܒ) also in this dialect, cf. P. Smith, 529.

3. ܡܣܘܪܬܐ: corresponds exactly to Neo-Hebr. מַסֹּרֶת or מָסֹרֶת.

4. ܡܘܚܠ: again ܘ = *a*.

14. On spellings like ܫܒܘܩ and ܡܫܒܘܩ see above p. xvi; ܬܘܪ **22**, 13.

17. ܬܗܘܢ: we should expect the feminine.

19. ܕܦܘܦܝ: θριαμβεύσας. Should we think of any form of πομπή? But why not ܦ?

14, 4. ܬܢܝ: comp. ll. 12, 13; the use of this verb and its confusion with נתן, ܬܢܐ will explain the reading of the Sinai Palimpsest in John iv. 25, ܬܢܐ for ἀναγγελεῖ.

9. ܟܠܒ̈ܐ: the ܟ caused by the following ܠ; cf. note on **2**, 4.

12, 13. The translation of ἐπιλαμβάνεται by ܢܣܒ ܕܢܡܠܠ he takes up to speak, is curious but clever.

13. ܢܦܠ: one of the idioms of this dialect; cf. Schwally, p. 56.

19. ܐܘܦ: there must be a ܕ supplied before ܐܘܦ.

15, 6, 12. ܠܗܘܝܢ: comp. **90**, 12; **101**, 7, 13; the forthcoming forms are ܗܠܝܢ **3**, 2; ܗܢܘܢ **4**, 9; ܗܢܘܢ **58**, 20; ܗܢܝܢ **36**, 1; ܗܪܝܢ, ܗܪܘܢ see **12**, 6; **69**, 5; ܗܪܐ **69**, 6.

8. ܡܢ ܦܘܡ: how ܡܢ is used to render the *a privativum*, see **79**, 3 and Glossary.

11. ܬܠܝܬܝ: that μεσίτης is expressed in this Aramaic by "the third person" perhaps explains Gal. iii. 20 μεσίτης ἑνὸς οὐκ ἔστιν, where there is no second, there is no "mediator," i.e. not a third one. Before ܕܬܠܝܬܝ replace ܕ.

16. ܩܕܝܫܐ: here = the neuter τὰ ἅγια.

16, 3. ܐܠܝܦܝܢ: in Lesson 85 the word is written ܐܠܘܦܝܢ. Is the one the Aramaic and the other the Hebrew form of the passive participle? It may be so. Compare Luke ii. 5, where the Vatican MS. (A) of the Evang. Hieros. has ܐܘܪܝܣܐ, the Sinaitic ܐܪܝܣܐ, or Luke vii. 24 A ܫܠܝܚܘܝ, BC ܫܠܘܚܝ, *v.* 28 A ܒܠܝܕܝܗܘܢ, B ܒܠܘܕܗܘܢ, C ܒܠܘܕܝܗܘܢ. But it may also be merely a different way of expressing the sound intermediate between *i* and *u*; comp. Matt. xx. 9 A ܗܠܝܢ, BC ܗܠܘܢ.

7. ܩܪܝ ܘܫܠܝܚ: the Peshito also has the conjunction between κλητός and ἀπόστολος, ܩܪܝܐ ܘܫܠܝܚܐ, which is explained by Bar-hebraeus ܗܘ ܕܐܬܩܪܝ ܡܢ ܡܪܝܐ ܠܫܠܝܚܘܬܐ "who was called by the Lord to the apostleship."

11. ܡܫܒܚܬܐ: a strange spelling; elsewhere ܡܫܒܚܬܐ; after the analogy of ܢܫܒܚܬܐ, ܡܫܒܚܬܐ we expect ܬ with Quššāy, or Shewa *quiescens* not Shewa mobile, the latter being indicated by the ܝ.

12. ܫܬܕܐ: see l. 16; on the spelling and meaning cf. Glossary.

18. Again we have a strange heading: this is for (ܠ) Mar Basilius to the Romans. Basilius is celebrated by the Greeks on the first of January (his death), by the Latins on 14th June (his consecration), on

the 30th May by the Greek monks of Italy (with his whole family); since the 11th century by the Greek Church on the 30th January (with Gregory of Nazianzen and John Chrysostom). Comp. the *Kalendarium Manuale utriusque ecclesiae* (by Nic. Nilles, 2nd edit. Vol. I. 1896).

If the Epistle to the Romans were lost in Greek it would be a difficult task to restore its text from the present translation, despite its attempted faithfulness.

19. ܬܢܘܢܬ: the form ܬܢܝܢܬ is not found, it seems, in this dialect. On their use in the Bible see the Massoretical notice at the end of the (Nestorian) Psalters, which states that there is no ܬܢܝܢܬ in David, as there is no ܬܢܘܢܬ in the Apostle, but in David eighteen ܬܢܘܢܬ (*Liber Psalmorum* [edidit Bedjan] p. 117).

17, 3. ܒܬܪܝܟ: l. 10 ܒܬܪܝܟ; on the spelling cf. **9**, 5 (not mentioned by Schwally, p. 101).

16. ܐܢ: P. Smith, 250, quotes only one example of ܐܢ "forte *ubi*: ܐܢܫܘܢ ܕܩܘܒܬܐ ܐܢ ܬܒܥܘܢ ܐܬܘܢ," Schwally has only ܗܢ, which is the regular form also in our Lectionary.

18, 3. ܕܝܐܬܠܦܘܢ: note the orthography; ܝ belongs to ܕ, and ܐ is not as it might appear in print (ܝܐ) *mater lectionis* after ܝ. The form is perfect, not imperfect.

5. ܐܬܚܫܒܬ: the feminine as neuter, as in the Peshito, Gen. xv. 6; in l. 8 the masculine ܡܬܚܫܒ seems caused by the preceding, to be line 6.

7. ܕܡܫܟܠ: again a passage where the negative particle has been omitted.

11. ܒܪܢܫܘܡܗܘܢ: an interesting example of word-composition, here treated as plural, though it has no plural ending; write ܫܘܡܗܘܢ-.

12. ܕܐܬܒܣܡܘ is to be taken as plural.

23. ܕܡܫܠܡܝܢ ܒܩܘܒܬܐ: a free, yet clear rendering of *τοῖς στοιχοῦσιν τοῖς ἴχνεσιν.*

19, 3. ܬܬܒܥܝ: the same form as above ܬܫܡܫܝ; comp. **23**, 14, 15.

6. ܢܫܒܬܘܢ: no doubt ܢܫܫܬܘܢ is to be read.

16. The names are greatly disfigured; ܒܪ = ܒܪܡ, ܢܬܦ = ܢܬܦܝ, not ܢܬܦܠ as in the Peshito, ܕܝ = ܕܘܝܕ.

19. ܐܪ̈ܘܬܐ: the Syriac form is ܐܪ̈ܘܝܬܐ. No example of it has yet been found in Palestinian Syriac.

20, 2 ff. The punctuation is very strange.

9. ܡܫܒܚܝܢ: this form is not yet in the *Thesaurus*.

13. ܥܠ ܩܕܡܐ: the common way to give the Greek προ- in this dialect, though ܡܩܕܡ is also found (**50**, 21); see **79**, 3, 10.

16. ܟܬܒ ܐܢܐ ܠܟ: periphrastic for γράφω σοι. For ܡܣܒܪ write ܡܣܒܪ ἐλπίζων. ܡܦܪܢܣ is written in various ways.

20. ܡܦܪܢܣ ܐܢܫ: see Part II. of these Notes (p. lxxiv).

21, 5. ܘܡܬܒܩܝ: see Glossary.

8. ܐܬܢܕܝ: write ܐܬ ܢܕܝ.

11. ܕܐܝܠܘ: with imperfect for the Greek infinitive; cf. ܠܡܠܘ ܕ **26**, 18; **28**, 5, 24.

16. ܠܗ: i.e. ܠܗܝ (Heb. לָהּ) = ܠܗ̇.

17. ܗܘܝ ܬܕܟܪܐ: on this way of expressing the imperative, see note on **3**, 17.

20. ܡܬܟܢܫ: for κακοπαθῶ, write (probably) ܡܬܟܢܫ.

22, 5. ܡܫܠܚ ܐܟܡܢ: ܐܟܡܢ is not yet clear to me.

10. ܡܦܪܢܣ: assonance to φέρων.

11. ܕܘܟܝܘܬܗ: we should expect ܕܘܟܝܘܬܗܘܢ, the purification.

14. ܠܗܕܝܢ: τίνι; not so in Hebrew or Syriac.

ܡܢ ܩܘܡܝ: the suffix of the 1st pers. sing. would be explained, if the translator had connected these words with the following.

23, 3. ܡܢ ܪܫ: κατ' ἀρχὰς might have been quoted for Gen. i. 1 (see below p. xl); and thus ܡܢ ܪܫܝܬܐ **24**, 4; cf. further **35**, 21, 22.

6. ܢܩܘܠܘܢ: comp. on **2**, 5.

ܬܟܘܡܠ: not clear.

9. ܫܥܝܐ: the forms of the proper names deserve special investigation. How does it come about that *I*saiah so frequently loses its first letter? The rest is not a transcription of the Greek.

10. ܫܐܘܠ: שׁאול has regularly lost its א; cf. **68**, 21, 23, ܐܫܬܠܘ and שׁאר **24**, 6; **30**, 15.

24, 7. ܡܒܥܐ̈ ܐܦܪܝܢ: the status cstr. pl. is not often spelt with ܐ; but cf. **51**, 19 ܥܡܘܕܐ ܥܡܘ̈ܕܐ and ܩܫܘܛܐ beside ܩܫܘܛ etc.

9. ܢܣܘܢ : read ܝܗܘܢ.

11. ܝܐܡܘܢ : ܐ is here *mater lectionis*.

25, 6. ܕܗܝܒ : note the orthography; not mentioned in P. Smith or Schwally.

10. ܘܚܘܠ ܡܐ : for ܡܐ we might expect ܡܠܐ or ܡ̈ܠܐ.

16. ܦܕܝܢ is (plural of the) imperative Pael.

17. ܬܘܪܒܘܢ : Schwally explains the forms as Afel; but they might be Peal, the ܘ coming in under the influence of ܒ.

18. ܒܡܓ̈ܪܡ : in Egypt, is of course a misspelling for ܒܦܓ̈ܕܢ ἐν παγίδι.

19. ܕܝܗܒܝܢ : Greek ἐγκαθήμενοι. At first everybody will be inclined to write ܕܝܬܒܝܢ or ܕܝܬܒܝܢ; but the form occurs too frequently. ܝܗܒ must have been used in this dialect in a similar way as in German: es gibt Leute "dat homines"; comp. **26**, 21; but **27**, 17 ܕܝܬܒܝܢ; **69**, 5 and 6; **85**, 11; **95**, 22.

26, 9. ܕ ܡܢ : is here not ܕ ܡܿܢ *who*, but ܡܼܢ ἔθνος.

11. ܡܢܝܢܐ : write ܡܢܝܬܐ.

16, 17. ܠܥܠ, ܠܪܥ : compare the *termini technici* of Hebrew grammar, *Mil'el* and *Milra'*.

19. ܐܬܝܬܐ : πίε, therefore ܐܫܬܐ.

27, 4. ܡܓ̈ܪܡ : write ܡܓܪܡ.

17. ܒܥܠܠ : ἐφ' ὕβρει, is not yet in P. Smith or Schwally.

28, 12. ܒܣܘܟܝܗ ܕܫܘܪܒܐ : ἐν τοῖς δάσεσι τοῦ δρυμοῦ, not in P. Smith or Schwally, from the root ܣܘܟ, not ܣܟܟ, but how about **30**, 12 ܠܣܘܟܠܐ τὴν ὕλην? On ܫܘܪܒܐ cf. **30**, 13 and the Hebrew Dictionary of Brown-Driver-Briggs, p. 361 (not in Syriac).

17. ܐܣܘܗܝ : here the suffix with ܗ.

21. ܦܠܓܘܢ : cf. **31**, 19, **48**, 16; it is a great pity that former collators of the MSS. of the Greek Bible neglected to note everywhere the division into chapters and paragraphs.

29, 7. ܪ̈ܘܓܙܝ : in the next line ܪ̈ܓܙܝ. Such is the freedom of orthography.

15. ܘܡܫܠܡܐ : for this use of ܝ, to express Shewa mobile, cf. further, **64**, 18 ܒܡܝܘܢ.

31, 19. ܕܝܫܝܠ: Ιεσσαί; was the copyist thinking of ܫܘܠ, when he added the ܠ? not in Peshito; **32**, 16 ܐܝܫܝܠ.

32, 8. ܕܘܒܣܐ: an interesting formation of the noun.

33, 2. ܘܫܪܘܝܗܘܢ: I have not found anywhere else in this Lectionary ܘܝ = ܘ; therefore it might be a mere misspelling here.

4. ܡܘܗܒ: note the spelling with ܗ.

15. ܐܝܬ is here 3 f. pf. from ܐܬܐ to come, = ܐܝܬܬ.

34, 9. ܟܒܕ: γενόμενος; the form can scarcely be explained otherwise than as part. perf. Peal = ܟܒܝܕ; but why is it twice written without ܝ?

12. ܪܘܚܗ ܕܝ ܕܕܒܪܗ: note the orthography.

21. ܘܡܡܠܠܝܢ: must come from ܡܠܐ to *fill*, not from ܡܠܠ to *speak*.

35, 8. ܐܬܚܫܒ: read ܐܫܬܒܚ.

36, 13. ܘܐܪܥܘܒܬ: if correct, this would be ܘܐܪܥܘܒܬܐ.

21. ܕܠܐ ܗܘܐ ܒܗ ܡܕܡ: here ܡܕܡ is treated as singular, and in ll. 2 and 5 as plural ܠܐ ܗܘܘ; **38**, 10, **46**, 6 we have, in the same connexion, ܠܝܬ ܡܕܡ.

38, 13. ܗܟܢ ܐܡܪ ܐܠܗܐ: this would be "thus speaks God"; it must be of course ܗܕܡ ܐ ܕܐܠܗܐ: οὗτος ἐρεῖ· τοῦ θεοῦ εἰμι.

39, 14. ܘܐܡܘܪ: καὶ ἐρεῖς would be ܘܬܐܡܘܪ.

40, 9, 10. ܒܣܡܝܐ: probably a misspelling for ܒܣܝܡܐ.

18. ܠܐ ܠܝܬ: write ܠܗ ܐܝܬ.

41, 11. ܠܒܪ ܢܥܐ ܗܠܡ cannot be right, it must be ܗܕܡ.

16. ܡܬܚܫܒ: read ܡܬܚܝܒ, κατακέκριται.

18. ܫܡܠܐ ܗܘܘ ܫܐܒܡ: read ܗܘ and construe it with the preceding and not with the following word; or ܘܫܐܒܡ ÷ ܗܘ.

22. ܫܡܥܕܗܘܢ: put in the plural because of ܟܠܘ.

42, 5. ܡܘܗܠ: note the ܗ, as above in ܡܘܗܒ.

11. ܕܠܘܒܘܠ: this spelling of the word is rather rare; ܠܘܒܠ **56**, 6; **58**, 11; **59**, 1, etc.

43, 2. ܕܡܕܒܘܪܐ: on the different spellings of this word see Schwally, p. 21. ܒܘܪܐ– and ܒܪܐ– vary in this MS. regularly, ܒܝܪܐ– I do not remember having met with before.

8. ܠܒܪ ܘܒܢܝܢ : according to the Hebrew usage we should expect either ܠܒܪ ܘܒܪ or ܠܒܪ ܒܪ or ܠܒܪ ܒܢܝܢ, not the singular and plural joined with ܘ.

44, 1. ܘܟܠ ܕܥܘܒܕܝܐ : the ܕ must be removed.

4. ܠܦܘܬܟܘܢ : on ܠܦܘܬ = ܠܘܬ see Glossary.

45, 14. ܠܠܘܢܝܐ : diminutives are not very frequent in this text; cf. above ܕܘܒܫܢܐ **32**, 8.

19. ܢܦܪܘܢ : from ܦܪܐ, but ܢܦܪܘܢ in the same line from ܐܦܪ.

46, 12. ܬܬܢܚܡܘܢ : note the orthography; we have ܐ as well as ܝ in such forms; cf. **50**, 9 ܘܬܬܠܒܪܘܢ; **72**, 13 ܬܬܚܡܘܣ; **85**, 13 ܬܬܚܡܘܬܘܢ; **86**, 23 ܬܬܚܘܒ.

20. ܟܠܐܠܐ : the writer intended ܟܠܐܟܠܐ.

47, 2. ܕܐܕܝܗܘܢ : read (probably) ܕܐܝܕܝܗܘܢ, cf. **50**, 13.

17. ܒܗܢ ܠܟܘܢ : the first example known to me of ܗܢ "where" with the preposition ܒ; ܗܢ ܡܢ and ܠܗܢ are frequent.

19. ܥܒܘܕ : imperative, = ܥܒܘܕ.

49, 2. ܘܐܬܬܥܒܕܘܢ : must be either imperative, and should be without ܢ, or jussive, and should have -ܬܬ instead of -ܐܬ.

5. ܣܓܝܕܝܢ ... ܣܓܝܕ : a nice example of the change of these roots; cf. ll. 11, 12.

12. ܐܒܐܝܢ : note the spelling with ܐ and two ܝ.

51, 10. ܗܪܘܢ : note this (Arabic) spelling of the name Aaron; p. **59**, 17 ܐܗܪܘܢ.

52, 3. ܐܠܗܘܢ : write ܐܠܗܗܘܢ.

53, 23. ܡܫܒܘܩ ܫܒܩܬܘܢ : there are several examples of the so-called *infinitivus absolutus* in these texts **54**, 18; **72**, 15; **73**, 6, 7 and **84**, 11, 12; compare the statistics of R. H. Charles in his Introduction to his *Apocalypse of Baruch* (London, 1896, p. xlvi ff.).

54, 8. ܒܥܝܢ : more frequently ܒܥܘܝܢ.

55, 13. ܕܩܒܠܬ : the ܼ shows that the form is Pael.

56, 9, 10. ܠܒܪܗ ܕܒܪܢܫܐ : = υἱῷ ἀνθρώπου; an interesting passage for the question on "the Son of Man" in the N.T., see Hans Lietzmann, *Der Menschensohn* (Freiburg i. Br. u. Leipzig, 1896) p. 32 f., who calls it a "monstrous formation."

14. ܢܘܟܪ̈ܝܢ: here *ἀλλότριοι*, p. **44**, 20 ܠܐ ܢܘܟܪ̈ܝܢ ܘܐܢܝܢ ܢܘܟܪ̈ܝܢ = *ἀγνοούμενοι καὶ ἐπιγινωσκόμενοι*, a good example of the words with "Gegensinn."

58, 5. ܕܢܣܝܬܟ write ܕܢܣܝܬܗܡ.

6. ܢܡܘܣܬܐ: one of the Greek words which have been completely Syriacised.

11. ܥܘܠܡ: spelt here exactly as in Hebrew.

16. ܪ̈ܓܠܝܗ: a rare spelling of the suffix of the 3rd p. m.

61, 2. ܘܡܣܬ: plural.

4, 5. ܠܚܕ: = ܠܐ ܚܕ.

8. ܢܣܠ ܕܐܬܘܢ: l. 12 ܢܣܠܐ ܕܐܬܘܢܐ; note the difference between the status absolutus and emphaticus; the former being identical as to its form with the status constructus; thus ܐܟܡ ܟܘܙ 62, 6 and ܐܟܡ ܟܘܙܐ l. 11; comp. also ܟܡ ܡܟܡܐ ܕ **62**, 7 and ܟܡ ܡܟܡ ܕ l. 23.

65, 3. ܘܚܘܝ: P. Smith, col. 1121, mentions this form as quoted by Bar Ali, but he had no example of it.

10. ܗܝܟ: this spelling is found here for the first time.

20. ܡܛܠܐ: note the spelling with ܛ; cf. **67**, 1, 16; **68**, 17 ܡܛܠܐ; **77**, 17 ܡܛܠܡ beside ܡܬܠܐ l. 14; **84**, 16, 24; **89**, 21; **90**, 22; **92**, 17; **99**, 3.

66, 8. ܥܕ ܡܬܝ: spelt exactly as in Hebrew, **65**, 18 ܥܕ ܐܡܬܝ as in Syriac.

67, 10. ܝܪܘܩ: P. Smith mentions ܝܪܘܩ or ܝܪܘܩ *viridis* from BA and BB; but this ܝܪܘܩ corresponds to ܝܪܩ, ܝܪܩܐ; cf. **83**, 2.

70, 1. ܡܘܚܐ: the form looks as if it were part. Afel from a root ܢܚܐ = ܢܘܚܐ; but it is merely a variant spelling of the common part. Afel ܡܚܐ; and therefore is not to be pronounced *mauḥē*, but *maḥe*; cf. **76**, 5.

6. ܕܐܬܐܡܬܐ: supply ܕ before the word.

19. ܢܛܪ: not ܢܛܪ or ܢܛܘܪ; **71**, 13.

71, 6. ܕܬܒܝܠ: cf. **87**, 1; note the various spellings; ܕܬܐܒܝܠ l. 7; **66**, 14 ܒܐܒܠ and ܒܐܒܝܠ.

12. ܘܡܣܬܗܘܢ: is this a misprint, a misspelling or an idiom?

15. ܢܒܐ: on this form De Lagarde treated in *Mittheilungen*, 4, 336.

He concluded from it that these Aramaeans had a word of their own ("ein einheimisches Wort") for προφήτης. The Arabic نبي and the corresponding Syriac form he considered as "loan-words" from the Hebrew. But ܢܒܝܐ is merely a different spelling for ܢܒܝ as ܩܘܫܛܐ for ܩܘܫܛ etc. and is therefore not conclusive.

19. ܐܗܘ: the nicest example for the different spelling of this pronoun will be found in the ladies' edition of the *Evangeliarium Hierosolymitanum* in Matt. xii. 32 where Cod. A has ܒܗܐܘ, Cod. B ܒܗܘ, Cod. C ܒܐܗܘ.

72, 1. ܝܬܗ: note the emphatic use of this ܝܬܗ, ܝܬܗ ܐܠܗܐ **84**, 23; beside ܝܬܗ ܝܘܡܐ **67**, 2 we find also ܝܘܡܐ ܒܝܬܗ; ܕܝܬܗ ܐܪܥܐ **84**, 3.

15. ܝܗܡ: so far as I am aware, this is the only example of this spelling in the Lectionary; **37**, 3, 19 we have ܝܗܢ.

73, 20. ܡܬܝܪ̈: this translation of περιούσιος explains the rendering of ἐπιούσιος in the Lord's Prayer, in the Evangeliarium: ἐπιούσιος was taken in the sense of περιούσιος.

74, 5. ܠܒܢܐ: why do we find in the common Syriac ܠܒܢܬܐ, not ܠܒܢܐ?

75, 3. ܥܠܘܠܐ: this is the word which must be added to the Hebrew Dictionaries for עַל־עוֹלֶה in Job xxxvi. 33. Already Reifmann, Grätz, F. Perles (*Analekten*, 1895, 38, 92) recognised it; but even in the latest edition of Gesenius it is not mentioned.

4, 5. ܝܫܡܥܘܢ ܒܢܘܗܝ: read ܫܡܥܘܢ ܒܢܘܗܝ.

14. ܐܪܓܝܠ: comp. on this spelling the note on **2**, 4.

77, 7. ܬܪܘܡܡܢܟ: how is this form of the suffix to be explained? In the Evangeliarium we read Luke xx. 3, a similar form ܫܐܠܢܘܟܘܢ "I shall ask you," but Cod. B has there ܫܐܠ ܠܟܘܢ, Cod. C ܫܐܠ ܐܢܐ ܠܟܘܢ; therefore the ܢ cannot be the so-called *Nun energicum* of the Hebrew grammar, but comes from the pronoun of the first person.

14. ܕܢܦܫܘܢ: here we should read ܒܢܦܫܘܢ.

79, 5. ܠܫܘܢܝܐ: no doubt = ܠܫܘܢܝܐ; comp. ll. 15, 20.

80, 4. ܡܦܩܘܬܐ: the ܦ instead of ܒ apparently under the influence of ܩ.

6. ܡܒܠܐ: see on this interesting word, Lagarde, *Mittheilungen* 4, 336, and E. Nestle, *The Expository Times*, Dec. 1896, p. 138.

12. ܘܐܬܥܒܕ: why did the same translator, who gave here ἐγένετο twice in this way, return to the simple ܘܗܘܐ l. 18 ff. Did the natural feeling overcome grammatical rules? And thus ܘܐܬܥܒܕ ܟܕ l. 20, **81**, 23, but ܘܗܘܐ ܟܕ **81**, 5, 14.

82, 8. ܪܓܠܝܝܢ: why two ܝ? Is there a trace of the dual?

83, 7. ܡܢܐ ܕ: note this use of ܡܢܐ after a noun (ܠܒܒܘܝ); again in l. 8.

13. ܥܕ ܠܐ ܢܗܘܐ: as in Hebrew טֶרֶם, thus here ܥܕ ܠܐ is construed with the imperfect, where we should expect the pluperfect.

85, 15. ܡܬܦܬܚܝܢ: we should expect the feminine with ܥܝܢܝܗܘܢ; cf. l. 19.

86, 14. ܢܝܬܐ: the imperfect is scarcely possible.

15. ܣܓܘܝ: what is this form? *infinitivus absolutus? status absolutus* of ܣܘܓܝܐ? For the latter we have John iv. 41 ܣܘܓܝ; see Schwally 59. Cod. B reads there ܣܘܓܝ ܘܣܓܝ, AC ܣܓܝ ܘܣܘܓܝ.

87, 5, 6. ܠܐ ܐܡܬܝ: an exact imitation of the Greek μή ποτε, which would be impossible in a Semitic original.

89, 2. ܡܬܠܟܝܐܢ ܥܠܘ: is incorrect, the plural of the predicate with the singular of the subject; therefore strike out the ܢ.

7. ܫܘܠܡ: what is this? A participle = Hebr. שׁוֹלֵם?

8. ܘܠܟܡ: on ܟ in its relation to Greek χ cf. Lagarde, *Mittheilungen* 4, 330.

14. ܩܒܒܘ: κιβωτός, treated as a Semitic word ending in ܘܬܐ; O. Gruppe, in his *Griechische Mythologie* (1897), supposes that Θῆβαι is = תֵּבָה, which is on the other hand considered to be identical with κιβωτός.

90, 16. ܒܗܕܢ ܕܘܪܐ: the *pronomen demonstrativum* may stand before or after the noun, more frequently after, but cf. **91**, 11, 14 ܒܗ ܘܒܐ ܒܗܕܢ **101**; 20 in the same line both cases: ܐܬܪܐ ܗܕܢ and ܗܕܐ ܡܕܝܢܬܐ.

91, 16. ܬܠܬܐ ܢܫܝܗܘܢ: this is against the rule which we know from the Hebrew; compare here **89**, 8 ܬܠܬܐ ܒܢܝܢ; **98**, 5 ܬܠܬܐ ܠܒܢܝܢ.

92, 2. ܘܡܬܠܐܢ : how should we vocalize this participle? why not ܝ ?

10. ܘܐܫܬܚܪ : cf. l. 12 ܘܐܫܬܚܪܘ no Afel, but *Alaf protheticum.*

93, 9. ܘܥܠ : is an Afel with ܐ omitted; compare above, **86**, 11 ܕܥܪܒ = ܕܐܥܪܒܐ.

11. ܠܬܗ : probably a mistake for ܠܘܬܗ.

12. ܠܘܝ : there are various spellings of this preposition.

94, 13. ܝܟܠܘܢ : another passage, where the negative particle is omitted by the copyist.

95, 23. ܗܘ : write ܗܘܘ, as l. 19 ܕܗܠܝ for ܕܗܠ.

96, 2. ܒܐܝ : the only example of this form in the Lectionary.

3. ܠܬܗܡ : Land, p. 167, writes ܠܬܗܘܢ.

7. ܐܬܝܘ : this spelling of the imperative is not frequent; comp. the following ܐܝܬܘ.

10. ܒܐܪܥܘܬܗ : I should write ܒܐܪܥܘܬܐ.

12. ܥܘܐܢ : is imperative; but why is it written with ܐ?

97, 12. ܒܪ ܡܠܟܠܗ : read ܒܪ ܡܠܟܬܗ, with the MS.; ܒܪ ܡܠܟܗ would be still closer to *σύμβουλος αὐτοῦ.*

17. ܠܐ ܡܠܟܐ : this shows the origin of ܕܘܡܠܟ etc.; comp. note on **12**, 5.

98, 9. ܘܫܒܩܘܢ : who is the subject of this act? probably the slaves; p. **100**, 15 we have the imperative.

99, 9. ܬܝܒܕ : ll. 11, 20, 22; **100**, 1, 4, 6, 9 ܡܝܒܕ; **101**, 16 ܡܝܒܕܝܢ: as far as I am aware the Afel of ܐܒܕ in the Evangeliarium, not only in the Vatican Codex as published by Miniscalchi and Lagarde, but also in the two Sinaitic MSS., of which Mrs Lewis makes use for her edition, everywhere formed ܢܘܒܕ, ܡܘܒܕ; see especially Matt. x. 42 ܠܐ ܢܘܒܕ ܐܓܪܗ; he shall not lose his reward. Formed as it is in this Lectionary it may almost as well be Peal as Afel: his reward shall not be lost. **102**, 1 the Peal is written with ܘ : ܬܝܒܘܕ. Dalman (p. 244) knows *ay* only by אכל in the Palestinian Talmud and the Targums of Jerusalem, and *ē* occasionally in the Targum of Onkelos from אסף and ארך; everywhere else *au* = *ō*.

101, 19. ܢܫܬܒܩܝܢ : note the passive form, as in ܐܫܬܕ ܠܒܝܙ and similar verbs.

102, 2, 3. ܒܝܕܗ ܘܒܐܝܕܗ ... ܘܒܐܕܝܗܘܢ: note the freedom of spelling.

103, 18. ܒܝܬܢ: an irregular form: *our house* would be ܒܝܬܢ, *our houses* ܒܬܝܢ or ܒܬܝܝܢ; but comp. **112**, 9 ܒܒܝܬܘܢ.

104, 1. ܩܠܢ: the word is not yet found in the *Thesaurus* with the suffix of the 1st p. pl.

3. ܪܗܛܝܢ: read ܪ̈ܗܛܢ as fem. part.

106, 3. ܕܐܡܪ: this rendering of λέγων = לֵאמֹר is in this connection rather awkward: ܘܐܡܪ ... ܕܐܡܪ ... ܘܐܡܪ.

18. ܣܘܠܦ: the preposition is spelt in various ways, as here, **107**, 4; ܣܘܠܦ **107**, 14, 15.

ܘܡܪ,: this cannot be Pael, but is merely a variant spelling for ܘܡܪܐ ll. 11, 20; comp. *vice versa* ܪܡܐ imp. **110**, 18; ܪܡܝ **104**, 15.

107, 1. ܒܪܘܟ ܡܒܪܟ: what is ܒܪܘܟ? *infinitivus absolutus* = Hebr. בָּרוֹךְ? cf. Dalman, § 63, 3. On the following ܣܘܠܦ cf. above, p. **86**, 15, on the inf. abs. above on p. **53**, 23, and **108**, 10 ܒܣܣܡ.

11. ܥܒܘܡܝܢ: probably not plural, but the termination ܢ = ܘܢ = ܢ̊.

109, 13. ܘܒܕܝܢܗ: ܘܒܐܝܢܗ of the Codex leads to ܘܒܐܕܝܢܗ.

110, 2. ܒܬܘܕܝܢ: read ܒܬܘܪܝܢ.

111, 10. ܠܗܘܐ: comp. Schwally, p. 47 f. and the Targum of Isaiah xlii. 2: לא ילהי ולא ילאי.

112, 16. ܪܘܡܝܢ: p. **10**, 9 we read the regular Afel ܐܪܝܡ, but what is ܪܘܡܝܢ? a verbal form modelled after the adjective ܪܡܝܢ; see Dalman, p. 200 s.v. *Poel* and *Denominalia*; cf. **123**, 19 ܪܘܡܝܢ.

113, 11. ܐܕܐܢ ܥܛܝܟܐ: the spelling of ܐܕܐܢ is strange, no example in Dalman, p. 112; and ܥܛܝܟܐ may be placed beside ܥܛܘܟ **112**, 18.

114, 3. ܒܘܒܥ: compare with this form ܣܘܠܦ **107**, 1 etc.

5. ܡܐܡܪ: probably perfect Pael = ܡܝܡܪ.

115, 14. ܒܘܒܕ: here we have the regular form, not ܒܝܒܕ, as above.

15. ܒܘܝܬܗܘܢ: understand ܒܘܝܘܬܗܘܢ.

116, 4. ܠܘܪܡܝܢ: write ܠܘܪܡܝܝܢ. Ἔθνη = heathen is in all passages of this Lectionary given by "Aramaeans." In *Anecdota Oxon.* IX. pp. 63, 88 we find ܐܘܪܡܐܝܬ for ἐθνικῶς, not ܐܪܡܐܝܬ, if the reading be correct there.

13. ܕܒܢܝܢܝܐ ܒܢܗܘܢ: write ܒܢܝܗܘܢ as **117**, 2 and cf. above, p. **56**, 9, 10.

20. ܕܝܒܘ: cf. l. 13 ܕܝܒܘܬܗ; **117**, 1.

117, 5. ܘܐܡܢ ܐܬܐܡܪܢ: cf. l. 9 ܐܢܗ ܐܬܐܡܪܢܗ. For ܐܢܗ *we* I do not find an example in Dalman; on the 1st pers. pl. of the perfect he mentions (p. 204), that in the Galilean dialect it ends in *nān* (נָן) or *n* (ן), in the Targum of Onkelos always in *nā* (נָא); the Targums of Jerusalem show both forms. ܐܢܗ occurs here for the first time in this Lectionary, if I am not mistaken; comp. the following ܒܠܢܗ and ܠܚܝܢܗ. Comp. Schwally, p. 5; further, **128**, 8 ܚܠܝܢܗ by the side of ܚܠܝܢܢ **8**, 16.

118, 4. ܥܒܪܢܡܘܣܐ may mean (1) transgressor, (2) transgression (l. 5); how are the forms to be distinguished? the first ܥܰܒܪܳܢ; but the second?

9. ܐܣܝܢ: note spelling; p. **14**, 3 ܐܣܝܢ.

119, 17. ܠܐܪܥܐ ܠܪܥ: that ܠܪܥ is nothing but the st. cstr. of ܠܐܪܥܐ was no longer felt in this connection; comp. also ܐܪܥܝܘܬܗ ܕܐܪܥܐ *Anecd.* IX. pp. 65, 90.

18. ܘܠܘܥܝܬ: on this form see above, pp. xvi, xvii.

120, 2. ܘܕܟܪܬ is apparently the same form as ܘܕܟܪܝܬ **119**, 15.

19. ܕܝܬܘܒܐ: add ܕ.

122, 13. ܘܬܥܕ: P. Smith has no example of this root (as a verb) from Palestinian Syriac; is it Pael or Afel?

123, 1. ܠܘܬ ܪܘܡܝܢ: once more a confusion in the heading. 1 Cor. xv. 1–20 is read in the Nestorian Church (according to Maclean, p. 275) on "Tuesday of Week of Weeks" between two Lessons from Ephes. vi. and iv.; in the Greek Church (Scrivener, p. 82) on Κυριακῇ ιβʹ.

124, 8. ܕܒܦܪܘܩܟ gives a good sense: they walk in the light *of thy Saviour*; but the Greek Text shows that here there must be some form of ܒܕܢܚܐ.

10. ܬܬܢܫܒܘܢ: on this ending see Dalman, p. 213, 4, 5.

125, 8. ܬܬܝܚܕܘܢ: despite the ܝ the form must be Ethpaal.

11. ܬܥܘܪܒܘܢ: of spellings similar to this Dalman gives only יעירוק p. 216, יעיברון p. 219.

126, 3. ܘܠܡܦܘܩܝܢ: an interesting form.

21. ܐܪܒܥ: ܐܠܦ is f., therefore we should expect ܐܪܒܥܐ.

127, 11. ܐܝܬܘ: here imperative as ܐܝܬܐ, *Anecd. Ox.* IX. p. 68; **124**, 9 it is perf., ܝܬܘܢ l. 15 imperfect, and ܝܐܬܘܢ l. 16 Afel; comp. ܝܐܬܐ *Anecd. Ox.* IX. 68, 4, 1 p. impf.

15, 16. ܗܝܕܢ, ܗܝܕܐ: see on this pronoun Dalman, § 19, 2.

128, 16. ܘܫܡܘܥ: according to the context (εἰσήκουσεν) this is another example of the perfect spelt with ܘ, not imperative; cf. Dalman, p. 206; and ܘܫܡܥܘܢ **133**, 19.

129, 23. ܥܘܠܦܘܢ: to this spelling of the imperative none of the forms given by Dalman, p. 223, corresponds exactly; he has only forms like פותחון and שבוקו.

130, 22. ܩܕܘܡܐ: Levy in his Targumic Dictionary spells the form קְדוּמָא; but may it not correspond to the Hebrew קָדִים as שָׁלוּחַ does to שָׁלִיחַ?

131, 5. ܠܠܠܗ, ܠܠܠܐܗ: both forms are singular with the suffix 3 f.

132, 11. ܡܟܠܬܐ ܗܠܡ cannot be right; put ܡܟܠܐ.

12. ܝܕܥ: probably part. pass. = ܝܕܝܥ.

13. ܕܒܒ: put ܕܒܒܕ.

14. ܒܡܥܡܘܕܝܬܟܘܢ would be "by your baptism"; it must be "in your midst"; write ܒܡܨܥܬܟܘܢ.

133, 4. ܠܡܫܝܪܢ: the root ישר is well known in Hebrew, but is not used at all in common Syriac. It is found in the Targums, only in the word מישר = *plain*. As our Texts are translated from the Greek this coincidence with biblical Hebrew is the more important for the dialect; compare ܡܫܝܪܘܬܐ 3 Kings ix. 4, in the text published by Stenning in the *Anecdota Oxoniensia*, IX. p. 32.

134, 4. ܚܕܬܐ : there is no reason for the *status emphaticus*; write ܚܕܬ.

5. ܡܐܪ: this spelling occurs here for the first time; P. Smith quotes Luke xiv. 22 ܡܪ = ܡܪܝ from a passage which is in the Vatican Codex supplied by a later hand; in the Sinaitic MSS. of Mrs Lewis it is missing. What are we to consider as the pronunciation of the *status absolutus* in this dialect? Dalman, p. 120, gives no clue to it.

136. Is it owing to our want of knowledge, or the greater difficulty of these texts or, as I suspect, the unreliable state of their transmission, that, as soon as we leave the ground well known to us from Scripture, we meet with one difficulty after another? What is ܡܪ̈ܐ l. 7? ܡܪܘܬܐ l. 11? or ܒܬܪ ܡܫܟܢܬܐ ܕܥܠܘܝ **138**, 11, or ܕܐܡܪܬܗ l. 19? ܡܪ̈ܘܬܐ occurs three times **136**, 11, **138**, 14, **139**, 8, it must correspond to ܡܪ̈ܐ in the rest of these texts or to ܡܪܘܬܐ in the common Syriac.

ADDITIONAL NOTES ON THE PALIMPSEST LEAF FROM CAIRO (p. cxxxviii f.).

Job vii. 21, last line. A contraction of the personal pronoun of the first pers. sg. with ܗܘܐ; comp. above on **77**, 7.

I Sam. i. 1. Short as this bit is, yet it is interesting, for it combines the readings τις or εἷς, Σωφιν (or Σωφιμ) and Ἰερεμιηλ, which we do not find together in our Greek MSS. Those which have the first two readings as A, have not the third (Ιεροαμ in its place). *Sophim* or a similar form is attested according to Holmes-Parsons only by AC 247 (Σοφειμ), and Origen (Sophin). It is not to be found in *Lucian* (as restored by Lagarde), with whose text Burkitt and Stenning consider that the fragments from 3 Kings ii. and ix. which were published by the latter in Part IX. of the *Anecdota Oxoniensia* agree (Semitic Series, Vol. I. p. 32).

II. THE UNDERLYING GREEK TEXT.

A. Old Testament.

I. *Pentateuch.*

(1) Genesis	(2) Exodus	(3) Deuteronomy

II. *Poetical Books.*

(1) Psalms	(2) Proverbs	(3) Job

III. *Prophets.*

(1) Amos	(2) Micah	(3) Joel
(4) Jonah	(5) Zechariah	(6) Isaiah
(7) Jeremiah		

I. PENTATEUCH.

(1) GENESIS.

(1) Gen. I. 1—III. 24 = no. 60, pp. 80–87.

I. 1. ܡܢ ܪܝܫ would literally be = ἀπ' ἀρχῆς instead of ἐν ἀρχῇ of all our present texts. Compare on this difference the first note of Th. Zahn in his work on *Tatians Diatessaron* (Forschungen zur Geschichte des neutestamentlichen Kanons und der altkirchlichen Literatur, Erster Theil, 1881), and the remarks of Paul de Lagarde, *Mittheilungen*, I. 115, 116. "If the Armenian MSS. really vary between ι σκζβνουστ and ι σκζβανη, we must infer that in the Syriac original (of John i. 1) ברשית and מן ברשית or מן רשיתא varied, and it would certainly be of interest for the History of the Dogma to know which of the three Tatian really wrote." It is a great pity that in the Sinai Palimpsest the very leaf is missing which contained John i. 1; but viii. 44 we read in one of those passages which Mrs Lewis retranscribed after the work of the triumviri Bensly, Harris, Burkitt, the very same expression as is found here, ܡܢ ܪܝܫ for ἀπ' ἀρχῆς[1]. For another example of the translation of ἐν by ܡܢ see p. 113, 7 = Ps. xl. 1, ܡܢ ܝܘܡܐ for ἐν ἡμέρᾳ.

[1] I have collected many materials for the history of the first word of the Bible (and of the Gospel of John) ἐν ἀρχῇ. I quote only some passages as to the usage in Syriac:

(*a*) ܡܢ ܒܪܫܝܬ is used in connection with Gen. i. 1 or John i. 1 in

9. ܐܬܟܢܫܘ (imper. 2nd pers.) is not an exact rendering of συναχθήτω (3rd pers.). I do not however note such differences, as they do not presuppose a real variant.

Om. τὸ ὑποκάτω τοῦ οὐρανοῦ 2°; compare in HOLMES the notation of the same omission in "Theoph. in MS. bibl. Bodl. et in Edd. excepta Oxon.," also in "Eustath. Hexaem. p. 6."

Aphraates ܕ 17, ܠܟ 9, ܡܢܢ 10; in connection with Matt. xxv. 34 ܥܡ 17, ܡܠܟ 1, ܬܢܗ 11, 12.

(*b*) ܡܢ ܪܫܝܬܐ : ܡܢ 11; ܬܣܒ 18.

(*c*) ܒܪܫܝܬ : ܒܟ 10, ܡܣܝ 7.

Compare further:

(*a*) ܡܢ ܒܪܫܝܬ Matt. xix. 8, Mc. x. 6, in the Sinai Palimpsest; Sir. xxxix. 25, Barhebraeus on Ps. i. (102, 100 ed. Lag.), Targum, Ps. l. 1; Duval, *Grammaire Syr.* p. 356 n.

(*b*) ܡܢ ܪܫܝܬܐ Hab. i. 12 (Hexapla), Prov. viii. 23 (Pesh.), Jer. xxxiii. 7, xlix. 35, Is. xl. 22 (comp. Driver, *Isaiah*, 199, 3), Titus Bostrenus, 29, 26 (=την αρχην).

(*c*) ܒܪܫܝܬ Cyrillonas (*ZDMG* **27**, 589, 17), Ephrem (*Monumenta Syriaca*, II. 36, l. 17; l. 16 ܒܪܫܐ), Lagarde, *Analecta Syriaca*, 45, 24.

On the different pronunciation of ܒܪܫܝܬ conf. Barhebraeus on Gen. i. 1 (ed. LARSOW), Ephrem (or rather Jacob of Edessa) in Kirsch, *Chrestomathia Syriaca*[2], 169; Jacob of Edessa in his letter to George of Sarug (MARTIN, Introduction, 229). That בראשית occurs in the Old Testament three times at the beginning of the verse, was observed by *Elias Levita* (see BACHER in *ZDMG* 43, 233). What is the most original form of the word *rāʾš*, *rīʾš* or *rūʾš*, the Arabic, Syriac or Hebrew-Phœnician? Why do we call the Hebrew letter *reš*, and the Greek *ro*—whilst dropping the σ before σαν or σιγμα—and the Latin *er*—with alef protheticum? Compare on the latter difference the medieval pun which suggested that a book contained nothing but *r* ρ ר, i.e. er-ro-res, according to the verse:

R tenet Ausonium liber hoc, tenet atque Pelasgum
R tenet Hebraeum, praetereaque nihil.

(On a Coptic remark on ⲢⲒⲤ as meaning "head" and "beginning" to be found in cod. Hunt. 393, see REVILLOUT, comptes rendus, 1872, III. 1, 316 n.) There is an Étude exégétique on "Le premier mot de la Bible," by Eug. LE SAVOUREUX in the *Revue Théologique* of Montauban, V. n. 1, Juillet, 1878, 88–95; but the word deserves a new and most thorough monograph treating it from all points of view (etymology, meaning, history of its translations and explanations, its history in the arts of calligraphy and printing). Two beautiful specimens of Hebrew בראשית in Biblioth. Med. Laur. Catal. T. I. 1752 fol. A very curious remark occurs at the beginning of Codex Coislin. I. (= Holmes X.) βαρησεθ παρ' Ἑβραίοις, ὅπερ ἐστὶν ἑρμηνευόμενον λόγοι ἡμερῶν.

10. συστέμματα is rendered by the same word as συναγωγαί in the preceding verse. To those differences the same remark applies as to *v.* 9.

11. Om. γένος εἰς, as codd. 14, 15.

14. Om. καὶ ἄρχειν τῆς ἡμέρας καὶ τῆς νυκτός. For ܘܠܥܕܢܝܢ (= εἰς ὥρας) read ܘܠܫܢܝܢ = εἰς ἐνιαυτούς.

16. Instead of the plural εἰς ἀρχάς we have the singular twice. Compare for this plural, which has not been noticed by Ball, the Hebrew text of Psalm cxxxvi. 9.

24, 25. Comp. note on p. 82. The omission (by homoioteleuton) may be due to the Greek text, or to the Syriac translator or the copyist of the Syriac text[1].

28. For κτηνῶν καὶ πάσης τῆς γῆς our text seems to presuppose θηρίων καὶ πάντων τῶν κτηνῶν; cf. cod. 72.

II. 4. ܝܘܡܐ ܗܘܐ ܕ: did the translator mistake ἡμέρα for a nominative? ἡμέρα ᾗ.

8. Om. κύριος, cf. *b* (= editio Sixtina).

10. ἐκεῖθεν] praem. καὶ.

11. Om. οὗ, cf. codd. 25, 32, 56.

III. 2. παντὸς] καρποῦ, cf. Arab. 4.

3. Om. τοῦ ξύλου, cf. Arab. 4.

6. ἀρεστὸν—κατανοῆσαι is shortened, cf. Arab. 4.

9. Om. κύριος, cf. 19, 121, 128. || Om. Ἀδάμ 2°, cf. Lucian (ed. Lagarde), etc.

10. Om. καὶ ἐκρύβην, without any attestation.

13. Om. κύριος, cf. vi. 14, etc., and thus *v.* 22 with cod. 6, etc.

17. Om. τῆς φωνῆς, cf. 73. || ἔφαγες 2°] pr. καὶ.

(2) Gen. VI. 9—IX. 19 = 63, pp. 89–95.

VI. 9. γενέσει] γενεᾷ, with most codices. || Σημ et Χαμ] + και, cf. Arab. 3.

13. Om. ἰδοὺ, no other text.

14. νοσσιὰς] pr. καὶ (cf. Arab. 3) et add. νοσσίας; comp. Ball's edition of Genesis (in *Haupt's Sacred Books*) p. 52. "LAGARDE (*Orientalia*, 2, 95) suggested the repetition of the term (קנים), which is supported by PHILO (loculos loculos), as Nestle reminds me." Here "*Orientalia* II." is a mistake, I don't know whether it is the printer's or

[1] Comp. the Greek MS. 37 in Holmes.

mine, or Ball's, for *Onomastica sacra* (first edition, 1870, second edition, 1887, p. 367) where LAGARDE wrote: "Genesis 6, 14, scribe קִנִּים קִנִּים, si linguae hebraicae callentem te praestare velis." He referred to xiv. 10, xxxii. 17, Exod. viii. 10, Epiph. ed. Dindorf, 3ª XV. but not to the reading of PHILO, which is omitted also by HOLMES. OLSHAUSEN, Beiträge zur Kritik des überlieferten Textes im Buche Genesis in *Monatsberichte der K. Pr. Akademie der Wissenschaften zu Berlin*, aus dem Jahre 1870 (13. Juni), held the opinion that with this repetition the original form of the text was restored (womit die ursprüngliche Gestalt des Textes in der That hergestellt scheint). Is it not satisfactory to get from this remote quarter such a valuable confirmation of Lagarde's emendation?

15. πλάτος] + αὐτῆς?

16. τῆς κιβωτοῦ, which is omitted by many codices, is replaced in this Lectionary by the pronoun. It is very doubtful, whether we must presuppose a *Greek* pronoun, where we find one in Syriac. For instance, *v.* 19 τρέψῃς] + αὐτὰ (Copt.); 20 γένος] + αὐτῶν Arab. 1, 3.

20. Om. καὶ ἀπὸ πάντων τ. κτηνῶν κατὰ γένος, cf. 18, 72.
Om. τῶν ἑρπόντων ἐπὶ τῆς γῆς, cf. Arab. 1.

22. Om. κύριος, with many codd.

VII. 3. Om. τοῦ οὐρανοῦ (alone as it seems).
Om. πάντων (many).

6. ἦν 2°] + τοῦ ὕδατος, cf. Lucian.

8. πετεινῶν τῶν καθαρῶν καὶ ἀπὸ τ. πετ. τ. μὴ καθαρῶν κ. ἀ. π. ἑρπετῶν τῶν ἑρπόντων.

11. Om. πᾶσαι, cf. 18, 58.

13. Νωὲ 1°] + εἰς τὴν κιβωτὸν (cf. 20, Chrys.) καὶ μετ' αὐτοῦ Σ. καὶ Χ. καὶ Ἰ. υἱοὶ Νωὲ and om. afterwards μ. ἀ. εἰς τ. κιβ. (cf. again Chrys.).

14. Om. κατὰ γένος.

15. εἰσῆλθεν, cf. Lucian. || Om. ἄρσεν καὶ θῆλυ, cf. DE etc.

16. εἰσῆλθον, D etc.

17. Om. ἐπὶ τῆς γῆς 2°, 74, 129, 134.

20. Om. τὰ ὑψηλά, E and many.

21. Om. καὶ τῶν κτηνῶν, Chrys.

22. Om. ζωῆς.

23. Om. πάσης, many.

VIII. 1. Om. πάντων τῶν 4°, 37. || ὅσα] pr. καὶ.

3. ἐνεδίδου καὶ ἠλαττονοῦτο (cf. DE) τὸ ὕδωρ + ἀπὸ τῆς γῆς (alone).

5. *ἐνδεκάτῳ*] *δεκάτῳ*, many.

8. *ὀπίσω αὐτοῦ*] *παρ' αὐτοῦ*, i.e. not behind the raven, but away from himself, Noah; cf. 20, 61, 74, Chrys. || *ἀπὸ*] + *προσώπου*, DE.

9. Om. *πάσης*, many.

12. Om. *ἔτι*, Arm. 2.

13. *κιβωτοῦ*] + *ἣν ἐποίησεν*, DE many.

19. Om. *καὶ πᾶν πετεινὸν*, 58.

20. Om. *καθαρῶν* 1°—2°, alone. || Om. *ὁλοκάρπωσιν*, alone.

21. *διανοηθείς Οὐ*] *Διανοηθεὶς οὐ.* || Om. *ἔτι.*

22. Om. *οὐ.* One of the strangest cases I have met with, where a negative is added or omitted without reason, and the sentence turned to its contrary meaning; compare the list I have drawn up in my *Einführung in das griechische Neue Testament* (Göttingen, 1897, p. 95, Gal. ii. 5, v. 8; 1 Cor. v. 6; Rom. iv. 19; Matt. viii. 30 *μακράν*, Jerome *non* longe; John vi. 64 ℵ G *οἱ πιστεύοντες*, the rest *οἱ μὴ πιστ.*; 1 Cor. xiii. 5 love seeketh not *τὸ μὴ ἑαυτῆς.*

IX. 3. *καὶ* 1°] + *ὑπὲρ* (ܚܠ). || Om. *τὰ πάντα*, alone.

6. *ἀντὶ τοῦ αἵματος αὐτοῦ*] freely *τὸ αἷμα αὐτοῦ ἀντ' αὐτοῦ.*

7. *πληθύνεσθε ἐπὶ*] *κατακυριεύσατε.*

11. Om. *πᾶσα*, many. || Om. *ἔτι* 1°, many.

13. *διαθήκης*] + *αἰωνίου*, 56, 129.

(3) Gen. XVIII. 1–5, 18—XIX. 30 = 66, pp. 98–103.

1. *αὐτῷ*] *τῷ Ἀβραάμ.*

19. *συντάξει*] + *Ἀβραάμ*, 56, 106, 129, Chrys.

20. *πεπλήθυνται*] + *πρός με*, many.

21. Om. *ἵνα*, 107.

22. *δὲ*] + *ἔτι*, many. || *Κυρίου*] + *τοῦ θεοῦ*, many.

24. *δίκαιοι ἐν τῇ πόλει*, D etc.

28. *εὕρω*] *εὑρεθῶσιν*, 82.

XIX. 3. Om. *πρὸς αὐτόν. καὶ εἰσῆλθον*, alone.

5. *πρὸς σὲ*, literally, "in thy house."

6. *πρὸς αὐτοὺς*] + *πρὸς* (or *εἰς*) *τὸ πρόθυρον*, D etc.

8. Om *δὲ*, Chrys., Copt.

9. *ἐκεῖ*] + *καὶ εἶπαν*, 106, etc. || For *εἰσῆλθες* (Swete) must of course be read *εἰς ἦλθες*, the Lectionary having merely ܐܬܝܬ = *ἦλθες.* || *κρίσιν*] *κρίσεις*, 56, 129.

17. Om. *καὶ* 2°, 76, etc. || Om. *σώζων*, 55, 72, etc.

18. Om. *πρὸς αὐτούς*. || *δέομαι*] + *σου*.
19. *δικαιοσ. σου*] ܟܕܡܗ, probably *δικαιοσ. αὐτοῦ*, 72.
20. *τοῦ καταφυγεῖν με ἐκεῖ, καὶ διασωθήσομαι· ὅτι ἐστὶν μικρά· καὶ ζήσεται.*
21. Om. *καὶ* 2°, 31, 72, 83.
22. Om. *σπεῦσον οὖν*. || Ζήγωρ] ܨܥܪ
24. *πῦρ καὶ θεῖον*? || Om. *ἐν αἷς—Λώτ*, many. || Om. *πάντα*.
26. *αὐτοῦ*] *τοῦ Λώτ*, 74, 106, etc.
27. Om. *τὸ πρωΐ*.
29. *περιοίκου*] *περιχώρου*?
30. *μετ' αὐτοῦ* 2°] + *ἐκεῖ*, cf. Arab. 3.

(4) Gen. XXII. 1–19 = 69, pp. 105–107.

1. *ὁ θεὸς*] pr. *καὶ*.
2. *τὸν Ἰσαάκ* after *τὸν υἱόν σου*. || *ἀνένεγκον*] + *μοι*, 75, 135, Chrys.
9. Om. *ἐκεῖ*, 19, 61, 106, etc.
18. *ἔθνη*] + *τῆς γῆς*, many.
19. *ἐπορεύθησαν*] + *ἅμα*, many.

(2) EXODUS.

(5) Exod. VIII. 22b—IX. 35 = 49, pp. 59–63.

23. *τοῦτο*] pr. *τὸ σημεῖον*, A etc.
26. Om. *τὸ ῥῆμα τοῦτο*, all, as it seems.
27. *τῷ θεῷ*] pr. *Κυρίῳ*, A etc.
29. *Ὅδε*] *ἰδού*. || *τὸν θεὸν*] pr. *κύριον*. || *ἀπὸ σοῦ ἡ κυν.*] *ἡ κυν. ἀπὸ Φαραώ*, many. || *σου bis*] *αὐτοῦ bis*, many. || Om. *ἐξαπατῆσαι*, 15, 53.
30. *θεὸν*] *κύριον*, 72.
31. Om. *καὶ τῶν θεραπόντων αὐτοῦ*, 53.

IX. 1. Om. *τῶν Ἑβραίων*, alone.
3. Om. *τε*.
4. Om. *ἐν τῷ καιρῷ ἐκείνῳ*, A* and many. || *Αἰγυπτίων* and *τῶν υἱῶν Ἰσραήλ*, transp., 15, 18, 72. || *πάντων τ. τοῦ Ἰσρ. υἱῶν*] *τῶν κτηνῶν τῶν υἱῶν Ἰσραήλ*, cf. A. || *ῥητόν*] ܘܐܦ ܠܐ ܚܕ, cf. 72.
5. Om. *λέγων*.
6. *τὸ ῥῆμα τοῦτο*] + *ἐπὶ τῆς γῆς*, 55.
7. Om. *πάντων*, Aa, and many. || *ἐβαρύνθη*] pr. *καὶ*, X etc.

8. πασάτω] + αὐτὴν, many.
9. Om. καὶ ult., many.
10. καμιναίας] + καὶ ἔστησαν, 15, 58, 72, Arab. 1, 2, cf. *v.* 1. || Om. φλυκτίδες, 29.
12. Om. αὐτῶν, 72. || Κύριος 2°] + τῷ Μωυσῇ, Aᵃ and many.
13. Om. Φαραώ.
14. Om. ἄλλος, A many.
15. θανατώσω] θανάτῳ, X etc.
20. τοὺς παῖδας (αὐτοῦ) καὶ τὰ κτήνη αὐτοῦ, 72 etc.
21. ἀφῆκεν] + τοὺς παῖδας αὐτοῦ καὶ, 15, 58, 72, Arab. 1, 2.
24. χάλαζα] + ܡܚܬܐ = πατάσσουσα? || Om. ἡ δὲ χάλαζα, cf. 72, Arab. 1, 2. || ἐν Αἰγύπτῳ] ἐν πάσῃ γῇ (τῆς) Αἰγύπτου, 15, 58, 72, 130, Arab. 1, 2. Om. ἀφ' ἧς ἡμέρας—25. Αἰγύπτου.
25. Αἰγύπτου] + πάντα ὅσα ἦν ἐν τῷ πεδίῳ, Bᵇ 19, 58, 72, etc. Arab. || Om. ἡ χάλαζα ult., many.
28. Om. περὶ ἐμοῦ, A etc.
29. μου] + πρὸς Κύριον, many. || ὑετὸς] + καὶ, 72.
30. θεὸν] Κύριον, A etc.
35. τῷ Μωυσῇ] ἐν χειρὶ Μωυσῇ, 15, 18, 72 (only these).

(6) Exod. X. 1—XI. 10 = 51, pp. 65–69.

1. τῶν θεραπόντων] pr. τὴν καρδίαν, 15, 58 etc. Arab. 3. || ἐπ' αὐτούς] ἐπ' αὐτόν, alone.
2. ἐμπέπαιχα] ἐνπέπραχα, 72, cf. πέπραχα, 53, ποιήσω, 106.
4. αὔριον ταύτην τὴν ὥραν, 53, 72.
5. Om. τῆς γῆς 2°, A and many.
6. αὐτῶν] ὑμῶν? || Om. Μωυσῆς, many.
7. τῷ θεῷ] pr. Κυρίῳ, A and many.
9. υἱοῖς, θυγατράσιν et προβάτοις] + ἡμῶν, 15, 58, 72. || Κυρίου] + τοῦ θεοῦ ἡμῶν, BᵃᵇA and many.
10. Vid. om. ἔστω. || Vid. om. μή.
11. ἀλλὰ πορεύεσθε (sine οἱ ἄνδρες) et λατρεύσατε.
12. γῆν 2°] + Αἰγύπτου, 15 etc. || Om. πᾶσαν.
13. ἐπήγαγεν] pr. Κύριος, BᵃᵇA many. || τὸ πρωὶ] pr. καὶ, 84.
14. οὐ γέγονεν ἀκρὶς τοιαύτη, 15, 58, 72.
15. γῇ] pr. πάσῃ, BᵃᵇA all.
18. τὸν θεὸν] Κύριον, A etc.
19. om. αὐτὴν, Arm. 1, 2.

21. (*σκότος ψηλαφητὸν*, 77).
22. *σκότος*] + *καὶ*. || *γνόφος*] + *καὶ*.
23. Om. *καὶ* 1°. || Om. *τρεῖς ἡμέρας* 1°, A etc.
25. *εἶπεν*] + ܠܗ it. *v.* 28, 29.
29. *εἴρηκας*] ܐܝܟܘܬ ܐܡܪܬ = *καλῶς εἴρηκας*, cod. 83 *καθὼς εἰρ.*, 131 *ὡς εἰρ.*, Georg. ut iuste dixisti.

XI. 1. *ἐκβολῇ*] + *ἐντεῦθεν*, 15, 18, 58, Arm. 1, 2.

2. *πλησίον*] + (*αὐτοῦ*) *καὶ ἡ γυνὴ παρὰ τῆς πλησίον* (*αὐτῆς*), B^c^A, X, 18 etc. || *χρυσᾶ*] pr. *σκεύη*.

3. Om. *αὐτοῦ*, 19, 72, 118, Ar. 1, 2. || *αὐτοῦ*] *Φαραὼ καὶ ἐν ὀφθαλμοῖς τοῦ λαοῦ*, 15, 18, 72.

5. *θρόνου*] + *αὐτοῦ*, 15, 32, 72, etc. || Om. *παντὸς*.

7. Om. *οὐδὲ*, many.

8. Om. *πάντες*, 85, 135.

9. Om. *πληθύνων*, A and many.

10. Om. *τὰ σημεῖα καὶ*, A* and many. || Om. *ταῦτα*, 53, 59, 71. || Om. *ἐν γῇ Αἰγύπτῳ*, many. || *εἰσήκουσεν*] *ἠθέλησεν*, A and many. || *Αἰγύπτου*] *αὐτοῦ*, A and many.

(3) DEUTERONOMY.

(7) Deut. X. 12—XI. 28 = 45, pp. 51–55.

12. Om. *καὶ* 2°, AF etc.
13. *φυλάσσεσθαι*] pr. *καὶ*, Ar. 1, 3.
14. *ἡ γῆ*] pr. *καὶ*, 16, 32, etc., Ar. 1, 3.
15. *μετ' αὐτοὺς*] pr. *καὶ*, alone.
16. Om. *καὶ* 1° (et vid. 2°). || *σκληρυνεῖτε*] + *ἔτι* AF etc.
21. *οὗτος* 1°] + *γὰρ*, Arab. 3. || Om. *ἐν σοί*.

XI. 1. *δικαιώματα αὐτοῦ*] + *καὶ τὰς ἐντολὰς αὐτοῦ*, AF etc.

3. *τέρατα*] *ἔργα*, IV. 82, Arab. 1, Georg., 130 mg.

4. Om. *καὶ τὴν δύναμιν αὐτῶν*, AF etc. || *ἐπέκλυσεν τὸ ὕδωρ*] ܠܗܘ ܒܡܝܐ, illos in aqua, Ar. 3. || Om. *καὶ* 4°.

6. *τὴν μετ' αὐτῶν*] *τὴν μεγάλην*, alone.

7. *Κυρίου*] + *τὰ μεγάλα*, AF etc. || *σήμερον*] pr. *ἕως*, 82.

10. *εἰσπορεύῃ*] *ὑμεῖς εἰσπορεύεσθε*, (A)F etc. || Om. *καὶ*. || Om. *αὐτῶν*, AF many.

11. *εἰσπορεύεσθε*, 54, 74, 75, etc.

12. Om. *καὶ*, 16, 30, 73, etc.

14. Om. *καὶ* 1°, Georg., Arm. || *δώσει*] + *σοὶ*, Chrys.

16. *προσέχετε ἑαυτοῖς*, 19, 108, 118. || *σου*] *ὑμῶν*, 19, 44, 74, etc. || Om. *καὶ προσκυνήσετε αὐτοῖς*, Georg.

18. *εἰς τὴν καρδίαν*] *ἐπὶ τῶν καρδιῶν*, 19, 108, 118 (vel *εἰς τὰς καρδίας*). || *χειρὸς*] plur.

20. *γράψετε*] *γράψεις*, 19, 108, 118. || *ὑμῶν bis*] *σου bis*, 108, marg. 85.

21. *μακροημερεύσητε*] *πληθυνθῶσιν αἱ ἡμέραι σου* (18, 19, 108, 118, sed *ὑμῶν*] || *υἱῶν σου* (106 *μου*).

22. *σοι*] *ὑμῖν*, AF etc. || *ἡμῶν*] *ὑμῶν*, X etc.

23. Om. *καὶ* 1°, 58 Georg.

24. *τοῦ ποδὸς*] *τῶν ποδῶν*, F etc. || *Ἀντιλιβάνου*] ܠܒܢܢ. || Om. *ποταμοῦ* 2°, XI etc.

25. *πρὸς ὑμᾶς*] + *Κύριος*, 82, cf. AF.

28. *αἱ κατάραι*] *τὴν κατάραν* v. *ἡ κατάρα*.

(8) Deut. XII. 28—XIV. 3 = 53, pp. 70–73.

XII. 29. *αὐτὴν*] *αὐτοὺς* AF etc.

30. *λέγων*] pr. *οὐ μὴ ἐκζητήσῃς ἐπακολουθῆσαι αὐτοῖς καὶ οὐ μὴ ἐκζητήσῃς τοὺς θεοὺς αὐτῶν*, cf. AF etc.

31. *τῷ Θεῷ*] pr. *Κυρίῳ*, AF etc., + ܥܕܟܝܠ (= *ἔτι*? *οὔπω*?)
Κυρίου ἃ] *ἃ Κύριος*, AF etc.

32. *ὑμῖν*] *σοι* AF etc.

XIII. 2. Om. *καὶ* 2°, 82.

3. *τὸν λόγον* 71, 75. || *σου ὑμᾶς*] *σε*. || *τὸν Θεὸν*] pr. *Κύριον*, AF etc. || *σου* 2°] *ὑμῶν* AF etc.

4. *φοβηθήσεσθε*] + *καὶ τὰς ἐντολὰς αὐτοῦ φυλάξεσθε*, AF etc.

5. *ἐκ* 2°] *ἐξ οἴκου*, 74, 76, 106, etc.

6. *ἡ γυνὴ*] + *σου* AF etc.

8. *ἐπιποθήσεις*] ܬܬܪܚܡ = *ἐλεήσεις*, which is to be found only in the Complutensis and in Tertullian. Here we have, apparently, three independent corrections of a difficult word.

9. *αἱ χεῖρες*] pr. *καὶ*, cf. AF etc.

11. *Ἰσραὴλ*] *ὁ λαὸς*, nowhere else. || *προσθήσουσιν*, AF etc.

13. *γῆν*] *πόλιν* AF etc.

14. *καὶ ἐτάσεις* (ܬܥܩܒ? *στήσῃ*?) *καὶ ἐκζητήσεις* (cf. cod. 54) *καὶ ἐρωτήσεις καὶ ἐξερευνήσεις*, four verbs. || *γεγένηται*] pr. *καί*.

15. γῇ] πόλει, AF etc.

18. τὰς ἐντολὰς] pr. πάσας, AF etc. || τὸ καλὸν καὶ τὸ ἀρεστὸν, AF etc.

XIV. 1. οὐκ ἐπιθήσετε] pr. οὐ φοιβήσετε AF etc., cf. οὐ κοφθήσεσθε of the Complutensis and καὶ κατατεμεῖσθε of cod. 71. || ἐπιθήσετε] ποιήσετε, Arab. 3 et Theodoret in Comment.

2. Om σου^1—σου^2, 29 and Arab. 3. || τῆς γῆς] pr. πάσης, alone.

From the preceding list it will appear that in the Pentateuch the text of the present Lectionary does not fully agree with any text hitherto known; but that it comes nearer to A than to B, and especially to the codd. 15, 18, 72 and to some of the Arabic Versions. Whether the latter be derived from a Syriac text, is an open question.

II. POETICAL BOOKS.

(1) PSALMS.

Small parts of the following Psalms have been preserved:

8, 21, 22, 24, 29, 30, 34, 37, 40, 54, 64, 68, 76, 84, 87, 97, 101.

There are a few differences from the text printed by Swete. In Ps. 8 it would seem that our Lectionary omitted ὡς in *v.* 2, ὅτι in *v.* 3 and read νηπίων θηλαζόντων; but these three variants are due to the freedom of a translation.

XXII. 5. ἐξ ἐναντίας] + πάντων which is found only in cod. 194 of more than 100 MSS.

XXXIV. 1. με 2°] ἡμᾶς, alone.

11. ἃ] pr. καὶ.

XXXVII. 18. ὅτι ἐγὼ] ἐγὼ δὲ, and thus Cyril of Alexandria.

XL. 8. ἐπὶ τὸ αὐτὸ] ܥܠ ܗܟܘܬ = ἐπὶ τοιοῦτο?

LXIV. 2. εὐχή] + ἐν Ἰερουσαλήμ, ℵRT and more than 100 MSS.

LXVIII. 22. Om. καὶ 1°, and thus cod. 21, Chrysostom, Cyril.

LXXVI. 2. Om. καὶ ἡ φωνὴ: φωνῇ, sic vid. B^{b}ℵT etc.

XCVII. 1. Om. Κύριος, Euseb. (dem. ev.).

8. ἀγαλλιάσονται] + ἀπὸ προσώπου Κυρίου, ὅτι ἔρχεται ℵ^{ca} AT etc.

CI. 2. Κύριε εἰσάκουσον, ℵAT etc.

3. Om. *κλῖνον—ἐπικαλέσωμαί σε*, cf. codd. 152, 156, 264, where there is similar confusion.

Of these variants only that of xxii. 5 is characteristic; the coincidence with cod. 194. This MS. is described by Holmes-Parsons as

> Codex Biblioth. Reg. Paris. num. 21 membranaceus, pulcherrime, sed non accurate, scriptus, ubicunque literis aureis. Accentus habet a prima manu. Continet Psalmos 151, et Cantica Sacra.

(2) PROVERBS.

Prov. I. 1–9–19 = 61, pp. 87, 88 + 67, pp. 103, 104.

I. 6. Om. *τε*.

7. *εἰς θεόν*] + *φόβος Κυρίου*, 23, 252.

8. *υἱέ*] + *μου*, perhaps, as 147.

9. Perhaps *σῇ κεφαλῇ δέξεται*.

14. *σὸν κλῆρον*] *κλῆρόν σου*, 23, 252.

15. *μὴ*] pr. *υἱέ*, as ℵ^{ca} or rather *υἱέ μου*, as 23, 252. || *αὐτῶν* 2°] + (16) *οἱ γὰρ πόδες αὐτῶν εἰς κακίαν* (*κακὰ*?) *τρέχουσιν καὶ ταχινοὶ τοῦ ἐκχέαι αἷμα*, ℵ^{ca} A 23, etc.

IX. 1–11 = 64, p. 96.

2. *ἔσφαξεν*] pr. *καὶ*, alone || *ἐκέρασεν*] pr. *καὶ*, 68 etc.

6. *ἵνα...βασιλεύσητε*] *ἵνα ζήσεσθε*, ℵ^{ca}, cf. 23 etc. || *φρόνησιν*] + *ἵνα βιώσητε*, ℵ^{ca} A 23 etc.

8. *σε* 2°] + *ἄσοφον καὶ μισήσει σε*, ℵ^{ca} A etc.; 254 *ἄφρονα καὶ προσθήσει τοῦ μισῆσαι σε*, et adjiciet ut oderit te, Augustine.

Of these variants the most important is that in ix. 7, where the coincidence in the Hebrew between the Latin of Augustine, *adjiciet*, the Greek of cod. 254 *προσθήσει*, and our Syriac ܘܡܘܣܦ is very striking. Cod. 254 is according to Holmes-Parsons (preface to Job):

> Codex Vaticanus num. 337 membranaceus, in 8vo, saeculo XIII., ut videtur, exaratus.

(3) JOB.

Job XVI. 1–10, 21—XVII. 16 = 46, pp. 55–57.

XVI. 2. *πάντες*] + *ὑμεῖς*, vet. lat.

3. *ἢ τί*] *ἢ τίς*, alone.

6. *χειλέων*] + *μου*, ℵ*

7. *τραῦμα*] + *μου*, ℵ^ca^A
9. *εἰς*] pr. *καί*, ℵ* || *ἐγενήθη*] + *μοι* (?) || *ἀνταπεκρίθησαν*, alone.
23. *ἥκασιν*] *ἥκουσίν μοι*, A 157, 249 etc.

XVII. 1. *πνεύματι*] ܪܘܠܝܐ, write ܪܘܚܐ, probably.

5. *τῇ μερίδι*] ܠܒܢܝ̈ ܡܢܬܗ, Syriacism, literally: the sons of his portion. || *υἱοῖς*] + *μου*, perhaps.

10. *ἐρείδετε καὶ δεῦτε*] ܐܬܝܬܘܢ ܘܚܙܝܬܘܢ, "ye have come and seen" = ?

12. *ἔθηκαν*, A vet. lat. || *ἐγγὺς*] + ܕܬܬܟܣܐ = *σκεπασθῆναι*?

15. *ὄψομαι*] + *ἔτι*, only A and 249.

XXI. 1–34 = 54, pp. 74, 75.

2. *αὕτη παρ' ὑμῶν*, A. || Om. *ἡ*, AC 249.
5. *χεῖρα*] *your* hands. || *σιαγόνι*] *your* cheeks.
8. *ψυχὴν*] *their* heart. || *ὀφθαλμοῖς*] *their* eye.
9. *αὐτοῖς*] *ἐπ' αὐτοῖς* vel *ἐπ' αὐτοὺς*, many.
10. Conf. lat. concipientes non abortant.
14. *λέγει*] dicunt, vet. lat. || Κυρίῳ] Κύριε || *οὐ βούλομαι*] ܠܨܒܝ = ?
20. Instead of ܒܢܘܝ read ܒܢܝܘܝ.
21. *μετ' αὐτοῦ*] *μετ' αὐτόν*.
23. *αὐτοῦ*] ܕܢܨܒܗ. || *εὐπαθῶν*] ܒܪܐ = ?
25. *ὁ δὲ*] "another."
26. *αὐτοὺς*] ܬܪܝܗܘܢ, "both."

On cod. 249, which several times agrees closely with the Lectionary, Holmes-Parsons writes (preface to Esther):

> Codex Vaticanus, membranaceus, Pii secundi, in Appendice signatus num. 1. (Plura non dedit librarius: optandum est sane ut tandem aliquando divulgaretur Codicum Graecorum in Biblioth. Vaticana Catalogus.)

III. PROPHETS.

(1) Amos VIII. 9-12 = 78, pp. 114, 115.

9. *λέγει κύριος* Κύριος] *λ. κύριος ὁ θεὸς* and places it after *μεσημβρίας*.

10. Om. *πάσας*, 240.

11. ἐπὶ τὴν γῆν λιμὸν and + ܥܫܝܢܐ (ἰσχυρόν ?). ‖ Κυρίου] θεοῦ.
12. ὕδατα τῆς] ἀπὸ θαλάσσης ἕως, many. ‖ περιδραμοῦνται ζητοῦντες is translated as if it were ζητήσουσι περιδραμεῖν.

(2) Micah V. 2–5 = 25, p. 24.

2. ὀλιγοστὸς] pr. μὴ, many. ‖ Om. τοῦ εἶναι. ‖ χιλιάσιν] τοῖς ἡγεμόσιν, cf. 36, 39, literally, *in the leadership*. ‖ ἐξ οὗ (read ἐκ σοῦ)] + γὰρ. ‖ μοι] + ἡγούμενος, cf. A and Theodoret. ‖ τοῦ Ἰσραήλ] ἐν τῷ Ἰσραήλ, with AQ, et pr. καὶ, ܐܦ.

3. δώσει] The Syriac form ܬܬܠ may be understood "she will give" or as δώσεις, "thou wilt give," cod. 22, 153.

4. αὐτοῦ ἐν ἰσχύι Κύριος] Κυρίου ἐν ἰσχύι.

(3) Joel I. 14—II. 11–20–27 = 38, pp. 42–44; 40, pp. 45, 46; 43, pp. 49, 50.

I. 14. κηρύξατε and συναγάγετε] pr. καὶ, it. 16 before ἐξ (many) and 17 κατεσκάφησαν. The Syriac does not easily admit *asyndeta*.

17. ἐσκίρτησαν] + δὲ. ‖ ὅτι] καὶ.
18. ἑαυτοῖς] ἐν αὐτοῖς, 311 Arm.
19. σέ] + δὲ.

II. 1. κηρύξατε] pr. καὶ. ‖ συγχυθήτωσαν] συναχθήτωσαν, A ‖ ὅτι] καὶ.
2. ὡς] pr. καὶ. ‖ Om. ἐτῶν.
3. πεδίον] pr. ὡς, compl. ὡσεὶ.
5. ὡς 1°] pr. καὶ, it. 6 for πᾶν.
7. ὡς 1°] + δὲ.
11. ὅτι 2°] καὶ.
14. θυσίαν] pr. καὶ, many.
15. κηρύξατε, 16 ἁγιάσατε, it. νήπια et ἐξελθάτω] pr. καὶ. ‖ Om. ἐκλέξασθε πρεσβυτέρους.
17. ἀνὰ μέσον] pr. καὶ.
19. τῷ λαῷ αὐτοῦ after Κύριος, 30, 311. ‖ ἔλαιον] + *and ye shall eat* (καὶ φάγεσθε).
20. ἐμεγαλύνθη, AQ many.
21. χαῖρε] pr. καὶ.
22. συκῆ καὶ ἄμπελος] καὶ ἄμπ. καὶ συκῆ, cf. AQ etc.
26. Om. ἐσθίοντες, cf. 233.
27. Om. ἔτι 2°, many.

III. 9–21 = 50, pp. 64, 65.

9. *προσαγάγετε* etc.] and all men of war shall draw near and come up.

11. *ἐκεῖ· ὁ πρᾳὺς ἔστω μαχητής*] and there breaks the Lord your strength (alone).

12. *ἐξεγειρέσθωσαν*] + *τὰ ἔθνη καὶ*.

13. *πατεῖτε* and *ὑπερεκχεῖτε*] pr. *καὶ*.

14. Om. from *τῆς δίκης* 1°—2°, 23, 62, 106.

15. Note the difference in the translation of *δύσουσιν* here (ܢܥܪܘܒ) and ii. 10, ܛܡܫܝܢ = ܛܒܫܝܢ. There is no example as yet of this verb ܛܡܫ in the Syriac Dictionaries, neither in the *Thesaurus* nor in Brockelmann. But codd. BC of the Evangeliarium (to be published by Mrs Lewis) have Luke v. 7 (p. 97 l. 1) ܡܬܛܡܫܝܢ, where de Lagarde after his codex (A) gives ܡܬܛܒܫܝܢ, with the note: in ventre litterae ܒ vocis ܡܬܛܒܫܝܢ litura.

16. *ἐνισχύσει*] + Κύριος, Q etc.

17. Om. *καὶ* 2°.

18. *σχοίνων*] ܕܫܛܝܡ. Why does the Lectionary not translate *σχοίνων*? And how does it come to the form ܫܛܝܡ? from the Peshito, which has ܣܛܝܡ, or direct from the Hebrew שִׁטִּים? The Syriac Hexapla retains ܣܟܘܢܝ and remarks in the margin: ܣܟܘܢܝ are the trees which produce ܚܝܐ (*χία*, gummi, mastix). The same translation is to be found in Micah vi. 5 and Hatch-Redpath ought not to have placed the † to these passages, but ought rather to have given שִׁטָּה as the Hebrew equivalent of *σχοῖνος* (= *σχῖνος*). The Greek reading is of great interest, because the word serves Jer. viii. 8 in LXX. and Ps. xlv. 2 in AQUILA, as the translation for עֵט, the *calamus* or pen.

(4) Jonah (the whole) = 88, pp. 126–131.

I. 2. *αὐτῆς*] *αὐτῶν*, 95, 130 etc.

5. *ἐφοβήθησαν*] + *φόβῳ μεγάλῳ*, 36, 86, 130 etc.

6. *ῥέγχεις*] pr. *καθεύδεις καὶ*.

8. *ἔρχῃ*] + *καὶ ποῦ πορεύῃ* ℵ^cb Q^mg 22 etc.

10. *ἐποίησας*] pr. *ὅ*, 130, 211 et + *ἡμῖν*, 86, 239.

11. κλύδωνα] + ἐπ' αὐτούς, 36, 86, 130, 311.
14. ἀνεβόησαν] + the men.

II. 1. καταπιεῖν] and it swallowed.
2. ἐκ τῆς κοιλίας τοῦ κήτους πρὸς Κύριον τὸν θεὸν αὐτοῦ.
7. φθορὰ ζωῆς] ἐκ φθορᾶς ἡ ζωή, AQ etc.
10. σωτηρίου] + μου AQ etc.
11. προσετάγη] + ἀπὸ κυρίου, ℵ[cb].

III. 2. 'Ανάστηθι] + καὶ.
3. ἐλάλησεν] + αὐτῷ.
8. αὐτῶν] αὐτοῦ.

IV. 3. Om. δέσποτα, Cyril Alex.
4. We have already here as in *v.* 8: And Jonah answered: Well I am angry even unto death. This occurs in no other MS., as it seems.
8. Om. καὶ 2°. || ἀπελέγετο τὴν ψυχὴν αὐτοῦ] he chose for his soul the death.

In these passages from the Minor Prophets the Greek codices which show the most marked relation to the text of our Lectionary are

86 (see Jonah i. 5, 8, 11),
240 (see Amos viii. 10, Zech. ix. 11),
311 (see Joel ii. 19, Zech. xi. 14 etc.).

86 is the well-known Codex Cardinalis Barberini Romae vetustissimus; compare on it Holmes-Parsons, pref. to Isaiah.

240 is described in the preface to the Minor Prophets as

> Codex Biblioth. Mediceae XXII. Plut. XI. in folio minore saec. XIII. (sc. an. 1286 ut habetur in ultima Codicis pagina). Est catena perpetua ex variis SS. PP. concinnata. Nitidissimus codex.

311 is (ibidem): Cod. Bibl. S. Synod. Mosq. num. 341 membranaceus saec. XI.

(5) Zechariah IX. 9–15 = 52, pp. 69, 70.

9. Om. αὐτὸς.
10. πλῆθος καὶ εἰρήνη ἐξ ἐθνῶν] as the Syriac text stands, we must translate: he will *speak* peace with the nations. According to Holmes-Parsons the same translation is found in the Slavonic version: καὶ ῥήσει (?) εἰρήνην ἐθνῶν; Aquila, Eusebius and others, λαλήσει.

ὑδάτων (= מַיִם)] ἀπὸ θαλάσσης (= מִיָּם); thus ℵ[ca] 22, 36, 40, 42, 49 etc. || ποταμῶν διεκβολὰς] ἀπὸ ποταμῶν ἕως διεκβολὰς or διεκβολῶν,

ℵ[ca] etc. This passage proves that the Lectionary follows a Greek text, which had undergone revision from the Hebrew.

11. Om. *σου* 2°, 240.

12. Om. *παροικεσίας σου*, alone.

13. I have bent my bow *against* Judah and filled *against* Ephraim (*τῷ Ἐφραίμ* codd. 95, 185). || *ψηλαφήσω*] ܥܒܕܬ, I have made. || *βολὶς*] + *αὐτοῦ*, 22, 36 etc.

14. *Παντοκράτωρ*] here = ܡܪ̈ܘܬܐ, in the next verse = ܫܠܛܢܐ.

XI. 11[b]–14 = (*a*) 68, p. 104 = (*b*) 72, pp. 110, 111.

Here we have for the first time a lesson twice, and, small as it is, it is sufficient to show that the text was not taken from an already existing Syriac version of the Bible, but that it was translated afresh *ad hoc*, where it occurred. This is proved (1) by different translations of an identical Greek text, (2) by variations in the Greek text. Compare

11. (*a*) ܘܢܕܥ ܟܢܥܢܝܐ
(*b*) ܘܢܕܥܘܢ ܟܢܥܢܝ̈ } = *καὶ γνώσονται Χαναναῖοι.*

12. (*a*) ܛܠܡ ܐܬܘܢ ܠܗ
(*b*) ܪܦܣܘ } *ἀπείπασθε*. Besides the addition of ܠܗ *ἀπείπασθε* seems to be taken in the first case as verbum finitum, not as imperative and in the sense of *ἀθετεῖν* or *ἀδικεῖν*.

14. (*a*) ܘܫܕܝܬ
(*b*) ܘܬܒܪܬ } *ἀπέρριψα* ; the rendering of 6 would best correspond to a reading *συνέτριψα*, but this is not found in any Greek MS.; one has *ἀπέστρεψα*, another *ἀπέκρυψα*; it is the reading of the Peshito. || *κατάσχεσίν μου*] both (*a*) and (*b*) *τὴν διαθήκην μου*, 106, 239, 311.

(6) Isaiah III. 9[b]–15 = 74, pp. 111, 112.

9. Om. *καθ' ἑαυτῶν*.

10. *δύσχρηστος*] ܠܒ = *εὔχρηστος*?

11. *πονηρὰ*] + ܕܐܘܕܥܬܐ = ?

13. Om. *καὶ στήσει εἰς κρίσιν τὸν λαὸν αὐτοῦ*, cf. 301 which om. *κ. στ. εἰς κρ.*

15. *ἀδικεῖτε*] + *μοι*.

VII. 10–16 = 24, p. 23.

13. δὴ] ܗܕܐ.

14. Κύριος αὐτὸς] ܗܐ ܡܪܝܐ. ‖ καλέσουσιν, 26, 106, 144, 239, 306.

15. προελέσθαι] ܠܡܡܠܠ = λέγειν? ‖ ἐκλέξεται, many.

16. πονηρίᾳ] + ܐܠܐ.

VIII. 8—XI. 16—XII. 6 = 27, pp. 25–33; 35, pp. 39, 40.

9. Om. ἡττᾶσθε 1°–2°, 144. ‖ λόγον ὃν λαλήσητε] ὅτι βουλεύσησθε.

11. τῇ πορείᾳ] pr. καὶ, 22, 36 etc. ‖ om. λέγοντες.

13. αὐτὸν] ܠܚܘܕ, *alone.*

14. λίθῳ προσκόμματος, 301. ‖ πέτρᾳ πτώματος. ‖ ἐν 1°] pr. ὡς.

15. Om. καὶ ἐγγιοῦσιν. ‖ ἁλώσονται] ܢܐܒܕܘܢ = ἀπολέσουσιν? ‖ ἐν ἀσφαλείᾳ] + ὄντες?

17. μενῶ] ܡܘܕܐ, *I confess* = ?

19. καὶ ἐὰν εἴπωσιν] and he will say. ‖ οὐκ ἔθνος] ܠܝܬ ܗܘ ܥܡ, read ܥܡ, probably. ‖ om. αὐτοῦ, 302. ‖ ἐκζητοῦσιν] do *ye* seek and ask? ‖ νεκροὺς] ܡܝܝܐ, read ܡܝܬܐ.

20. ἔδωκεν] ܐܬܝܗܒ ‖ om. οὐκ, it. *v.* 22!

22. καὶ ἀπορία καὶ στενοχωρία κ. σκότος κ. θλίψις κ. σκότος πολὺ.

IX. 1. πίε] ܐܬܐ (= ܐܬܪܐ?). ‖ om. καὶ πέραν τοῦ Ἰορδάνου, Cyril.

2. ἴδετε] ܚܙܐ = εἶδε, ℵ[c]. ‖ ἐφ᾽ ὑμᾶς] ܥܠܝܗܘܢ, over them, Euseb. αὐτοῖς.

3. Om. ἐν εὐφροσύνῃ σου.

4. ἐπ᾽ αὐτῶν] on their neck, omissis καὶ ἡ ῥάβδος ἡ. ‖ ܡܪܝܡ] l. ܡܪܕܝܐ.

5. ἱμάτιον] pr. πᾶν.

6. ὅτι] ἰδοὺ, Clemens Alex. ‖ υἱὸς] pr. καὶ. ‖ οὗ ἡ ἀρχὴ] and his government. ‖ καλοῦσι. ‖ μεγάλης βουλῆς ἄγγελος] ܡܠܟܐ ܕܡܠܟܐ ܪܒܐ ܒܡܠܟܘܬܗ, write ܡܠܐܟܐ + θαυμαστὸς σύμβουλος, θεὸς ἰσχυρός, ἐξουσιαστής (= ܫܠܝܛܢ ܕܟܠ ܫܘܠܛܢܘܬܐ), ἄρχων εἰρήνης, πατὴρ τοῦ μέλλοντος αἰῶνος, cf. ℵ[ca]A 22, 36 etc. ‖ ἄξω] ἄξει?

7. εἰρήνης] ܘܫܘܠܛܢܘܬܗ = ἐξουσίας?, very singular. ‖ Δαυείδ] + sitting. ‖ ὁ ζῆλος] *for* the zeal.

9. ἐν Σαμαρείᾳ] in the *land* of Samaria.
11. Om. ἐπ' αὐτὸν, 41.
12. Συρίαν] pr. ܘܪܝܡ = καὶ ἀφελεῖ? || Ἕλληνας] ܠܚܢ̈ܦܐ.
14, 15. Om. ἡ ἀρχὴ καὶ προφήτην.
16. Om. πλανῶντες καὶ. || καταπίνωσιν] ταπινῶσιν!
18. πάντα] c. seqq. conj. + γὰρ.
20. βραχίονος] + τοῦ ἀδελφοῦ A 26, 106 etc.

X. 1. πονηρίαν 2°] + ἑαυτοῖς.
2. ἐκκλίνοντες] + γάρ. || ἁρπάζοντες] pr. καὶ, ℵAQ 26, 106 etc.
3. ποιήσουσιν] *ye* do.
4. ἀπαγωγὴν] + καὶ ὑποκάτω ἀνῃρημένων πεσοῦνται, ℵAQ^{mg} etc.
7. ἀπαλλάξει ὁ νοῦς αὐτοῦ] so he thought in his mind. || οὐκ] pr. καὶ.
9. ἐρεῖ] + αὐτοῖς.
10. ταύτας] pr. πάσας.
12. Ἰερουσαλὴμ] pr. ἐν, A etc.
14. ἀρῶ] ܘܢܣܒ ܣܘܪ̈ܝܐ i.e. καὶ ἀρῶ Συρίαν, quite singular. || διαφεύξεταί με] shall be saved from my hands.
17. καὶ ἁγιάσει α. ἐν πυρὶ] ܘܩܕܫܬܗ ܘܢܘܪܐ = ܘܩܕܫܝܗ ܒܢܘܪܐ?
19. παιδίον] + μικρὸν, 22, 24, 36 etc.
20. οὐκέτι] ἔτι. || ἀδικήσαντες] ܐܬܪܚܨܘ = trusting?
21. ἰσχύοντα] + ἔσονται πεποιθότες.
23. Om. ὅτι λόγον συντετμημένον here. || ἐν τῇ οἰκουμένῃ ὅλῃ] vid. ἐπὶ τῆς γῆς (cf. Theod. and Symm.) + καὶ λόγον συντετμημένον ποιήσει Κύριος ἐν τῇ οἰκουμένῃ ὅλῃ.
24. Om. σαβαὼθ.
25. Om. μου.
26. Om. ἐν τόπῳ θλίψεως. || om. αὐτοῦ.
27. Om. καὶ καταφθαρήσεται—ὑμῶν, alone.
30. Om. ἐπακούσεται ἐν Σά, ℵ.
31. Medeba.
32. τὴν θυγατέρα] of the daughter.
33. Om. ὁ δεσπότης, Chrysostom.
33, 34. Om. ὑψηλοὶ 1–3, cf. Chrysostom.

XI. 1. ῥίζης] + αὐτοῦ.
2. Om. καὶ εὐσεβείας, alone.
3. αὐτὸν] ܠܗ.
4. ταπεινοὺς] ἐνδόξους ℵQ[1] etc.

6. Om. *καὶ πάρδαλις συναναπαύσεται.*

7. *ὡς βοῦς*] *καὶ βοῦς*, ℵAQ etc., + *ἅμα*, AQ.

15. *φάραγγας*] + in Egypt, alone! ‖ *ἐν ὑποδήμασιν*] shoes on their feet.

XII. 1. *ἐρεῖς*] *ἐρεῖ* 26, 87, 97, Compl. ‖ *σου*] + *ἀπ' ἐμοῦ*, 22, 24, 48 etc. Note how the MSS. are divided. The one reading in the verse is supported by one class of MSS., the other by quite a different series.

2. *αὐτῷ*] + *καὶ σωθήσομαι ἐν αὐτῷ*, B[ab]ℵQ 26, 41 etc.

3. *σωτηρίου*] + *ὑμῶν.*

4—6. Six times the *asyndeton* is changed: *καὶ βοᾶτε, καὶ ἀναγγ., καὶ μιμν., ὑμνήσατε δὲ, καὶ ἀναγγ., καὶ ἀγαλλ.*

XXV. 1–3[a] = 93, p. 135.

1. I praise thee, my God, my King. ‖ *ἀρχαίαν*] + *καὶ*. ‖ *γένοιτο*] + *κύριε*, many.

2. *πόλεις* 2°] pr. *καὶ*, many. ‖ om. *μὴ* 1°, ℵAQ etc. ‖ *πόλις* (*πόλεις*)] + thou hast destroyed (ܚܪܒܬ).

XXXV. 1–10 = 31, pp. 36, 37.

1 *ἀγαλλιάσθω*] pr. *καὶ*, similiter 3, *καὶ ἰσχύσ., καὶ παρακ., καὶ ἰσχύσ., καὶ μὴ φ.*

2. *καὶ ἀγαλλιάσεται καὶ ἐξανθήσει.* ‖ *ἡ δόξα*] pr. *ὅτι*, Athanasius.

4. , *οἱ ὀλιγόψυχοι*] *τοὺς ὀλιγοψύχους*, 24. ‖ *κρίσιν—ἀνταποδώσει*] he is judge and retributes retribution.

7. *καλάμου*] *ποιμνίων*, ℵ 49, 239, 306.

7, 8. *καὶ ἕλη. ἔσται ἐκεῖ*] . *καὶ ἔσται ἐκεῖ ἕλη καί.*

10. *κεφαλῆς*] + *αὐτῶν· ἐπὶ γὰρ κεφαλῆς*, ℵAQΓ(B[ab]). ‖ *αἴνεσις*] + *καὶ ἔσται.*

XL. 1–8 = (*a*) 32, pp. 37, 38 = (*b*) 62, pp. 88, 89.

(*a*) 4. *ἡ τραχεῖα*] pr. *πᾶσα.*

6. *λέγοντος*] + *μοι.* ‖ *χόρτος*] pr. *ὡς.*

7. *τὸ ἄνθος*] + *αὐτοῦ.* ‖ *ἐξέπεσεν*] + *ὅτι πνεῦμα κυρίου ἔπνευσεν εἰς αὐτό· ἀληθῶς χόρτος ὁ λαός· ἐξηράνθη χόρτος, ἐξέπεσε τὸ ἄνθος* (*αὐτοῦ*), Q[mg] 22, 36 etc.

8. *θεοῦ ἡμῶν*] *κυρίου.*

We have this lesson, at least in fragments, not only twice, but even three times*; for it is already to be found in Land p. 223. It proves still further that the Syriac text was not taken from a complete version of the Bible, for we have two different renderings of two different Greek texts; the readings of Land (C) agree for the most part with (A). Compare:

A ܠܟܠܗ, BC ܟܠܗ, AC ܫܘܒܚܬܗ, B ܫܘܒܚܗ,
A ܡܛܠ, B ܒܕ, AC ܡܫܒܚܘܬܐ, B ܐܘܩܝܪܬܐ,
AC ܘܝܒܠ, C ܢܬܪܐ, A ܠ and ܥܠ, B nil
AC ܢܬܪ, B ܢܦܠ.

B has the addition (of A) not after v. 7, but after v. 8, without ὅτι and rendering ἔπνευσεν by ܢܦܚܬ for ܢܫܒܬ; after it v. 8 is given a second time with τοῦ θεοῦ ἡμῶν as in the Greek text of Swete, not with τοῦ κυρίου as in the Syriac text of A; for ܢܦܠ it has again ܢܬܪ.

XL. 9–17 = 65, p. 97.

9. εἰπὸν] εἴπετε.

10. Om. κύριος 1°, many. || βραχίων] + αὐτοῦ, many. || ἰδοὺ 2°] καὶ. || om. αὐτοῦ 1°.

11. ποιμὴν] + ὅς. || ἄρνας] + καὶ ἐν τῷ κόλπῳ αὐτοῦ βαστάσει, Q^mg many.

12. τὸν οὐρανὸν] pr. who measured ܡܢ ܡܫܚ. || χειρὶ, σπιθάμῃ and δρακὶ] + αὐτοῦ.

13. καὶ] ἤ.

14. αὐτῷ 2°] + ἢ τίς προέδωκεν αὐτῷ καὶ ἀνταποδοθήσεται αὐτῷ; (ܡܢܗ, from him?), ℵ*A 26 etc.

15. Om. εἰ, Justin. || om. ὡς σίελος λογισθήσονται, Slav. Ostrog.

17. ἐλογίσθησαν] + αὐτῷ, Q^mg 22, 36 etc.

XLII. 5–10 = 47, pp. 57, 58.

5. οὕτως] + γάρ. || τὰ] pr. πάντα.

6. γένους] ܫܪܒܝ, which might be either plural or singular with suffix of the first person = γένους μου, as ℵ 87, 91, 167 + εἰς φῶς ἐθνῶν ℵB^ab AQ etc.

8. τὴν et 10. ἡ] pr. καί.

* Is. xl. 1-8 will be found a fourth time on p. cxxxviii of this book. A. S. L.

XLII. 16ᵇ—XLIII. 14 = 42, pp. 47–49.

17. αἰσχύνθητε] pr. καὶ, similiter 21 κύριος, 22 ἐγένοντο, 23 εἰσακούσεται (sic), XLIII. 1 ἐκάλεσα, 2 φλόξ, 5 μὴ, ἀπὸ 1°, 6 ἐρῶ, 9 πάντα, ἀγαγέτωσαν, 12 ἀνήγγειλα, 13 ποιήσω.

19. καὶ 3°] pr. τίς τυφλὸς ὡς ὁ ἀπεσχηκώς; Q^{mg} 23, 36, 48 etc.

21. ἐβουλεύσατο] ἐβούλετο, Q 22 etc.

23. εἰσακούσατε] εἰσακούσεται, which is preferable, many.

24. οἷς] τίς, ℵAQ, (read thus in LXX.).

25. ψυχὴν] + αὐτῶν.

XLIII. 3. Om. σου 1°, 41, 49, 106. ‖ σώζων] ܕܓܒܝܬ = who chose.

8. ὀφθαλμοὶ] + αὐτῶν, many.

9. ἐξ αὐτῶν] ܥܡܗܘܢ, *with* them. ‖ ἀναγγελεῖ 1°] + ὑμῖν. ‖ τοὺς μάρτυρας] the testimonies (τὰς μαρτυρίας).

10. πιστεύσητε] + μοι, A 22, 36, etc. ‖ καὶ 4°] + τότε.

11. ὁ θεός] ὁ κύριος.

12. ἔσωσα, ὠνείδισα] ܐܣܕܬ = ܚܣܕܬ? ‖ ἡμῖν] ὑμῖν, ℵAQΓ etc.

13. ἔτι] ὅτι.

14. καὶ Χαλδαῖοι] Χαλδαῖοι (or Χαλδαίους) καὶ.

The last five verses of this lesson occur again in the following:

XLIII. 10–21 = 55, pp. 76, 77, while the verses 15–21 are found a second time in lesson 30, pp. 35, 36; thus we have again a double rendering of a passage of 12 verses. It will not be necessary to quote all the differences. We have again (1) double renderings of an identical Greek text; comp. A ܦܣܝܕ, B ܚܣܕ *v.* 10, A ܦܠܛܝܢ, B ܦܠܛܝܪ *v.* 14; (2) different Greek texts: A ܡܪܝܐ ܗܘ = κύριος, B ܐܠܗܐ = ὁ θεός *v.* 11, A ܬܬܐܣܪܘܢ = δεθήσονται, B ܬܬܒܣܪܘܢ = δοθήσονται *v.* 14, the latter reading is only to be found as yet as misprint in the editio Aldina. After ܘܚܘܝܬ = ἀνήγγειλα B has ܘܐܚܘܝܬ ܘܫܠܠܬ; there is nothing to correspond to ܘܫܠܠܬ in any Greek codex. Neither is there any example, as yet, for ܚܣܕ, ܐܣܕ = ὀνειδίζειν (in the Thesaurus or in Brockelmann).

XLIII. 17. ἰσχυρόν] B πολὺν καὶ ἰσχυρόν, 22, 36, 48 etc. B + ܠܚܕܐ σφόδρα.

21. A om. μου, 26, 32.

22. Ἰσραὴλ] A ܐܝܣܪܝܠ (vocative), B ܠܐܝܣܪܝܠ (dative?).

Of various translations compare here A ܨܘܪ̈ܐ, B ܦܣܝ̈ܠܝܗܘܢ *v.* 20, A ܥܒܕܬ, B ܩܢܝܬ = (περι)εποιησάμην *v.* 21.

XLIV. 2–7 = 33, p. 38.

2. *μὴ*] + *οὖν*.

3. *ὅτι*] *ἰδού*.

4. *ὡσεὶ χόρτος ἀνὰ μέσον ὕδατος*, א^cAQ etc. || *παραρρέον*] *πᾶν ῥέον*, 87, 97, 228 Compl. Ald. The first hand of א is interesting ΠΑΡΕΟΝ (= ΠᾹΡΕΟΝ = *πᾶν ῥέον*).

5. Read ܕܐܠܗܐ. || *οὗτος* 1° etc.] *οὕτως ἐρεῖ θεός· ἐγώ εἰμι*.

6. *λέγει*] + *ὁ θεός*, almost all MSS. || *καὶ ῥυσ. αὐτὸν*] *ὁ ῥυσ. σε*.

7. *ἑτοιμασάτω*] ܢܘܕܥ, a free rendering?

L. 4–9^a = 76, p. 113.

4. *ἡνίκα δεῖ*] ܗܘ ܕܝ = *δὲ*? || *πρωὶ*] + *πρωί*, א^c, 22, 51 etc.

5. Om. *κυρίου* 1°, many. || *ἀντιλέγω*] ܡܣܪܒܦ.

8. Om. *ἅμα*, Barnabas, Didymus, Slav. Ostrog.

9. Κύριος] + *κύριος*, B^abQ^mg etc.

LII. 13—LIII. 12 = 80, pp. 116–118.

13. *καὶ δοξασθήσεται καὶ ὑψωθήσεται σφ.* || *σφόδρα*] + *καὶ μετεωρισθήσεται*, Q^mg many.

14. *ἐπὶ σὲ*] *ἐπ' ἐμέ*. || Om. *οὕτως*. || Om. *ἀπὸ ἀνθρώπων*. || Om. *καὶ ἡ δόξα σου*. || *ἀνθρώπων*] pr. *υἱῶν τῶν*, many.

15. *συνέξουσιν*] + over him (om. *περὶ αὐτοῦ*). || *ὄψονται*] + *αὐτὸν*.

LIII. 2. *ἀνηγγείλαμεν*] + *αὐτὸν*. || *ὡς* 1°] pr. *καί*. || Om. *καὶ* 1°, 22, 36, 48.

3. *We* have turned *our* face from *him*. || *κακώσει* and *πληγῇ* interchanged.

5. *παιδία*] pr. *καὶ*.

6. *ταῖς ἁμαρτ.*] ܠܒܕܠ = *ὑπὲρ τῶν*, Clem. Rom., *propter* Jerome.

7. *στόμα*] + *αὐτοῦ*.

8. *ὅτι*] ܕܗܐ = *ἰδού*? || *λαοῦ μου*] *λ. αὐτοῦ*.

10. *περὶ ἁμαρτίας ἡμῶν τὴν ψυχὴν ὑμῶν*, Compl., Athan., Theodt. ||

ὄψεσθε, Athan., Theodt. ‖ Κύριος] + ἐν χειρὶ αὐτοῦ, 22 etc., Athan., Theodt. ‖ vid. τὴν ψυχὴν αὐτοῦ.

11. δεῖξαι] καὶ δείξει (?) ‖ πλάσαι] + αὐτόν.

12. Om. αὐτός.

LX. 1–22 = 87, pp. 124–126.

1. φῶς σου] + καὶ ὁ σωτήρ σου, alone.
2. ἰδοὺ] + γὰρ, ℵ^c.
3. βασιλεῖς and ἔθνη interchanged.
4. ἴδε] + πάντα, Q^mg.
5. ὄψῃ] + καὶ χαρήσῃ, Q^mg. ‖ καρδίᾳ] + σου.
6. Γαιφάρ, ℵAQ etc. ‖ πάντες et οἴσουσιν] pr. καὶ, + σοι λίθον τίμιον, cf. ℵ^cA.
7. Om. πάντα. ‖ ἥξουσιν] + σοι.
8. Om. ὡς νεφέλαι and καὶ.
9. ἄργυρον] + αὐτῶν. ‖ ἅγιον] + ܢܚܘܘܢ = ἀπαγγελοῦσιν?
11. νυκτὸς] + καὶ, 22, 48 etc. ‖ ἀγομένους] ܗܘܝܢ ܐܟܚܕܐ = ἅμα?
12. οἱ γὰρ βασιλεῖς καὶ τὰ ἔθνη.
13. μου] + καὶ τὸν τόπον τῶν ποδῶν μου δοξάσω, Q^mg 22 etc., + λέγει Κύριος, alone.
15. βοηθῶν] + σε.
17. λίθων] + οἴσω σοι.
18. γλύμμα] ܪܘܙܐ = ἀγαλλίαμα (?), this may be the true text.
19. ἀνατολὴ σελήνης is freely rendered. ‖ φῶς] pr. εἰς, it. v. 20. ‖ δόξα σου] σοὶ εἰς δόξαν.

LXI. 1–11 = 70, pp. 107, 108.

1. ἰάσασθαι] pr. καὶ, it. κηρῦξαι, 2 καλέσαι, παρακαλέσαι, 3 ἀντὶ 2°, 4 ἐξηρημωμένας, 6 λειτουργοί, A 86.
2. ἀνταποδόσεως] + τῷ θεῷ ἡμῶν, Q^mg.
3. Om. δοθῆναι τοῖς πενθοῦσιν, cf. 87, 97. ‖ om. αὐτοῖς δόξαν, alone. ‖ τοῖς πενθοῦσι] ܚܠܦ ܐܒܠܐ = ἀντὶ πένθους. ‖ om. καὶ.
5. ἀλλόφυλοι] + ܢܗܘܘܢ ܠܟ, ἔσονταί σοι.
6. κυρίου] θεοῦ, alone. ‖ θαυμασθήσεσθε] + ἀντὶ τῆς αἰσχύνης ὑμῶν καὶ (ἀντὶ) τῆς ἐντροπῆς ὑμῶν (ܐܒܒܘܬܟܘܢ).
7. ἐκ δευτέρας (δευτέραν κληρονομίαν) τὴν γῆν κληρονομήσετε, many, but all + ἀγαλλιάσεται ἡ μερὶς after ἐντροπῆς, except 87, 97, 228. ‖ αὐτῶν] ὑμῶν, alone.

8. Om. *γὰρ.* || *ἐξ ἀδικίας*] *καὶ ἀδικίας.*

10. *μίτραν*] ܡܟܒܝܐ = ? || *καὶ ὡς νύμφην κατεκοσμημένην ἐκόσμησέ με.*

11. *κῆπος*] + *ἀνατελεῖ,* 23, 109 etc., or *ἐκφύει,* 36, 48 etc. (Compl. *ἐκβλαστάνει* as a translation of *germinat!*) || om. *κύριος* 1°.

LXIII. 1–7[a] = 84, pp. 119, 120.

1. *ἐρύθημα*] pr. *καὶ,* it. *οὕτως.* || *ἐκ*] pr. *ὡς.* || *στολῇ*] + *αὐτοῦ,* Q[mg].

2. *πατητοῦ*] *πατήματος,* Q Origen.

3. *πλήρους,* ℵ[1]Q[mg]. || *καταπεπατημένης*] + *λῆνον γὰρ ἐπάτησα μονώτατος,* many. || *θυμῷ μου*] + *καὶ συνέθλασα* (?) *αὐτοὺς ἐν τῇ ὀργῇ μου,* cf. 22, 36 etc. || *αἷμα αὐτῶν*] + *εἰς γῆν καὶ ἐμόλυνα τὰ ἐνδύματά μου,* 23 etc. (For *ἐμόλυνα* Compl. gives *ἐμίανα* against all MSS.; the same variant in Acts v. 38 between the codices D and E in a passage which is found only in these two codices; see Eb. Nestle, *Philologica sacra,* p. 44.)

5. *αὐτοὺς*] *με,* 62, 90, 308, *μοι,* 147, 233.

6. *ὀργῇ μου*] + *καὶ ἐμέθυσα αὐτοὺς ἐν τῷ θυμῷ μου,* cf. 22, 23, 36 etc., Q[mg] after *ἐπέστη, v.* 5.

7. *κυρίου* 2°] + *ἀναμνήσω,* 109, 302, 305; Q[mg] + *ἀναμνήσω τὴν αἴνεσιν κυρίου.*

Jeremiah XI. 18–20 = 86, p. 121.

18. *γνώσομαι*] perhaps *γνῶσόν* (= *γνώρισόν*) *με.* || *τότε εἶδον*] ܐܘܕܥܬܢܝ ܘܐܚܘܝܬ ܠܝ, a free rendering.

19. *οὐκ ἔγνων*] pr. *καὶ,* + *ὅτι.* || om. *δεῦτε καὶ.*

20. *κύριε*] + *τῶν δυνάμεων,* 22 etc.

In the *Greater Prophets* the Lectionary agrees very frequently with the marginal readings of Q, the codex Marchalianus, attributed there to one or more of the later Versions of Aquila, Symmachus and Theodotion. This clearly shows that the Lectionary rests on a text dependent on Origen. It is probable that Lectionaries are much later than the time of Origen, but they are nevertheless valuable for the text of the Septuagint, as well as for that of the N.T.

B. NEW TESTAMENT.

For the N.T. I have compared the text of the Lectionary with that of Westcott-Hort, but the readings of Greek MSS. are for the most part taken from Tischendorf's editio octava. It would be very convenient if a normal copy of a Greek Lectionary were published in a form which would serve as a standard of collation for the textual criticism of the N.T. Of the Books mentioned by Gregory-Tischendorf III. p. 693 sq. and by Brightman, *Eastern Liturgies*, p. lxxxvii, a beautiful copy of the Venice Αποστολος of 1550 was at my disposal (from the Library of Munich).

Acts I. 1–8–14 = 89, pp. 131, 132 and 92, pp. 134, 135.

3. *δι' ἡμερῶν τεσσεράκοντα* is in the translation connected with the preceding clause *παρέστησεν ἑαυτὸν ζῶντα*, not with the following *ὀπτανόμενος αὐτοῖς καὶ λέγων*.

4. *συναλιζόμενος*] and he was *eating* with them.

6. *συνελθόντες* is construed with *οἱ μὲν οὖν*; *those*, therefore, who were come together, not: they, therefore, when they were come together.

8. *δύναμιν*] + *from on high*, ܡܢ ܡܪܘܡܐ, no trace of this reading in Tischendorf.

9. *ἐπήρθη* is given by two verbs ܐܬܢܣܒ ܡܢܗܘܢ ܘܐܬܪܘܡܡ, literally: *he was taken from them and lifted up;* for *ὑπέλαβεν* a third root is used ܩܒܠ, *received.*

11. At the close of the verse "*from you*" is added after *εἰς τὸν οὐρανόν*; no example of this lesson in Tischendorf.

13. The order is *James and John* instead of *John and James;* before Bartholomew an *and* is inserted.

14. *γυναιξὶν καὶ* is omitted—no trace of this in Tischendorf. Did the writer take offence at the presence of women? Certainly the writer of codex D showed more courtesy by adding the children to them *σὺν γυναιξὶν καὶ τέκνοις*.

II. 22–28–36 = 90 and 91, pp. 132–134.

22. For *δυνάμεσι καὶ τέρασι καὶ σημείοις* the translation has but two words ܒܐܬܝܢ ܘܒܚܝܠܝܢ in this order "through signs and mighty works (powers)."

ἐν μέσῳ] the Lectionary seems to have καὶ before it: *even* (ܐܘܦ) in your midst.

25. λέγει] says *before*, ܩܕܝܡ ܘܐܡܪ.

29. his tomb is with us] *he is with us in his tomb;* an interesting variant; what, if we were to find him still in his grave now!

30. εἰδὼς] ἰδὼν, as D*. || "*his* loins" and "*his* throne"] "*thy* loins" and "*thy* throne."

31. προιδὼν] προειδὼς, as D².

34. λέγει is again translated as if it were προλέγει.

36. ܘܫܠܝܚܐ καὶ ἀπόστολον is of course a mere slip of the pen for ܘܡܫܝܚܐ καὶ χριστόν.

James I. 1–12 = 29, pp. 34, 35.

1. καὶ κυρίου] ܘܕܡܪܢ, literally: and of *our* Lord. || φυλαῖς] + τοῦ Ἰσραήλ, no trace of this addition in Tischendorf[1].

2. πᾶσαν χαρὰν ἡγήσασθε] literally: with all joy be rejoicing ܚܕܝܢ.

3. Om. ὑμῶν, B³ 81 syr^p.

5. παρὰ τοῦ διδόντος θεοῦ πᾶσιν ἁπλῶς] literally: from the God of the all (*universum* ܐܠܗܐ ܕܟܠܐ), who gives *him* (ܠܗ) liberally.

6. αἰτείτω δὲ etc.] ܡܐ ܕܫܐܠܗ ܥܐܠ, literally: *what* he asks in faith, which must be connected, apparently, with the preceding: And it shall be given him, what he asks in faith.

7. Om. ὅτι λήμψεται, literally: for there will not bear (ܣܝܒܪ) such a man anything from God; οἴεσθαι = ܣܒܪ.

9. ὁ ἀδελφὸς] literally: *our* brother, ܐܚܘܢ; instead of ܐܬܚܫܒ we must read, of course, ܐܬܚܬܪ, καυχάσθω.

11. Om. καὶ 1°. || om. καὶ τὸ ἄνθος αὐτοῦ. || om. οὕτως—μαρανθήσεται.

Romans I. 1–7 = 17, p. 16.

1. κλητὸς ἀπόστολος] κλ. καὶ ἀπόστ.

2. Om. αὐτοῦ, 17.

[1] Compare in the Lists of the 12 Apostles and 70 Disciples ascribed to Hippolytus and Dorotheus, the remark "that James (the son of Zebedee, brother of John) preached the Gospel to the 12 tribes of *Israel* in the Dispersion" (ZAHN, *Einleitung in das N.T.* § 5, n. 3, p. 75).

3. Δαυεὶδ] literally: *house of David.* Compare on this important reading, which is to be found also in the Peshito, Ephrem Syrus and Aphraates, P. VETTER, *Der apokryphe dritte Korintherbrief* (Tübingen [Wien], 1894, 4°, p. 25). There is also, by the way, a remark on the reading of the Sinai Palimpsest in Luke ii. 4 that *both* Joseph and Mary were from the house of David.

ἐν δυνάμει κατὰ πνεῦμα] ἐν δυνάμει πνεύματος, ܒܚܝܠܗ ܕܪܘܚܐ. Has the codex 109 this? or has it κατὰ πνεύματος? Tischendorf: "κατὰ πνεῦμα (109 -ματος)," comp. πνεύματι or καὶ πνεύματι, as read in Chrysostom and the other authorities, quoted by Tischendorf. || τοῦ κυρίου ἡμῶν] here only ܡܪܝܐ = τοῦ κυρίου?

6. ἐν οἷς] ܕܒܗ i.e. ἐν ᾧ, scil. ὀνόματι. || κλητοῖς ἁγίοις] κλ. καὶ ἁγ.

7. κυρίου] here ܡܪܢ, our Lord; see below.

III. 19—IV. 12 = 18, pp. 16–18.

19. ἐν] ܬܚܝܬ, *under.*

22. πιστεύοντας] + αὐτῷ.

23. τῆς δόξης] of the *knowledge* of the glory, ܡܢ ܐܘܕܥܬܐ ܕ ܕܬܫܒܘܚܬܗ, τῆς γνώσεως or τ. ἐπιγνώσεως τ. δόξης.

26. ἐν τῷ νῦν καιρῷ] merely ܗܫܐ *now.* || τὸν ἐκ πίστεως Ἰησοῦ] ܐܦ ܒܗܝܡܢܘܬܐ ܕܝܫܘܥ ܡܫܝܚܐ; this would presuppose καὶ διὰ πίστεως Ἰησοῦ χριστοῦ; ܐܦ is several times used in an uncommon way.

27. ἡ καύχησις; ἐξεκλείσθη] ܫܘܒܗܪܐ ܕ ܐܬܐܚܕܘ; what does this mean? ἐλογίσθη? or how is the Syriac to be changed to agree with ἐξεκλείσθη? ܐܬܐܚܕܘ Matt. xxv. 10, Lc. iv. 25.

30. Om. δικαιώσει.

IV. 1, 2. Om. κατὰ σάρκα; εἰ γὰρ Ἀβραάμ.

5. Om. μή; again the omission of a negative.

9, 10. ἀκροβυστίαν] + οὐκ ἐν περιτομῇ ἀλλ' ἐν ἀκροβυστίᾳ, from *v.* 10.

V. 1–5–11 = 1, p. 2 + 77, p. 114.

1. ἔχωμεν] ܫܠܡܐ ܢܗܘܐ ܠܢ might be either ἔχομεν or ἔχωμεν.

3. μόνον is not expressed in the translation.

4. ἡ δὲ ὑπομονὴ] τῇ δὲ ὑπομονῇ, tribulation worketh patience and through patience is probation.

6. εἴ γε] ἔτι.

10. ὄντες] + ܩܕܡ ܗܘܝܢ, we were *before* enemies.

VI. 3–11 = 2, p. 3.

3. Om. ἤ. || ἐβαπτίσθημεν 1°] ἐβαπτίσθητε, there is no trace of this reading in Tischendorf.

4. συνετάφημεν οὖν] pr. *and.* || βαπτίσματος] + αὐτοῦ, as 17 (eth.).

6. Om. ἡμῶν, 4 eth.

9. θάνατος] pr. καὶ. || κυριεύει] probably κυριεύσει, 28 *d e f.* etc.

11. ἐν Χριστῷ Ἰησοῦ] ܐܘܦ. ܒܡܪܝܐ ܒܝܫܘܥ ܡܫܝܚܐ, literally καὶ ἐν κυρίῳ, ἐν Ἰησοῦ Χριστῷ.

VIII. 2–11 = 3, p. 4.

2. ἐν Χριστῷ Ἰησοῦ] ἐν Ἰησοῦ Χριστῷ. || σε] ἡμᾶς, cop. eth. ar[e].

5. Om. τὰ τοῦ πνεύματος—6. θάνατος.

11. τὸν Ἰησοῦν] Ἰησοῦν Χριστὸν; we find this order regularly, where Westcott-Hort have Χριστὸς Ἰησοῦς.

τοῦ ἐνοικοῦντος αὐτοῦ πνεύματος] "because of the spirit of God dwelling in you," τὸ ἐνοικοῦν πνεῦμα τοῦ θεοῦ.

IX. 30—X. 10 = 4, pp. 5, 6.

31. νόμον 2°] + δικαιοσύνης, ℵ[c]FKL etc.

32. ἔργων] + νόμου, ℵ[c]DEKL etc.

X. 1. ἡ δέησις] + μου, P.

3. Om. οὐχ; this is again one of the strange cases where neglect of the negative changes a sentence into its contrary.

4. τέλος γὰρ νόμου] literally: the end of God namely of the law ܫܘܠܡܗ ܕܐܠܗܐ ܗ̈ܠ ܕܢܡܘܣܐ; does this mean: the divine end of the law is Christ?

7. Om. τίς.

8. λέγει] + ἡ γραφή, DE etc. || τὸ ῥῆμα τῆς πίστεως ὅ] merely: the faith which, ἡ πίστις ἥν.

9. The Lectionary confirms the textual reading of Westcott-Hort, ὅτι κύριος Ἰησοῦς, which the Revised Version places in the margin, as against the reading of Tischendorf (= Westcott-Hort margin, R.V. text).

XII. 1–5–16ᵃ—XIII. 5 = 41, pp. 46, 47 + 44, pp. 50, 51 + 48, pp. 58, 59.

1. ζῶσαν] + καὶ. ‖ λογικὴν is translated ܕܒܛܟܣܐ, literally: *which is in order*, orderly.

2. νοὸς] + ὑμῶν, ℵDᶜE etc.

3. χάριτος] + τοῦ θεοῦ, L 5. 37 etc. ‖ Merely the words, ܕܢܗܘܐ ܡܬܝܫܒ, that he be settled, correspond to the clause ἀλλὰ φρονεῖν εἰς τὸ σωφρονεῖν. It seems therefore that ἀλλὰ φρονεῖν was omitted; cf. the various omissions (from homoioteleuton) quoted in Tischendorf.

7. διακονίαν] ὁ διακονῶν, ℵᶜ 1, 37 lectt.[5] etc.

8. Om. ὁ ἐλεῶν ἐν ἱλαρότητι.

11. τῇ σπουδῇ is construed with the preceding προηγούμενοι.

14. Om. εὐλογεῖτε τοὺς διώκοντας ὑμᾶς, FG m Orig.

16. Om. εἰς ἀλλήλους.

19. ἐγὼ] κἀγὼ, g. guelph. cop. arm. syr. etc.

20. ἐὰν 2°] pr. καὶ, D* e 109**.

XIII. 2. τῇ τοῦ θεοῦ διαταγῇ] merely: *to God.*

XIV. 14—XV. 6 = 37, pp. 40–42.

14. ἐν κυρίῳ Ἰησοῦ] + Χριστῷ.

18. Om. δόκιμος.

19. διώκωμεν] + ܒܩܕܡܐ = πρῶτον?

21. προσκόπτει] + ἢ ἀσθενεῖ, cf. ℵᶜBD etc.

XV. 4. Om. προεγράφη, [πάντα] εἰς τὴν ἡμετέραν διδασκαλίαν. ‖ om. τῶν γραφῶν—5 παρακλήσεως.

1 Cor. I. 18–25 = 79, pp. 115, 116.

19. καὶ] ܘܬܘܒ and *again.*

21. Om. γὰρ, FG.

24. θεοῦ σοφίαν] the wisdom of the *Father*, πατρὸς σοφ., there is no trace of such a reading in Tischendorf.

25. τοῦ θεοῦ is translated both times "*with* God."

X. 1–4 = 36, p. 40.

1. 2. θαλάσσης and θαλάσσῃ] both times ܡܝܐ *water*; *sea* would be ܝܡܐ.

2. Om. *καὶ πάντες*.
3. Om. *καὶ*.
4. Om. *καὶ* 1°.

The Syriac text seems corrupt, for we expect instead of ܐܫܬܘ ܫܬܝܢ :· ܗܘܘ ܓܝܪ with a different order of words and different punctuation: ܫܬܝܢ ܓܝܪ ܗܘܘ :· ܐܫܬܘ.

XI. 23–32 = 71, pp. 109, 110.

26. Om. *γὰρ*, arm. eth. got., cf. A. ‖ *καταγγέλλετε* is translated as a present, not as an imperative.
27. *τὸν ἄρτον*] + *τοῦτον*, KLP etc.
29. *πίνων*] + *ἀναξίως*, ℵ[c]C[c]DEFG etc.

XV. 1–11 = 86, p. 123.

1. *καὶ ἑστήκατε*] *στήκετε*, cf. DF.
2. Om. *καὶ* 1°.
3. *παρέδωκα*] ܒܣܪܬ would be *εὐηγγελισάμην*, but read ܡܣܪܬ ‖ om. *ὅτι*.
6. *ἔπειτα*] + *δὲ*. ‖ *τινὲς δὲ*] + *ἐξ αὐτῶν*, K.

In this lesson the Lectionary agrees twice with the textual reading of Westcott-Hort as against that of Tischendorf, which Westcott-Hort placed in the margin, namely *vv.* 5 and 7 corroborating *εἶτα* instead of *ἔπειτα*.

2 Cor. V. 14—VI. 2[a]–10 = 5, pp. 6, 7 + 39, pp. 44, 45.

14. *ὅτι εἷς*] ܕܚܕ ܓܝܪ, literally *ὅτι εἷς γὰρ*. ‖ *ἄρα*] + *οὖν*.
17. *ἰδοὺ*] ܗܐ ܟܕܘ ܐܘܦ, literally *ἰδοὺ νῦν καὶ*.
20. *δεόμεθα*] + *ὑμῶν*.
VI. 2. *εὐπρόσδεκτος*] *δεκτός*, FG.
4. *ἐν ὑπομονῇ*] pr. ܐܘܦ (*καὶ*). ‖ om. (*ἐν θλίψεσιν* vel) *ἐν ἀνάγκαις* (vel *ἐν στενοχωρίαις*).
6. Om. *ἐν γνώσει*; Tischendorf has no variation at all for this verse; nor for *v.* 10 where our Lectionary gives *καὶ χαίροντες* for *ἀεὶ δὲ χαίροντες*.

Gal. III. 24—IV. 7 = 28, pp. 33, 34.

24. *ἡμῶν*] *ἡμῖν*. ‖ *Χριστὸν*] *Ἰησοῦν Χριστὸν*, DEFG lectt[8] etc.
28. *οὐκ* 3°] pr. *καὶ*.
29. *Χριστοῦ*] *ἐν Χριστῷ*, cf. DEFG.

IV. 3. ὅτε] + γὰρ. || ὑπὸ is translated as if it were ὑπὲρ ܚܠܦ.

6. Ἀββά ὁ πατήρ] ܐܒܐ ܐܒܘܢ, lit. Abba our father. Compare the difference between Matt. vi. 9 Πάτερ ἡμῶν and Luke xi. 2 Πάτερ.

7. διὰ θεοῦ] διὰ Χριστοῦ, cf. in Tischendorf "19^lect διὰ Ἰησοῦ Χριστοῦ."

VI. 14–18 = 73, p. 111.

14. ἐμοὶ δὲ] pr. ܐܚܝܐ, *brethren*; one of the rare cases of this kind; there is no trace of such a reading in Tischendorf.

16. κανόνι is translated very well by ܐܬܡܢܘܬܐ.

Eph. I. 3–14 = 59, pp. 78, 79.

3. ἐπουρανίοις] merely ܒܫܡܝܐ, in heaven.

5. προορίσας] ܓܠܦ ܐܦܪܫ, selected beforehand.

9. θέλημα and εὐδοκία are translated by the same word ܨܒܘܢ.

11. τὰ πάντα] + ἐν πᾶσιν, no trace of this in Tischendorf.

I. 17—II. 3–10 = 6, pp. 7, 8 + 7, p. 8.

18. τίς 2°] pr. καὶ, ℵ^c C^c EK etc.

19. ἡμᾶς] ὑμᾶς D*FGP.

20. αὐτοῦ] *of God.* || ἐπουρανίοις] οὐρανοῖς, B etc.

21. Om. ἀρχῆς καὶ.

II. 2. αἰῶνα] ܬܡܝܢܗ. Did the translator read κανόνα, or is his Syriac expression = *foundation*, scil. of the world?

3. σαρκὸς (2°) and διανοιῶν] + ἡμῶν.

5. χάριτι] literally: *for* through *his* grace.

6. Om. καὶ συνεκάθισεν.

9. ἔργων] *our* works.

II. 13–22 = 8, p. 9.

13. The lesson begins very curiously with Οἵ ποτε. || τοῦ χριστοῦ] Ἰησοῦ Χριστοῦ: there is no such reading in Tischendorf.

14. τὴν and 15 τὸν] pr. καὶ.[1]

16. Om. τοὺς ἀμφοτέρους.

[1] Tischendorf begins *v.* 15 with τὴν ἔχθραν ἐν τῇ σαρκὶ αὐτοῦ, which words Westcott-Hort join to *v.* 14, though in the "Macmillan-fount" impression it is impossible to see where *v.* 14 ends and *v.* 15 begins.

III. 14–21 = 9, p. 10.

15. Om. *πατριὰ* (sic !).
18. Om. *καὶ ὕψος*.
19. Om. *τὴν ὑπερβάλλουσαν*: to know the knowledge of love (sic).

Phil. II. 5–11 = (*a*) 10, pp. 10, 11; = (*b*) 75, pp. 112, 113.

It is very satisfactory to have such an important text twice. It proves for the New Testament Lessons what we stated above for those from the Old Testament, that the Syriac Text was not excerpted from a complete Syriac Bible Version, but each lesson was translated by itself out of the Greek. For we here again meet with

(*a*) different ways of rendering an identical Greek Text, for instance ܐܪܝܩܡ and ܪܘܩܢ for *ἐκένωσεν v.* 7, ܠܥܝܠ and ܠܥܠܠ *vv.* 9, 10,

(*b*) variations of the underlying Greek texts, for instance *v.* 7 *ἀνθρώπων* and *ἀνθρώπου*, the omission of *πατρὸς v.* 11 in *b*.

If this be true of the lessons from the O. T., (from the Acts) and the Pauline Epistles, it will hold good also for the Gospel Lessons as published by Miniscalchi-Erizzo, de Lagarde and now Lewis-Gibson. On the opposite view of G. H. GWILLIAM (*Anecdota Oxoniensia*, I. v.), see Mrs Lewis's Preface to the forthcoming volume.

6. *Χριστῷ Ἰησοῦ*] *b* (not *a*) pr. *κυρίῳ*.

7. *ἀνθρώπων*] *b* (not *a*) *ἀνθρώπου*, as Marcion, Origen and others. || *γενόμενος*] *a* (not *b*) ܐܘܦ ܐܫܬܟܚ = (*καὶ*) *εὑρεθεὶς*.

10. *Ἰησοῦ*] *b* (not *a*) of the *Lord* Jesus, ܕܡܪܝܐ ܝܫܘܥ.

11. *θεοῦ πατρός*] *a* literally: of God *his* Father; *b* only: *of God*. The omission of *πατρός* is not mentioned in Tischendorf.

IV. 4–9 = 11, pp. 11, 12.

8. *σεμνὰ* is well rendered by ܡܚܝܢܡ, which means originally purified, especially of *gold*, *ἄπυρος*.

Col. I. 12–20 = 12, p. 12.

13. *ἡμᾶς*] *ὑμᾶς*, P, 19, 23 etc.
14. *τὴν ἄφεσιν*] pr. *καὶ* f vg^{six} syr. Cyr.
16. Om. *καὶ εἰς αὐτὸν*, not in Tischendorf.

18. Om. *τοῦ σώματος*, cf. the passage of Origen quoted by Tischendorf: *ἐπεὶ Χριστὸς κεφαλή ἐστι τῆς ἐκκλησίας*. Our Lectionary has: of the *whole* church.

19. Om. *εὐδόκησεν*.

20. Om. *δι' αὐτοῦ* 2°, BD*FGL etc.

II. 8–15 = 13, p. 13.

8. *Χριστόν*] *Ἰησοῦν Χριστόν*.

11. *τοῦ σώματος τῆς σαρκὸς* is translated as if it were = *τῆς σαρκὸς τοῦ σώματος*.

12. *πίστεως τῆς ἐνεργείας*] *πίστεως καὶ τῆς ἐνεργ.*

1 Thessal. IV. 13–18 = 57, pp. 77, 78.

14. *τοῦ Ἰησοῦ*] *τοῦ Ἰησοῦ Χριστοῦ*.

Hebr. I. 1–12 = 23, pp. 22, 23.

1. *πολυτρόπως*] ܒܟܠܙܢ ܐܡܝܢ; what is ܐܡܝܢ? Probably an orthographical variant for ܐܦܝܢ.

3. *δόξης*] + *τοῦ πατρὸς* (not in Tischendorf). || *φέρων* = ܡܦܪܢܣ. || *καθαρισμὸν*] pr. *καὶ*. || *ἁμαρτιῶν*] + *ἡμῶν* DᶜE**KL.

5. *ποτε τῶν ἀγγέλων*] *τῶν ἀγγέλων ποτέ*, D*E* syr. etc.

7. *ἀγγέλους* (1°)] + *αὐτοῦ*, D*E*. || *πυρὸς φλόγα*] perhaps *πῦρ φλέγον*.

8. *υἱόν*] + ܗܘ ܐܡܪ says he. || [*τοῦ αἰῶνος*] is not translated, but ܐܡܝܢ *Amen* is given instead of it. || om. *καὶ*, DᶜE**KL etc. || *αὐτοῦ*] neither *αὐτοῦ*, nor *σοῦ*, only *τῆς βασιλείας*.

12. *ἑλίξεις* (Tisch. *ἀλλάξεις*)] ܬܫܩܘܠ; what does this mean? thou dost take or *darken* (*συσκοτάσεις*?) || *καὶ ἀλλαγήσονται*] ܠܐܚܘܢܐ ܕܐܬܐ = for the time to come; a very free translation.

II. 11–18 = (*a*) 14, p. 14; = (*b*) 81, pp. 118, 119.

The two forms of this text are nearly alike; both have the omission in *v.* 13 and both translate *ἐπιλαμβάνεται* by ܢܣܒ ܕܡܬܝܠܕ (or ܕܡܬܝܠܕܐ); nevertheless there are also here variations which prove that each text has a different origin; see ܢܕܒܪ *v.* 14 and ܡܬܕܒܪ, ܡܬܢ and ܡܬܢܐ = *ἀπαγγελῶ* in *v.* 12, but still more ܡܫܠܡܬܗ and ܒܪܢܫܘܬܗ.

12. *ἐν μέσῳ*] pr. *καὶ*.
13. *a b* om. from the first *καὶ πάλιν* to the second.
14. *τῶν αὐτῶν*] *a b* + *παθημάτων*, D*E*, Eus., Theodt., Hier.

IX. 11–15 = (*a*) 15, pp. 14, 15; = (*b*) 85, pp. 120, 121.

There are few variants between the two lessons, yet see *v.* 14: *a* ܕܝ ܡܫܝܚܐ, *b* ܕܡܪܢ ܝܫܘܥ ܡܫܝܚܐ; *a* ܬܫܡܫܘܢ, *b* ܡܫܡܫܝܢ ܬܗܘܘܢ.

11. *μελλόντων*] *γενομένων*, BD* Syr. etc.

12. *ἅγια*] + *τῶν ἁγίων*, for which addition Tischendorf quotes only P.

14. *αἰωνίου*] *ἁγίου*, ℵ[c]C*P etc. ‖ *a* om. *ἔργων*.

15. *κληρονομίας*] *a* + *Amen*.

X. 19–25 = (*a*) 16, pp. 15, 16; = (*b*) 85, pp. 121, 122.

We have again some differences of translation and of text; see ܕܐܠܝܦܝܢ ܐܢܫܝܢ and ܕܐܢܫܝܢ ܐܠܝܦܝܢ *v.* 25 and (of the second kind) *v.* 19 *a* ܕܝܫܘܥ ܡܫܝܚܐ, *b* ܕܝܫܘܥ.

19. *Ἰησοῦ*] *a* *Ἰησοῦ Χριστοῦ*.
22. *καρδίας* and 23. *σῶμα*] *a b* + *our* (*ἡμῶν*) and plural for *σῶμα*.
23. *γὰρ*] *a b* + *ὁ θεὸς*, not in Tischendorf.
25. *παρακαλοῦντες*] + *ἑαυτοὺς*, 17, 47 etc. Syr.

X. 32–38 = 19, p. 19.

32. (*ἡμέρας*] + *ὑμῶν*). ‖ om. *παθημάτων*, not in Tischendorf.
34. *ὕπαρξιν*] + *ἐν οὐρανοῖς*, ℵ[c]D[c]E etc. Syr. Arm.
37. Om. *ἥξει*.
38. Om. [*μου*], DEH**K, Syr. Cop. etc.

XI. 32–40 = 20, pp. 19, 20.

32. *Βαράκ*] ܒܪ, sic. ‖ om. *Δαυείδ τε*.

33. *στόματα*] *στόμα*, D[gr*].

37. *ἐπειράσθησαν, ἐπρίσθησαν*] *ἐπρίσθησαν, ἐπειράσθησαν*, as Westcott-Hort in marg. ‖ *μηλωταῖς*] + *καὶ*. ‖ om. *ὑστερούμενοι* (not in Tischendorf).

38. Om. *καὶ σπηλαίοις* (not in Tischendorf).

1 Tim. III. 14–16 = 21, pp. 20, 21.

14. Om. *πρὸς σὲ*, $F^{gr}G^{gr}$ 6 etc.
15. *ἐκκλησία*] + *ἁγία*, not in Tisch.
16. *ὁμολογουμένως*] *ὁμολογοῦμεν ὡς*, D^{gr*} is the only authority for this interesting reading in Tischendorf.

2 Tim. I. 16—II. 10 = 22, pp. 21, 22.

16. *'Ονησιφόρου*] ܐܢܣܦܪܘܣ.
18. Om. *εὑρεῖν ἔλεος*. || *ὅσα*] + *μοι*, 31, 37 (Got. Syr.) etc. post *διηκόνησεν*.

II. 1. *ἐν Χριστῷ 'Ιησοῦ*] of our Lord Jesus Christ.
3. *συνκακοπάθησον*] ܐܢܬ ܚܫ = *σὺ κακοπάθησον*, cf. $C^{c}D^{c}$ Syr^{p}.
7. *λέγω*] + *σοι*.
8. Om. *μου*, not in Tisch.
9. *κακοπαθῶ*] ܡܬܚܫܢܐ, how can we explain this?
10. *ἐκλεκτούς*] + *μου*, at least codex ܓܒܝܝ. || *αἰωνίου*] *οὐρανίου*: for this no Greek MS. is mentioned by Tischendorf, only f vg $syr^{p\,mg}$ arm. aeth.

Tit. II. 11–15 = 34, p. 39.

11. *σωτήριος*] *σωτῆρος* ℵ*, cf. FG vg cop.
15. *θεοῦ καὶ σωτῆρος ἡμῶν* 'I. X.] *θεοῦ διὰ κυρίου καὶ σωτῆρος ἡ.* 'I. X.

There is no Greek or other authority quoted by Tischendorf for the epistles of St Paul, with which this Syro-Greek Lectionary would agree in all passages; but it is worth while to observe how frequently it does so with the Greek-Latin codices DFG on the one hand, and with the Syriac versions on the other. Even such a singular division as *ὁμολογοῦμεν ὡς* 1 Tim. iii. 16, for which no testimony has yet been quoted, except that of cod. D^{gr*}, is now witnessed for by our Lectionary. And is there no Greek MS. which reads *οὐρανίου* 2 Tim. ii. 10? It would really be worth while for the critics of the New Testament to pay more attention to the Service-Books, i.e., to the official texts of the different branches of the Christian Church.

In the preceding Notes the attention of the reader has been called only to the Linguistical and Biblical interest which attaches to the present publication. Its importance for the Liturgical student will appear from the fact that it is the *very first* Syriac Lectionary containing the Lessons from the Old Testament and the "Apostle" which appears in print.

In the splendid work on the *Eastern Liturgies* published last year at the Clarendon Press by F. E. BRIGHTMAN the author says, where he comes to speak on the Syriac Lectionaries of the *Syrian* rite (p. lix):

> "The Lectionaries, of which there appear to be two or more arrangements, have been neither published nor studied completely. Wright, *Catal. of Syr. Mss. in Brit. Mus.* Lond. 1870, pp. 155–7, tabulates the Lections from the Old Testament and the Pauline Epistles for Sundays and festivals according to the arrangement of Athanasius of Antioch (987–1003), from *Add.* 12139 (A.D. 1000). ...The *Missale Syriacum* [Romae 1843 fol.] gives the Apostles and Gospels in Carshuni and Syriac from Maundy Thursday to Low Sunday, and the Gospels in Carshuni for the festivals of the year."

But the present Lectionary belongs to the *Byzantine* rite. On the Lectionaries of this branch the author writes, p. lxxxvii:

> "(1) The Ἀναγνώσεις or *ἀναγνώσματα*, the Old Testament lections of the divine office, were printed separately with the proper *προκείμενα* in Βιβλίον λεγόμενον Ἀναγνωστικὸν *περιέχον πάντα τὰ ἀναγνώσματα τὰ ἐν τοῖς ἑσπερινοῖς τοῦ ὅλου ἐνιαυτοῦ τά τε εὑρισκόμενα ἐν τοῖς βιβλίοις τῶν δώδεκα μηνῶν καὶ τὰ ἐν τῷ τριωδίῳ καὶ ἐν τῷ πεντηκοσταρίῳ*, Venice 1595–6. This has not apparently been often reprinted, if at all. The lections do not belong to the liturgy except in Lent, when the two Lections of the ferial *ἑσπερινός*, from Genesis and Proverbs respectively, become on Wednesdays and Fridays the lections of the Presanctified. They are contained in the Τριῴδιον.
>
> (2) The Ἀπόστολος or Πραξαπόστολος, containing the Apostles (St Paul) and the lections from the Acts substituted for the Apostles in Eastertide, was printed at Venice in 1550 and frequently since. In some editions at least the proper *προκείμενα* and alleluias are added."

The other liturgical books are (3) the *θεῖον καὶ ἱερὸν* Εὐαγγέλιον, containing the Gospels for the year and (4) the Εὐαγγελιστάριον or table of Sunday Gospels for the year; this is appended to modern editions of the Εὐαγγέλιον, e.g. Venice 1872. "The later editions include the Apostles in the table."

The table of Lections is given in Smith and Cheetham, *Dict. of Christian Antiquities*, s. v. Lectionary, pp. 955–9; and in Scrivener, *Introduction*, I. 80–89 (see above, p. xix).

"*Of the Malkite Syriac* only the Gospel Lectionary has been published" (in Lagarde's *Bibliotheca Syriaca*); "the Gospels are tabulated from Bodl. *Dawk.* 5 in Payne-Smith, *Catal. codd. Syr. bibl. Bodl.* cc. 114–29."

Thus far Brightman.

We have therefore every reason to repeat our thanks to the ladies whose zeal and knowledge present us with the *editio princeps* of this Lectionary and will soon give us a renewed edition of the *Evangeliarium Hierosolymitanum*.

EB. NESTLE.

GLOSSARY.

In the following list I have put down the words exactly as they stand in the text, with or without pronominal suffixes, but as these are not always expressed in Greek, I have, except in some special cases, given the corresponding Greek word of the Septuagint or the New Testament, in the first person singular indicative present of verbs, nominative singular of nouns, and nominative singular masculine of adjectives, adverbial expressions being given in full. In a few instances the Syriac is rather to be looked on as a variant reading than as a translation, and in such cases I have enclosed the Greek word in brackets. As far as possible I have indicated the roots of the words, but where no Syriac root is known, I have sometimes added a cognate Hebrew or Arabic word in brackets. My first idea was to give a list of such words only as are not to be found in Payne Smith's *Thesaurus Syriacus* (Oxford, 1879), but in deference to the opinion of Dr Nestle, to whom I am indebted for much valuable assistance, I have included some of these, the *Thesaurus* being beyond the reach of many students, but I trust that none are omitted which cannot be found in the usual dictionaries. I have indicated the plural only where it is not perfectly obvious otherwise. The form of participles, preterite, and imperative which has a *yod* between the second and third radicals is so common a feature of this dialect that I have given few examples of it.

ܐ

ܐܒܢܡ Heb. **1.** 1 = τρόπος (probably = ܐܩ̈ܢܡ) (p .22).

ܐܒܖ̈ܝܐ Rom. **12.** 4. μέλος (p. 46).

ܐܕܣܢܗ (p. 138, l. 19).

ܐܕܢ ܐܕܐܢ Is. **50.** 5. οὖς (cf. **43.** 8) (p. 113). ܐܕ̈ܢܝܗܘܢ Is. **35.** 5 (p. 36).

ܐܕܖ̈ܐ pl. Joel **2**. 24. ἅλως (p. 50).

ܐܘܠܓܝܡܢܘܣ p. 77, l. 5 (εὐλογημένος).

ܐܙܢ ܡܘܙܢܝܐ Is. **40**. 15. ζυγός (p. 97).

ܐܚܪ ܒܚܪ̈ܬܗܘܢ Heb. **1**. 2. ἐπ' ἐσχάτου τῶν (p. 22).

ܠܚܘܪܐ Gen. **19**. 17. εἰς τὰ ὀπίσω (p. 102). ܠܐܚܘܪ̈ܗܘܢ Is. **42**. 17 (p. 47). ܠܚܘܪ̈ܘܗܝ Joel **2**. 3. ὄπισθεν (p. 43). ܠܚܘܪ̈ܝܗܘܢ Deut. **11**. 4. ὀπίσω (p. 52). ܚܘܪ̈ܢܝܢ Deut. **11**. 16. ἕτερος (p. 54). ܚܘܪ̈ܢ Is. **44**. 5 (p. 38). ܐܚܘܪ̈ܢܝܢ Heb. **11**. 34, 35. ἀλλότριος, ἄλλος. *v.* 36, ἕτερος (p. 20). ܒܐܚܪܝܬܐ Deut. **13**. 9. ἐπ' ἐσχάτῳ (p. 72).

ܐܘܝܠܛ Gen. **2**. 11. Εὐειλάτ (p. 84).

ܐܝܠ ܐܝܠܐ Is. **35**. 6. ἔλαφος (p. 36).

ܐܝܦܐ Rom. **12**. 6, 7, 8. εἴτε (p. 50).

ܐܟܠ ܬܐܟܘܠܘܢ Deut. **14**. 3. φάγω (p. 73). ܡܐܟܘܠ Gen. **2**. 9. βρῶσις (p. 83). ܡܐܟܘܠܝܐ Joel **1**. 16. βρῶμα (p. 42). ܡܐܟܘܠܐ Rom. **14**. 15 (p. 41). ܡܐܟܘܠܬܐ 1 Cor. **10**. 3 (p. 40).

ܐܟܣܢܐܝܢ Eph. **2**. 19. ξένος (p. 9).

ܐܟܪ ܐܟܪܝܢ Is. **61**. 5. ἀροτήρ (p. 107).

ܐܠܦ ܐܠܘܦܝܢ Heb. **10**. 25. ἔθος (p. 122) = ܐܠܝܦܝܢ (p. 16).

ܐܡ ܐܡܐ Job **17**. 14. μήτηρ (p. 57).

ܐܘܡܝܢ Gen. **6**. 15. πῆχυς (p. 89).

ܐܡܢ ܗܝܡܢܘ Rom. **9**. 31 (πίστις) (p. 5).

ܐܡܪ ܢܐܡܪ̈ܘܢ Joel **2**. 17. ἐρῶ (p. 45). ܐܬܐܡܪ Is. **52**. 15 = ܐܬܐܐܡܪ (p. 116).

ܐܡܪܝܢ Ps. **77**. 20. πρόβατον (p. 51).

ܐܢܚ ܬܢܚܘܬܐ Is. **35**. 10. στεναγμός (p. 37); ܬܢܚܘܬܟܝ Gen. **3**. 16 (p. 86).

ܐܢܣ ܐܢܣ Gen. **19**. 3. παραβιάζομαι (p. 100).

ܐܣܐ ܐܣܝܘܬܐ Joel **1**. 14. θεραπεία (p. 42).

ܐܣܛܠܝܬܗ Jonah **3**. 6. στολή (p. 129).

ܐܣܩܘܦܐ pl. of ܐܣܩܘܦܬܐ Deut. **11**. 20. φλιά (p. 54).

ܐܣ̈ܦܝܣܐ Is. **11**. 8. ἀσπίς (p. 32).

ܐܣܪ ܐܣܘܪ̈ܐ Is. **42**. 7. δεσμός (p. 57).

ܐܦ̈ܝܛܪܘܦܝܢ Galatians **4**. 2. ἐπίτροπος (p. 34).

ܐܦ̈ܝܣܘܬܗܘܢ Hymn, (intercession) (πείθω) (p. 136, l. 3).

ܐܦ ܠܐ̈ܦܐ Is. **9**. 20 (superfluous) (p. 28); Gen. **19**. 28. ἐπὶ πρόσωπον (p. 103). ܠܐܦܝ Gen. **19**. 28 (p. 103); Gen. **8**. 11. τὸ πρός (p. 93).

ܐܨܪ ܐܨ̈ܪܝܢ Prov. **1**. 18. θησαυρίζω (p. 104).

ܐܩܘܠܘܬܝܐ p. 70, l. 19 (ἀκολουθία).

ܐܩܪ̈ܝܢܘܢ Is. **35**. 1. κρίνον (p. 36).

ܐܪܚ ܐܘܪ̈ܚܐ Heb. **10**. 20. ὁδός (p. 15).

ܐܐܪ Ephesians **2**. 2. ἀήρ (p. 8).

ܐܪܝ ܐܘܪ̈ܘܬܗܘܢ Joel **1**. 17. φάτνη (p. 42).

ܐܪ̈ܝܣܐ 2 Tim. **2**. 6. γεωργός (p. 21).

ܐܪܟ ܘܪ̈ܟܐ Eph. **3**. 18. μῆκος (p. 10).

ܐܘܪܟܬ ܪ̈ܘܚ 2 Cor. **6**. 6. μακροθυμία (p. 44).

ܐܪܥ ܪ̈ܥ Is. **8**. 22. κάτω (p. 26). ܠܪ̈ܥ Is. **63**. 3. εἰς... (p. 119). ܐܪܥܝܝܐ Psalm **87**. 6. κατώτατος (p. 122). ܐܬܪ̈ܥܘܢ Is. **8**. 14. συναντάω (p. 25).

ܐܘܫܐ foundation (אשׁ اش) (line 4, p. 137). ܐܘܫܝܗܘܢ Eph. **2**. 20. θεμέλιον (p. 9). ܐܫܬܬ Heb. **1**. 10. θεμελιόω (p. 23). ܡܫܬܬܣܝܢ Eph. **3**. 18 (p. 10). ܐ̈ܢܬܐ Exodus **11**. 2 (אשה) (p. 68).

ܐܘܫܢܐ Gal. **4**. 4. χρόνος (p. 34).

ܐܢܬܬܐ Gal. **4**. 4. γυνή (p. 34).

ܐܬܐ ܢܐܬܝܢ Is. **44**. 7. ἔρχομαι (p. 38).

ܡ̇ܝܬܐ Ex. **10**. 4. ἐπάγω (p. 65).

ܒ

ܒܐܝ Prov. **9**. 1. οἶκος (p. 96).

ܒܐܫ ܒܘܫܝܢ Is. **53**. 3. μαλακία (p. 117).

ܒܘܫܝܐ Heb. **11**. 34. ἀσθένεια (p. 20). ܒܘܫܬܗܘܢ pl. Romans **15**. 1. ἀσθένημα (p. 41).

ܒܪ̈ܓܘܠ Gal. **3**. 24. παιδαγωγός (p. 33).

ܒܕܩ ܒܕܩܘܢ Rom. **5**. 4. δοκιμή (p. 2). ܒܕܩܘܢܐ James **1**. 3. δοκίμιον (p. 34).

ܒܗܩ ܐܒܗܩܘܬܗ Heb. **1**. 3. ἀπαύγασμα (p. 22).

ܒܘܢ ܒܝܬ ܕܘܝܕ Rom. **1**. 3. Δαυείδ (p. 16). ܒܝܬܐ Joel **2**. 9. οἰκία (p. 44). ܒܝܬܐ ܕܒܝܬ ܨܠܘܬܝ Is. **60**. 7. οἶκος τῆς προσευχῆς μου (p. 124).

ܒܝܢ ܒܝܢܝܬܟܘܢ Is. **42**. 23. ἐν ὑμῖν (p. 47).

ܒܘܢܝܐ 2 Tim. **2**. 7. σύνεσις (p. 21). ܒܘܢܝܬܝ Is. **10**. 13 (p. 29). ܡܒܘܢܢܐ 1 Cor. **1**. 19. συνετός (p. 115).

ܒܙ ܒܙܐ Is. **10**. 2. ἁρπαγή (p. 29). ܒܙܝܐ pl. Is. **10**. 6. σκῦλον (p. 29). ܒܝܙܬܐ Heb. **10**. 34. ἁρπαγή (p. 19).

ܒܙܥ ܒܙܘܥ Joel **2**. 13. διαῤῥήγνυμι (p. 45). ܒܙܥܝܗ (ܕܐܪ̈ܥܐ) Heb. **11**. 38. ὄρος (p. 20).

ܒܟܐ ܒܘܟܝܐ Joel **2**. 12. κλαυθμός (p. 45).

ܒܟܪ ܒܘܟܪ̈ܐ Col. **1**. 15. πρωτότοκος (p. 12).

ܒܝܥܝܐ pl. Is. **10**. 14. ᾠόν (بيضة) (p. 30).

ܒܠ ܗܒܘ ܒܠܘܢ Col. **2**. 8. βλέπω (p. 13).

ܒܠܐ ܡܒ̈ܠܘܢ Heb. **1**. 11. παλαιόω (p. 23).

ܒܠܘܛܐ Gen. **18**. 1. δρῦς (p. 98).

ܒܢܐ ܬܬܒܢ Joel **3**. 20. κατοικέω (p. 65).

ܒܣܡ ܒܣܝܡܘܬ Eph. **2**. 7. χρηστότης (p. 8). ܒܣܡܘ Is. **35**. 1. εὐφραίνω (p. 36). ܒܝܣܡܘܢ Joel **2**. 21 (p. 49). ܒܣܡܘܬ Joel **2**. 23 (p. 49). ܒܝܣܡ Is. **35**. 10. εὐφροσύνη (p. 37).

ܒܣܪ ܒܣܪ̈ܐܢ Eph. **2**. 3. *σάρξ* (p. 8).
ܒܣܘܪ̈ܐ 2 Tim. **2**. 8. *εὐαγγέλιον* (p. 21).

ܒܥܐ ܒܥܘܝܗ 1 Cor. **1**. 20. *συζητητής* (p. 115).
ܒܥܠ ܕܒܒܘ Rom. **8**. 7. *ἔχθρα* (p. 4). ܒܥܠ ܕܒܒܘܬܐ Eph. **2**. 16 (p. 9).

ܒܨܝܡ ܕܡܝܡ pl. Is. **35**. 7. *ἕλος* (p. 37). ܒܨܝܡܝܡ pl. Is. **35**. 7 (p. 37).

ܒܘܨܝܢܝܗܘܢ Job **21**. 17. *λύχνος* (p. 74).

ܒܩܪ ܒܩܘܪ̈ܢ pl. Is. **60**. 6. *ἀγέλη* (p. 124). ܒܩܘܪܬܐ pl. Joel **1**. 18. *βουκόλιον* (p. 42).

ܒܪ ܒܪܘ Eph. **1**. 5. *υἱοθεσία* (p. 79). ܒܪܘ̈ܬܐ Gal. **4**. 5 (p. 34). ܕܒܪ̈ܗ Gal. **4**. 6. *υἱός* (p. 34).

ܒܪܟ ܒܪ̈ܟܐ Eph. **1**. 3. *εὐλογία* (p. 78). ܒܪܘܟ ܡܒܪܟ Gen. **22**. 17. *εὐλογῶν εὐλογήσω* (p. 107).
ܒܪܢ Gen. **9**. 4. *πλήν* (p. 94).

ܓ

ܓܒ ܓܒܘܬܐ ܕܡܨܪ̈ܬܐ pl. Joel **3**. 13. *ὑπολήνιον* (p. 64).

ܓܒܐ ܓܒܐ̇ pl. Is. **9**. 4. *ἀπαιτῶν* (p. 27).

ܓܒܪ ܓܒܘ̈ܪܐ ܓܒܘ̈ܪܬܐ Deut. **13**. 1, 2. *τέρας* (p. 71). ܓܒܘܪ̈ܬܝ pl. Ex. **11**. 9 (p. 69). ܓܒܪ̈ܘܬܗܘܢ Joel **3**. 11. *μαχητής* (p. 64).

ܓܕܪ ܕܐܒܢܐ ܓܕ̈ܪܐ pl. Job **21**. 32. *σωρός* (جدر) (p. 75).

ܓܘܒ ܓܘܒܒܘ Job **16**. 9. *ἀνταποκρίνω* (p. 56).

ܓܘܐ ܓܘܝܢ Is. **61**. 2. *ἀνταπόδοσις* (p. 107). Is. **35**. 4 *ἀνταποδίδωμι* (p. 36). ܓܘܝܢܐ Is. **63**. 4 *ἀνταπόδοσις* (p. 119). ܓܘܝܢܟ Jeremiah **11**. 20. *ἐκδίκησις* (p. 121).
ܐܓܝܙ Colossians **1**. 13. *μεθίστημι* (جوز) (p. 12).

ܓܘܠ ܓܘܠܝܗܘܢ pl. Is. **60**. 8. *νοσσός* (p. 124).

ܓܙܪ ܓܙܝܪ̈ܐ Is. **10**. 23. *συντέμνω* (p. 31).
ܐܬܓܙܪ̈ܬܘܢ Col. **2**. 11. *περιτέμνω* (p. 13). ܬܓܙܪ̈ܘܢ Deut. **10**. 16 (p. 52). ܓܘܙܝܪ̈ Col. **2**. 11. *περιτομή* (p. 13).

ܓܚܟ ܓܘܚܟ Job **17**. 6. *γέλως* (p. 56); ܓܘܚܟܝܢ Heb. **11**. 36. *ἐμπαιγμός* (p. 20).

ܓܠ (ܕ)ܓܠܠܐ waves (line 2, p. 138). ܓܠܠܝܟ Jonah **2**. 4. *κῦμα* (p. 128).

ܓܠܐ ܓܘܠܐܝܗ Titus **2**. 13. *ἐπιφάνεια* (p. 39). ܐܬܓܠܐܝܬ Tit. **2**. 11. *ἐπιφαίνω* (p. 39). ܓܘܠܝ Eph. **1**. 17. *ἀποκάλυψις* (p. 39).

ܓܠܠ ܓܠܠܝܐ Rom. **3**. 27. *καύχησις* (p. 17). ܓܠܠܝܢ Rom. **4**. 2. *καύχημα* (p. 18).

ܓܠܡ ܓܠܡܬܐ pl. Is. **40**. 12. *νάπη* (p. 97).

ܓܡܪ ܓܘܡܪ̈ܬܐ Gen. **2**. 12. *ἄνθραξ* (p. 84). ܓܘܡܪܝܢ Rom. **12**. 20. (p. 58).

ܓܢ ܒܝܬ ܓܢܘܢܗ Joel **2**. 16. *παστός* (p. 45). ܓܢܬܐ Is. **61**. 11. *κῆπος* (p. 108). ܓܢܢܝܢ Zech. **9**. 15. *ὑπερασπίζω* (p. 70).

ܓܒ ܓܒ Gen. **18**. 1. *πρός* (p. 98). **19**. 1. *παρά* (p. 100). ܓܒܗܘܢ Acts **1**. 10 (p. 134). ܕ ܠܓܒܐ Is. **10**. 26. *κατά* (p. 31).

ܓܢܢ ܓܢܘ Job **17**. 4. *κρύπτω* (p. 56).

ܓܦ ܓܦܗ Is. **9**. 1 [*παρα(λίαν)*] (p. 26). ܓܝܦܗ Joel **2**. 17. *κρηπίς* (p. 45).

ܓܦܢ ܓܘܦܢܐ Joel **2**. 22. *ἄμπελος* (p. 49).
ܓܘܦܪ̈ܝ Gen. **19**. 24. *θεῖον* (p. 102).

ܓܪ ܓܪ̈ܝܗܘܢ pl. Joel **2**. 8. *βέλος* (p. 43). ܓܪ̈ܝܢ Ps. **54**. 21. *βολίς* (p. 108).

ܓܫ ܡܓܫܓܫܝܢ Gen. **19**. 11. *παραλύω* (p. 101). ܓܫܓܫܘܫ(ܕ) Ex. **10**. 21. *ψηλαφητός* (p. 67).

ܕܐܒܐ Is. **11**. 6. λύκος (p. 32).

ܕܒܒܗ ܕܟܠܒܐ. ܕܒܒ ܟܠܒܐ Ex. **8**. 24. κυνόμυια (p. 59).

ܕܘܒܣܐ Is. **11**. 7. ἄρκτος (p. 32).

ܕܒܩ ܝܕܒܘܩ Is. **35**. 10. καταλαμβάνω (p. 37).

ܕܒܪ ܡܕܒܪ̈ܐ Joel **1**. 20. ἔρημος (p. 43); Ex. **8**. 27 (p. 60).
ܡܕܒܪ̈ܢܘ Prov. **1**. 5. κυβέρνησις (p. 87). ܡܕܒܪܢܘܬ̈ܐ pl. Micah **5**. 2 (χιλιάς) (p. 24).

ܕܒܫ ܕܒܫ Is. **7**. 15. μέλι (p. 23).
(ܕ)ܕܗܒܝ Prov. **1**. 9 (χρύσεος) (p. 25).

ܕܘܐ ܕܘܝ Is. **8**. 22. ἀπορία (p. 26). ܕܘܝܐ Is. **8**. 22. ἀπορέω (p. 26). ܕܘܝܡ Is. **8**. 15. ἀδυνατέω (p. 25). ܕܘܝܘ Is. **60**. 18. ταλαιπωρία (p. 126).

ܕܘܢ ܕܐܢ Is. **35**. 4. κρίσις (p. 36). ܕܝܐܢܐ Jer. **11**. 20. κρίνων (p. 121).

ܕܘܪ ܕܪ̈ܝܢ Is. **61**. 3. γενεά (p. 107).

ܕܘܫ ܕܫܬ Is. **63**. 6. καταπατέω (p. 120). ܕܝܫܬ Is. **63**. 3. καταπατέω (p. 119).

ܕܟܐ ܕܟܘܝܗܘܢ Heb. **1**. 3. καθαρισμός (p. 22). ܕܘܟܝܗ Heb. **9**. 13. καθαρότης (pp. 15, 120). ܕܟܝܘ 2 Cor. **6**. 6. ἁγνότης (p. 44).

ܕܟܪ ܕܟܪܘܢ 1 Cor. **11**. 25. ἀνάμνησις (p. 109).

ܕܠܐ ܕܘܠܐ Is. **40**. 15. κάδος (p. 97).

ܕܡ ܐܕܡܗ Heb. **9**. 12. αἷμα (p. 15). ܐܕܡܐ Heb. **2**. 14. αἷμα (p. 14). ܐܕܡܗ Heb. **9**. 13 (p. 15).

ܕܡܐ ܕܡܘ Philippians **2**. 7. μορφή (pp. 11, 112). ܕܡܝܘ Is. **53**. 2. εἶδος (pp. 116, 117). ܕܡܝܘܬܗ Is. **53**. 2. εἶδος (p. 117).
ܬܕܡܐ 2 Tim. **2**. 7. νοέω (p. 21).

ܕܢܒ. ܕܢܘܒܐ and (sic) ܕܢܒܐ Is. **9**. 14, 15. *οὐρά* (p. 28).

ܕܢܚ. ܕܢܚܝܢ Is. **43**. 19. *ἀνατέλλω* (p. 36).

ܕܥܬ Gen. **3**. 19. *ἱδρώς* (p. 86).

ܕܪܐ ܡܕܪܐ Ex. **9**. 8. *πάσσω* (p. 61).

ܕܪܘܡܐ Is. **43**. 6. *λίψ* (p. 48); Ex. **10**. 13. *νότος* (p. 67).

ܕܪܥ. ܐܕܪܥܐ Deut. **11**. 2. *βραχίων* (p. 52).

ܗ

ܗܝܕܐ = ܗܕܐ, ܗܝܕܝܢ = ܗܕܝܢ Jonah **1**. 8 (p. 127).

ܗܘ ܐܗܘ Deut. **13**. 3. *ἐκεῖνο* (p. 71).

ܗܘܐ ܗܐܘܝܢ Rom. **6**. 5. *εἰμί* (p. 3). ܐܘܢ ܗܘܐ 2 Cor. **5**. 16. *ὥστε* (p. 6). ܡܗܘܝܢ Deut. **13**. 9. *εἰμί* (p. 72). ܢܗܘܐ Rom. **14**. 19 (p. 41). ܢܗܘܝ Rom. **15**. 1 (p. 41). ܗܠܐ Ps. **68**. 2. *ἰλύς* (p. 119).

ܗܠܟ ܢܗܠܟ Rom. **6**. 4. *περιπατέω* (p. 3). ܢܗܠܟ Eph. **2**. 10 (p. 8).

ܗܢܐ ܗܢܝܐ Job **21**. 15. *ὠφελία* (p. 74).

ܗܝܢܘܢ = ܗܢܘܢ Rom. **8**. 5 (p. 4).

ܗܦܟ ܬܗܦܘܟ Ps. **101**. 2. *ἀποστρέφω* (p. 122). ܗܦܟܬܐ pl. Job **21**. 17. *καταστροφή* (p. 74).

ܗܪ ܡܗܪܪ Ex. **11**. 7. *γρύζω* (p. 69).

ܙܒܢ ܙܒܢܘܢ Gal. **4**. 4. *ἐξαγοράζω* (p. 34).

ܒܙܒܢ Eph. **2**. 2. *ποτε* (p. 8).

ܙܘܐ ܙܘܝܢ pl. of ܙܘܝܬܐ Gen. **6**. 14. *...γωνος* (p. 89).

ܙܘܢ ܬܙܘܢ Gen. **6**. 19. *τρέφω* (p. 90). ܬܙܘܢܝܢ Gen. **6**. 20. (p. 90).

ܙܘܥ ܡܙܝܥ Job **16**. 5. *κινέω* (p. 56). ܡܙܕܘܥܝܢ Joel **2**. 10. *σείω* (p. 44). ܡܙܝܥܝܢ Is. **10**. 14 (p. 30). ܬܬܙܝܥܝܢ Is. **10**. 31. *ἐξέστη* (p. 31). ܕܠܐ ܙܝܥ Deut. **11**. 18. *ἀσάλευτος* (p. 54). ܙܘܥܐ Zech. **9**. 14. *σάλος* (p. 70). ܙܝܘܥܐ Job **16**. 6. *κίνησις* (p. 56).

ܕܚܦ ܡܕܚܘܦ Joel **2**. 20. *ἐξωθέω* (p. 46).

ܙܟܐ ܙܟܝ Joel **3**. 19. *δίκαιος* (p. 65).

ܡܙܘܠ̈ pl. Col. **2**. 8. *στοιχεῖον* (p. 13). ܡܙܘܠܝ̈ pl. Gal. **4**. 3 (p. 34).

ܙܠ ܡܙܠܠܐ Is. **53**. 3. *ἄτιμος* (p. 117). ܐܙܕܠܠ Is. **53**. 3. *ἀτιμάζω* (p. 117). ܙܠܘܠ Prov. **9**. 7. *ἀτιμία* (p. 96). Is. **10**. 16. *ἀτιμία* (p. 30). 2 Cor. **6**. 8. *ἀτιμία* (p. 44).

ܙܠ̈ܝܗ Zech. **9**. 14. *βολίς* (p. 70).

ܙܥܦ ܡܙܕܥܦ Job **17**. 1. *φέρω* (p. 56). ܡܙܕܥܦܝܢ Job **21**. 30. *ἀπάγω* (p. 75). ܙܥܦܬܗ Zech. **9**. 14. *ἀπειλή* (p. 70).

ܙܥܪ ܙܥܘܪܬ ܢܦܫܗ Jonah **4**. 8. *ὀλιγοψυχέω* (p. 130).

ܙܦܪ ܙܦܪܘ Job **17**. 11. *βρόμος* (p. 57). ܙܦܪܘܬܗ Joel **2**. 20. *βρόμος* (p. 46).

ܙܩܦ ܡܙܩܘܦܝ pl. Job **17**. 11. *ἄρθρον* (p. 57).

ܙܩܘܦܝܐ brightness (line 9, p. 138).

ܙܪܥ ܙܪܘܥܬܐ James **1**. 1. *διασπορά* (p. 34).

ܙܪܬܗ Is. **40**. 12. *σπιθαμή* (p. 97).

ܚ

ܚܒ ܐܚܒ Eph. **2**. 4. *ἀγαπάω* (p. 8). ܚܘܒܐ Eph. **3**. 17. *ἀγάπη* (p. 10). ܒܚܘܒܐ ܕܐܠܗܐ Titus **2**. 12. *εὐσεβῶς* (p. 39). ܚܘܒܐ Heb. **10**. 24. *ἀγάπη* (p. 16). ܚܘܒܬܗ Rom. **5**. 5. *ἀγάπη* (p. 2).

ܚܒܠ ܚܒܠ Jer. **11**. 19. ἐμβάλλω (p. 121). ܚܒܠܐ Job **21**. 17. ὠδίς (p. 75).

ܚܕܪ ܚܕܝܪ Job **17**. 7. πολιορκέω (p. 56). ܚܕܪܝܗܘܢ Is. **42**. 25. κύκλῳ (p. 48). ܚܕܘܪܬܗ Is. **9**. 18. τὰ κύκλῳ (p. 28). ܠܚܘܕܪܢܝܗܝ Is. **60**. 4. κύκλῳ (p. 124).

ܚܕܬ ܐܚܕܬܗ Heb. **10**. 20. ἐγκαινίζω (p. 15). ܚܘܕܬ Rom. **6**. 4. καινότης (p. 3). ܚܘܕܬܗ Rom. **12**. 2. ἀνακαίνωσις (p. 46). ܚܘܕܬܐ rubric (p. 20).

ܚܕܐ ܐܬܚܕܘ Phil. **4**. 4. χαίρω (p. 11). ܬܚܕܝ . ܬܚܕܘ Is. **35**. 1, 2. ἀγαλλιάω (p. 36). ܐܬܚܕܐܝ Is. **61**. 10 (p. 108). ܚܕܘܬܐ Joel **1**. 16. χαρά (p. 42).

ܚܘܒ ܚܝܒ Rom. **8**. 3. κατακρίνω (p. 4). ܚܝܐܒ Rom. **3**. 19. ὑπόδικος (p. 17). ܚܝܐܒܝܢ Rom. **15**. 1. ὀφείλω (p. 41). ܚܘܒܐ Rom. **4**. 4. ὀφείλημα (p. 18).

ܚܘܣ ܬܚܘܣ Deut. **13**. 8. φείδομαι (p. 72).

ܚܘܪ ܚܘܐܪ̈ܝܢ Acts **1**. 10. λευκός (p. 134).

ܚܝܕܐ Rom. **5**. 2. χάρις, cf. ܚܣܕ (p. 2).

ܚܝܢܐ pl. Zech. **9**. 12. ὀχύρωμα (خزن) (p. 70). ܚܣܝܢܝܢ Is. **25**. 2. ὀχυρός (p. 135).

ܚܛܐ ܚܛܘܘܬܐ pl. Prov. **1**. 19. ἄνομος (p. 104).

ܚܛܝܐ Ex. **9**. 32. πυρός (p. 63).

ܚܛܦ ܚܛܝܦ Is. **42**. 22. διαρπάζω (p. 47). ܚܛܘܦܐ Phil. **2**. 6. ἁρπαγμός (pp. 10, 112). ܚܘܛܦܐ Is. **42**. 22. ἅρπαγμα (p. 47). ܚܘܛܦܗܘܢ Is. **10**. 2. προνομή (p. 29) ܠܚܘܛܦܗܘܢ Is. **42**. 24. εἰς διαρπαγήν. (p. 47). ܚܛܘܦܝܐ Joel **3**. 19. ἀδικία (p. 65). ܚܛܘܦܝܐ Is. **61**. 8. ἅρπαγμα (p. 108).

ܚܛܪ ܚܘܛܪ̈ܝܢ Heb. **1**. 8. ῥάβδος (p. 22).

ܚܝܐ ܚܝܐ Acts **1**. 3. ζῶν (p. 131). ܚܝܝܐ Is. **10**. 20. σώζω (p. 30). ܐܚܝܝ Gen. **19**. 17. σώζω (p. 102). ܚܝ̇ܝܐ Rom.

8. 11. ζωοποιέω (p. 4). ܡܚܝܐ Zech. **9.** 9. σώζω (p. 70); Is. **43.** 11 (p. 76). ܡܚܝܐܢ Tit. **2.** 11. σωτήριος (p. 39). ܡܚܝܐܢܝ Is. **12.** 2. σωτήρ (p. 39). ܡܚܝܐܢܗ Is. **40.** 5. σωτήριος (p. 38). ܡܚܝܝܢ Tit. **2.** 13. σωτήρ (p. 39). ܡܚܝܢܘܢ Is. **12.** 3. σωτήριος (p. 39). ܡܚܝܢܘ 2 Cor. **6.** 2. σωτηρία (p. 7).

ܚܝܠ ܚܝܠܝܬ Is. **42.** 6. ἐνισχύω (p. 57). ܚܝܠ Joel. **3.** 16. ἐνισχύω (p. 64). ܐܬܚܝܠܘ Heb. **11.** 34. ἐνδυναμόω (p. 20). ܐܬܚܝܠ 2 Tim. **2.** 1. ἐνδυναμόω (p. 21). ܐܬܚܝܠܝ Joel **2.** 21. θαρσέω (p. 49). ܬܚܝܠܐܢ Is. **35.** 3. ἰσχύω (p. 36). ܚܝܘܠ Is. **9.** 6. ἰσχυρός (p. 27). ܚܝܘܠܝܢ Heb. **11.** 34. ἰσχυρός (p. 20). ܚܝܘܠܝܢ Is. **8.** 15. ἐν ἀσφαλείᾳ (p. 26). ܚܝܘܠܝܢ Acts **2.** 22. δύναμις (p. 132).

ܚܟܡ ܚܟܡܐ Col. **2.** 8. φιλοσοφία (p. 13). ܚܟܡܐ Eph. **1.** 17. σοφία (p. 7). ܚܟܡܬܐ Is. **11.** 2 (p. 31).

ܚܠܝ ܚܠܝܘ Job **21.** 33. γλυκαίνομαι (p. 75); Joel **3.** 18. γλυκασμός (p. 64).

ܚܠܦ ܚܘܠܦ Gal. **4.** 3. ὑπό (p. 34). ܚܘܠܦܝ Gen. **22.** 13, 18. ἀντί (pp. 106, 107). ܚܠܘܦ Is. **9.** 5. καταλλαγή (p. 27).

ܚܠܡ ܚܘܠܡܝܢ Heb. **1.** 1. μέρος (p. 22). ܚܠܘܡܝܢ Gen. **3.** 21. χιτών (p. 87).

ܚܠܨ ܚܠܝܨ Col. **2.** 15. ἀπεκδύω (p. 13). ܚܠܝܨܗ Col. **2.** 11. ἀπέκδυσις (p. 13).

ܚܡܝ ܡܚܡܘܝܐ Joel **2.** 4. ὅρασις (p. 43). ܡܚܡܝܐܢ Heb. **10.** 33. θεατρίζω (p. 19).

ܚܡܕ ܬܚܡܘܕܐ pl. Eph. **2.** 3. ἐπιθυμία (p. 8). ܬܚܡܕܬܗ pl. Tit. **2.** 12 (p. 39).

ܚܡܪ ܚܡܪܘܗ Gen. **6.** 14. ἀσφαλτόω. ܚܡܪ̈ Gen. **6.** 14. ἄσφαλτος (p. 89).

ܚܡܪ ܚܡܪܐ Ex. 9. 3. ὑποζύγιον (p. 60).

ܚܢܢ ܬܚܢܢܘܗܝ pl. Rom. 12. 1. οἰκτιρμός (p. 46).

ܚܣܕ ܡܚܣܕܝܢ Rom. 15. 3. ὀνειδίζω (p. 41). ܡܚܣܕ James 1. 5 (p. 35). ܚܣܕܝܢ Heb. 10. 33. ὀνειδισμός (p. 19). ܚܣܕܗܘܢ (for ܚܣܕܝܗܘܢ) Rom. 15. 3 (p. 41). ܚܣܕܐ Prov. 1. 9. χάρις (p. 25). ܚܣܕ Prov. 1. 9 (p. 88).

ܚܣܪ ܡܚܣܪ Ps. 22. 1. ὑστερέω (p. 110).

ܚܦܐ ܐܬܚܦܝ Job 17. 7. πωρόω (p. 56). ܚܦܘܬܐ pl. Heb. 11. 37. μηλωτή (p. 20).

ܚܪ ܚܪܪܬܟ Rom. 8. 2. ἐλευθερόω (p. 4). ܒܪ ܚܪܝܢ Gal. 3. 28. ἐλεύθερος (p. 33).

ܚܪܒ ܚܪܒܘ Is. 9. 21. πολιορκέω (p. 28). ܚܪܒܘܢ Is. 60. 12. ἐρημόω (p. 125). ܚܪܒܢ Is. 60. 12. ἐρημίᾳ (p. 125). ܚܪܒ. ܚܪܒܢ Joel 3. 19. ἀφανισμός (p. 65). ܡܚܪܒܘ Prov. 1. 4. πανουργία (pp. 24, 87).

ܚܪܡ ܬܚܪܡܘܢ ܡܚܪܡܘ Deut. 13. 15. ἀναθέματι ἀναθεματίζω (p. 73). ܚܕ ܒܫܒܐ ܕܚܪܘܡܐ rubric, Sunday in Lent (p. 40, line 15).

ܚܪܦ ܐܚܪܦܘ Is. 60. 14. παροξύνω (p. 125). ܚܪܘܦ Heb. 10. 24. παροξυσμός (p. 16).

ܚܪܨܘܗܝ Is. 11. 5. ὀσφύς (p. 32). ܚܪܨ Amos 8. 10 (p. 115).

ܚܘܪܪܝܗܘܢ Is. 11. 8. τρώγλη (p. 32).

ܚܪܫ ܚܘܪܫܐ Is. 9. 18. δρυμός (p. 28). ܚܘܪܫܝܐ Is. 10. 18 (p. 30).

ܚܫ ܚܐܫ Heb. 2. 18. πάσχω (p. 14). ܚܫܫ Job 16. 7. ἀλγέω (p. 56). ܚܫܘܫܬܐ Is. 61. 3. ἀκηδία (p. 107). ܡܚܫܘܫܐ Is. 53. 11. πόνος (p. 117); Is. 35. 10. ὀδύνη (p. 37). ܡܚܫܘܫܝ Job 16. 7. τραῦμα (p. 56). ܡܚܫܘܫܐ

Heb. **2**. 14 (πάθημα) (pp. 14, 118); Job **21**. 6. ὀδύνη (p. 74).

ܚܫܒ ܚܫܒ Rom. **4**. 8. λογίζω (p. 18); Phil. **2**. 6. ἡγέομαι (p. 10). ܡܚܫܒܝܢ Rom. **6**. 11. λογίζομαι (p. 3). ܡܬܚܫܒܝܢ Rom. **8**. 5. φρονέω (p. 4); Rom. **15**. 5 (p. 42). ܚܫܒܐ Heb. **10**. 22. συνείδησις (p. 15). ܚܫܒܬܗ Rom. **8**. 7. φρόνημα (p. 4). read ܡܬܚܫܒ for ܡܬܚܫܒ Rom. **14**. 23 (p. 41). ܐܬܚܫܒܝ for ܐܬܚܫܒ James **1**. 9 (p. 35). ܚܫܒܬܐ pl. Eph. **2**. 3. διάνοια (p. 8).

ܚܫܚ ܐܬܚܫܚܘ Gen. **19**. 8. χράω (p. 101).

ܚܫܟ ܢܚܫܟܘܢ Joel **2**. 10. συσκοτάζω (p. 44). ܚܘܫܟ Is. **8**. 22. σκότος (p. 26). ܚܘܫܟܐ Job **17**. 13. γνόφος (p. 57).

ܚܫܠ ܡܚܫܠ Jonah **1**. 4, 11. κλύδων (p. 127). ܡܚܫܠܐ Jonah **1**. 12 (p. 128). ܡܚܫܠܗ Jonah **1**. 15. σάλος (p. 128).

ܛ

ܛܒ ܢܛܒ Deut. **10**. 13. εὖ εἰμί (p. 51). ܛܘܒܝ Rom. **4**. 7, 8. μακάριος (p. 18). ܛܒܐܝܬ 2 Tim. **1**. 18. βέλτιον (p. 21). ܝܗܒ ܛܝܒܘ Eph. **1**. 6. χαριτόω (p. 79). (sic) ܛܝܒܘܘ Eph. **2**. 5. χάρις (p. 8). ܛܝܒܘ Rom. 4. 4 (p. 18).

ܢܛܠܠ Acts **2**. 26. κατασκηνόω (طول) (p. 123).

ܛܘܦ ܛܦܘ Deut. **11**. 4. ἐπικλύζω (p. 52). ܢܛܦܘܢ Is. **43**. 2. συγκλύζω (p. 48). ܢܛܘܦܘܢ Is. **10**. 18. ἀποσβέννυμι (p. 30) (*v.* ܛܦܐ).

ܛܦܐ Rom. **5**. 7. τάχα (p. 114).

ܒܛܘܣܐ Rom. **12**. 1. λογικός (p. 46).

ܛܠܐ ܛܠܐܝܢ Gal. **4**. 3. νήπιος (p. 34). ܛܠܝܐ Is. **53**. 2. παιδίον (p. 116). ܛܠܝܘܝ pl. Gen. **22**. 19. παῖδες αὐτοῦ (p. 107); Ex. **9**. 20. interpolated (p. 62). ܛܠܝܘܬܐ Joel **2**. 16. νήπιος (p. 45).

ܛܠܠ ܛܠܠܝܬܐ Is. **44**. 4. ἰτέα (p. 38). ܢܛܠܠ Acts **2**. 26. κατασκηνόω (p. 133). ܡܛܠܠܐ Jonah **4**. 6. σκιά (p. 130). ܡܛܠܠܐ ܗܘܐ Jonah **4**. 6. σκιάζω (p. 130). ܛܠܘܠܐ Gen. **19**. 8. στέγη (p. 101). ܛܠܘܠܗ Is. **9**. 2. σκιά (p. 26). ܡܛܠܠܐ Jonah **4**. 5. σκηνή (p. 130).

ܛܠܡ ܛܠܡܝܢ Ps. **34**. 1. ἀδικέω (p. 110); Zech. **11**. 12. ἀπόφημι (p. 104). ܛܘܠܡ Gen. **19**. 8. ἄδικος (p. 101); Is. **60**. 18. ἀδικία (p. 120). ܕܛܘܠܡ Ps. **34**. 11. ἄδικος (p. 110). ܒܛܘܠܡ Prov. **1**. 11. ἀδίκως (p. 103).

ܛܠܦ Ex. **10**. 26. ὁπλή (ظلف) (p. 68).

ܛܡܥ Jonah **2**. 6. δύω (p. 128). ܢܛܡܥܘܢ Joel **2**. 10 (p. 44).

ܛܡܪ ܒܛܘܡܪܝܢ Ex. **11**. 2. κρυφῇ (p. 68).

ܛܥܐ ܛܥܘ Col. **2**. 8. ἀπάτη (p. 13). ܛܥܝܢ Is. **11**. 15. διαπορεύω (p. 33). ܡܛܥܝܢ Is. **9**. 16. πλανάω (p. 28). ܡܛܥܝܝܢ 2 Cor. **6**. 9. πλάνος (p. 44).

ܛܥܡ ܢܛܥܡܘܢ Jonah **3**. 7. γεύω (p. 129).

ܛܦܐ Is. **40**. 15. σταγών (p. 97).

ܛܦܐ ܛܦܘ Is. **43**. 17. σβέννυμι (p. 35). ܛܦܝܐ Is. **43**. 17 (p. 35). ܬܛܦܐ Job **21**. 17 (p. 74).

ܛܦܐ ܕܡܝܢ Is. **40**. 15. σταγών (p. 97).

ܛܘܦܣ Phil. **2**. 8. σχῆμα (τύπος) (p. 11). ܛܘܦܣܗ Gen. **1**. 12. γένος (p. 81). ܛܘܦܣܐ Prov. **9**. 11. τρόπος (p. 96).

ܛܪܦ. ܛܘܪ̈ܦܐ pl. 2 Cor. **6**. 5. ἀκαταστασία (p. 44).

ܝ

ܝܒܫ ܝܒܫܘ Gen. **8**. 7. ξηραίνω (p. 93). ܝܒܫܬܐ, ܝܒܫܬܐ Gen. **1**. 9. ξηρός (p. 80).

ܝܕ ܐܝܕܝܢ Col. **2**. 11. χείρ (p. 13). ܐܝܕܝܗܘܢ pl. Rom. **12**. 4 (p. 47).

ܝܕܐ ܬܘܕܐ Rom. **10**. 9. ὁμολογέω (p. 6). ܡܘܕܝܢ 1 Tim. **3**. 16. ὁμολογοῦμεν (p. 20). ܐܘܕܝܘܬܐ Is. **3**. 11 (interpolated) (p. 112). Heb. **10**. 23. ὁμολογία (pp. 15, 122). ܐܬܘܕܝܘ Phil. **4**. 6. εὐχαριστία (p. 11). Jonah **2**. 10. ἐξομολόγησις (p. 129). ܢܬܘܕܐ Phil. **2**. 11. ἐξομολογέω (p. 11). ܡܬܘܕܝܢ Col. **1**. 12. εὐχαριστέω (p. 12).

ܝܕܥ ܐܘܕܥܘܬܐ Rom. **3**. 26. ἔνδειξις (p. 17).

ܝܗܒ ܗܒ Ps. **85**. 7. δίδωμι (p. 65). ܝܗܒܬ Is. **43**. 20 (p. 36). ܗܒܘ ܠܒܘܢ Col. **2**. 8. βλέπω (p. 13). ܝܗܒ Gen. **9**. 17. εἰμί (p. 95). ܝܗܒ Gen. **3**. 3 (p. 85). ܕܝܗܒܐ or ܕܝܬܒܐ Ex. **11**. 5 (p. 69). ܝܗܒܝܢ Is. **9**. 1. κατοικέω (p. 26). ܝܗܒܝܢ Is. **8**. 14. ἐγκάθημαι (p. 25).

ܝܘܡ ܝܘܡܕܢ Gen. **22**. 14. σήμερον (p. 106); Ex. **10**. 6. ἡμέρα αὕτη (p. 66). ܝܘܡܕܝܢ Acts **2**. 29 (p. 133). ܝܘܡܐ ܕܝܘܡܕܝܢ Deut. **11**. 4. σήμερον ἡμέρα (p. 53). ܠܐܝܡܡܐ Job **17**. 12. εἰς ἡμέραν (p. 57).

ܝܙܒ ܡܫܬܘܙܒ Joel **2**. 3. ἀνασῴζω (שׁוּיב) (p. 43). ܢܫܬܘܙܒ Rom. **5**. 9. σῴζω (p. 114). ܫܘܙܒܘܬܐ Eph. **1**. 14. περιποίησις (p. 79).

ܝܥܛ ܐܘܥܛ Is. **40**. 14. προδίδωμι (p. 97).

ܝܚܛ ܝܚܛܬ Job **21**. 10. ὠμοτοκέω (p. 74).

ܝܚܛܐ 1 Cor. **15**. 8. ἔκτρωμα (p. 123).

ܝܟܠ ܝܐܟܠܘܢ Is. **11**. 9. δύναμαι (p. 32). ܝܐܟܠܝܢ, ܡܟܠܐ Rom. **8**. 8 (p. 4). ܬܟܠܘܢ Eph. **3**. 18. ἰσχύω (p. 10).

ܝܠܕ ܐܘܠܕܝܗܘܢ Is. **11**. 8. ἔκγονος (p. 32). ܬܘܠܕܬ rubric (pp. 16, 33). ܬܘܠܕܬܗ Gen. **6**. 9. γένεσις (p. 89). ܬܘܠܕܬܐ rubric (p. 34, l. 15).

ܝܠܠ ܝܠܠܐ Ex. **11**. 6. κραυγή (p. 69). ܐܝܠܘܠܐ Amos **8**. 10. θρῆνος (p. 115). ܐܝܠܠܘ Is. **10**. 10. ὀλολύζω (p. 29).

ܝܠܦ ܝܠܦܬܗ Is. **40**. 13. συμβιβάζω (p. 97).

ܝܡܐ ܝܡܐ Acts **2**. 30. ὄμνυμι (p. 133). ܡܘܡܘܬ for ܡܘܡܘܬ Acts **2**. 30. ὅρκος (p. 133). ܡܘܡܬܐ Gen. **22**. 19 (p. 107).

ܝܥܕ ܡܘܥܕܗ Ex. **10**. 9. ἑορτή (p. 66).

ܝܨܦ ܒܝܨܝܦܘ 2 Tim. **1**. 17. σπουδαίως (p. 21).

ܝܩܕ ܝܩܘܕ Is. **9**. 18. βιβρώσκω (p. 28). ܝܩܕܬ Is. **9**. 18 καίω (p. 28).

ܕܝܩܢܬܐ Gen. **2**. 12. πράσινος (ܕܝܩܘܢܬܐ ?) (p. 84).

ܝܪܚ ܝܪܚܘܗܝ Job **21**. 21. μήν (p. 75).

ܝܪܩ ܝܪܘܩ Ex. **10**. 15. χλωρός (p. 67).

ܝܪܘܪܐ Is. **43**. 20. σειρήν (p. 77).

ܝܪܬ ܐܝܪܬܝ Gal. **4**. 1. κληρονόμος (p. 34).

ܡܫܝܪܟ Acts **2**. 27. ὅσιος (ישׁר) (p. 133). ܡܝܫܪ Joel **2**. 3. πεδίον (p. 43). ܡܝܫܪܐ Joel **1**. 20 (p. 42). ܡܝܫܪܐ Is. **40**. 4 (pp. 37, 88).

ܝܬܒ ܡܘܬܒܬܟ Heb. **1**. 8. θρόνος (p. 22). ܡܘܬܒܬܐ pl. Col. **1**. 16 (p. 12).

ܝܬܡ ܝܬܡܐ Is. **10**. 2. ὀρφανός (p. 29).

ܝܬܪ ܝܬܝܪܘܬܐ Eph. **1**. 18. ὑπερβάλλον (p. 7). ܐܬܝܬܪܬ Eph. **1**. 7. περισσεύω (p. 79).

ܟ

ܟܐܒ ܟܘܒܐ 2 Cor. **6**. 8. δυσφημία (p. 44).

ܟܒܫ ܟܒܫܐ Acts **2**. 35. ὑποπόδιον (p. 134).

ܟܗܢ ܟܗܢܝ Heb. **10**. 21. ἱερεύς (p. 15).

ܟܘܐ ܬܬܟܘܐ Is. **43**. 2. καίω (p. 48).

ܟܘܬܐ Gen. **8**. 6. θυρίς (p. 93).

ܟܘܠ ܐܟܝܠ Is. **40**. 12. μετρέω (p. 97). ܡܟܝܠܐ Rom. **12**. 3. μέτρον (p. 46).

ܟܘܢ ܡܟܘܢ Prov. **9**. 7. ἐλέγχω (p. 96). ܐܟܘܢ Prov. **9**. 8 (p. 96). ܡܟܘܢܝܢ Is. **11**. 3 (p. 31). ܝܟܘܢܝܢ Is. **11**. 4 (p. 32). ܬܟܘܝܢ Ps. **37**. 1 (p. 111). ܟܘܘܢ Job **16**. 22. ἔλεγχος (p. 56). ܟܘܘܢܝ Job **21**. 4. ἔλεγξις (p. 74).

ܠܐ ܗܘܐ ܟܝܢ Rom. **3**. 31. μὴ γένοιτο (p. 18).

ܟܝܒܘܬܐ Gen. **6**. 14. κιβωτός (p. 89). ܟܝܒܘ Gen. **6**. 13.

ܟܘܠܝܬܐ Jer. **11**. 20. νεφρός (p. 121).

ܟܘܠܒܐ Is. **10**. 15. ἀξίνη (p. 30).

ܟܠ ܟܘܠܡ Jonah **3**. 7. μηδέν (p. 129). ܟܠܘܡ Job **17**. 10 (interpolated) (p. 57). ܟܠܘܡ Ex. **10**. 15. οὐδέν (p. 67). ܟܘܠܝܗ = ܐܝܗ ܟܘܠ (p. 117).

ܟܡܗ ܟܡܗܘܬܐ Gen. **19**. 11. ἀορασία (p. 101).

ܟܡܫ ܟܡܫ James **1**. 11. ἀπόλλυμι (p. 35).

ܟܢܥܢܝܐ Zech. **11**. 11. Χαναναῖος (p. 104). ܟܢܥܢܝܝ (p. 110).

ܐܟܢܥܘܬܟܘܢ Is. **61**. 7 (ἐντροπή codd. 22, 36 M.) (p. 108).

ܟܢܪܐ Job **21**. 12. ψαλτήριον (p. 74).

ܟܢܫ ܟܢܫܬܐ Eph. **1**. 22. ἐκκλησία (p. 7). ܟܢܝܫܬܐ Eph. **3**. 21 (p. 10). ܟܢܘܫܝܢ Heb. **10**. 25. ἐπισυναγωγή (p. 16).

ܟܘܢܬܝܐ Ex. **9**. 32. ὀλύρα (p. 63).

ܟܣܐ ܐܬܟܣܝܘ Rom. **4**. 7. ἐπικαλύπτω (p. 18).

ܟܣܦ ܟܣܦ Is. **60**. 17. ἀργύριον (p. 126). ܕܟܣܦܝܢܐ Zech. **11**. 13. ἀργυροῦς (p. 110).

ܟܦܠ ܟܦܘܠܐ Zech. **9**. 12. διπλᾶ (p. 70). ܟܦܝܠܐ Is. **40**. 2 (p. 88).

ܟܦܢ ܬܬܟܦܢܘܢ Is. **8**. 21. πεινάω (p. 26).

ܟܦܪ ܟܘܦܪܢܐ Heb. **9**. 15. παράβασις (p. 15).

ܟܦܬ ܟܦܬ Gen. **22**. 9. συμποδίζω (p. 106). ܐܬܟܦܬ Job **17**. 3. συνδέω (p. 56). ܢܟܦܘܬ Is. **3**. 10. δέω (p. 111). ܟܦܝܬܝܢ Is. **42**. 7 (p. 57). ܟܦܝܬܘܢ 2 Tim. **2**. 9. δεσμός (p. 21). ܟܦܬܝܢ Heb. **11**. 36 (p. 20).

ܟܪܙ ܐܟܪܘܙܘܬܐ 1 Cor. **1**. 21. κήρυγμα (p. 115).

ܟܪܪ ܟܪܪ Jonah **1**. 5, 6. ῥέγχω (p. 127).

ܟܫܠ ܢܟܫܘܠܗ James **1**. 6. κλύδων (p. 35).

ܟܬܒ ܟܬܝܒ Rom. **10**. 5. γράφω (p. 5). ܟܬܝܒܝܢ Rom. **1**. 2. γραφή (p. 16).

ܟܘܬܠܐ Eph. **2**. 14. τοῖχος (p. 9).

ܟܬܝܢܐ Ex. **9**. 31. λίνον (p. 63).

ܟܬܦ ܟܬܦܬܐ Is. **60**. 4. ὦμος (p. 124).

ܟܬܪ ܬܟܬܪܘܢ Ex. **9**. 28. μένω (p. 63). ܟܬܝܪ̈ Is. **10**. 32 (p. 31).

ܟܬܫ ܬܟܬܫ Is. **7**. 13. ἀγῶνα παρέχω (p. 23); Heb. **10**. 32. ἄθλησις (p. 19).

ܠ

ܠܐܐ ܠܐܝܬ Jonah **4**. 10. κακοπαθέω (p. 131). ܠܐܐ Job **16**. 8. κατάκοπος (p. 56); Job **17**. 2. κάμνω (p. 56). ܠܐܝܬ = ܠܐܝܬ ? 1 Cor. **15**. 10. κοπιάζω (p. 123). ܠܘܥܝܐ pl. Gal. **6**. 17. κόπος (p. 111).

ܠܒ ܠܒܐ Is. **9**. 9. καρδία (p. 27). ܠܒܝܒܘܬܐ Eph. **1**. 19. κράτος (p. 7).

ܠܒܢܐ Is. **9**. 10. πλίνθος (p. 27).

ܠܒܘܢܬܐ Is. **60**. 6. λίβανος (p. 124).

ܠܒܫ ܠܒܫܘ Jonah **3**. 5. ἐνδύω (p. 129). ܠܒܝܫ ܣܦܣܪܐ Rom. **13**. 4. μάχαιραν φορέω (p. 59).

ܠܗܒ ܡܫܠܗܒ Jonah **4**. 8. συγκαίω (p. 130).

ܠܘܛ ܠܐܛܝܢ Rom. **12**. 14. καταράομαι (p. 51). ܠܝܛ Gen. **3**. 14. ἐπικατάρατος. ܠܝܛܐ Gen. **3**. 17 (p. 86). ܠܘܛܐ Deut. **11**. 26. κατάρα (p. 55).

ܠܘܒܢܐ Is. **60**. 17. πεύκη (p. 125).

ܠܘܫ ܠܘܫܘ Joel **3**. 10. συγκόπτω (p. 64).

ܠܚܡ ܠܚܡܗ Jer. **11**. 19. ἄρτος (p. 121). ܠܚܡ pl. Amos **8**. 11 (p. 115).

ܠܚܨ ܠܚܨܝܢ Gen. **19**. 9. παραβιάζομαι (p. 101). ܢܠܚܘܨ Is. **11**. 13. θλίβω (p. 33). ܡܬܠܚܨܝܢ Heb. **11**. 37 (p. 20). ܡܠܚܨܝܢ Col. **2**. 8. συλαγωγέω (p. 13). ܠܚܨܐ 2 Cor. **5**. 14. συνέχω (p. 6). ܠܚܘܨܝܢ Is. **8**. 22. στενός (p. 26). ܠܚܘܨܝܗܘܢ Is. **10**. 3. θλίψις (p. 29). ܠܚܘܨܝܢ Heb. **10**. 33 (p. 19). ܠܚܘܨܝܐ Rom. **5**. 3 (p. 2).

ܠܡܢܐ Ps. **21**. 1. ἵνα τί (p. 114).

ܠܟܠ ܠܘܟܠܬ Is. **63**. 3. μολύνω (p. 119).

ܠܠܝ ܒܪ̈ ܠܠܝܐܗ, ܒܪ̈ ܠܠܝܗ Jonah **4**. 10. ὑπὸ νύκτα (p. 131).

ܠܠܘܢ pl. Jonah **2**. 1. νύξ (p. 128).

ܠܘܢܝ Is. **9**. 12. Ἕλλην (p. 27).

ܠܥ ܠܘܥܝܗܘܢ Job **21**. 5. σιαγών (p. 74).

ܠܩܝ Ex. **9**. 31, 32. πλήσσω (p. 63). ܠܩܐ Is. **9**. 13 (p. 27). ܐܬܠܩܝ Is. **53**. 5. τραυματίζω (p. 117).

ܠܩܫ ܠܩܫܐ Ex. **9**. 32. ὄψιμος (p. 63); Deut. **11**. 14 (p. 54).

ܠܫܢ ܠܫܢ Phil. **2**. 11. γλῶσσα (p. 11).

ܡ

ܡܐܢ ܡܐܢܐ Heb. **1**. 11. ἱμάτιον (p. 23). ܡܐܢܝܟܘܢ Joel **2**. 12 (p. 45).

ܡܓܠܝܟܘܢ Joel **3**. 10. δρέπανον (p. 64).

ܡܓܢ ܡܓܢܐ Rom. **13**. 4. *εἰκῇ* (p. 59).

ܡܘܡ ܡܡܝܡ Prov. **9**. 7. *μωμάομαι* (p. 96).

ܡܘܫܐ Rom. **10**. 5. Μωυσῆς (p. 5).

ܡܘܬ ܡܘܬ Ex. **9**. 3. *θάνατος* (p. 60). ܡܝܬܐ Rom. **6**. 4. *νεκρός* (p. 3); Rom. **8**. 11 (p. 4). ܡܝܘܬܝܢ Heb. **9**. 14 *νεκρὸν ἔργον* (p. 15). ܡܝܘܬܬܐ Rom. **8**. 11. *θνητός* (p. 4).

ܡܝܠ ܡܝܠܐ Is. **11**. 16. *δί(οδος)* (p. 33).

ܡܚܐ ܡܚܐ ܩܪܒܐ Ps. **34**. 1. *πολεμέω* (p. 110). ܡܚܝܢ ܩܪܒ Joel **2**. 7. *πολεμιστής* (p. 43). ܡܚܐ Ex. **11**. 1. *πληγή* (p. 68). ܡܚܬܐ Is. **10**. 26 (p. 31). ܡܚܘܐ pl. 2 Cor. **6**. 5 (p. 44).

ܡܚܘܡ Col. **2**. 14. *ἐξαλείφω* (p. 13).

ܡܛܐ ܡܛܝ Is. **11**. 6. *ἄγω* (p. 32). ܡܐܛܝܢ Eph. **3**. 18. *καταλαμβάνω* (p. 10). ܥܕ. ܡܛܝ ܕ. Phil. **2**. 8. *μέχρι* (p. 11).

ܡܪܪܐ Ps. **68**. 21. *χολή* (p. 119).

ܡܟ ܡܟܟܝܟ Phil. **2**. 8. *ταπεινόω* (p. 11). ܡܘܟܟܗ Is. **40**. 2. *ταπείνωσις* (p. 88). ܡܟܝܟܘܬܗ Is. **40**. 2 (p. 37).

ܡܠܐ ܠܡܠܐ ܕ Is. **8**. 22. *ὥστε* (p. 26); Is. **9**. 16. *ὅπως* (p. 28). ܡܠܝܬ Zech. **9**. 13. *πίμπλημι* (p. 70). ܡܠܐ Ex. **9**. 8. *πλήρης* (p. 61). ܡܘܠܝܐ Eph. **1**. 23. *πλήρωμα* (p. 7). ܡܘܠܐܝܗ Col. **2**. 9 (p. 13). ܡܡܠܝܐ Eph. **1**. 23. *πληρόω* (p. 8). ܐܬܡܠܝܬ Gen. **6**. 13 (p. 89). ܡܘܠܝ Heb. **10**. 22. *πληροφορία* (p. 122). ܕܡܡܠܐ Job **21**. 15. *ἱκανός* (p. 74). ܕܡܡܠܐܝ Joel **2**. 11 (p. 44). ܕܡܡܠܝܐ Is. **40**. 16 (p. 97). ܕܡܡܠܝܢ 2 Tim. **2**. 2 (p. 21.) ܥܒܕ. ܕܡܡܠܐܝܢ Col. **1**. 12. *ἱκανόω* (p. 12). ܡܫܡܠܝܢ James **1**. 4. *ὁλόκληρος* (p. 34).

ܡܠܟ ܡܠܟܐ ܕܬܬܡܠܟܘܢ Is. 8. 10. βουλεύω βουλήν (p. 25). ܬܬܡܠܟܘܢ Is. 8. 10. λαλέω (p. 25). ܡܠܟܐ Prov. 1. 1. βασιλεύω (p. 24); Is. 43. 15. βασιλεύς (p. 35). ܡܠܐܟܐ Is. 9. 6. ἄγγελος (p. 27). ܡܠܟܘܬܗܘܢ Prov. 9. 10. βουλή. (p. 96).

ܡܠܠ ܡܠܠ Heb. 1. 1. λαλέω (p. 22). ܡܡܠܠ Is. 7. 15 (p. 23). ܡܠܬܗ Ps. 54. 21. λόγος (p. 108). ܡܠܬܐ Deut. 11. 18. ῥῆμα (p. 54).

ܡܠܟܬܗ Is. 40. 13. σύμβουλος (p. 97).

ܡܠܘܗܝ Job 21. 24. ἔγκατα (p. 75).

ܡܢܟܘܢ = ܡܢܟܘܢ Rom. 12. 18 (p. 58).

ܡܢܐ ܡܢܝܢܐ Is. 10. 19. ἀριθμός (p. 30).

ܡܢܟܐ Prov. 1. 9. κλοιός (pp. 25, 88).

ܡܣܐ ܡܣܐ Job 16. 8. σήπω (p. 56).

ܡܣܪ ܡܫܠܡܢܘܬܐ Col. 2. 8. παράδοσις (p. 13).

ܡܨܥ ܡܨܥܬ Heb. 2. 12. ἐν μέσῳ (p. 14). ܕܡܨܥܬ Eph. 2. 14. μεσό(τοιχον) (p. 9).

ܡܪܐ ܡܪܐ Gen. 3. 16. κυριεύω (p. 86); Rom. 6. 9 (p. 3). ܡܪܝܢ Is. 3. 12 (p. 112). ܡܪܘ Gen. 1. 28. κατακυριεύω (p. 82). ܡܪܘ Is. 40. 10. κυρία (p. 97). ܡܪܘܬܐ Eph. 1. 21. κυριότης (p. 7). ܡܪܘܬܐ pl. Col. 1. 16 (p. 12). ܡܪܗܘܢ ܕܡܪܘܬܐ Deut. 10. 17. Κύριος τῶν κυρίων (p. 52).

ܡܪܣܦ Prov. 1. 14. μαρσίππιον (p. 104).

ܡܫܚ ܡܫܚܟ Heb. 1. 9. χρίω (p. 23). ܡܫܚܐ Eph. 1. 9. ἔλαιον (p. 23). ܡܫܚܐ Joel 2. 19 (p. 46). ܕܡܫܟܐ Gen. 3. 21. δερματινός (p. 87).

ܢ

ܢܘܣܐ Jonah 2. 5. ναός (p. 128); Eph. 2. 21 (p. 9).

ܢܒܐ ܢܒܝܐ Acts 2. 30. προφήτης (p. 133). ܢܒܘ Rom. 12. 6. προφητεία (p. 50). ܡܬܒܐܫ 2 Tim. 2. 9. κακοπαθέω (p. 21).

ܥܕܒ ܐܬܥܕܒܢ ܒܥܕܒ Eph. **1**. 11. κληρόω (p. 79). ܥܕܒܟ Prov. **1**. 14. κλῆρος (p. 103). ܥܕܒܝܢ Jonah **1**. 7 (p. 127). ܥܕܒܝܬܗܘܢ Col. **1**. 12 (p. 12).

ܢܓܕ ܢܓܕܐ Deut. **11**. 9. ῥέω (p. 53). ܢܓܕܘܢ Joel **3**. 18 (p. 64). ܢܓܕܝܢ Is. **44**. 4. παραῤῥέω (p. 38). ܢܓܘܕܐ Job **21**. 9. μάστιγξ (p. 74). ܢܓܘܕܝܢ Ps. **37**. 17 (p. 111); Heb. **11**. 36 (p. 20). ܢܓܘܕܝ Gal. **6**. 17. στίγμα (p. 111).

ܢܓܣ ܢܓܣ 1 Cor. **11**. 24. δειπνάω (p. 109).

ܢܓܪ ܢܓܪܗ Jonah **2**. 7. μοχλός (p. 128).

ܢܗܪ ܢܗܘܪܝ Is. **60**. 1. φωτίζω (p. 124). ܡܢܗܪܐܝܬ (p. 138, l. 17).

ܢܘܚ ܢܘܚ Is. **10**. 25. παύω (p. 31). ܬܬܢܝܚ Is. **11**. 2. ἀναπαύω (p. 31). ܢܝܚܬܗ Is. **11**. 10. ἀνάπαυσις (p. 32).

ܢܘܪ ܢܘܪܐ Is. **9**. 5. πῦρ (p. 27).
ܢܨܘܪܝܐ Acts **2**. 22. Ναζωραῖος (p. 132).

ܢܚܠ ܢܚܠ Gen. **18**. 27. σποδός (p. 99). ܢܚܠܐ Jonah **3**. 6 (p. 129); Heb. **9**. 13 (pp. 15, 120); Is. **61**. 3 (p. 107). ܢܚܠ Is. **35**. 6. φάραγξ (p. 36); Is. **40**. 4 (p. 37); ܢܚܠܐ Is. **10**. 29 (p. 31); Is. **8**. 14. κοίλασμα (p. 25); Ex. **9**. 10. αἰθάλη (p. 61). ܢܚܠܝܢ Is. **11**. 15. φάραγξ (p. 33).

ܢܚܡ ܬܢܚܘܡܬܐ Rom. **12**. 8. παράκλησις (p. 50); Rom. **15**. 4 (p. 42). ܬܢܚܘܡܝܢ Job **21**. 2 (p. 74). ܒܢܚܘܡܝܢ ܕܢܚܡܬܐ Is. **43**. 20. θυγάτηρ στρουθῶν (ܢܥܡ) (p. 36). See ܢܚܡܬܐ (p. 77).

ܢܚܬ ܢܚܘܬ Rom. **10**. 7. καταβαίνω (p. 5). ܐܚܬܬ Is. **63**. 6. κατάγω (p. 120). ܬܚܘܬ Eph. **1**. 22. ὑπό (p. 7).

ܢܛܦ ܢܛܦܘܢ Joel **3**. 18. ἀποσταλάσσω (p. 64)

ܢܛܪ ܢܛܪ Phil. **4**. 7. φρουρέω (p. 11). ܬܛܪ Deut. **13**. 18. φυλάσσω (p. 73). ܡܛܪܬܗ Deut. **11**. 1. φύλαγμα (p. 52).

ܢܡܘܣ Rom. **3**. 27. *νόμος* (p. 17).
ܢܣܘܬܐ Is. **42**. 10. *νῆσος* (p. 58); Is. **60**. 9 (p. 124).

ܢܟܣ ܢܟܘܣ Ex. **8**. 25. *θύω*. ܢܟܣܝܢ Ex. **8**. 26 (p. 59). ܢܟܣܐ Rom. **12**. 1. *θυσία* (p. 46). ܢܟܣܝܢ Ex. **10**. 25 (p. 68). ܢܟܣܬ ܠܢܟܣܬܗ Prov. **9**. 2. *σφάζω θῦμα* (p. 96). ܢܟܣܘ ܢܟܣܝܢ Jonah **1**. 16. *θύω θυσίας* (p. 128).

ܝܕܥ ܝܕܥ Is. **9**. 9. *γινώσκω* (p. 27). ܬܕܥ Is. **11**. 9 (p. 32). ܝܕܥܝܢ Rom. **6**. 6 (p. 3). ܬܕܥܝܢ Is. **60**. 16 (p. 125). ܬܕܥܘܢ Joel **2**. 27. *ἐπιγινώσκω* (p. 50). ܟܕܥܘ Rom. **10**. 2. *κατ' ἐπίγνωσιν* (p. 5). ܐܕܥܘܬܐ Gen. **2**. 9. *γνωστόν* (p. 83); Is. **11**. 2. *γνῶσις* (p. 31); Rom. **3**. 20. *ἐπίγνωσις*; Rom. **3**. 23 (interpolated) (p. 17). ܐܕܥܘܬܗ Eph. **1**. 17 (p. 7); ܐܕܥܘܬܗ Prov. **9**. 6. *γνῶσις* (p. 96). ܡܬܝܕܥܝܢ 2 Cor. **6**. 9. *ἐπιγινώσκω* (p. 44). ܬܬܝܕܥܘܢ Phil. **4**. 6. *γνωρίζω* (p. 11). ܠܐܕܥܐ, Is. **43**. 12. *ἀλλότριος* (p. 49). ܐܕܥܘܬܐ Eph. **3**. 19. *ὑπερβάλλω* (p. 10).

ܢܣܐ ܢܣܝ, Gen. **22**. 1. *πειράζω* (p. 105). ܐܬܢܣܝܘ Heb. **11**. 37 (p. 20). ܢܣܝܘܢ, Heb. **11**. 36. *πεῖρα* (p. 20).

ܢܣܒ. ܢܣܒܐ ܒܟܪܣ Is. **7**. 14. *ἐν γαστρὶ λαμβάνω* (p. 23). ܢܣܒܝܢ Gen. **19**. 14. *λαμβάνω* (p. 101). ܢܣܒܝܢ Prov. **1**. 13. *καταλαμβάνω* (p. 103).

ܢܣܩ ܐܣܩ Is. **53**. 11. *φέρω* (p. 118).

ܒܢܬ ܢܥܡܝܬܐ ܒܢܝ ܢܥܡܝܢ Is. **43**. 20. *θυγάτηρ στρουθῶν* (p. 77). See ܢܥܡܝܬܐ (p. 36).

ܢܦܠ ܡܦܘܠܬܐ Is. **8**. 14. *πτῶμα* (p. 25). ܢܦܠ 2 Tim. **2**. 3. *συγκακοπαθέω* (p. 21). (ܠܗ) ܢܦܠ Heb. **2**. 17. *ὀφείλω* (p. 14). (ܠܟ) ܢܦܠ 1 Tim. **3**. 15. *δεῖ* (p. 20). ܢܦܠ (ܠܗ) Rom. **12**. 3 (p. 46); 2 Tim. **2**. 6 (p. 21).

ܢܦܩ ܢܦܘܩ Micah **5**. 2. ἐξέρχομαι (p. 24). ܡܦܩܢܘܗܝ Micah **5**. 2. ἔξοδος (p. 24). ܡܦܩܢܐ ܕܡܝܐ Joel **1**. 20. ἄφεσις ὑδάτων (p. 43).

ܢܨ Is. **11**. 1. ἄνθος (p. 31); James **1**. 10 (p. 35). ܢܨܗ Is. **40**. 6 (pp. 38, 88). ܢܨܝܗ Is. **61**. 11 (p. 108).

ܢܨܒ ܡܨܒܐ Gen. **19**. 26. στήλη (p. 102).

ܢܨܚ ܡܬܢܨܚ Rom. **12**. 21. νικάω (p. 58). ܐܬܢܨܚܘ Is. **8**. 9. ἡττάομαι (p. 25).

ܢܩܡ ܢܩܘܡ Joel **3**. 21. ἐκζητέω (p. 65). ܢܩܡܝܢ Rom. **12**. 19. ἐκδικέω (p. 58). ܢܩܡܬܐ Rom. **12**. 19. ἐκδίκησις (p. 58). ܢܩܡܢ Rom. **13**. 4. ἔκδικος (p. 59).

ܢܒܣ ܢܒܣ Gen. **9**. 4. κρέας (p. 94). ܢܒܝܣ Rom. **14**. 21 (p. 41).

ܢܫܡ (sic) ܢܫܘܡܬܝ Is. **42**. 5. πνοή (p. 57).

ܢܫܦ ܡܬܢܫܦ James **1**. 6. ἀνεμίζομαι (p. 35).

ܐܬܢܠ Is. **43**. 4. δίδωμι (p. 48).

ܬܢ ܡܘܬܢܝܢ Rom. **12**. 6. χάρισμα (p. 50). ܡܘܬܢܬܗ ܕܐܠܗܐ Eph. **2**. 8. χάρις (p. 8).

ܢܬܪ ܐܬܢܬܪ James **1**. 11. ἐκπίπτω (p. 35).

ܣ

ܣܐܢ ܡܣܐܢܝܗܘܢ Is. **11**. 15. ὑπόδημα (p. 33).

ܣܒܠ ܣܒܠܘ Ex. **10**. 17. προσδέχομαι (p. 67); Job **21**. 3. αἴρω (p. 74).

ܣܒܥ ܣܒܘܥ Is. **9**. 20. πίμπλημι (p. 28).

ܣܒܪ ܣܒܘܪ James **1**. 7. οἴομαι ὅτι λήψομαι (p. 35). ܡܣܒܪ 2 Tim. **2**. 10. ὑπομένω (p. 22). ܣܒܪܬܘܢ Heb. **10**. 32 (p. 19). ܡܣܒܪܢܘ Rom. **5**. 3. ὑπομονή (p. 2); Heb. **10**. 36 (p. 19). ܣܒܘܪ Is. **53**. 3. φέρω (p. 117).

ܡܣܒܪ Is. **53**. 4 (p. 117). ܡܣܒܪܢܘܬܗ Rom. **3**. 25. ἀνοχή (p. 17). ܡܣܒܪܝܢ Is. **11**. 10. ἐλπίζω (p. 32).

ܣܓܐ ܣܘܓܝܗ Is. **9**. 3. πλεῖστος (p. 26). ܐܣܓܝܐ ܣܓܝ Gen. **22**. 17. πληθύνω (p. 107). ܢܣܓܘܢ ܘܝܘܡܝܟܘܢ Deut. **11**. 21. μακροημερεύω (p. 54). ܬܣܓܘܢ ܘܬܣܬܓܘܢ Deut. **11**. 8. πολυπλασιάζω (p. 53). ܣܓܝܐ Eph. **2**. 4. πολύς (p. 8); Is. **10**. 17. ὕλη (p. 30).

ܣܓܕ ܢܣܓܕܘܢ Heb. **1**. 6. προσκυνέω (p. 22).

ܣܓܠܬܐ Is. **43**. 17. λίνον (pp. 35, 76).

ܣܗܕ ܡܣܗܕ Is. **43**. 10. μάρτυς (p. 49); Rom. **10**. 2. μαρτυρέω (p. 5); Rom. **3**. 21 (p. 17). ܐܬܣܗܕܘ Heb. **11**. 39 (p. 20). ܣܗܕܘ Job **16**. 8. μαρτύριον (p. 56). ܣܗܕܘܬܗܘܢ Is. **43**. 9. μάρτυς (pl.) (p. 49). ܐܣܗܕܬܝ, ܐܣܗܕܬ Is. **43**. 12. ὀνειδίζω (pp. 49, 76).

ܣܐܒ ܡܣܐܒܐ, ܡܣܐܒ Is. **35**. 8. ἀκάθαρτος (p. 37). ܡܣܝܒ Cod. ܡܣܗܒ Rom. **14**. 14 *bis*. κοινός (p. 40). ܡܣܗܒܝܢ Heb. **9**. 13. κοινόω (pp. 15, 120). ܣܐܘܒܐ Deut. **12**. 31. βδέλυγμα (p. 71). ܡܣܐܒܘܬܐ Deut. **13**. 14 (p. 73); pl. Ex. **8**. 26 (p. 59). ܡܣܐܒ Deut. **14**. 3 (p. 73).

ܣܘܡ ܐܣܡܗ Rom. **3**. 25. τίθημι (p. 17). ܢܣܝܡܘܢ Is. **10**. 6 (p. 29).

ܣܘܣܘܢ Is. **43**. 17. ἵππος (סוס) (p. 76). ܣܘܣܘܬܐ pl. Joel **2**. 4 (p. **43**). ܣܘܣܘܐ Is. **43**. 17 (p. 35).

ܣܥܕ ܣܥܕ Heb. **2**. 18. βοηθέω (p. 14). ܣܥܕܬ 2 Cor. **6**. 2 (p. 7). ܬܣܥܕܘܢ(ܕ) Is. **10**. 3 (p. 29). ܡܣܥܕܢ Gen. **2**. 18. βοηθός (p. 84).

ܣܘܦ ܐܣܦܘ Gen. **8**. 13. ἐκλείπω (p. 93). ܐܣܦܬ Jonah **2**. 8 (p. 129). ܐܣܦܝܗ Is. **43**. 6. ἄκρον (p. 48). ܢܣܘܦ Is. **60**. 20 (p. 126). ܐܣܦܝܢ Heb. **1**. 12 (p. 23).

ܣܛܪ ܡܣܛܘܪܝܢ Is. **50**. 6. ῥάπισμα (p. 113).

ܣܝܪܝܢܗ Is. **43**. 20. σειρήν (p. 36).

ܣܟܦ ܣܟܝ ܦܕܢܘܢ Joel **3**. 10. ἄροτρον (p. 64). ܣܟܝܗ ܕܐܪܥܐ Is. **42**. 10. ἄκρον τῆς γῆς (p. 58).

ܣܟܠ ܐܣܬܟܠܬ Ex. **9**. 27. ἁμαρτάνω (p. 63). ܣܟܠܝܢ Ex. **9**. 34 (p. 63). ܐܣܬܟܠܬ Ex. **10**. 16 (p. 67). ܐܣܬܟܠܘ Rom. **3**. 23 (p. 17); Is. **42**. 24 (p. 48). ܣܟܠܬܐ Rom. **6**. 6. ἁμαρτία (p. 3). ܣܟܠܘܬܢ pl. Heb. **1**. 3 (p. 22). ܣܟܠܐ · Rom. **14**. 23 (p. 41).

ܐܣܬܟܠ Gen. **22**. 4. ἀναβλέπω (p. 105); Ex. **10**. 28. προσέχω (p. 68). ܐܣܬܟܠܘ Deut. **11**. 16 (p. 54).

ܣܟܡ ܣܟܡܘܡ Eph. **1**. 10. ἀνακεφαλαιόω (p. 79).

ܣܟܢ ܡܣܟܢܝܐ Is. **10**. 2. πτωχός (p. 28). ܡܣܟܢܝܢ Is. **10**. 2. πένης (p. 28).

ܣܦܘܠ Joel **2**. 14. σπονδή (p. 45).

ܣܠܩ ܣܠܩ Rom. **10**. 6. ἀναβαίνω (p. 5). ܣܘܠܩܐ p. 134, l. 7 (ἀνάβασις). ܐܣܩܘ Micah **5**. 5. ἐπιβαίνω (p. 24).

ܡܣܩܦ Rom. **14**. 15. λυπέω (p. 41).

ܣܠܩܝܢ ܥܕܒܝ Eph. **1**. 11. κληρόω (p. 79).

ܣܡܩ ܣܡܘܩܐ Deut. **11**. 4. ἐρυθρός (p. 52). ܣܡܘܩܝܢ Is. **63**. 1 (p. 119).

ܣܡܪ Col. **2**. 14. προσηλόω (p. 13).

ܣܢܐ ܣܢܝܬ Heb. **1**. 9. μισέω (p. 23). ܣܢܐܝܢ Rom. **12**. 9. ἀποστυγέω (p. 50). ܣܢܝܢ Is. **9**. 11. ἐχθρός (p. 27).

ܣܢܝܐܐ Gen. **22**. 17. ὑπεναντίος (p. 107).

ܣܢܝܢܝܢ Phil. **4**. 8. σεμνός (p. 11).

ܣܥܕܘܢ Is. **8**. 20. βοήθεια (סעד سعد) (p. 26). ܣܥܕܘܬܗ rubric (βοήθεια) (p. 2, l. 3).

ܣܥܪܝܐ Ex. **9**. 31. κριθή (p. 63).

ܣܦܘ̈ܬܗ Job **16**. 6. χεῖλος (p. 56).

ܣܦܕ ܣܦܕܐ Joel **2**. 12. κοπετός (p. 45).

ܣܦܩ ܣܦܩܘ Gal. **6**. 17. παρέχω (p. 111).

ܠܐ ܡܣܦܩ Heb. **11**. 32. ἐπιλείπω (p. 19).

ܣܦܪ ܣܦܪ̈ܐ 1 Cor. **1**. 20. γραμματεύς (p. 115).

ܣܝܦܪ̈ܐ Gen. **2**. 4. γένεσις (p. 83).

ܣܝܦܪ̈ܗ Gen. **22**. 17. χεῖλος (p. 107).

ܣܪܚ ܣܪ̈ܚ Joel **2**. 20. ἀφανίζω (p. 46). ܐܣܬܪ̈ܚܘ Joel **1**. 17 (p. 42). ܐܣܬܪ̈ܚܝ Joel **1**. 18 (p. 42). (ܕ)ܣܘܪ̈ܚܢܐ Joel **2**. 3. ἀφανισμός (p. 43). ܐܣܬܪܚܬ Ex. **10**. 15. φθείρω (p. 67).

ܣܬܘܐ Gen. **8**. 22. ἔαρ (p. 94).

ܥ

ܥܒܕ ܥܒܕ Gal. **4**. 4. γενόμενος (p. 34). ܐܬܥܒܕ Phil. **2**. 8 (p. 11).

ܥܒܕ ܟܬܒ 1 Tim. **3**. 14. γράφω (p. 20).

ܫܥܒܕ Eph. **1**. 22. ὑποτάσσω (p. 7). ܐܫܬܥܒܕܘ Rom. **10**. 3 (p. 5). ܡܫܬܥܒܕܐ Rom. **8**. 7 (p. 4). ܡܫܬܥܒܕܝܢ Gal. **4**. 3. δουλόω (p. 34). ܫܘܥܒܕ Tit. **2**. 15. ἐπιταγή (p. 39). ܡܫܥܒܕܝܢ Heb. **2**. 15. ἔνοχος (p. 14).

ܥܒܘܕܐ Gen. **2**. 4. γένεσις (p. 83); Eph. **2**. 10. ποίημα (p. 8). ܥܒܘܕܘܗܝ Gen. **2**. 2. ἔργον (p. 83); Rom. **9**. 32 (p. 5).

ܥܒܪ ܥܒܪܝ 2 Cor. **5**. 17. παρέρχομαι (p. 6). ܥܒܪ̈ܝܐ Ex. **9**. 13. Ἑβραῖος (p. 61); Ex. **10**. 3 (p. 65). ܥܒܘ̈ܪܝܗ Job **21**. 29. παραπορεύομαι (p. 75). ܐܬܥܒܪܘܬܐ Rom. **3**. 25. πάρεσις (p. 17). ܥܒܪ̈ܝ ܢܡܘܣܐ Is. **9**. 17. ἄνομος (p. 28). ܥܒܪ̈ܝܢܡܘܣܘܬܐ Heb. **1**. 9. ἀνομία (p. 23).

(Cod. ܒܪܢܢܡܘܣܘ) Deut. **13**. 13. *παράνομος* (p. 73).
ܒܪܢܢܡܘܣܘܬܗܘܢ Rom. **4**. 7. *ἀνομία* (p. 18).
ܒܪܢܢܡܘܣܘܬܡ Tit. **2**. 14 (p. 39).
ܒܘܪܝܐ Joel **1**. 17. *σῖτος* (p. 42); Joel **2**. 19 (p. 46).
ܥܓܠܐ Is. **11**. 6. *μοσχάριον* (p. 32). ܥܓܠܬܐ Heb. **9**. 13. *δάμαλις* (p. 15). ܥܓܠܝܢ Heb. **9**. 12. *μόσχος* (p. 15). ܥܓܝܠܝܢ Heb. **9**. 12 (p. 120).
ܥܕ Gen. **3**. 8 (superfluous) (p. 85).

ܥܘܒ ܥܘܒܟ Deut. **13**. 6. *κόλπος* (p. 72).

ܥܘܕ ܥܘܕ Rom. **6**. 6 (*μηκ*)*έτι* (p. 3).

ܥܘܩ ܥܘܩܬܐ Amos **8**. 10. *ὀδύνη* (p. 115). ܡܬܥܩܢ Is. **53**. 4. *ὀδυνάω* (p. 117). ܬܬܥܩܢܘܢ Is. **8**. 21. *λυπέω* (p. 26). ܥܘܩܬܟܝ Gen. **3**. 16. *λύπη* (p. 86). ܥܩܡ Gen. **3**. 17 (p. 86).

ܥܘܪ ܐܘܥܪܝܬܐ Is. **40**. 4. *σκολιός* (p. 88).
ܐܬܥܘܪܘ Is. **42**. 19. *τυφλόω* (p. 47). ܡܥܘܪܝܐ, ܡܥܘܪܝ Is. **42**. 18, 19. *τυφλός* (p. 47). ܡܥܘܪܝܐ Is. **35**. 5 (p. 36).
ܬܬܥܪܘܢ Joel **3**. 12. *ἐξεγείρω* (p. 64).
ܕܥܙܝܢ Heb. **11**. 37. *αἴγειος* (p. 20).

ܥܛܦ ܥܛܦܘܢ Jonah **3**. 8. *περιβάλλω* (p. 129). ܡܬܥܛܦܝܢ 1 Thess. **4**. 17. *ἁρπάζω* (p. 78). ܥܛܦܬܐ Heb. **1**. 12. *περιβόλαιον* (p. 23). ܥܛܦܬܗ Is. **63**. 1. *στολή* (p. 119). ܥܛܦܐ Is. **9**. 5 (p. 27). ܥܛܦܬܟ Is. **63**. 2. *ἔνδυμα* (p. 119).

ܥܛܪ ܥܛܪܗ Gen. **19**. 28. *ἀτμίς* (p. 103).

ܥܝܢ ܥܝܢܐ Eph. **1**. 18. *ὀφθαλμός* (p. 7).

ܥܠ ܥܠܠ Ex. **11**. 4. *εἰσπορεύω* (p. 69). ܝܥܠ Heb. **1**. 6. *εἰσάγω* (p. 22). ܥܐܠ Heb. **9**. 12. *εἰσέρχομαι* (p. 15). ܥܘܠ Ex. **9**. 1 (p. 60). ܬܥܘܠ Gen. **6**. 18 (p. 90). ܡܥܠܢܐ Rom. **5**. 2. *προσαγωγή* (p. 2). ܡܥܠܬܐ Heb. **10**. 19. *εἴσοδος* (pp. 15, 121). ܥܠܝܢ Eph. **2**. 7. *ἐφ' ἡμᾶς* (p. 8).

ܥܠܐ Prov. **9.** 9. *ἀφορμή* (p. 96).

ܥܠܐ Gen. **22.** 2. *ὁλοκάρπωσις* (p. 105). ܥܠܬܐ Gen. **22.** 3. (p. 105). ܥܠܘܐܢ pl. Ex. **10.** 25. *ὁλοκαύτωμα* (p. 68).

ܠܥܠ Eph. **1.** 21. *ὑπεράνω* (p. 7). ܥܠܝܬܐ Acts **1.** 13. *ὑπερῷον* (p. 134).

ܥܠܥܘܠܐ Job **21.** 18. *λαῖλαψ* (p. 75).

ܥܠܡ ܥܠܡܐ 2 Cor. **5.** 19. *κόσμος* (p. 6). ܕܠܥܠܡ ܥܠܡܝܢ Heb. **9.** 15. *αἰώνιος* (p. 15). ܠܥܠܡܗܘܢ ܕܥܠܡܝܐ Eph. **3.** 21. *τοῦ αἰῶνος τῶν αἰώνων* (p. 10).

ܥܘܠܝܡ Gen. **19.** 4. *νεανίσκος* (p. 100). ܥܘܠܝܡܝܗܘܢ Is. **9.** 17 (p. 28). ܥܘܠܝܡܝܢ Ex. **10.** 9 (p. 66).

ܥܡܠ ܡܥܡܠ Rom. **5.** 4. *κατεργάζομαι* (p. 2). ܐܥܡܠ Eph. **1.** 20. *ἐνεργέω* (p. 7). ܐܥܡܠܘܬܐ Eph. **1.** 19. *ἐνέργεια* (p. 7).

ܥܡܩ ܥܘܡܩܐ Eph. **3.** 18. *βάθος* (p. 10); Is. **7.** 11 (p. 23).

ܥܡܪ ܥܡܘܪ̈ Eph. **3.** 17. *κατοικέω* (p. 10). ܡܥܡܪ̈ܢ Is. **10.** 14 (p. 30). ܥܡܘܪ̈ܝܗ Joel **1.** 14 (p. 42). ܥܡܘܪ̈ܬܐ Is. **10.** 14. *οἰκέω* (p. 30). ܥܡܝܪܐ Rom. **8.** 9 (p. 4); Gen. **1.** 12. *χόρτος* (p. 81). ܥܡܘܪ̈ܬܐ Heb. **1.** 6. *οἰκουμένη* (p. 22). ܕܠܐ ܡܥܡܪܐ Deut. **13.** 16. *ἀοίκητος* (p. 73). ܡܥܡܘܪ̈ܝܬܗ Eph. **2.** 22. *κατοικητήριον* (p. 9).

ܥܢܘܢ Zech. **9.** 9. *πραΰς* (p. 70).

ܥܨܐ 1 Cor. **1.** 19. *ἀθετέω* (p. 115). ܥܨܡ Is. **3.** 15. *ἀδικέω* (p. 112); Jonah **1.** 13. *παραβιάζομαι* (p. 128). ܥܨܝܘܢ Is. **9.** 17. *ἄδικος* (p. 28); Is. **63.** 1. *βία* (p. 119). (ܕ)ܥܨܝܘܢ Is. **11.** 15. *βίαιος* (p. 33). ܥܨܘܝܐ Is. **61.** 8. *ἀδικία* (p. 108).

ܥܝܩ ܥܘܝܩܐ Rom. **13**. 5. ἀνάγκη (p. 59).

ܥܩܒ ܥܩܒܐ Jonah **2**. 6. ἔσχατος (p. 128); Deut. **11**. 24. ἴχνος (p. 55). ܥܩܒܬܐ pl. Rom. **4**. 12 (p. 18). (ܠ)ܥܩܒܬܗܘܢ Is. **60**. 14 (p. 125).

ܥܩܡ ܡܥܩܡܬܐ Is. **40**. 4. σκολιός (p. 37).

ܒܟܘܠ ܥܢ̈ Phil. **4**. 4. πάντοτε (p. 11); Heb. **2**. 15. διὰ παντός (p. 14).

ܥܪܐ ܡܥܪ̈ܐ Jonah **1**. 4. κινδυνεύω (p. 127).

ܥܪܒ ܥܪ̈ܘܒ Joel **3**. 15. δύω (p. 64). ܡܥܪ̈ܒܗ Is. **9**. 12. δυσμή (p. 27). ܥܪ̈ܒܝܐ Is. **11**. 11. Ἀραβία (p. 32). ܥܪ̈ܒܘܢܐ Eph. **1**. 14. ἀῤῥαβών (p. 79). ܡܥܪܒܒ Is. **10**. 33. συνταράσσω (p. 31); James **1**. 8. ἀκατάστατος (p. 35). ܡܥܪܒܒܝܢ Is. **3**. 12. ταράσσω (p. 112). ܐܬܥܪܒܒܘ Gen. **19**. 16 (p. 102). ܬܬܥܪ̈ܒܒܘܢ Is. **8**. 12 (p. 25). ܡܬܥܪ̈ܒ Job **21**. 6. σπουδάζω (p. 74). ܥܪ̈ܘܒܬܐ (παρασκευή) (p. 70, l. 15).

ܥܪܦܠ ܥܪܦܠܐ Is. **60**. 2. γνόφος (p. 124).

ܥܪܝܐ Gen. **8**. 22. ψῦχος (p. 94).

ܥܪܠ ܥܘܪ̈ܠܘܬܐ Rom. **3**. 30. ἀκροβυστία (p. 17); Rom. **4**. 9, 10 (p. 18). ܥܘܪ̈ܠܘܬܗ Col. **2**. 13 (p. 13).

ܥܪܡ ܥܪ̈ܡܝܘܬܟܘܢ Phil. **4**. 5. ἐπιεικές (p. 11).

ܥܝܝܝܐ Joel **2**. 2. ὁμίχλη (p. 43); Ex. **10**. 22. γνόφος (p. 67).

ܥܬܕ ܥܬܕܘ Is. **40**. 3. ἑτοιμάζω (pp. 37, 88). ܡܬܥܬܕ Joel **2**. 5. παρατάσσω (p. 43). ܡܥܬܕ Ps. **37**. 17. ἕτοιμος (p. 111).

ܥܬܩ ܥܬܩܘܢ Job **21**. 7. παλαιόω (p. 74).

ܥܬܪ ܡܥܬ̈ܪܝܢ 2 Cor. **6**. 10. πλουτίζω (p. 45). ܥܘܬܪ̈ܗ Eph. **2**. 7. πλοῦτος (p. 8). ܥܘܬܪ̈ܐ Eph. **1**. 18 (p. 7).

ܦ

ܦܐܐ — ܐܦܐ. Gen. 19. 3. πέπτω (p. 100).

ܦܚܪ — ܐܬܦܚܪܘ Joel 1. 17. κατασκάφω (p. 42).

ܦܓܥ — ܦܘܓܥ̈ܬܝ pl. Ex. 9. 14. συνάντημα (p. 61).

ܦܓܪ — ܦܓܪ̈ܝܢ Rom. 12. 4. σῶμα (p. 46). ܦܓܪܢܝܐ Rom. 6. 6 (p. 3). ܦܓܪ̈ܢܝܟܘܢ Rom. 8. 11 (p. 4). ܦܓܪܢܐܝܬ Col. 2. 9. σωματικῶς (p. 13). ܦܟ̈ܝ Is. 50. 6. σιαγών (p. 113).

ܦܘܡ — ܦܘܡ Rom. 3. 19. στόμα (p. 17). ܦܘܡܗܘܢ Is. 9. 12 (p. 27). ܦܘܡܐ Rom. 10. 10 (p. 6). ܦܘܡܟ Rom. 10. 8 (p. 5). ܦܘܡܗܘܢ Ps. 8. 2 (p. 78).

ܦܝܣ — ܐܦܝܣ Is. 40. 14. συμβιβάζω (p. 97). ܠܐ ܡܬܦܝܣ Is. 7. 16. ἀπειθέω (p. 23). ܠܐ ܡܬܦܝܣܝܢ Is. 8. 11 (p. 25); Eph. 2. 2. τῆς ἀπειθείας (p. 8).
ܦܘܣܝܣ Eph. 2. 3. φύσις (p. 8).
ܦܝܘܢܐ Is. 35. 6. μογιλάλων (p. 36).

ܦܟܗ — ܦܟܗ Prov. 9. 4. ἄφρων (p. 96). ܦܟܗܘܬܐ Prov. 9. 6. ἀφροσύνη (p. 96).

ܦܠܓ — ܡܬܦܠܓ James 1. 6. διακρίνω (p. 35). ܒܦܠܓܗ ܕܠܠܝܐ Ex. 11. 4. περὶ μέσας νύκτας (p. 69). ܦܠܓܝܢ ܒܦܠܓܝܢ Heb. 10. 24. ἀλλήλους (p. 16). ܦܠܓܝܢ ܠܦܠܓܝܢ Rom. 14. 19. εἰς ἀλλήλους (p. 41).

ܦܠܚ — ܦܠܚ 2 Tim. 2. 4. στρατεύομαι (p. 21). ܦܠܚ 2 Tim. 2. 4. στρατολογέω (p. 21). ܐܬܦܠܚ Job 16. 10. χράω (p. 56). ܦܘܠܚܢܟܘܢ Rom. 12. 1. λατρεία (p. 46).

ܦܨܐ — ܢܦܨܐ Heb. 2. 15. ἀπαλλάσσω (p. 14).

ܦܣܠ — ܦܣܝܠ Prov. 1. 7. ἐξουθενέω (pp. 25 88). ܐܬܦܣܠܘܢ Job 21. 29. ἀπαλλοτριόω (p. 75).
ܦܪܣܝ Col. 2. 15. θριαμβεύω (p. 13).

ܦܨܐ ܦܨܝܐ Heb. **9.** 14. *a privativum* (p. 120). ܦܨܝ Heb. **9.** 14 (p. 15). ܡܦܨܝܐ Is. **10.** 14. διαφεύγω (p. 30). ܦܨܝܢ ܡܘܡ Eph. **1.** 4. ἄμωμος (p. 79).

ܦܨܚ ܦܨܝܚܘ Rom. **12.** 8. ἱλαρότης (p. 50).

ܦܩܕ ܒܦܩܘܕ 1 Thes. **4.** 16. ἐν κελεύσματι (p. 78). ܦܩܘܕܐ Eph. **2.** 15. ἐντολή (p. 9). ܦܩܕܘܢܐ Is. **10.** 3. ἐπισκοπή (p. 29).

ܦܩܣ ܦܩܣܘ Prov. **1.** 2. φρόνησις (pp. 24, 87). ܦܩܣܘܬܐ Prov. **9.** 6 (p. 96).

ܦܘܩܣܝܢܐ Is. **60.** 13. πύξινον (p. 125).

ܦܪܐ ܦܪܝ, ܦܪܝܐ Is. **9.** 18. καίω (p. 28). ܦܪܝܐ Is. **10.** 16 (p. 30).

ܡܦܪܝܐ Joel **2.** 3. φλόξ (p. 43).

ܦܪܝܐ 2 Tim. **2.** 6. καρπός (p. 21).

ܦܪܓܠ ܡܠܐ ܕܦܘܪܓܠܝܐ Is. **10.** 14. νοσσία (p. 30).

ܦܘܪܕܝܣ Gen. **2.** 8. παράδεισος (p. 83).

ܦܘܪܙܠܐ Is. **60.** 17. σίδηρος (p. 125). ܦܘܪܙܠ Is. **60.** 17 (p. 126).

ܦܪܣ ܢܦܪܘܣܘܢ Is. **11.** 14. πετάννυμι (p. 33).

ܦܪܢܣ ܡܦܪܢܣ Heb. **1.** 3. φέρω (p. 22). ܦܪܢܣܘܬܐ Eph. **1.** 10. οἰκονομία (p. 79).

ܦܪܗܣܝܐ Col. **2.** 15. παῤῥησίᾳ (p. 13); Heb. **10.** 19. παῤῥησία (pp. 15, 121); Heb. **10.** 35 (p. 19).

ܦܪܓ ܒܦܪܓ Deut. **11.** 17. ἐν τάχει (p. 54). ܒܦܘܪܓ 1 Tim. **3.** 14 (p. 20); Is. **9.** 1. ταχύ (p. 26). ܦܪܓܗ Is. **40.** 15. ῥοπή (p. 97).

ܦܪܩ ܦܪܩܢ Is. **35.** 9. λυτρόω (p. 37). ܦܘܪܩܢ Heb. **9.** 12. λύτρωσις (p. 15). ܦܘܪܩܢܐ Heb. **9.** 15. ἀπολύτρωσις (p. 15).

ܦܪܫ ܢܦܪܫ Jonah **1.** 3. πλέω (p. 127). ܡܦܪܫܝܢ Is. **42.** 10 (p. 58). ܐܦܪܫܘ Ex. **8.** 23. διαστολή (p. 59); Rom. **3.**

22 (p. 17). ܕܐܦܪ̈ܫܘ Rom. **12**. 6. *διάφορος* (p. 50). ܡܦܪܫ Rom. **1**. 1. *ἀφωρισμένος* (p. 16). ܦܪ̈ܫܘܬܗ Deut. **13**. 16. *δίοδος* (p. 73). ܦܪ̈ܫܝܢ Joel **2**. 4. *ἱππεύς* (p. 43).

ܠܦܫܪ Job **21**. 14 (= *οὐ βούλομαι* ?) (p. 74).

ܦܫܦܫ — ܬܦܫܦܫ Deut. **13**. 14. *ἐρευνάω* (p. 73).

ܦܫܛ — ܦܫܘܛ Ex. **9**. 22. *ἐκτείνω* (p. 62). ܦܫܛ Ex. **9**. 23 (p. 62). ܢܦܫܘܛ Is. **11**. 15. *ἐπιβάλλω* (p. 33).

ܦܫܪ — ܦܫܝܪ̈ Is. **35**. 6. *τρανός* (p. 36).

ܦܬܐ — ܦܘܬܝܐ Eph. **3**. 18. *πλάτος* (p. 10). ܦܘܬܝܗ Gen. **6**. 15 (p. 89). ܬܦܬܐ Deut. **11**. 16. *πλατύνω* (p. 54).

ܦܬܚ — ܦܬܚܝܢ Is. **42**. 20. *ἀνοίγνυμι* (p. 47). ܬܬܦܬܚܢ Is. **35**. 5 (p. 36).

ܨ

ܨܒܐ — ܬܨܒܐ Deut. **13**. 8. *συνθέλω* (p. 72). ܨܒܝܢ Rom. **10**. 1. *εὐδοκία* (p. 5).

ܨܒܥ — ܐܨܒܥ Acts **1**. 5. *βαπτίζω* (p. 131). ܡܨܒܥܬܘܢ for ܡܨܥܬܘܢ Acts **2**. 22 (p. 132).

ܨܥܘܪ Heb. **10**. 37. *μικρός* (p. 19). ܨܝܥܘܪ Is. **10**. 7. *ὀλίγος* (p. 29).

ܨܕܩ — ܨܕܝܩܝܢ Phil. **4**. 8 (p. 11). ܨܕܝܩ Rom. **3**. 26. *δίκαιος* (p. 17); Rom. **10**. 4. *δικαιοσύνη* (p. 5). ܡܨܕܩ Rom. **3**. 26. *δικαιόω* (p. 17). ܐܨܛܕܩ Rom. **4**. 1 (p. 18). ܐܨܛܕܩܢܢ Rom. **5**. 1 (p. 2). ܨܕܩܗ Rom. **8**. 4. *δικαίωμα* (p. 4); Rom. **3**. 26. *δικαιοσύνη* (p. 17). ܨܕܩܘ Gen. **19**. 19. *δικαιοσύνη* (p. 102).

ܨܗܐ — ܨܗܝܬܐ Is. **35**. 6. *διψάω* (p. 36). ܨܗܘܐ Amos **8**. 11. *δίψα* (p. 115). ܨܗܘܬܐ Is. **44**. 3. *δίψος* (p. 38).

ܨܘܕ — ܐܨܕ Ex. **9**. 2. ἐγκρατέω (p. 60). ܨܕܬ Is. **42**. 6. κρατέω (p. 57). ܨܕܝܢ Gen. **7**. 18, 19. ἐπικρατέω (p. 92). ܨܕܗ Heb. **2**. 14. κράτος (p. 118). ܐܨܕܗ Heb. **2**. 14 (p. 14). ܨܕܬܗܘܢ Job **17**. 8. ἔχω (p. 56). ܢܨܘܕ Deut. **11**. 17. συνέχω (p. 54). ܐܬܨܕ Gen. **8**. 2 (p. 92). ܢܨܘܕ Heb. **10**. 23. κατέχω (p. 15). ܐܨܕܝܢ 2 Cor. **6**. 10 (p. 45). ܬܨܘܕ Is. **10**. 29. λαμβάνω (p. 31). ܡܨܕܢ Prov. **1**. 17. δίκτυον (p. 104).

ܨܘܚ — ܡܨܘܚܐ Gal. **4**. 6. κράζω (p. 34). ܐܨܚܘ Joel **1**. 14 (p. 42). ܡܨܚ Is. **40**. 3. βοάω (p. 37). ܐܨܚ, ܐܨܚ Is. **40**. 6 (p. 38). ܐܨܚܘ Jonah **1**. 14. ἀναβοάω (p. 128); Jonah **3**. 8 (p. 129). ܡܨܘܚܝܢ Jonah **1**. 5 (p. 127).

ܨܘܩ — ܐܨܩ Jonah **4**. 1. λυπέω (p. 130). ܡܨܩܝܢ 2 Cor. **6**. 10 (p. 45). ܡܨܩܝܢ 1 Thess. **4**. 13 (p. 77). ܨܩܬ ܠܟ Jonah **4**. 9 (p. 131). ܡܨܩ Jonah **4**. 9 (p. 131). ܨܩܐ Jonah **4**. 1. λύπη (p. 130). ܨܩܬܐ Is. **35**. 10 (p. 37).

ܨܘܬ — ܨܝܬ Is. **42**. 23. ἐνωτίζομαι (p. 47).

ܨܚܒ — ܡܨܚܒ Job **16**. 3. παρενοχλέω (p. 55). ܨܚܒܐ Zech. **9**. 13. μαχητής (p. 70). ܨܚܒܝܢ Joel **2**. 7 (p. 43). ܨܚܒܝܐ Joel **3**. 9 (p. 64).

ܨܛܢܐ Heb. **2**. 14. διάβολος (p. 14).

ܨܠܒ — ܨܠܒܐ Eph. **2**. 16. σταυρός (p. 9). ܨܠܝܒ l. 14, ܨܠܘܒܝܐ l. 15 (p. 138).

ܨܠܡܗ Is. **10**. 11. εἴδωλον (p. 29).

ܨܡܕ — ܒܨܡܕܘ p. 136, l. 14 (unitedly).

ܨܡܚ — ܨܡܚ Ex. **10**. 5. φύω (p. 66). ܝܨܡܚܘܢ, ܝܨܡܚ Is. **35**. 1, 2. ἀνθέω (p. 36). ܡܨܡܚ Is. **61**. 11. ἀνατέλλω (p. 108). ܡܨܡܚܐ Is. **61**. 11. αὐξάνω (p. 108).

ܨܥܪ ܨܥܪܝܢ Ps. **37**. 17. ἀλγηδών (p. 111).

ܨܘܦܝܐ Is. **60**. 17. ἐπίσκοπος (p. 126).

ܨܦܘܢܐ Amos **8**. 12. βοῤῥᾶς (צפון) (p. 115); Joel **2**. 20 (p. 46); Is. **43**. 6 (p. 48).

ܐܨܛܦܪܘܢ Joel **2**. 5. ἐξάλλομαι (p. 43). (= ܫܘܪ).

ܨܪܟ ܨܪܝܟܐ Prov. **9**. 4. ἐνδεής (p. 96). ܨܪܝܟܝܢ Heb. **10**. 35. ἔχω χρείαν (p. 19). ܨܘܪܟܢܗܘܢ Rom. **12**. 13. χρεία (p. 51).

ܨܘܪܪܘܝ Job **21**. 33. χάλιξ (p. 75).

ܩ

ܩܒܠ ܐܬܩܒܠ Heb. **1**. 12. ἑλίσσω (p. 23).

ܐܬܩܒܠܘܢ 2 Cor. **6**. 1. δέχομαι (p. 7). ܡܩܒܠ 2 Cor. **6**. 2 (p. 7).

ܠܩܘܒܠ Heb. **1**. 7. πρός (p. 22).

ܠܩܘܒܠܗ Joel **1**. 15. κατέναντι (p. 42). ܡܢ ܠܩܘܒܠܐ Jonah **4**. 5. ἀπέναντι (p. 130). ܠܩܘܒܠܢ Col. **2**. 14. ὑπεναντίον ἡμῖν (p. 13). ܠܩܘܒܠܝ Is. **10**. 14. ἀντ(είπῃ) μοι (p. 30).

ܩܒܠܝܐ Prov. **1**. 6. σκοτεινός (pp. 24, 87). ܩܒܠܐ Gen. **1**. 18. σκότος (p. 81); Joel **2**. 2 (p. 43); Col. **1**. 13 (p. 12). ܩܒܠ ܪܒ Is. **8**. 22 (p. 26).

ܩܒܥ ܐܬܩܒܥܬ Ps. **68**. 2. πήγνυμι (p. 119).

ܩܒܪ ܐܬܩܒܪܢܢ Rom. **6**. 4. συνθάπτω (p. 3). ܩܒܪܬܐ Job **17**. 1. ταφή (p. 56). ܩܒܘܪܗ Is. **53**. 9 (p. 117). ܡܩܒܘܪܬܗ Acts **2**. 29. μνῆμα (p. 133).

ܩܕܠ ܩܕܠܗܘܢ Deut. **10**. 16. τράχηλος (p. 52).

ܩܕܡ ܩܕܝܡ ܐܡܪ Acts **2**. 25. λέγω (p. 132). ܩܕܝܡܬ Jonah **4**. 2. προφθάνω (p. 130). ܡܩܕܡܝܢ ܢܣܒܝܢ Rom. **12**. 10.

προηγέομαι (p. 50). ܩܘܕܡ Rom. **14.** 22. *ἐνώπιον* (p. 41). ܡܢ ܩܘܕܡ Rom. **1.** 2. *προ(επαγγέλλω)* (p. 16); Eph. **2.** 10. *προ(ετοιμάζω)* (p. 8); Heb. **1.** 1. *πάλαι* (p. 22). ܬܩܕܡܘܢ Rom. **12.** 1. *παρίστημι* (p. 46). ܩܘܕܡܘܝ Joel **2.** 3. *ἔμπροσθεν* (p. 43). ܩܕܡܝܬܐ Is. **43.** 18. *πρῶτος* (p. 76). ܩܕܡܐܝ Is. **11.** 14 (p. 33). ܩܐܕܡ Is. **11.** 14. *πρῶτον* (p. 33). ܩܕܡܝ 1 Thess. **4.** 16 (p. 78). ܩܕܡܝܐ Is. **44.** 6 *πρῶτος* (p. 38). ܩܕܡܝܢ Heb. **10.** 32. *πρότερον* (p. 19). ܒܩܕܡܝ Is. **60.** 9. *ἐν πρώτοις* (p. 125). ܒܩܕܡܝܬܐ = ܒܩܕܡܝܬܐ 1 Cor. **15.** 3 (p. 123). ܩܕܡ ܡܢ Col. **1.** 17. *πρό* (p. 12). ܩܕܡܐܝ Is. **25.** 1. *ἀρχαῖος* (p. 135). ܩܕܡܝܬܐ pl. 2 Cor. **5.** 17 (p. 6).

ܕܩܕܘܡܐ Jonah **4.** 8. *καύσων* (p. 130).

ܩܕ̈ܪܐ Joel **2.** 6. *χύτρα* (p. 43).

ܩܕܫ ܩܕܫܘ Joel **1.** 14. *ἁγιάζω* (p. 42). ܩܕܝܫ Is. **8.** 13 (p. 25). ܡܩܕܫ, ܡܬܩܕܫܝܢ Heb. **2.** 11 (p. 14). ܩܕܝܫܐ Heb. **10.** 19. *ἅγιος* (pp. 15, 121). ܩܘܕܫ Is. **8.** 14. *ἁγίασμα* (p. 25). ܪܘܚ ܕܩܘܕܫ 2 Cor. **6.** 6. *πνεῦμα ἅγιον* (p. 44). ܩܕܝܫܬܐ 1 Tim. **3.** 15 (interpolated) (p. 20). ܩܕܝܫܐ rubric (p. 21, l. 3). ܒܝܬ ܩܘܕܫ ܩܘܕܫܝܐ Heb. **9.** 12. *τὰ ἅγια* (p. 15).

ܩܗܠ ܩܗܠ Jonah **1.** 8. *λαός* (p. 127). ܩܗܠܐ Heb. **2.** 17 (p. 14).

ܩܘܡ ܡܩܝܡܐ Heb. **2.** 17 (interpolated) (pp. 14, 118). ܐܩܝܡ Is. **9.** 7. *κατορθόω* (p. 27). ܩܝܡܬܗ Rom. **6.** 5. *ἀνάστασις* (p. 3). ܩܝܡܬܐ Rom. **1.** 4 (p. 16). ܩܝܡܬܗܘܢ Deut. **11.** 6. *ὑπόστασις* (p. 53). ܡܩܝܡܬܗ pl. 2 Tim. **2.** 4. *πραγματεία* (p. 21).

ܡܬܩܝܡ Rom. **12.** 8. *προΐστημι* (p. 50).

ܩܛܠ ܩܛܠܐ Is. **10.** 4. *ἀναιρέω* (p. 29). ܬܩܛܘܠ, ܡܩܛܠ Deut. **13.** 15 (p. 73).

ܩܛܥ ܢܩܛܘܥ Is. **9.** 10. *κόπτω* (p. 27). ܩܛܝܥܐ Is. **10.** 23. *συντέμνω* (p. 30).

ܩܛܪ ܬܩܛܘܪܘܢ Deut. **11.** 18. *ἀφάπτω* (p. 54). ܩܛܝܪ Gen. **22.** 13. *κατέχω* (p. 106).

ܩܛܪ̈ܩܛܝܐ Gen. **7.** 11. *καταῤῥάκτης* (p. 91).

ܩܝܓܪ Job **21.** 16. *γάρ* (p. 74); Rom. **15.** 3. *καὶ γάρ* (p. 41). ܩܓܪ̈ Heb. **10.** 34 (p. 19).

ܩܝܛܘܢܗ Joel **2.** 16. *κοιτών* (p. 45).

ܩܝܛܘܣܐ Gen. **1.** 21. *κῆτος* (p. 82).

ܩܝܪ̈ܘܣܐ Micah **5.** 3. *καιρός* (p. 24). ܩܪ̈ܘܣ 2 Cor. **6.** 2 (p. 7). ܩܝܪ̈ܘܣ ܥܕ Is. **8.** 22. *ἕως καιροῦ* (p. 26).

ܩܘܠܩܢܐ ܕܩܪܝ, ܩܝܪ̈ܘܬܐ Jonah **4.** 6, 7. *κολοκύνθη* (p. 130).

ܩܝܬ̈ܪܐ Job **21.** 12. *κιθάρα* (p. 74).

ܩܠ ܢܩܠܠܘܢ Jonah **1.** 5. *κουφίζω* (p. 127). ܩܠܠ Is. **9.** 9. *ὕβρις* (p. 27). ܘܩܠܝܠ Prov. **1.** 16. וַיְמַהֲרוּ (*ταχινός*) (p. 104).

ܩܠܐ Ex. **9.** 23. *φωνή* (p. 62). ܩܠܘܝ Ex. **9.** 28 (p. 63).

ܩܠܢܕܐ rubric (line 15, p. 35) (*καλάνδαι*).

ܩܠܦܬܐ Joel **2.** 25. *ἐρυσίβη* (p. 50).

ܩܡܩ̈ܝܬܐ Joel **2.** 25. *κάμπη* (p. 50).

ܩܡܨ Ex. **10.** 4. *ἀκρίς* (p. 65). ܩܡܨܐ Joel **2.** 25 (p. 50).

ܩܘܡܨܗ Is. **40.** 12. *δράξ* (p. 97).

ܩܢ ܩܢܝܢ Gen. **6.** 14. *νοσσιά* (p. 89).

ܩܢܐ ܩܢܐ̇ Prov. **1.** 5. *κτάομαι* (pp. 24, 87). ܩܢܝܢܘܢ Heb. **10.** 34. *ὑπάρχων* (p. 19). ܩܢܝܢܐ Heb. **10.** 34. *ὕπαρξις* (p. 19). ܩܢܝܢܝ Job **17.** 2. *ὑπάρχοντα* (p. 56). ܠܩܢܝܢܐ Tit. **2.** 14. *περιούσιος* (p. 39).

ܩܢܐ Joel **2**. 18. ζηλόω (p. 45). ܡܩܢܐ Is. **11**. 11 (p. 32); Is. **11**. 13 (p. 33). ܩܢܬܗ Is. **9**. 7. ζῆλος (p. 27); Is. **11**. 13 (p. 32); Rom. **10**. 2 (p. 5). ܩܢܢܐ Tit. **2**. 14. ζηλωτής (p. 39).

ܩܢܬ Is. **43**. 21. περιποιέω (p. 36).

ܩܣܝܡ Gen. **8**. 11. κάρφος (p. 93).

ܩܚܕ ܩܚܕ Eph. **3**. 14. κάμπτω (p. 10). ܬܩܚܕܘܢ Phil. **2**. 10 (pp. 11, 113).

ܩܦܠܝܘܢ (p. 28, line 21) (κεφάλαιον).

ܩܨ ܩܨ Heb. **10**. 23. προεπαγγέλλω (p. 16); Rom. **1**. 2 (p. 16). ܩܐܨ James **1**. 12. ἐπαγγέλλω (p. 35). ܩܨܝܬܐ Heb. **9**. 15. ἐπαγγελία (p. 15); Heb. **10**. 36 (p. 19); Heb. **11**. 39 (p. 20). ܩܨܝܬܗ Acts **1**. 4 (p. 131). ܩܨܬ Jonah **2**. 10. εὔχω (p. 129). ܩܨܘ ܩܨܝܢ Jonah **1**. 16. εὔχω εὐχάς (p. 128).

ܩܨܐ ܩܨܐ 1 Cor. **11**. 23. κλάω (p. 109).

ܩܨܨ ܬܩܨܨܘܢ Deut. **14**. 1 (φοιβάω) (p. 73).

ܩܨܪ ܩܨܪ Job **16**. 7. ἔλαττον (p. 56).

ܩܪ ܐܩܪܘ Gen. **18**. 4. καταψύχω (p. 98). ܐܩܪ 2 Tim. **1**. 16. ἀναψύχω (p. 21).

ܩܪܐ ܩܪܝܐ Rom. **1**. 1. κλητός (p. 16). ܩܪܝܢ Heb. **9**. 15. κεκλημένος (p. 15). ܩܪܝܬܟܘܢ Eph. **1**. 18. κλῆσις (p. 7).

ܕܩܪܝ ܠܩܘܒܐ Jonah **4**. 6. κολοκύνθη (p. 130).

ܩܪܒ ܩܪܒ Heb. **9**. 14. προσφέρω (pp. 15, 120). ܢܩܪܘܒ Heb. **10**. 22. προσέρχομαι (p. 15). ܩܘܪܒܢܐ Eph. **2**. 18 προσαγωγή (p. 9). ܒܩܘܪܒܢܐ Eph. **2**. 17. ἐγγύς (p. 9). ܩܘܪܒܢ Joel **2**. 14. θυσία (p. 45); Is. **40**. 16. ὁλοκάρπωσις (p. 97).

ܩܪܒܝܐ Heb. **11**. 34. πόλεμος (p. 20). ܩܪܒܐ Joel **2**. 5 (p. 43). ܓܒܪܝܢ ܩܪܒ Joel **2**. 7. πολεμιστής (p. 43). ܩܪܒܬܢܝܐ Joel **3**. 9 (p. 64).

ܦܪܝܕܬܐ ܕܚܘܠܩܢ Gen. **19.** 28 (τῆς περιχώρου) (p. 103).

ܦܪܚ ܦܘܪܚܢܐ Deut. **14.** 1. φαλάκρωμα (p. 73); Amos **8.** 10 (p. 115).

ܦܪ̈ܛܘܠܒܘܢ Gen. **3.** 18. τρίβολος (p. 86).

ܦܪܛܠܘ Joel **1.** 17. σκιρτάω (p. 42).

ܦܪܩ ܦܪܩܘ Joel **2.** 1. σαλπίζω (p. 43). ܡܦܪ̈ܩܝܢ Zech. **9.** 14 (p. 70).

ܦܪܓ ܦܪܓ Gen. **19.** 27. ὀρθρίζω (p. 103). ܦܪ̈ܓܝܢ Gen. **19.** 2 (p. 100). ܦܪ̈ܓܘ Ex. **9.** 13 (p. 61). ܦܪܓܝܬܐ Joel **2.** 2. ὄρθρος (p. 43).

ܩܫܐ ܩܫܝ Ex. **8.** 32. βαρύνω (p. 60). ܐܬܩܫܝ Ex. **9.** 7 (p. 61). ܬܩܫܘܢ Deut. **10.** 16. σκληρύνω (p. 52). ܩܫܐ Is. **8.** 21. σκληρός (p. 26). ܩܫܝܐ Is. **8.** 11, 12 (p. 25). ܩܫܝܬܐ Is. **40.** 4. τραχύς (p. 88). ܩܫܝܐܬܐ Is. **40.** 4 (p. 37). ܩܫܝܘܬ ܠܒܘܢ Deut. **10.** 16. σκληροκαρδία (p. 52). ܒܩܫܘܝ Rom. **5.** 7. μόλις (p. 114).

ܩܫܛ ܩܫܛ Job **17.** 10. ἀληθής (p. 57). ܩܫܝܛܝܢ Phil. **4.** 8 (p. 11). ܩܫܝܛܝܢ 2 Cor. **6.** 8 (p. 44). ܩܫܝܛ Prov. **1.** 3 (p. 24); Heb. **10.** 22. ἀληθινός (p. 15). ܩܫܝܛܐ(ܠ) Job **17.** 8 (p. 56). ܩܘܫܛܐ 1 Tim. **3.** 15. ἀλήθεια (p. 20). ܩܫܛܐ 2 Cor. **6.** 6 (p. 44). ܩܘܫܛ Ps. **86.** 15. ἀληθινός (p. 70). ܒܩܘܫܛ Is. **10.** 20. τῇ ἀληθείᾳ (p. 30) ܒܝܢ ܩܘܫܛ Is. **40.** 7. ἀληθῶς (pp. 38, 88).

ܩܫܬܗ Zech. **9.** 10. τόξον (p. 70).

ܪ

ܪܝܫ ܐܒܗܬܢ Rom. **4.** 1. προπάτωρ (ראשׁ) (p. 18). ܪܝܫܗ ܕܐܪܥܐ Micah **5.** 4. ἄκρον τῆς γῆς (p. 24). ܪܫܗ ܕܐܪܥܐ Deut. **13.** 7 (p. 72). ܪܝܫ ܙܘܝܬܐ Eph. **2.** 20. ἀκρογωναῖος (p. 9). ܪܝܫ ܟܗܢܝܢ Heb. **2.** 17.

ἀρχιερεύς (p. 14). ܪܝܫ ܟܗܢܐ Heb. 9. 11 (p. 14). ܪܝܫ ܡܠܐܟܐ 1 Thes. 4. 16. ἀρχάγγελος (p. 78). ܪܝܫܝܢ Gen. 2. 10. ἀρχή (p. 84). ܪܐܫܘ Col. 2. 10 (p. 13). ܪܝܫܘܐܢ pl. Col. 1. 16 (p. 12). ܪܝܫܘܐܬܐ pl. Col. 2. 15 (p. 13). ܒܪܝܫ Heb. 1. 10. κατ᾽ ἀρχάς (p. 23); Gen. 1. 1. ἐν ἀρχῇ (p. 80); Is. 42. 9. ἀπ᾽ ἀρχῆς (p. 58). ܡܢ ܪܝܫܐ Micah 5. 2 (p. 24). ܪܝܫܘܬܟ Is. 43. 4. κεφαλή (p. 48).

ܪܒ ܡܪܒܝܐ Is. 61. 11. αὐξάνω (p. 108). ܐܪܒܬ Gen. 19. 19. μεγαλύνω (p. 102). ܐܪܒܝ Joel 2. 21 (p. 49). ܬܪܒܘܢ Micah 5. 4 (p. 24). ܪܒܪܒܐ Deut. 11. 7. μέγας (p. 53). ܪܒܪܒܬܐ pl. Deut. 10. 21 (p. 52). ܪܒܘܬܐ Eph. 1. 18. μέγεθος (p. 7). ܪܒܪܒܢܘܗܝ Jonah 3. 7. μεγιστᾶνες (p. 129).

ܪܒܘܢ Jonah 4. 11. μυριάς (p. 131).

ܪܒܝܬ Jonah 4. 10. ἐκτρέφω (p. 131). ܪܒܝܒܐ Is. 53. 7. ἀμνός (ربيب gazelle) (p. 117). ܪܒܝܒܝܐ Is. 40. 11. ἄρνες (p. 97).

ܪܒܫ ܪܒܘܫ Is. 10. 6. κονιορτός (p. 29); Ex. 9. 9 (p. 61); Gen. 2. 7. χοῦς (p. 83). ܪܒܘܫܐ Is. 63. 3. γῆ (p. 119).

ܪܒܣ ܡܪܒܣܝܢ Heb. 10. 22. ῥαντίζω (pp. 15, 122). ܡܬܪܒܣ Heb. 9. 13 (p. 15).

ܪܓܙ ܬܪܓܙܘܢ Deut. 11. 17. ὀργίζω (p. 54). ܪܓܙܝ Is. 10. 6. ὀργή (p. 29). ܪܘܓܙܝ Is. 10. 5 (p. 29). ܪܘܓܙܐ Is. 10. 4 (p. 29). ܪܘܓܙܢ Eph. 2. 3 (p. 8).

ܪܓܠܝܐ Joel 2. 25. βροῦχος (p. 50).

ܪܓܠ ܪܓܠܝܗܘܢ Is. 11. 15 (πούς interpolated) (p. 33).

ܪܓܫ ܐܪܓܫܘ Prov. 1. 4. αἴσθησις (pp. 24, 87). ܐܪܓܫܘܬܐ Prov. 1. 7 (pp. 25, 88).

ܪܕܐ ܬܪܕܐ Ps. **37**. 1. παιδεύω (p. 111). ܪܕܝܐ Tit. **2**. 12 (p. 39). ܡܬܪܕܝܢ 2 Cor. **6**. 9 (p. 45). ܡܪܕܘܬܐ Prov. **1**. 7. παιδεία (pp. 25, 88). ܡܪܕܘܬܗ Deut. **11**. 2 (p. 52). ܡܪܕܘ Prov. **1**. 2 (pp. 24, 87); Is. **50**. 4 (p. 113).

ܪܗܛ ܢܪܗܛܘܢ Joel **2**. 4. καταδιώκω (p. 43).

ܪܘܝ ܐܪܘܝܬ Is. **63**. 6. וַאֲשַׁכְּרֵם μεθύσκω (p. 120).

ܪܘܚ ܐܪܝܚ Gen. **8**. 21. ὀσφραίνομαι (p. 94). ܪܝܚ Gen. **8**. 21. ὀσμή (p. 94).

ܪܘܡ ܪܘܡܐ Is. **7**. 11. ὕψος (p. 23). ܪܘܡܗ Gen. **6**. 15 (p. 89). ܪܘܡܡܘܬܐ Is. **10**. 12 (p. 29). ܪܘܡܡܗ Phil. **2**. 9 (ὑπερ)υψόω (p. 11). ܐܪܘܡܡܟ Ps. **29**. 1. ὑψόω (p. 77). ܐܬܪܘܡܡ Is. **12**. 4, 6 (p. 40). ܪܘܡܘ Is. **10**. 34. ὑψηλός (p. 31). ܡܪܘܡܡܢ Is. **12**. 5 (p. 40). ܡܬܪܘܡܡܢ Is. **10**. 34 (p. 31). ܡܪܘܡܡܐ Heb. **1**. 3 (p. 22). ܪܘܡܡܘ ܕܠܒܒ Is. **9**. 9. ὑψηλῇ καρδίᾳ (p. 27). ܐܪܝܡ Col. **2**. 14. αἴρω (p. 13). ܢܪܝܡ Is. **53**. 11. ἀφαιρέω (p. 117). ܪܘܡܟ Jonah **2**. 4. μετεωρισμός (p. 128).

ܐܪܝܩ Phil. **2**. 7. κενόω (ריק) (p. 10). ܪܘܩܢ Phil. **2**. 7 (p. 112). ܪܝܩܢܐ Col. **2**. 8. κενός (p. 13). ܪܝܩܢ 1 Cor. **15**. 10 (p. 123). ܒܪܝܩܢܘ pl. Job **21**. 34 (p. 75). ܪܝܩܢܘܬܐ pl. Jonah **2**. 9. μάταιος (p. 129). ܡܡܠܠܝܢ ܪܝܩܢܘ Is. **8**. 19. κενολογέω (p. 26). ܠܪܝܩܢܘ 2 Cor. **6**. 1. εἰς κενόν (p. 7).

ܪܙܐ 1 Tim. **3**. 16. μυστήριον (p. 20).

ܒܝܬ ܪܚܝܐ Ex. **11**. 5. μύλος (רחה) (p. 69).

ܪܚܡ ܬܬܪܚܡ Is. **9**. 17. ἐλεέω (p. 28). ܪܚܡܬܢ Heb. **2**. 17. ἐλεήμων (p. 118). ܪܚܡܢ Heb. **2**. 17 (p. 14). ܪܚܡܘܗ Eph. **2**. 4. ἔλεος (p. 8). ܪܚܝܡܝܢ Phil. **4**. 8. προσφιλής (p. 11). ܪܚܡܬܢܝܢ Rom. **12**. 10. φιλόστοργος (p. 50).

ܪܚܩ ܪܚܘܩ Gen. **19**. 9. ἀφίστημι (p. 101); Job **21**. 14 (p. 74). ܢܪܚܘܩ Joel **2**. 8. ἀπέχω (p. 43). ܪܚܝܩܝܢ Eph. **2**. 13. μακράν (p. 9). ܒܪܘܚܩܐ Eph. **2**. 17 (p. 9).

ܪܚܨ ܪܚܨܝܢ Is. **10**. 20, 21. πείθω (p. 30); Is. **42**. 17 (p. 47). ܪܚܨܝ Is. **12**. 2 (p. 39); Is. **8**. 14 (p. 25); Is. **8**. 17 (p. 26). ܐܬܪܚܨܬ Ps. **24**. 2 (p. 97). ܐܪܚܨܘ Is. **10**. 20 (ἀδικέω) (p. 30).

ܪܟܒ ܐܪܟܒܬܐ Phil. **2**. 10. γόνυ (p. 11). ܐܪܟܒܬ pl. Is. **35**. 3 (p. 36). ܐܪܟܒܬܝ Eph. **3**. 14 (p. 10). ܡܪ̈ܟܒ pl. Is. **43**. 17. ἅρμα (p. 35). ܡܪܟܒܬܢ Is. **43**. 17 (p. 76). ܡܪܟܒܬܐ Joel **2**. 5 (p. 43). ܡܪܟܒܬܗܘܢ pl. Deut. **11**. 4 (p. 52).

ܪܟܢ ܐܪܟܢܘ Heb. **11**. 34. κλίνω (p. 20). ܡܐܪܟܢ Ps. **86**. 1 (p. 70). ܕܠܐ ܪܐܟܢ Heb. **10**. 23. ἀκλινής (p. 15). ܢܪܟܢ Is. **9**. 20. ἐκκλίνω (p. 28). ܢܐܪܟܢܘܢ Joel **2**. 7 (p. 43). ܡܪܟܢܝܢ Is. **10**. 2 (p. 28).

ܪܟܣܐ Gen. **8**. 13. στέγη (רכס) (p. 93).

ܪܡܐ ܪܡܐܝܢ ܫܪܝܪܝܢ Eph. **3**. 17. ῥιζόω (p. 10).

ܪܡܙ ܪܡܙܝܢ Prov. **1**. 6. αἴνιγμα (pp. 24, 87).

ܪܘܡܚܝܢ pl. Joel **3**. 10. σειρομάστης (רמח) (p. 64).

ܪܡܣ ܪܡܣܐ Gen. **1**. 21. ἕρπω (p. 82); **1**. 30 (p. 83); **7**. 14 (p. 91); **7**. 21 (p. 92); **8**. 17 (p. 93); **8**. 19, **9**. 3 (p. 94). ܪܡܣܝܢ pl. Gen. **1**. 20 (p. 81); **1**. 26 (p. 82); **7**. 8 (p. 91). ܪܡܣܬܐ Gen. **1**. 25, 26, 28 (p. 82); **1**. 30 (p. 83); **6**. 19, 20 (p. 90); **7**. 8 (p. 91); **7**. 23, **8**. 1 (p. 92). ܪܡܣܝܬܐ Gen. **1**. 24 (p. 82).

ܪܡܫ ܪܡܫ Gen. **1**. 5. ἑσπέρα (p. 80). ܪܘܡܫܐ Gen. **3**. 8. τὸ δειλινόν (p. 85).

ܪܡܣܬ ܐܢܘܢ Is. **63**. 3. וָאֶרְמְסֵם (p. 119).

ܪܥܝ — ܪܥܝ Rom. **3.** 25. ἱλαστήριον (p. 17). ܐܬܪܥܝܢ Rom. **5.** 10. καταλλάσσω (p. 114). ܪܥܝܐ 2 Cor. **5.** 18 (p. 6). ܡܪܥܝܐ 2 Cor. **5.** 19 (p. 6). ܐܬܪܥܘ 2 Cor. **5.** 20 (p. 7). ܪܥܝܐ 2 Cor. **5.** 18, 19. καταλλαγή (p. 6). ܪܥܝܐ Col. **1.** 20. ἀποκαταλλάσσω (p. 12). ܡܪܥܝܐ Eph. **2.** 16 (p. 9). ܪܥܘܬܐ Eph. **1.** 5. εὐδοκία (p. 79). ܪܥܝܐ Micah **5.** 4. ποιμαίνω (p. 24). ܡܪܥܝܬܗ Micah **5.** 4. ποίμνιον (p. 24). ܡܪܥܝܬܐ pl. Joel **1.** 18 (p. 42). ܡܪܥܝܐ Joel **1.** 18. νομή (p. 42). ܡܪܥܝܢ pl. Is. **35.** 7. ἕλος (p. 37).

ܡܪܦܪܦܐ Gen. **1.** 2. ἐπιφέρω (p. 80).

ܡܪܦܝܐܬܐ Is. **35.** 3. ἀνίημι (p. 36).

ܪܦܝܬܘ Job **17.** 9. θάρσος (p. 57).

ܪܦܡ Gen. **6.** 16. ὀροφή (p. 89).

ܪܩ — ܪܘܩܐ Is. **50.** 6. ἔμπτυσμα (p. 113).

ܪܫܠ — ܡܪܫܠܬܐ Is. **35.** 3. παραλύω (p. 36).

ܪܫܥ — ܪܫܥܘ Job **21.** 27. τόλμη (p. 75); Job **21.** 28 (p. 75). ܪܘܫܥܐ Prov. **1.** 19. ἀσέβεια (p. 104).

ܪܬ — ܐܬܪܬܬܘܬܗܘܢ Deut. **11.** 25. τρόμος (p. 55). Gen. **9.** 2 (p. 94).

ܪܬܚ — ܡܪܬܚܝܢ Rom. **12.** 11. ζέω (p. 51). ܪܬܚܝܢ Ex. **9.** 9. ἀναζέω (p. 61).

ܫ

ܫܐܠ — ܫܐܠ Is. **7.** 11. αἰτέω (p. 23). ܫܐܠ Is. **7.** 12 (p. 23). ܢܫܐܠ James **1.** 5 (p. 35). ܫܐܠܝܢ Eph. **3.** 20 (p. 10). ܫܐܠܬܗܘܢ pl. Phil. **4.** 6. αἴτημα (p. 11).

ܐܫܐܠܘ Ex. **11.** 3. χράω (p. 68).

ܫܐܪ — ܐܫܬܐܪܬ Ex. **10.** 19. ὑπολείπω (p. 67); Gen. **7.** 23 καταλείπω (p. 92). ܫܪܬܐ Is. **11.** 11 (p. 32). ܐܫܬܪ Is. **11.** 16 (p. 33). ܡܫܬܪܝܢ Is. **10.** 19 (p. 30).

ܡܫܬܐܪܝܢ 1 Thess. **4**. 15. *περιλείπω* (p. 77). ܫܪܝܬܐ Eph. **2**. 3. *λοιπός* (p. 8). ܫܪܝܬܐ pl. 1 Thess. **4**. 13 (p. 77). ܫܪܝܬ Micah **5**. 3. *ἐπίλοιπος* (p. 24).

ܫܒܥܐ *ἑβδομάς* (p. 2, l. 6). ܫܒܘܥܐ (p. 3, l. 1). ܫܒܘܬܐ Acts **1**. 12. *σάββατον* (p. 134).

ܫܒܐ ܫܒܘܢ Is. **11**. 14. *προνομεύω* (p. 33).

ܫܒܚ ܫܒܚܘ Is. **42**. 10. *ὑμνέω* (p. 58). ܬܫܒܚܘܢ Joel **2**. 26. *αἰνέω* (p. 50). ܐܫܒܚܟ Is. **25**. 1. *δοξάζω* (p. 135). ܐܫܬܒܚ Is. **60**. 7 (p. 124). ܡܫܬܒܚܘܬܗ pl. Is. **12**. 4. *ἔνδοξος* (p. 40). ܬܫܒܘܚܬܐ 1 Tim. **3**. 16. *δόξα* (p. 21); Phil. **4**. 8. *ἀρετή* (p. 11). ܬܫܒܘܚܬܗ Is. **35**. 2 (p. 36). ܬܫܒܚܬܝ Is. **43**. 7 (p. 48). ܫܒܘܚ 2 Cor. **6**. 8. *εὐφημία* (p. 44). ܫܒܘܚܐ Eph. **1**. 5. *ἔπαινος* (p. 79). ܬܫܒܚ Phil. **4**. 8. *ἔπαινος* (p. 11). ܡܫܬܒܚܝܢ Rom. **5**. 2, 3. *καυχάομαι* (p. 2).

ܫܒܚ Eph. **2**. 21. *αὐξάνω* (p. 9).

ܫܒܛ ܫܒܛܝܐ Is. **61**. 5. *φυλή* (p. 107); James **1**. 1 (p. 34); Is. **11**. 14. *φῦλον* (p. 33).

ܫܒܠ ܫܒܝܠܝܢ Is. **43**. 16. *τρίβος* (p. 35).

ܫܒܥ ܫܒܥܐ Is. **11**. 15 (p. 33). ܫܒܥܬܐ Gen. **7**. 10. *ἑπτά* (p. 91).

ܫܒܩ ܫܒܩ Col. **2**. 13. *χαρίζομαι* (p. 13). ܫܒܝܩܝܢ Is. **10**. 14. *καταλείπω* (p. 30). ܫܒܘܩܗܘܢ Col. **1**. 14. *ἄφεσις* (p. 12). ܫܒܘܩܝܢ Is. **61**. 1 (p. 107). ܫܒܘܩ Is. **42**. 22. *ἀποδίδωμι* (p. 47).

ܫܓܫ ܫܓܫ Gen. **19**. 15. *ἐπισπουδάζω* (p. 101). ܐܫܬܓܫ Ex. **9**. 19. *κατασπεύδω* (p. 62); **10**. 16 (p. 67).

ܫܕܪ ܡܫܕܪ Ex. **8**. 28. *ἀποστέλλω* (p. 60). ܫܕܪ Ex. **8**. 29. *ἐξαποστέλλω* (p. 60). ܫܕܪܝܢ Ex. **10**. 3 (p. 65). ܬܫܕܪ Ex. **10**. 4 (p. 65).

ܫܕܐ ܫܕܝܬ Zech. **11**. 14. ἀποῤῥίπτω (p. 104).

ܫܗܪ ܫܗܪܘܪܐ (p. 126, l. 16) vigil.

ܫܘܐ ܫܘܐ, ܒ Heb. **11**. 38. ἄξιος (p. 20). ܫܘܐ̇ Phil. **2**. 6. ἴσα (p. 10). ܡܫܘܐ, Prov. **1**. 3. κατευθύνω (p. 24). ܫܘܢ Is. **40**. 3. εὐθύς (pp. 37, 88). ܫܘܝܘ Is. **40**. 4. εὐθεῖα (p. 37). ܐܫܘܝܘ Heb. **1**. 8. εὐθύτης (p. 22). ܐܫܘܘ Prov. **9**. 6. κατορθόω (p. 96). ܝܫܘܝ, Is. **9**. 7. ἀντιλαμβάνω (p. 27).

ܡܫܘܐ̇ Job **17**. 13. στρώννυμι (p. 57). ܫܘܘܝ, Job **17**. 13. στρωμνή (p. 57). ܫܘܝ, Gen. **22**. 3. ἐπισάττω (p. 105).

ܫܘܐ̇ Ex. **9**. 29. ὡς (p. 63).

ܢܫܝܓܘܢ Gen. **18**. 4. νίπτω (p. 98).

ܫܐܡ 1 Cor. **11**. 29. διακρίνω (שׂוּם) (p. 109).

ܫܘܪ ܫܘܪܐ̈ Is. **35**. 6. ἅλλομαι (p. 36). ܡܫܘܪ Job **16**. 5. ἐνάλλομαι (p. 55).

ܫܘܪܝܐ Joel **2**. 7. τεῖχος (p. 43).

ܡܫܪ̈ܝܢ Heb. **11**. 34. παρεμβολή (p. 20).

ܫܙܒ ܢܫܬܘܙܒ Rom. **5**. 9. σώζω (p. 114). ܫܘܙܒܘܬܐ Eph. **1**. 14. περιποίησις (p. 79).

ܫܘܬܦ ܐܫܬܘܬܦ Heb. **2**. 14. μετέχω (p. 14). ܫܘܬܦܘܬܟ pl. Heb. **1**. 9. μέτοχος (p. 23). ܡܫܘܬܦܘ Prov. **1**. 14. κοινός (p. 104). ܐܫܬܘܬܦܘ Heb. **2**. 14. κοινωνέω (p. 14). ܐܫܬܬܦ Prov. **1**. 11 (p. 103). ܡܫܬܬܦܝܢ Rom. **12**. 13 (p. 51). ܫܘܬܦܝܢ Heb. **10**. 33. κοινωνός (p. 19).

ܫܝܚܐ ܫܝܚ Job **17**. 5. τήκω (p. 56).

ܫܚܕ ܫܘܚܕ Deut. **10**. 17.. δῶρον (p. 52); Is. **8**. 20 (p. 26).

ܫܚܢ ܫܘܚܢܝܢ Ex. **9**. 9, 10. ἕλκος (p. 61).

ܫܝܨ ܫܝܨܦ Deut. **12**. 29. ἐξολοθρεύω (p. 71). ܢܫܬܝܨܘܢ Deut. **12**. 30 (p. 71).

ܫܛܐ ܐܫܛܝ 1 Cor. **1**. 20. μωραίνω (p. 115). ܫܛܝܘ 1 Cor. **1**. 18. μωρία (p. 115); **1**. 23 (p. 116).

ܫܛܝܢ Joel **3**. 18. σχοῖνος (p. 65).

ܫܘܛ ܫܛܝܐ Gen. **7**. 18. ἐπιφέρω (p. 92). (Cf. שָׁטִים Ezek. **27**. 8, 16. κωπηλάται.)

ܫܝܪ ܐܫܝܪܘ Is. **12**. 4. ὑμνέω (p. 40). ܫܝܪܘ (p. 136, ll. 9, 10). ܡܫܝܪ Heb. **2**. 12 (p. 14). ܫܝܪܬܐ Ps. **64**. 1. ὕμνος (p. 89). ܫܝܪܐ ܚܕܬܐ Ps. **97**. 1. ᾆσμα καινόν (p. 78). ܫܝܪܬܝ Is. **12**. 2. δόξα (p. 39).

ܐܘܪܚ ܫܝܪܝܐ Acts **1**. 12. ὁδός (سير) (p. 134).

ܫܟܒ ܡܫܟܒܬܗ Ex. **10**. 23. κοίτη (p. 68). ܡܫܟܒܬܗܘܢ Is. **11**. 8 (p. 32).

ܫܟܠܠ ܫܟܠܠܬ Is. **43**. 7. κατασκευάζω (p. 48). ܠܐ ܡܫܟܠܠܐ Gen. **1**. 2. ἀκατασκεύαστος (p. 80). ܫܘܟܠܠܗ Eph. **1**. 4. καταβολή (p. 79).

ܫܟܢ ܡܫܟܢܐ Heb. **9**. 11. σκηνή (p. 15).

ܡܫܟܝܢ Heb. **11**. 37. δέρμα (p. 20).

ܫܠܐ ܫܠܝܐ Ex. **9**. 28. παύω (p. 63). ܫܠܘܢ Ex. **9**. 29 (p. 63). ܫܠܘ Ex. **9**. 33 (p. 63). ܫܠܐ Ex. **9**. 34 (p. 63).

ܫܠܘܦܝܢ pl. Ex. **9**. 9, 10. φλυκτίς (p. 61).

ܫܠܚ ܫܠܚ Rom. **8**. 3. πέμπω (p. 4). ܡܫܬܠܚܝܢ 2 Cor. **5**. 20. πρεσβεύω (p. 6). ܫܠܝܚ = ܡܫܝܚ Acts **2**. 36 (p. 134).

ܫܠܛ ܫܠܛܘ Heb. **11**. 33. ἐπιτυγχάνω (p. 19). ܫܬܠܛ Zech. **9**. 10. κατάρχω (p. 70). ܫܘܠܛܢܘ Eph. **1**. 21. ἀρχή (p. 7). ܫܘܠܛܢܝܐ pl. Col. **1**. 16. ἐξουσία (p. 12). ܫܘܠܛܢܝܬܐ pl. Col. **2**. 15 (p. 13).

ܫܠܡ ܫܠܡ Gal. **4**. 2. interpolated (p. 34). ܫܠܡܘܢ Joel **2**. 8. συντελέω (p. 43). ܫܬܠܡܘܢ Heb. **11**. 40. τελειόω (p. 20). ܫܘܠܡ Gen. **6**. 9. τέλειος (p. 89).

ܫܠܝܡ Rom. **12**. 2 (p. 46). ܫܘܠܡ James **1**. 4 (p. 34). ܡܫܡܠܝܢܐ Heb. **9**. 11. τελειότερος (p. 15). ܫܘܠܡܗ Rom. **10**. 4. τέλος (p. 5). ܫܘܠܡܢܐܬܝ Is. **63**. 3. πλήρης (p. 119). ܫܘܠܡܐ Gal. **4**. 4. πλήρωμα (p. 34).

ܫܠܡܝܢ Rom. **4**. 12. στοιχέω (p. 18); Gal. **6**. 16 (p. 111).

ܫܘܠܡܢܐ Rom. **12**. 6. ἀναλογία (p. 50).

ܫܠܡ Rom. **5**. 1. εἰρήνη (p. 2). ܫܠܝܡ James **1**. 1. χαίρειν (p. 34).

ܫܠܦ ܫܠܦ Heb. **11**. 40. προ- (p. 20); Acts **2**. 23 (p. 132).

ܫܠܫܠܬܝ 2 Tim. **1**. 16. ἅλυσις (سلسل) (p. 21).

ܫܡ ܫܡܝ Is. **42**. 8. ὄνομα (p. 57). ܫܡܗ Eph. **1**. 21 (p. 57). ܡܬܫܡܝ Eph. **1**. 21. ὀνομάζω (p. 7).

ܫܡܝܐ ܫܘܡܝܐ Rom. **10**. 6. οὐρανός (p. 5); Deut. **11**. 17 (p. 54). ܫܘܡܝܐ ܫܘܡܝܐ Deut. **10**. 14. οὐρανὸς τοῦ οὐρανοῦ (p. 51).

ܫܡܢ ܫܘܡܢ Is. **7**. 15. βούτυρον (p. 23).

ܫܡܥ ܫܘܡܥܘܢ Is. **7**. 12. ἀκούω (p. 23); Job **21**. 2 (p. 74). ܬܫܘܡܥܘܢ Deut. **11**. 22 (p. 54). ܫܡܥܝܢܐ Is. **50**. 5 (p. 113). ܫܡܥܬ ܡܢܟ 2 Cor. **6**. 2. ἐπακούω σου (p. 7). ܫܘܡܥ Jonah **2**. 3. εἰσακούω (p. 128); Ps. **86**. 1 (p. 70). ܡܫܘܡܥ Deut. **11**. 13, 22. ἀκοή (pp. 53, 54). ܡܫܬܡܥܘܢ Is. **11**. 14. ὑπακούω (p. 33). ܫܘܡܥ Phil. **4**. 8. ὑπήκοος (p. 11). ܫܘܡܥܝܢܘܬܐ Rom. **1**. 5. ὑπακοή (p. 16).

ܫܡܫ ܫܡܫܐ Is. **9**. 12. ἥλιος (p. 27). ܫܡܫܝ 2 Tim. **1**. 18. διακονέω (p. 21). ܡܫܡܫܝ Rom. **12**. 7 (p. 50). ܫܡܫܐܗ Rom. **13**. 4. διάκονος (p. 59). ܫܡܫܐܘܢ 2 Cor. **6**. 4. διακονία (p. 44). ܫܡܫܘܬܐ Rom. **12**. 7 (p. 50). ܬܫܡܫܬܐ 2 Cor. **5**. 18 (p. 6). ܫܡܫܘܢ pl. Heb. **1**. 7. λειτουργός (p. 22).

ܫܘܥܐ 1 Cor. **10.** 4. πέτρα (p. 40). ܫܘܥܝܢ Is. **8.** 14 (p. 25); Rom. **9.** 33 (p. 5). ܫܘܥܐ ܫܪܝܪܬܐ Is. **50.** 7. στερεὰ πέτρα (p. 113).

ܫܢܝܬܐ Gen. **2.** 21. ἔκστασις (p. 84).

ܫܢܝܐ Joel **2.** 25. ἔτος (p. 50). ܫܢܬܐ Deut. **11.** 12. ἐνιαυτός (p. 53).

ܫܘܢܩܝܢ Is. **8.** 22. στενοχωρία (p. 26).

ܫܥܐ Deut. **11.** 14. ὥρα (p. 54). ܫܥܝܢ Gen. **1.** 14 (p. 81). (= ܫܥܝܢ)

ܫܘܥܢܝܐ rubric (p. 65, l. 8). (ψαλμός, Hosanna?).

ܫܦܐ ܢܫܦܐ Is. **9.** 9. λαξεύω (p. 27).

ܐܫܬܦܝܢ Rom. **5.** 10. καταλλάσσω (p. 114). ܫܘܦܝܐ Rom. **5.** 11. καταλλαγή (p. 114). ܫܦܝܐ̈ Is. **40.** 4. εὐθεῖα (p. 88). ܫܦܝܘܬܗ Job **21.** 23. ἁπλοσύνη (p. 75). ܫܦܝܦ Is. **60.** 22. ἐλάχιστος (p. 126). ܡܫܦܫܦ Tit. **2.** 15. περιφρονέω (p. 39). ܡܫܦܫܦܐ Is. **52.** 14. ἀδοξέω (p. 116). ܫܦܝܦܘ Rom. **12.** 8. ἁπλότης (p. 50). ܫܦܝܦܘܬܗܘܢ 1 Cor. **15.** 9. ἐλάχιστος (p. 123). ܫܦܝܐܝܬ James **1.** 5. ἁπλῶς (p. 35).

ܫܦܟ ܫܦܟ Acts **2.** 33. ἐκχέω (p. 133). ܫܦܝܟܐ Rom. **5.** 5 (p. 2). ܢܫܬܦܟ Joel **2.** 2. χέω (p. 43). ܐܫܬܦܟ Jonah **4.** 1. συγχέω (p. 130). ܬܫܬܦܟܢ Joel **2.** 10 (p. 44).

ܡܫܦܫܦܐ (p. 138, l. 11).

ܫܦܠ ܫܦܝܠܝܢ Rom. **12.** 10. ὀκνηρός (p. 51).

ܫܦܥ ܫܦܥܘ Joel **3.** 13. ὑπερεκχέω (p. 64). ܢܫܦܥܘܢ Joel **2.** 24 (p. 50).

ܫܦܪ ܗܘ ܫܦܪ̈ 2 Tim. **2.** 4. ἀρέσκω (p. 21). ܢܫܦܪܘܢ Rom. **8.** 8 (p. 4). ܠܢܦܫܗ ܫܦܪ̈ܝܢ Rom. **15.** 1 (p. 41).

ܫܦܝܪ Rom. **14.** 18. εὐάρεστος (p. 41). ܫܘܦܪܐ Is. **53.** 2. δόξα (p. 117). ܪܒܘܬܗ ܕܫܘܦܪ̈ܟ Ps. **8.** 1. μεγαλοπρέπεια (p. 78). ܫܘܦܪܗ James **1.** 11. εὐπρέπεια (p. 35).

ܫܦܪ Gen. **7.** 4. ἐξαλείφω (p. 90). ܢܫܦܪܘܢ Gen. **9.** 15 (p. 95). ܐܫܦܪ̈ Gen. **7.** 23 (p. 92). ܐܫܦܪ̈ܘ Gen. **7.** 23 (p. 92).

ܫܘܦܝܐܠܬ Joel **1.** 19. ἀναλίσκω (p. 42).

ܫܩܝ Is. **43.** 21. ποτίζω (שָׁקָה) (p. 36). ܡܫܩܝܢ Deut. **11.** 10 (p. 53).

ܫܩܡܘܢ Is. **9.** 10. συκάμινος (p. 27).

ܫܩܦ ܫܩܘܦ Is. **11.** 15. πατάσσω (p. 33); Gen. **8.** 21 (p. 94). ܐܫܬܩܘܦ Is. **11.** 4 (p. 32).

ܫܛܐ ܫܛܝܐ Job **16.** 8. μωρός (p. 56).

ܫܩܪ ܫܘܩܪܐܢ 2 Cor. **6.** 6. ὑπόκρισις (p. 44). ܠܐ ܫܘܩܪܐܢ Rom. **12.** 9. ἀνυπόκριτος (p. 50).

ܫܪܒ ܫܘܪܒܐ Gen. **8.** 22. καῦμα (p. 94). ܫܘܪܒܗ James **1.** 11. καύσων (p. 35).

ܫܘܪܒܢ Is. **42.** 6. γένος (p. 57). ܫܘܪ̈ܒܬܐ Is. **8.** 21. πάτριος (p. 26).

ܫܪܓ ܐܫܪܓܘܬܐܟܘܢ pl. Col. **2.** 13. παράπτωμα (p. 13). ܐܫܪܓܘܬܟܘܢ pl. Eph. **2.** 1 (p. 8). ܐܫܪܓܘܬܗܘܢ pl. 2 Cor. **5.** 19 (p. 6). ܐܫܪܓܘܬܢ pl. (p. 79, l. 7).

ܫܪ̈ܓܬܝ, Gen. **19.** 8. δοκός (p. 101).

ܡܫܪ̈ܓܘܬܝ, pl. Ps. **21.** 1. παράπτωμα (p. 114).

ܫܪ ܫܪ̈ܪ Is. **42.** 5. στερεόω (p. 57). ܫܘܪ̈ܪܐ Gen. **1.** 6, 7, 8. στερέωμα (p. 80); Gen. **1.** 14, 15, 17 (p. 81); 1 Tim. **3.** 15. ἑδραίωμα (p. 20); (p. 137, l. 3). ܡܬܫܪ̈ܪܢ Eph. **3.** 16. κραταιόω (p. 10). ܫܪܝܪܬܐ Deut. **11.** 2. κραταιός (p. 52). ܫܪ̈ܪܬ Prov. **9.** 1. ὑπερείδω (p. 96). ܫܪ̈ܝܪܬܐ Is. **8.** 11. ἰσχυρός (p. 25).

ܫܪܐ Eph. **2.** 14. λύω (p. 9). ܐܫܬܪܝܬ Is. **40.** 2 (p. 37). ܬܗܘܝ ܫܪܐ Rom. **14.** 20. καταλύω (p. 41). ܢܫܪܐ Gen. **19.** 2 (p. 100). ܬܫܪܘܢ Heb. **10.** 35. ἀποβάλλω (p. 19). ܡܫܪܝܬܗ Joel **2.** 11. παρεμβολή (p. 44). ܡܫܪ̈ܝܐܢ pl. Is. **35.** 7. ἔπαυλις καλάμου (p. 37).

ܫܪܫ ܫܪ̈ܘܫ Is. **53.** 2. ῥίζα (p. 116). ܫܪ̈ܘܫܗ Is. **11.** 1 (p. 31); **11.** 10 (p. 32). ܡܫܪ̈ܘܫܝܢ ܫܪܐܡܝܢ Eph. **3.** 17. ῥιζόω (p. 10).

ܢܫܬܐ 1 Cor. **11.** 27. πίνω (p. 109). ܫܬܝܢ, ܐܫܬܘ 1 Cor. **10.** 4 (p. 40). ܢܫܬܘܢ Jonah **3.** 7 (p. 129). ܫܬܝܐ Deut. **11.** 11 (p. 53). ܐܫܬܘ Prov. **9.** 5 (p. 96). ܡܫܬܝ Rom. **14.** 17. πόσις (p. 41). ܡܫܬܝܐ 1 Cor. **10.** 4. πόμα (p. 40).

ܫܬ Gen. **7.** 11. ἕξ (p. 91).

ܬ

ܬܐܘܦܢܝܐ rubric. θεοφάνεια (p. 126, l. 16). ܬܘܦܢܝܐ rubric (p. 23, l. 9).

ܬܐܢ ܬܝܢܐ Gen. **3.** 7. συκῆ (p. 85). ܬܐܢܬܐ Joel **2.** 22 (p. 49).

ܬܐܪ ܬܪ̈ܘ Prov. **1.** 2, 3, 6. νοέω (pp. 24, 87). ܬܪ̈ Is. **10.** 7. λογίζομαι (p. 29). ܬܐܪ̈ܝܢ Eph. **3.** 20 (p. 10). ܬܪ̈ܝܐ Phil. **4.** 7. νοῦς (p. 11); Prov. **1.** 4. ἔννοια (pp. 24, 87); **9.** 10. διάνοια (p. 96). ܬܘܪ̈ܝܐ Prov. **1.** 5. νοήμων (pp. 24, 87).

ܬܒܪ ܬܒܪ̈ Is. **9.** 4. διασκεδάζω (p. 27).

ܬܗܐ ܬܗܐ Joel **2.** 14. μετανοέω (p. 45); Jonah **3.** 9 (p. 130).

ܬܘܡܐ = ܬܗܘܡܐ Gen. **1.** 2 (p. 80).

ܬܘܐܢܐ Is. **42.** 22. ταμεῖον (p. 47).

ܬܘܒ ܐܬܬܘܒܘܢ Is. **35**. 10. ἀποστρέφω (p. 37). ܬܬܘܒ Gen. **3**. 19 (p. 86). ܐܬܬܒܬ Is. **12**. 1 (p. 39). ܡܬܬܒܬܟܝ Gen. **3**. 16. ἀποστροφή (p. 86). ܝܬܘܒܘܢ Micah **5**. 3. ἐπιστρέφω (p. 24).

ܬܘܪ̈ܝܐ Heb. **9**. 13. ταῦρος (p. 15). ܬܘܪ̈ܐ Is. **11**. 6 (p. 32). ܬܘܪ̈ܬܐ Is. **11**. 7. βοῦς (p. 32).

ܬܚܘܡ Is. **9**. 7. ὅριον (p. 27). ܬܚܘܡܝܗܘܢ pl. Is. **10**. 13 (p. 30).

ܬܝܫܝܢ Heb. **9**. 12. τράγος (pp. 15, 120). ܬܝܫܝܐ Heb. **9**. 13 (pp. 15, 120).

ܬܠܝ Gen. **18**. 2. ἀναβλέπω (p. 98). ܬܠܐܝ Is. **60**. 4. αἴρω (p. 124). ܬܠܘ Gen. **7**. 17. ἐπαίρω (p. 92). ܬܠܘ, ܬܠܝ Is. **40**. 9. ὑψόω (p. 97). ܡܬܬܠܐ Is. **10**. 15 (p. 30); Is. **52**. 13 (p. 116).

ܬܠܠܐ Is. **9**. 18. βουνός (p. 28); Is. **10**. 18 (p. 30).

ܬܠܝܬܝ Heb. **9**. 15. μεσίτης (pp. 15, 120).

ܬܡܗ ܡܬܡܗ Deut. **10**. 17. θαυμάζω (p. 52). ܡܬܡܗ Is. **9**. 6. θαυμαστός (p. 27). ܬܡܗܝܗ Is. **42**. 8. ἀρετή (p. 58); Is. **8**. 18. τέρας (p. 26).

ܬܡܡ ܬܡܝܡܐ Jer. **11**. 19. ἄκακος (p. 121). ܬܡܝܡܐ Prov. **1**. 4 (pp. 24, 87).

ܬܢܝ ܬܢܝܢܘ ܡܢ Gen. **22**. 15. δεύτερον (p. 106); Jonah **3**. 1. ἐκ δευτέρου (p. 129). ܬܢܝܢ Is. **61**. 7. ἐκ δευτέρας (p. 108). ܬܢܝܢܐ Gen. **1**. 8. δευτέρα (p. 80).

ܗܘܐ ܡܬܢܐ Is. **43**. 21. διηγέομαι (p. 36). ܐܬܢܝ Heb. **11**. 32 (p. 19); Heb. **2**. 12. ἀπαγγέλλω (p. 14).

ܢܣܒ ܕܬܢܝ Heb. **2**. 16. ἐπιλαμβάνομαι (p. 14). ܢܣܒ ܕܬܢܐ (p. 118).

ܬܩܠ ܬܩܠܘ Zech. **11**. 12. ἵστημι (p. 104). ܡܬܩܠ Is. **40**. 12. σταθμός (p. 97); Rom. **14**. 21. προσκόπτω (p. 41).

ܐܬܬܩܠܘ Rom. **9**. 32 (p. 5). ܬܘܩܠܐ Rom. **14**. 20. *πρόσκομμα* (p. 41); Rom. **9**. 32 (p. 5).

ܬܩܢ ܐܬܩܢ 2 Cor. **5**. 19. *τίθημι* (p. 6); Heb. **1**. 2 (p. 22). ܐܬܩܢܘ Is. **42**. 25 (p. 48). ܡܬܩܢ Rom. **9**. 33 (p. 5); ܡܬܩܢ ܗܘܐ Rom. **12**. 3. *φρονεῖν εἰς τὸ σωφρονεῖν* (p. 46). ܐܬܩܢܘܬܗ Eph. **1**. 11. *πρόθεσις* (p. 79); Prov. **1**. 8. *θεσμός* (pp. 25, 88). ܐܬܩܢܘܬܐ Gal. **6**. 16. *κανών* (p. 111); Col. **2**. 14. *δόγμα* (p. 13). ܬܩܢܘܐܝܢ pl. Eph. **2**. 15 (p. 9). ܡܬܩܢܐ Gen. **8**. 21. *ἔγκειμαι* (p. 94); Is. **61**. 10. *κόσμος* (p. 108). ܬܩܢܝܗܘܢ Gen. **2**. 1 (p. 83). ܬܩܢܝܗ Eph. **2**. 2. *αἰών* (p. 8). ܡܬܬܩܢܝܢ Rom. **13**. 1. *τάσσω* (p. 58). ܐܬܩܢܘ Job **16**. 3. *τάξις* (p. 55); Ex. **9**. 5. *ὅρος* (p. 60).

ܬܩܦ ܬܩܝܦ Ex. **10**. 19. *σφοδρός* (p. 67). ܬܩܝܦܘܬܗ Job **21**. 23. *κράτος* (p. 75).

ܒܬܪܝܢ 2 Tim. **2**. 2. *διά* (p. 21). ܒܬܪܝܢ Rom. **3**. 20 (p. 17). ܒܬܪܝܗ Rom. **5**. 1 (p. 2). ܒܬܪܝܢܢ 2 Cor. **5**. 20. *δι' ἡμῶν* (p. 7).

ܬܪܦ ܬܪܘܦ Acts **2**. 27. *διαφθορά* (p. 133). ܬܪܘܦܬܐ Jonah **2**. 7. *φθορά* (p. 128).

ܬܫܫ 1 Cor. **1**. 25. *ἀσθενής* (p. 116); Joel **3**. 10. *ἀδύνατος* (p. 64). ܬܫܫܝܐ Rom. **15**. 1 (p. 41). ܬܫܝܫܘܬܗ Rom. **8**. 3 (p. 4).

MARGARET D. GIBSON.

INDEX TO THE BIBLICAL TEXTS IN THE LECTIONARY.

Continuous texts are enclosed with a bracket. Those which are twice repeated are indicated by *a b*

LIST OF BOOKS.

Genesis	ܣܦܪܐ ܕܓܢܣܝܣ
	ܓܢܣܝܣ
Exodus	ܡܦܩܢܐ
Deuteronomy	ܬܢܝܢܗ ܕܢܡܘܣܐ
Job	ܐܝܘܒ
Proverbs	ܡܬܠܘܗܝ ܕܫܠܝܡܘܢ
	ܡܬܠܐ
Isaiah	ܫܥܝܐ [ܢܒܝܐ]
	ܐܫܥܝܐ ܢܒܝܐ
	ܐܫܥܝܐ ܢܒܝܐ
Jeremiah	ܐܪܡܝܐ
Joel	ܝܘܗܠ ܢܒܝܐ
	ܝܘܗܠ ܢܒܝܐ
Amos	ܥܡܘܣ ܢܒܝܐ
Jonah	ܝܘܢܢ ܢܒܝܐ
Micah	ܡܝܟܐ ܢܒܝܐ
Zechariah	ܙܟܪܝܐܣ
	ܙܟܪܝܐ

Acts	ܦܪܟܣܣ
Romans	ܠܘܬ ܪ̈ܗܘܡܝܐ
	ܐܓܪܬܗ ܕܪ̈ܗܘܡܝܐ
	ܕܠܘܬ ܪ̈ܗܘܡܝܐ
Corinthians	ܠܘܬ ܩܘܪ̈ܢܬܝܐ
	ܠܘܬ ܩܘܪܢܬܝܐ
Galatians	ܠܘܬ ܓ̈ܠܛܝܐ
	ܠܘܬ ܓܠܛܝܐ
Ephesians	ܐܓܪܬܗ ܕܐܦܣܝܐ
	ܠܘܬ ܐܦ̈ܣܝܐ
	ܠܘܬ ܝܗܘܕܝܐ
	ܠܘܬ ܝܗܘܕܝܐ
Philippians	ܐܓܪܬܗ ܕܦܝܠܝܦܣܝܐ
Colossians	ܠܘܬ ܩܘܠܘܣܝܐ
	ܠܘܬ ܩܘܠܘܣܝ
Thessalonians	ܐܓܪܬܐ ܕܬܣܠܘܢܝܩܝܐ
Timothy	ܠܘܬ ܛܝܡܬܐܘܣ
	ܠܘܬ ܛܝܡܬܘܣ
Hebrews	ܠܘܬ ܥܒܪ̈ܝܐ
	ܠܘܬ ܥܒܪ̈ܝܐ
	ܠܘܬ ܥܒܪ̈ܝܐ
James	ܠܘܬ ܝܥܩܘܒ

INDEX TO LESSONS.

* Literally "Hallowing."

ERRATA.

Page	6	line	19	*for* ܐܛܕܣܘܬܗܘܢ	*read*	ܐܛܪܣܘܬܗܘܢ
„	8	„	2	*for* ܒܐܛܕܣܘܬܟܘܢ	*read*	ܒܐܛܪܣܘܬܟܘܢ
„	32	lines	11, 12	*for* ܕܐܘܠܝܕ ܡܗܡ	*read*	ܕܐܠܝܕܡܗܡ
„	47	„	6, 8	*for* 16^b	*read*	17
„	51	„	9, 10	*for* Ps. 77	*read*	Ps. 76
„	73	line	13	*for* ܕܣܚܡ	*read*	ܪܣܚܡ
„	89	„	1	*for* ܫܢܘܢܐ	*read*	ܫܒܘܢܐ
„	97	„	12	*for* ܡܠܠܠܗ	*read*	ܡܠܠܬܗ[1]
„	104	„	11	*for* ܒܣܝܢܐ	*read*	ܒܢܝܢܐ
„	105	„	15	*for* ܐܣܦܟܠ	*read*	ܐܣܬܟܠ
„	129	„	23	*for* ܐܫܦܘܢ	*read*	ܐܫܬܘܢ

[1] The short limbs of the ܬ are rubbed away in the MS.

STUDIA SINAITICA No. V.

Mrs Gibson desires to express her regret that she made a mistake with regard to the Arabic MS.. No. 445. Owing to pressure of work during the last two days of her stay at the Convent in 1895 she photographed the wrong page of this MS. for the date. The real date is on another page in the centre of the book, and is A.D. 1155.

A PALIMPSEST LEAF OF PALESTINIAN SYRIAC.

A palimpsest leaf of Palestinian Syriac was acquired by Mrs Gibson and myself during our visit to Cairo in the year 1895. It measures 23 centimetres by 18½. The vellum is remarkably fine and white, but there is a rent at the top, and it is much frayed at the edges. The upper writing is Jacobite Syriac of the 9th century. It is in one column of 19 lines, and is evidently part of some monkish tale.

The under writing is in two columns, written on lines which have been ruled for it. There are 21 lines in each column, but there may have been more, as the leaf has evidently been clipped at the top and at one side to suit the later scribe. The writing is bold and upright.

On the recto the first four lines of col. *a* were on the part which has been torn away. Column *a* begins

ܘܠܨܦܪܐ .... Job 7. 21*
⌐ܒܥ⌐ܕܬ ....
ܠܝ .... ܘܬܝ
ܘܐ .... ⌐ܕܒ⌐ܘܝ
ܠܡܫܒܠܬܝ ⁘ ܒܕܘ
ܕܝ ܗܐ ܐܢܐ
ܐܙܠ ܠܐܪܥܐ :
ܘܦܪܝ ܘܠܐ
ܬܐܒ ܕܝܗܢܐ ⁘
⁘ ⁘ ⁘

Then follows the rubric to a lesson from Isaiah xl. 1—8. It is the same as that on page 88 of this book (Lesson LXII.) and the rubric is the same, except that the word ܡܬܦܪ̈ܐ is omitted. The word ܐܫܬܪ̈ܝܬ in *v.* 2 has disappeared from the top line of col. *b*, it was doubtless in the part that has been cut away. Column *b* ends with the words ܟܘܠ ܒܣܪ in *v.* 5.

* I am obliged to Dr Nestle for identifying this passage. ܕܝܗܢܐ is evidently a contraction of ܕܝܗܐ ܐܢܐ.

On the verso the word ܒܝܫܬܗ in the first line of col. *a* has been cut away. Column *a* ends with ܘܡܠܬܗ in *v.* 8, and the final words were in the torn part at the top of col. *b*. The only variations in spelling from Lesson LXII. on page 88 of this volume are ܫܡܥܐ instead of ܫܡܥ in *v.* 6, and ܘܩܝܡ instead of ܘܩܝܡ in *v.* 7.

The remainder of col. *b* reads thus

ܛܘܒܢܐ ܕܐ............ܘܝ Ps. 41. 1.
ܡܢ ܕܡܣ............ܣܟܢܐ
ܘܕܝ̈ܪܒܐ: ܒܝܫܬܗ ܐܢܐ
ܐܡܪܬ ܡܪܝܐ ܐܬܪܚܡ Ps. 41. 4.
ܥܠ ܘܐܣܝ ܢܦܫܝ ܕܐܣܟܠܬ
ܠܟ.

ܒܫܘܒܬܐ ܬܫܝܥܝܬܐ ܕܐܪܒܥܬܐ
ܘܕܙܡܬܐ ܗܘܝ ܬܪ̈ܝܢܐ
ܠܐܢܣܛܘܣܝܣ ⁘ ܩܪܝܢ ܡܢ

ܡܢ ܡܠܟܘܬܐ
ܩܕܡܝܬܐ ܡܢ
ܪܝܫܗ
ܗܘܐ 1 Sam. 1. 1.

ܓܒܪ ܚܕ
ܡܢ ܐܪܡܬܝ
ܕܨܘܦܝܢ ܡܢ
ܛܘܪܐ ܕܐܦܪܝܡ
ܘܫܡܗ ܚܠܩܢܐ
ܒܪܗ ܕܝܪܚܡܐܝܠ

TRANSLATION OF HYMN.

I.

......[1]They searched to an unfathomable depth; and with perseverance they attained to Thy bosom; and they preached to the world Thy blessed and honoured One. By their intercessions, and those of all the saints, O Lord! have mercy upon us. Thine [own] Apostles, O Saviour! enlightened the whole habitable globe; and called the world from error.

Almighty Lord! glory be to Thee.

Rubric Rule about "We will sing with four (strings?) to Peter and Paul."

We will sing to Thee with songs, O Lord [our] God!

We will sing to Thee with songs, O Lord [our] God!

Therefore also to Thine Apostles. Thou didst send them, Lord, to the nations, that they might preach Thy kingdom,......to which there is no beginning, and which is ineffable. We are all unitedly keeping a festival in God [to] Peter and Paul the wise men, preachers of grace, for a holy memorial. He who sanctifies everything. Peter the confirmation of the Church, and Paul the unshaken foundation.

[1] Dr Nestle suggests that the word which I have copied ܘܒܡܝܢܘܬܐ may be ܘܗܡܝܢܘܬܐ. It is quite probable, but as the line does not come into my photograph, I cannot verify it, nor do I understand how I could mistake the convex curve in the second limb of a ܗ for a ܒ.

II.

Equal faith, wisdom, [being] like waves which conquer in the fire. In them was the spirit of truth. Peter and Paul the wise were preachers of grace, and great marvels they fulfilled in the world [against sin[1]]. The bow of the mighty ones became weak.

The splendour of the Spirit [changed?] Peter, and afterwards the Christ through the brightness of the revelation changed Paul to a sea of good, that they in fear amongst[1]......related it.

Peter was enlightened in Zion by the coming and the grace of the Comforter, and told of Christ the Lord, as crucified, to the crucifiers.

Damascus received Paul without light, and in a shining way it had mercy on him.

He founded the faith[1]..........

[1] I can only form a dim conjecture as to the meaning of ܥܠ ܐܬܥܪܪܢ and none at all as to that of ܡܫܥܥܐ and ܕܐܪܡܠܗ ܗܘܬ.

A PALESTINIAN SYRIAC LECTIONARY.

A PALESTINIAN SYRIAC LECTIONARY.

f. 1 a

ܒܫܡܗ ܕܐܒܐ ܘܒܪ̈ܐ
ܘܪ̈ܘܚܐ ܕܩܘܕܫܐ ܟܬܒܘ ܗܘܝ
ܠܟܠܗ ܟܠܗܘܢ ܩܪ̈ܝܢܐ ܒܡܥܡܘܕܝܬܗ ܕܐܠܗܐ ܢܬܘܬܒ
ܫܠܝܚܘܬܐ ܕܡܪ̈ܢ ܦܘܠܘܣ ܫܠܝܚܐ ܠܦܘܠܘܣ ܬܫܒܘܚܬܐ ܠܥܠܡ
ܐܡܝܢ

1

Romans 5. 1—5.

ܚܕ ܒܫܒܐ ܩܕܡܝܐ ܠܘܬ ܟܠܬܐܘܢ sic ܡܢ ܐܓܪ̈ܬܐ
ܕܡܪ̈ܢ ܦܘܠܘܣ

f. 1 b 1 ܐܬܙܕܩܢ ܐܘ ܡܢ ܗܝܡܢܘ ܫܠܡ ܗܘܐ ܠܢ ܡܢ
2 ܠܘܬ ܐܠܗܐ ܒܡܪ̈ܢ ܕܡܪ̈ܢ ܝܫܘܥ ܡܫܝܚܐ ܗܕܝܢ
ܕܒܗ ܐܘܦ ܩܪܒܬܐ ܗܘܐ ܠܢ ܒܗܝܡܢܘܬܐ ܠܗܕܝܢ
ܚܕܐ ܗܕܝܢ ܕܒܗ ܐܝܬ ܩܝܡܝܢ ܕܝ ܘܡܫܬܒܚܝܢ
3 ܥܠ ܣܒܪ̈ܐ ܕܫܘܒܚܗ ܕܐܠܗܐ ܠܐ ܕܝ ܐܠܐ
ܐܘܦ ܐܝܬ ܡܫܬܒܚܝܢ ܒܐܘܠܨܢܐ ܝܕܥܝܢ ܕܐܘܠܨܢܐ
f. 2 a 4 ܡܣܝܒܪܢܘ ܗܘ ܡܫܡܠ ܒܡܣܝܒܪ̈ܢܘܬܐ ܕܝ ܒܚܘܢܐ
5 ܒܚܘܢܐ ܕܝ ܣܒܪ̈ܐ ܣܒܪ̈ܐ ܕܝ ܠܐ ܡܒܗܬ ܠܒܪܢ ܕܝ
ܚܘܒܗ ܕܐܠܗܐ ܫܦܝܟ ܒܠܒܢ ܒܪ̈ܘܚܐ ܕܩܘܕܫܐ
ܗܘܐ ܕܝ ܕܐܬܝܗܒ ܠܢ

2

ROMANS 6. 3—11.

ܠܚܕ ܒܫܒܐ ܬܠܝܬܐ ܠܘܬ ܪܗܘܡܝܢ

3 ܠܝܬ ܐܬܘܢ ܝܕܥܝܢ ܕܟܘܠ ܗܠܝܢ ܕܐܬܨܒܥܢܘܢ
4 ܒܝܫܘܥ ܡܫܝܚܐ ⁘ ܒܡܘܬܗ ܐܬܨܒܥܢܝܢ ܘܐܬܩܒܪܢܝܢ
ܐܘܦ ܥܡܗ ܒܡܨܒܥܘܬܗ ܕܝ ܕܕܡܘܬܗ ܕܗܝܟܢܐ ܕܩܡ f. 2b
ܡܫܝܚܐ ܡܢ ܒܝܢ ܡܝܬܝܐ ܒܬܫܒܘܚܬܗ ܕܐܒܘܗܝ ⁘ ܗܟܕܢ
5 ܐܘܦ ܐܢܢ ܒܚܕܘܬ ܕܚܝܝܢ ܢܗܠܟܢ ⁝ ܐܢ ܓܝܪ ܒܗܘ
ܢܨܒܬܗ ܐܬܚܒܒܢܝܢ ܕܝ ܠܕܡܘܬܐ ܡܘܬܗ ܕܡܘܬܗ ⁘
6 ܐܠܐ ܐܘܦ ܕܩܝܡܬܗ ܐܢܢ ܗܘܝܢ ⁘ ܗܕܐ ܕܝ ܕܝܕܥܝ
ܡܒܪ̈ܝܢ ܕܒܪܢܫܐ ܥܬܝܩܐ ܐܨܛܠܒ ܥܡܗ ⁝ ܠܒܛܠ
ܕܝܬܒܛܠ ܦܓܪܐ ܕܚܛܝܬܐ ⁘ ܕܒܬܪ ܠܐ ܢܗܘܝ ܡܫܥܒܕܝܢ
7 ܐܢܝܢ ܠܚܛܝܬܐ ⁝ ܗܕܝܢ ܓܝܪ ܕܡܝܬ ܡܙܕܕܩ ܡܢ ܚܛܝܬܐ ⁘ f. 3a
8 ܐܢ ܕܝ ܡܐܝܬܝܢ ܥܡ ܡܫܝܚܐ ܡܗܝܡܢܝܢ ܐܢܢ ܕܐܢܢ
9 ܚܝܝܢ ܥܡܗ ⁘ ܝܕܥܝܢ ܐܢܢ ܕܝ ܕܡܫܝܚܐ ܩܡ ܡܢ ܒܝܢ
ܡܝܬܝܐ ܘܒܬܪ ܠܐ ܡܐܝܬ ⁘ ܘܡܘܬܐ ܒܬܪ ܠܐ ܡܫܪܐ
10 ܥܠܘܗܝ ⁘ ܡܢܐ ܓܝܪ ܕܡܝܬ ܕܝ ܠܚܛܝܬܐ ܡܝܬ ܡܢ ܚܕܐ ⁘
11 ܘܡܢܐ ܕܚܝ ܚܝܐ، ܗܘ ܠܐܠܗܐ ⁘ ܗܟܕܢ ܐܘܦ ܐܬܘܢ
ܗܘܘ ܡܚܫܒܝܢ ܢܦ̈ܫܟܘܢ ܡܝܬܝܢ ܡܢ ܚܛܝܬܐ ⁘
ܚܝܝܢ ܕܝ ܠܐܠܗܐ ܐܘܦ ܒܡܪܢܐ ܒܝܫܘܥ ܡܫܝܚܐ ⁘

3

ROMANS 8. 2—11.

ܠܫܒ ܒܥܘܒܐ ܬܠܝܬܝܐ ܠܘܬ ܓܠܛܝܐܝܢ sic

f. 3b 2 ܢܡܘܣܗ ܓܝܪ ܕܪܘܚܐ ܕܚܝܝܐ ܒܝܫܘܥ ܡܫܝܚܐ ❖
3 ܚܪܪܬܢ ܡܢ ܢܡܘܣܗ ܕܚܛܝܬܐ ܘܕܡܘܬܐ ❖ ܬܟܝܨܘܬܗ
ܓܝܪ ܕܢܡܘܣܐ ܒܡܟܐ ܕܗܘܐ ܒܐܝܕ ܒܒܣܪܐ ❖ ܫܠܚ
ܐܠܗܐ ܠܒܪܗ ܒܕܡܘܬܐ ܕܒܣܪܐ ܕܚܛܝܬܐ ❖ ܘܥܠ
ܕܝܠܗ ܕܝ ܕܚܛܝܬܐ ܚܝܒ ܝܬܗ ܠܚܛܝܬܐ ܒܒܣܪܐ ❖
4 ܠܡܓܠ ܕܙܕܘܗ ܕܢܡܘܣܐ ܢܬܡܠܐ ܒܢ ❖ ܒܗܠܝܢ ܕܒܒܣܪܐ
f. 4a 5 ܠܐ ܡܗܠܟܝܢ ❖ ܐܠܐ ܒܪܘܚܐ ܗܠܝܢ ܓܝܪ ܕܒܒܣܪܐ
ܗܘܝܢ ܒܣܪ̈ ܗܘܝܢ ܡܬܚܫܒܝܢ ❖ ܗܠܝܢ ܕܝ ܕܒܪܘܚܐ
6, 7 ܕܪܘܚܐ ❖ ܚܫܒܬܐ[1] ܕܝ ܕܪܘܚܐ ܚܝܝܢ ܘܫܠܡ ❖ ܠܡܓܠ ܕܝ
ܕܚܫܒܬܗ ܕܒܣܪܐ ܒܥܠܕܒܒܘ ܗܘ ܠܘܬ ܐܠܗܐ ❖
8 ܠܢܡܘܣܐ ܓܝܪ ܕܐܠܗܐ[2] ܠܐ ܡܫܬܥܒܕܐ ❖ ܐܘܦ
ܓܝܪ ܠܐ ܡܟܠܐ ܗܠܝܢ ܕܝ ܕܒܒܣܪܐ ܗܘܝܢ ܡܫܦܪܘܢ
9 ܠܐܠܗܐ ❖ ܠܐ ܡܐܟܠܝܢ ܐܢܬܘܢ ܕܝ ܠܝܬ ܐܢܬܘܢ
ܒܒܣܪܐ ܐܠܐ ܒܪܘܚܐ ❖ ܐܢ ܕܝ ܐܘܦ ܪܘܚܗ
f. 4b ܕܐܠܗܐ ܡܫܪܝܐ ܒܟܘܢ ❖ ܐܢ ܕܝ ܐܝܬ ܐܢܫ ܐܘܦ
ܪܘܚܗ ܕܡܫܝܚܐ ܠܝܬ ܒܗ ❖ ܗܕܝܢ ܠܝܬ ܗܘ ܕܝܠܗ ❖
10 ܐܢ ܕܝ ܡܫܝܚܐ ܒܟܘܢ ܦܓܪܐ ܡܝܬ ܡܢ ܠܡܓܠ
11 ܚܛܝܬܐ ❖ ܪܘܚܐ ܕܝ ܚܝܐ ܠܡܓܠ ܙܕܘܩܐ ❖ ܐܢ ܕܝ
ܪܘܚܗ ܠܗܕܢ ܕܐܩܝܡ ܠܝܫܘܥ ܡܫܝܚܐ ܡܢ ܒܝܢ
ܡܝܬܝܐ ܡܫܪܝܐ ܒܟܘܢ ❖ ܗܕܝܢ ܕܐܩܝܡ ܠܝܫܘܥ ܡܫܝܚܐ
ܡܢ ܒܝܢ ܡܝܬܝܐ ❖ ܚܝܐ ܐܘܦ ܕܝܢ ܦܓܪ̈ܝܟܘܢ
ܡܝܘܬܐ ❖ ܠܡܓܠ ܪܘܚܗ ܕܐܠܗܐ ܡܫܪܝܐ ܒܟܘܢ

[1] deest pars *v*. 6. [2] Cod. ܕܐܠܐ

4

Romans 9. 30—10. 10.

30 ܠܡܢ. ܟܒܪܐ ܕܥܡܡܐ ܠܘܬ ܟܢܝܫܝܢ sic ܡܢܐ ܐܘܢ ܐܚܝܢ f. 5 a
ܐܡܪܝܢ ܕܥܡܡܝܐ ܗܠܝܢ ܕܠܐ ܗܘܘ ܪܗܛܝܢ ܒܬܪ ܙܕܩܐ
ܡܛܘ ܙܕܩܐ. ܙܕܩܐ ܕܝ ܕܡܢ ܗܝܡܢܘܬܐ. ܐܝܣܪܐܝܠ
31 ܕܝ ܪܗܛ ܒܬܪ ܢܡܘܣܐ ܕܙܕܩܐ. ܠܢܡܘܣܐ ܕܙܕܩܐ
32 ܠܐ ܡܛܐ. ܠܡܛܠ ܡܢܐ ܕܠܐ ܡܢ ܗܝܡܢܘ. ܐܠܐ
ܗܝܟ ܕܡܢ ܥܒܕܘܗܝ ܕܢܡܘܣܐ ܐܬܩܠܘ ܒܟܐܦܐ ܕܬܘܩܠܬܐ
33 ܗܝܟ ܕܟܬܝܒ. ܕܗܐ ܐܢܐ ܣܐܡ ܒܨܗܝܘܢ ܟܐܦ
ܕܬܘܩܠܬܐ ܘܟܐܦ ܕܡܟܫܘܠ. ܘܡܢ ܕܡܗܝܡܢ ܒܗ ܠܐ ܝܒܗܬ
10. 1 ܨܒܝܢܘܬ ܐܚܝܐ. ܐܘܦ ܒܥܘܬ ܡܢ ܕܠܒܝ ܕܝܢ ܘܨܠܘܬܝ. f. 5 b
2 ܠܘܬ ܐܠܗܐ ܥܠ ܕܝܠܗܘܢ ܠܚܝܝܢ. ܡܣܗܕ ܐܢܐ ܓܝܪ
ܥܠܝܗܘܢ ܕܛܢܢܗ ܕܐܠܗܐ ܒܗ ܐܠܐ ܠܐ ܒܕܥܘ.
3 ܠܐ ܓܝܪ ܝܕܥܝܢ ܙܕܩܗ ܕܝ ܕܐܠܗܐ. ܘܙܕܩܗܘܢ
ܕܝܕܝܗܘܢ ܒܥܝܢ ܕܢܩܝܡܘܢ. ܠܙܕܩܗ ܕܝ ܕܐܠܗܐ
4 ܐܫܬܥܒܕܘ. ܫܘܠܡܗ ܕܐܠܗܐ ܓܝܪ ܕܢܡܘܣܐ ܡܫܝܚܐ
5 ܠܙܕܩܗ ܠܟܘܠ ܡܢ ܕܡܗܝܡܢ. ܡܘܫܐ ܟܬܒ ܙܕܩܐ
ܕܡܢ ܐܘܦ ܢܡܘܣܐ ܕܝ ܕܒܪܢܫܐ ܕܥܒܕ ܠܗ ܝܚܐ ܒܗ. f. 6 a
6 ܙܕܩܐ ܕܝ ܕܡܢ ܗܝܡܢܘܬܐ. ܗܟܢ ܗܘ ܐܡܪ. ܠܐ
7 ܬܐܡܪ ܒܠܒܟ ܡܢ ܣܠܩ ܠܫܡܝܐ. ܗܢܐ ܕܗܘ ܕܢܚܬ
ܡܫܝܚܐ. ܐܘ ܡܢ ܢܚܬ ܠܬܗܘܡܐ. ܗܢܐ ܕܗܘ ܕܝ ܕܢܣܩ
8 ܡܫܝܚܐ ܡܢ ܒܝܬ ܡܝܬܐ. ܐܠܐ ܡܢܐ ܕܗܘ ܐܡܪ.
ܡܠܬܐ. ܩܪܝܒܐ ܗܝ ܠܟ ܡܠܬܐ ܒܦܘܡܟ ܘܒܠܒܟ.

ܡܢܐ ܕܗܘܝ ܐܘܦ ܗܝܡܢܘܬܐ ܡܢܐ ܕܐܢܚܢ ܡܟܪ̈ܙܝܢ ⁘
9 ܕܐܢ ܬܘܕܐ ܒܦܘܡܟ ܕܡܪܝܐ ܗܘ ܝܫܘܥ ܘܬܗܝܡܢ ܒܠܒܟ ܕܐܠܗܐ ܐܩܝܡ ܝܬܗ ܡܢ ܒܝܬ ܡܝܬܝܐ ܬܚܐ
f. 6 b 10 ܐܢܬ ⁘ ܒܠܒܐ ܠܒܪ̈ ܗܘ ܕܝ ܡܬܗܝܡܢܝܢ ܠܙܕܩܘ ⁘ ܒܦܘܡܐ
ܕܝܢ ܡܫܬܘܕܝܢ ܠܚܝܝܢ ≡

5

II Corinthians 5. 14—6. 2.

14 ܠܚܕ ܒܫܒܐ ܚܡܫܝܢܝܐ ܠܨܘܡ ܡܘܬܪܘܬܐܝܡ ⁜ ܫܒܬܗ
ܓܪ ܕܡܫܝܚܐ ܗܝ ܠܚܝܨܐ ܠܢ ⁘ ܕܚܫܒܢܝ ܕܐܡܝܢ ܗܕܐ
ܕܚܕ ܓܪ̈ ܥܠ ܐܦܝ ܟܘܠܐ ܡܝܬ ⁘ ܐܪ̈ܐ ܐܘܢ ܟܘܠܐ
15 ܡܝܬܘ ⁘ ܘܥܠ ܐܦܝ ܟܘܠܐ ܡܝܬ ⁘ ܠܒܕܝܠ ܕܗܠܝܢ ܕܚܝܝܢ
ܒܗܕ ܠܐ ܝܗܘܢ ܚܝܝܢ ܕܝ ܠܢܦܫܗܘܢ ⁘ ܐܠܐ ܠܕܝܢ
16 ܕܡܝܬ ܥܠ ܕܦܠܓܗܘܢ ܘܩܡ ⁘ ܗܘܐ ܐܘܢ ܐܢܚܢ ܠܝܬ
f. 7 a ܐܢܚܢ ܡܚܟ̈ܡܝܢ ܡܢ ܒܪܘ ܠܐ ܐܢܫ ܒܒܣܪ̈ܐ ⁘ ܐܘܦ ܐܢ
ܐܚܟ̈ܡܢ ܡܫܝܚܐ ܒܒܣܪ̈ܐ ܐܠܐ ܒܗܕ ܡܢ ܒܪܘ ܠܝܬ
17 ܐܢܚܢ ܡܚܟ̈ܡܝܢ ⁘ ܗܘܐ ܡܢ ܕܒܡܫܝܚܐ ܒܪ̈ܝܐ ܚܕܬܐ
ܡܥܒܪ̈ܬܐ ܕܝ ܥܒܪ̈ܝ[1] ⁘ ܗܐ ܒܪܘ ܐܘܦ ܐܬܥܒܕ̈ܝ ܚܕܬܝܢ ⁘
18 ܟܘܠܐ ܕܝ ܡܢ ܐܠܗܐ ܗܘܝܢ ܕܪ̈ܥܐ ܠܢ ܠܗ ܒܡܫܝܚܐ ⁘
19 ܘܝܗܒ ܠܢ ܕܝ ܬܫܡܫܬܐ ܐܘܦ ܕܪ̈ܥܝܐ ⁘ ܗܝܟ ܕܐܠܗܐ
ܗܘܐ ܒܡܫܝܚܐ ܕܝ ܡܪ̈ܥܐ ܠܗ ܠܥܠܡܐ ⁘ ܘܠܐ
ܡܚܫܒ ܠܗܘܢ ܐܥܪܘܝܬܗܘܢ ܘܐܬܝܗܒ ܒܢ ܡܠܬܐ
20 ܕܪ̈ܥܝܐ ܥܠ ܐܦܝ ܡܫܝܚܐ ܐܘܢ ܐܢܚܢ ܡܫܬܠܚܝܢ ⁘

[1] Cod. ܥܒܕܝ

ܗܟܢ ܕܐܠܗܐ ܒܚܕ ܒܬܪܥܐ ܐܝܢ ܒܚܝܢ ܡܒܚܘ f. 7 b
21 ܥܠ ܝܕ ܡܫܝܚܐ ܐܬܪܒܘ ܠܐܠܗܐ ܠܥܠܡ ܕܠܐ ܐܚܪܢ
ܫܠܡܐ ܀ ܥܠ ܕܝܠܗ ܒܥܒܕܗ ܕܫܠܡܘܬܐ ܀ ܠܒܢܝܠ ܕܐܝܢ
6. 1 ܬܬܒܢܐ ܪܘܚܗ ܕܐܠܗܐ ܒܗ ܡܒܟܠܝܢ ܕܝ ܘܒܚܝܢ ܕܠܐ
2 ܠܪܘܡܘ ܕܝ ܬܫܡܠܘ ܦܓܥܘܬܗ ܕܐܠܗܐ ܀ ܐܡܪ ܠܗ
ܒܪܘܚܗ ܡܩܒܠ ܫܒܚܬ ܡܢܝܢ ܀ ܘܒܝܘܡ ܕܡܫܝܚܐ ܫܠܚܬ
ܡܬܝܢ

6

EPHESIANS 1. 17—2. 3.

17 ܠܚܕ ܒܫܒܐ ܫܬܝܬܐ ܠܘܬ ܐܦܣܝܐܝܢ + ܠܒܢܝܠ
ܕܝ ܕܐܠܗܐ ܕܡܪܢ[1] ܝܫܘܥ ܡܫܝܚܐ ܀ ܐܒܐ ܕܝ
ܕܬܫܒܘܚܬܐ ܀ ܝܬܠ ܠܟܘܢ ܪܘܚ ܕܚܟܡܐ ܘܕܓܠܝܢ ܀ f. 8 a
18 ܒܐܫܬܘܕܥܘܬܗ ܕܢܗܝܪܘܢ ܥܝܢܝ ܕܝ ܕܠܒܟܘܢ
ܕܬܕܥܘܢ ܡܐ ܗܘ ܣܒܪܐ ܕܝ ܕܩܪܝܢܬܗ[2] ܀ ܘܡܐ
ܗܘ ܥܘܬܪܐ ܕܝ ܕܫܘܒܚܗ ܀ ܕܝܪܬܘܬܗ ܒܩܕܝܫܐ ܀
19 ܘܡܐ ܗܘ ܝܬܝܪܘܬܐ ܕܪܒܘܬܐ ܕܚܝܠܗ ܕܠܘܬܟܘܢ ܠܘܬ
ܗܠܝܢ ܕܡܗܝܡܢܝܢ ܗܝܢ ܕܐܬܒܠܚܘܬܐ ܕܠܒܘܫܬܐ
20 ܕܚܝܠܗ ܀ ܕܗܕܐ ܕܝ ܕܐܬܒܥܠ ܒܡܫܝܚܐ ܕܐܩܝܡ ܡܢ
ܒܝܬ ܡܝܬܝܐ ܀ ܘܐܘܬܒ ܝܬܗ ܡܢ ܝܡܝܢܗ ܕܐܠܗܐ ܒܓܘ
21 ܫܡܝܐ ܀ ܠܥܠ ܡܢ ܟܘܠ ܫܘܠܛܢܘ ܘܚܝܠ ܘܡܪܐܘܬ ܀ f. 8 b
ܘܠܥܠ ܡܢ ܟܘܠ ܫܡ ܕܝ ܕܡܫܬܡܗ ܀ ܠܐ ܒܠܚܘܕ ܒܗܕܝܢ
22 ܥܠܡܐ ܀ ܐܠܐ ܐܘܦ ܒܗܕܝܢ ܕܐܬܝ ܀ ܘܟܘܠܐ ܫܥܒܕ
ܬܚܘܬ ܪܓܠܘܝ ܀ ܘܝܬܗ ܝܗܒ ܪܫ ܥܠ ܟܘܠܐ ܀
23 ܠܥܕܬܐ ܡܢ ܕܗܝ ܦܓܪܗ ܀ ܡܠܝܐ ܗܕܝܢ ܕܟܘܠܐ

[1] Cod. ܡܪܢ [2] Cod. ܕܩܪܬܘ

ܒܟܘܠܐ ܕܝ ܡܬܡܠܐ ܀ ܘܐܬܘܢ ܕܝ ܕܗܘܝܬܘܢ ܡܝܬܝܢ 2. 1
ܒܐܪܫܥܘܬܟܘܢ ܘܒܣܟܠܘܬܟܘܢ ܀ ܗܠܝܢ ܕܒܗܘܢ ܗܠܟܬܘܢ 2
ܒܗܘܢ ܀ ܗܝܟ ܕܝ ܐܘܦ ܬܘܩܢܗ ܕܗܕܝܢ ܥܠܡܐ ܀
ܘܗܝܟ ܕܝ ܐܪܟܘܢܐ ܕܫܘܠܛܢܘܬܐ ܕܐܐܪܐ[1] ܕܪܘܚܐ ܗܕܝܢ
f. 9a ܕܟܕܘ ܡܥܡܠ ܒܒܢܝܐ ܕܠܐ ܡܬܦܝܣܝܢ ܀ ܗܠܝܢ ܕܒܗܘܢ 3
ܐܘܦ ܐܢܢ ܟܘܠܢܢ ܗܠܟܢܢ ܒܙܒܢ ܕܝ ܘܒܪܓܝܓܬܐ
ܕܒܣܪܢ ܀ ܕܝ ܕܗܘܝܢ ܥܒܕܝܢ ܨܒܝܢܗ ܕܒܣܪܢ
ܘܕܡܚܫܒܬܢ ܀ ܘܗܘܝܢ ܡܢ ܦܘܣܝܣ ܒܢܝ ܪܘܓܙ
ܗܝܟ ܕܐܘܦ ܫܪܟܬܐ

7

EPHESIANS **2**. 4—10.

ܠܚܕ ܒܪܚܡܐ ܥܬܝܪܐ ܠܘܬ ܟܠܦܠܦܐܝܢ sic ⁜ ܐܠܗܐ 4
ܕܝ ܕܗܘܐ ܚܕܬܢ ܒܪ̈ܚܡܘܗܝ ܀ ܠܒܕܝܠ ܕܗܝܟ ܣܘܓܝܐܐ
ܕܚܒܬܗ ܗܕܐ ܕܐܚܒ ܠܢ ܀ ܘܟܕܐ ܕܗܘܝܢ ܡܝܬܝܢ 5
f. 9b ܒܐܪܫܥܘܬܢ ܐܚܝ ܠܢ ܥܡ ܡܫܝܚܐ ܀ ܒܛܝܒܘܘ sic
ܓܝܪ ܐܢܬܘܢ ܚܝܝܢ ܀ ܘܐܩܝܡܢ ܥܡܗ ܟܠܗ ܒܫܡܝܐ 6
ܐܘܦ ܒܝܣܘܣ ܡܫܝܚܐ ܀ ܕܢܚܘܐ ܒܥܠܡܝܐ ܕܐܬܝܢ ܀ ܕܝ 7
ܬܘܪ̈ܬܐ ܕܥܬܘܪ̈ܝ ܕܛܝܒܘܬܗ ܒܒܣܝܡܘ ܥܠܝܢ ܒܝܣܘܣ
ܡܫܝܚܐ ܀ ܒܛܝܒܘ ܓܝܪ ܐܢܬܘܢ ܚܝܝܢ ܒܗܝܡܢܘܬܗ ܕܝ 8
ܕܗܝܡܢܘܬܐ ܀ ܘܗܕܐ ܠܐ ܡܢܟܘܢ ܐܠܐ ܡܢ ܡܘܗܒܬܗ
ܕܐܠܗܐ ܀ ܠܐ ܡܢ ܥܘܒܕܝܢ ܕܠܐ ܐܫܬܒܚ ܐܢܫ ܀ 9
f. 10a ܥܒܕܐ ܓܝܪ ܕܝܠܗ ܐܢܢ ܕܐܬܒܪܝܢ ܠܥܒܕܝܢ ܛܒܝܢ 10
ܒܝܣܘܣ ܡܫܝܚܐ ܀ ܗܠܝܢ ܕܡܢ ܩܘܕܡ ܛܝܒ ܐܠܗܐ
ܠܒܕܝܠ ܕܝ ܕܒܗܘܢ ܢܗܠܟ

[1] Cod. ܕܐܪܐ

8

EPHESIANS 2. 13—22.

13 ܗܠܝܢ ※ sic ܡܫܘܕܝܢ ܠܗܘܬ ܬܡܫܝܚܐ ܒܡܥܒܐ ܠܝܫ
ܕܗܘܝܢ ܡܪܚܩܝܢ ܗܘܝܬܘܢ ܕܝ ܩܪܝܒܝܢ ∴ ܐܘܦ ܐܬܥܒܕܬܘܢ
14 ܒܕܡܗ ܕܝ ܒܐܝܕܗ ܕܡܫܝܚܐ ∴ ܗܘ ܓܝܪ ܗܘ
ܫܠܡܢ ∴ ܗܕܝܢ ܕܥܒܕ ܬܪܝܢ ܚܕ ∴ ܘܫܪܬܐ
15 ܕܡܨܥܬ ܣܝܓܐ ܫܪܐ ∴ ܐܘܦ ܠܒܥܠ ܕܒܒܘܬܐ
ܒܒܣܪܗ ∴ ܘܢܡܘܣܐ ܕܝ ܕܦܘܩܕܢܐ ܐܘܦ ܒܬܘܟܣܐ f. 10b
ܒܛܠ ∴ ܠܡܒܢܐ ܕܬܪܝܢܐ ܡܢ̈ܝ ܒܗ ܠܒܪܐ ܒܪܢܫ ܚܕܬ
16 ܥܒܕ ܫܠܡܐ ∴ ܘܡܪܥܐ ܕܝ ܒܬܪܝܢ ܕܝ ܦܓܪ ܠܐܠܗܐ
ܕܒܙܩܝܦܗ ܒܪ ܕܝܠܗ ∴ ܕܒܗ ܩܛܠ ܠܒܥܠ ܕܒܒܘܬܐ ∴
17 ܘܐܬܐ ܘܒܣܪ ܠܟܘܢ ܫܠܡܐ ∴ ܠܗܠܝܢ ܕܝ ܕܪܚܝܩܝܢ ∴
18 ܘܫܠܡܐ ܠܗܠܝܢ ܕܩܪܝܒܝܢ :: ܕܒܝܕܗ ܠܢ ܩܘܪܒܐ
19 ܬܪܝܢܐ ܒܪܘܚܐ ܚܕ ܠܘܬ ܐܒܐ ∴ ܗܘܐ ܐܘ ܟܕܘ
ܠܝܬ ܐܢܬܘܢ ܕܝ ܐܟܣܢܝܢ ܘܬܘܬܒܝܢ ∴ ܐܠܐ ܒܢܝ
ܡܕܝܢܬܗܘܢ ܕܩܕܝܫܝܐ ∴ ܘܒܢܝ ܒܝܬܗ ܕܐܠܗܐ ∴ f. 11a
20 ܕܐܬܒܢܝܬܘܢ ܥܠ ܐܫܬܐܣܝܢ ܕܫܠܝܚܝܐ ܘܕܢܒܝܐ ∴ ܘܗܘ
21 ܐܝܬ ܗܘ ܪܝܫܐ ܕܙܘܝܬܐ ܝܫܘܥ ܡܫܝܚܐ ∴ ܗܕܝܢ ܕܒܗ
ܟܠ ܒܢܝܢܐ ܡܬܠܒܟ ∴ ܘܡܬܒܢܐ ܠܗܝܟܠܐ ܩܕܝܫ ܒܡܪܝܐ ∴
22 ܗܕܝܢ ܕܒܗ ܐܘܦ ܐܢܬܘܢ ܡܬܒܢܝܢ ∴ ܕܠܡܥܡܘܪܬܗ
ܕܐܠܗܐ ܕܝ ܒܪܘܚܐ ≡

9

EPHESIANS 3. 14—21.

14 ܠܚܕ ܟܫܘܒܐ ܬܫܝܒܚܐ ܠܘܬ ܡܘܕܐܝܢ sic ※ ܠܒܕܝܠ
15 ܒܪܟܝܢ ܐܢܐ ܡܟܝܢ ܐܪܟܘܒܬܝ ܕܝ ܠܘܬ ܐܒܐ ܀ ܗܕܝܢ
f. 11 b ܕܡܢܗ ܟܠܐ ܒܫܡܝܐ ܕܝ ܘܒܐܪܥܐ ܐܘܦ ܡܫܬܡܗܐ ܀
16 ܕܝܬܠ ܠܟܘܢ ܗܝܢ ܒܥܘܬܪܗ ܕܬܫܒܘܚܬܗ ܀ ܚܝܠ
ܡܬܬܩܦܝܢ ܒܪܘܚܗ ܕܝ ܕܩܘܕܫܗ ܕܝ ܕܒܓܘܐܝܟܘܢ ܠܓܘܐ
17 ܡܕܡܪ ܀ ܡܫܝܚܐ ܒܬܪܝ ܗܝܡܢܘܬܐ ܕܒܠܒܒܟܘܢ ܀
18 ܟܕܐ ܕܐܢܬܘܢ ܫܪܝܪܝܢ ܕܝ ܘܡܫܬܪܝܢ ܠܡܠܠ ܕܬܫܟܠܘܢ
ܡܐܠܦܝܢ ܥܡ ܟܠܗܘܢ ܩܕܝܫܝܐ : ܡܢܐ ܗܘ ܦܬܝܐ
19 ܘܐܘܪܟܐ ܕܝ ܕܥܘܡܩܐ ܕܬܕܥܘܢ ܕܝ ܐܪܝܟܘܬܐ ܕܚܟܡܬܗ
f. 12 a ܕܝ ܕܡܫܝܚܐ ܀ ܠܒܕܝܠ ܕܬܬܡܠܘܢ ܠܟܘܠ ܡܘܠܝܗ
20 ܕܐܠܗܐ ܀ ܠܗܘܝܢ ܕܝܟܠ ܡܘܬܪ ܡܢ ܟܘܠܐ ܕܡܥܒܕ ܀
ܟܠ ܕܝܬܪ ܡܘܬܪ ܡܢ ܡܐ ܕܐܢܢ ܫܐܠܝܢ : ܐܦ ܬܐܪܥܝܢ
21 ܗܝܟ ܚܝܠܗ ܕܗܘܝܢ ܕܡܬܡܥܠ ܒܢ : ܠܗ ܐܘܦ ܬܫܒܘܚܬܐ
ܒܥܕܬܐ ܘܒܝܫܘܥ ܡܫܝܚܐ : ܠܟܘܠ ܕܪܝܐ ܐܘܦ
ܠܥܠܡܗܘܢ ܕܥܠܡܝܐ ܐܡܝܢ ≡

10

PHILIPPIANS 2. 5—11.

5 ܠܚܕ ܟܫܘܒܐ ܒܦܪܝ ܠܘܬ ܦܝܠܝܦܣܝܘܣ sic ܗܕܐ
ܬܪܥ ܗܘܘ ܡܬܪܥܝܢ ܒܟܘܢ ܡܐ ܕܐܘܦ ܒܝܫܘܥ ܡܫܝܚܐ ܀
6 ܗܕܝܢ ܕܗܘܐ ܐܘܦ ܕܝ ܕܕܡܘܬܗ ܕܝ ܕܐܠܗܐ ܀ ܘܠܐ
f. 12 b 7 ܚܛܘܦܐ ܚܫܒ ܠܗ ܕܗܘܐ ܫܘܝ ܠܐܠܗܐ : ܐܠܐ ܐܪܩܢ

ܠܒ̈ܢܝܗ ܘܒܢܬܗ ܕܒܪ ܢܫ: ܘܡܟܝܟܗ ܕܟܢܝܫ ܐܘܦ 8
ܐܬܡܟܝܢ: ܘܟܠܦܗܘܢ ܐܬܡܟܝܢ ܗܘܢ ܒ̈ܢܝܢ ܀ ܡܛܠܡܝܢ
ܕ̈ ܠܒ̈ܢܝܗ ܘܐܬܚܒܪܢ ܥܡܗ ܒܕ ܡܠܦ ܕ̈ ܡܘܬܐ:
ܡܘܬܗ ܕ̈ ܕܙܩܝܦܐ: ܠܒܪܢܫ ܒܕܝܢ ܐܠܗܐ ܠܗ ܕܝܬܪ 9
ܐܘܦ ܪ̈ܘܡܡܗ ܝܬܗ ܀ ܘܝܗܒ ܠܗ ܫܡܐ ܕܠܥܠ ܡܢ
ܟܠ ܫܡ: ܠܒܪܢܫ ܕܒܫܡܗ ܕܝܫܘܥ ܡܫܝܚܐ ܕ̈ 10
ܬܬܟܪܟ ܟܠ ܐܪܟܘܒܐ ܒܫܡܝܐ ܘܥܠ ܐܪ̈ܥܐ ܀
ܘܬܘܕܐ ܐܪ̈ܥܐ ܀ ܘܟܠ ܠܫܢ ܡܬܘܕܝ ܕܡܪܝܐ ܝܫܘܥ 11 f. 13a
ܡܫܝܚܐ ܐܘܦ ܠܬܫܒܘܚܬܗ ܕܐܠܗܐ ܐܒܘܝ

11

PHILIPPIANS **4**. 4—9.

ܠܚܕ ܒܫܘܒܐ ܚܕ ܒܣܦܪ ܠܘܬ ܦܝܠܝܦܝܣܝܢ sic ✢ ܐܬܚܕܘ ܕܝ 4
ܒܡܪܢܐ ܒܟܠ ܥܕܢ ܀ ܬܘܒܢ ܐܡܪ ܐܢܐ ܐܬܚܕܘ ܕܝ
ܒܪܡܚܘܬܟܘܢ ܬܬܝܕܥ ܠܟܠ ܒܢܝܢܫܐ ܀ ܕ̈ ܡܪܢܐ ܩܪܝܒ 5
ܗܘ ܘܒܟܠܡܕܡ ܠܐ ܬܗܘܘܢ ܝܨܦܝܢ ܐܠܐ ܒܟܠ ܒܪ̈ 6
ܠܨܠܘܬܐ ܐܘܦ ܘܠܒܥܘܬܐ ܀ ܒܐܘܕܝܘ ܫܐܠܬܟܘܢ sic
ܕ̈ ܠܘܬ ܐܠܗܐ ܐܘܦ ܬܬܝܕܥܢ ܀ ܘܫܠܡܗ ܕ̈ ܕܐܠܗܐ 7
ܗܕܝܢ ܕܡܫܬܪܐ ܡܢ ܟܠ ܬܘܕܥܐ ܢܛܪ ܠܒܒܟܘܢ ܐܘܦ
ܘܡܕܥܬܟܘܢ ܒܝܫܘܥ ܡܫܝܚܐ ܀ ܡܢ ܟܕܘ ܐܚܝܐ ܀ ܟܠ 8 f. 13b
ܡܐ ܕܐܝܬ ܫܪܝܪ ܀ ܟܠ ܡܐ ܕܢܟܦܝܢ ܀ ܟܠ ܡܐ
ܕ̈ܙܕܝܩܝܢ ܀ ܟܠ ܡܐ ܕܕܟܝܢ: ܟܠ ܡܐ ܕܪ̈ܚܡܝܢ ܀ ܟܠ
ܡܐ ܕ̈ ܕܫܒܝܚܝܢ ܀ ܡܐ ܕܐܝܬ ܬܫܒܘܚܬܐ ܘܡܐ
ܕܐܝܬ ܬܫܒܚ ܀ ܗܠܝܢ ܗܘܘ ܡܬܚܫܒܝܢ ܡܐ ܕܐܘܦ 9

ܠܦܬܗܘܢ ܕܝ ܘܐܘܪܟܗܘܢ ܘܥܘܡܩܬܗܘܢ ܘܪܘܡܬܗܘܢ
ܟܠܗܘܢ ܀ ܗܠܝܢ ܗܘܘ ܒܒܪܝܢ ܀ ܘܐܠܗܐ ܕܝ ܕܫܠܡܐ
ܝܗܐ ܥܡܟܘܢ

12

COLOSSIANS 1. 12—20.

f. 14a ܠܝܫ ܒܫܒܚܐ ܬܘܕܝܢܢܐ ܠܘܬ ܫܠܘܡܐܝܢ ✻ ܡܬܥܘܬܕܝܢ 12
ܠܐܒܐ ܠܗܕܝܢ ܕܒܒܕ ܡܢܟܘܢ ܕܡܠܐܟܝܢ ܒܫܠܡܐ
ܕܝ ܕܢܒܝܘܬܗܘܢ ܕܩܕܝܫܝܐ ܀ ܒܢܗܘܪܐ ܕܝܢ ܕܦܪܩ ܝܬܟܘܢ 13
ܡܢ ܫܘܠܛܢܗ ܕܚܫܘܟܐ ܀ ܘܐܥܒܪ ܠܡܠܟܘܬܐ ܀ ܕܒܪܐ
ܕܝ ܕܚܒܝܒܗ ܀ ܗܢܘܢ ܕܐܝܬ ܒܗ ܠܢ ܦܘܪܩܢܐ ܘܫܒܘܩܝܢ 14
ܕܚܛܝܬܢ ܀ ܗܢܘܢ ܕܗܘ ܨܘܪܬܗ ܕܐܠܗܐ ܕܝܢ ܕܠܐ 15
ܡܬܚܙܐ ܀ ܒܘܟܪܐ ܕܟܠ ܒܪܝܬܐ ܕܒܗ ܐܬܒܪܝ ܟܠܐ ܀ 16
f. 14b ܡܢ ܕܒܫܡܝܐ ܘܡܢ ܕܒܐܪܥܐ ܀ ܡܢ ܕܡܬܚܙܐ
ܘܡܢ ܕܠܐ ܡܬܚܙܐ ܀ ܐܢ ܟܘܪܣܘܬܐ ܀ ܘܐܢ
ܡܪܘܬܐ ܀ ܘܐܢ ܪܝܫܘܬܐ ܀ ܘܐܢ ܫܘܠܛܢܘܬܐ ܀
ܟܘܠܗ ܒܐܝܕܗ ܕܐܬܒܪܝ ܀ ܘܗܘܐ ܐܝܬ ܗܘ ܩܕܡ ܡܢ 17
ܟܘܠܐ ܘܟܘܠܐ ܒܗ ܩܐܡ ܀ ܘܗܘ ܐܝܬ ܗܘ ܪܝܫܐ
ܕܟܘܠ ܒܢܝܫܬܐ ܀ ܗܢܘܢ ܕܐܝܬ ܗܘ ܪܝܫܐ ܒܘܟܪܐ ܕܩܡ 18
ܡܢ ܡܝܬܝܐ ܀ ܠܒܕܝܠ ܕܝܗܘܐ ܗܘ ܩܕܡ ܒܟܘܠܐ ܀
f. 15a ܕܒܗ ܟܘܠ ܡܠܝܘܬܐ ܕܐܫܬܪܝ ܀ ܘܒܐܝܕܗ ܪܥܝܐ ܟܘܠܐ ܀ 19, 20
ܠܘܬܗ ܕܫܒܚ ܫܠܡܐ ܕܝ ܒܐܕܡܐ ܕܙܩܝܦܗ ܀ ܐܢ
ܡܢ ܕܥܠ ܐܪܥܐ ܘܐܢ ܡܢ ܕܒܫܡܝܐ

13

Colossians 2. 8—15.

8 ܚܙܘ ܒܥܘܒܐ ܬܬܠܬܒܙܪ ܠܐܢ ܫܠܘܡܝܢ ※ ܗܘܘ ܚܠܘܟܘܢ
ܕܠܐ ܗܘܝ ܐܚܕ ܡܠܣܝܢ ܝܬܟܘܢ ⁘ ܒܬ̈ܪܥ ܠܒ̈ܪ ܕܝ
ܣܚܒܒܐ ⁘ ܘܒܛܠܒܘ ܕ̈ܡܣܝܪܐ ܡܫ̈ܠܡܢܘܬܐ ܕܒܢܝܢܫܐ ⁘ ܗܘܝܢ
9 ܡܘܣܠ ܕܥܠܡܐ ⁘ ܘܠܐ ܟܫܘܡܘ ܡܫܝܚܐ ⁘ ܕܒܗ ܫ̈ܪܐ
10 ܟܘܠ ܡܠܝܘܬܗ ܕܐܠܗܘܬܐ ܦܓܪ̈ܢܐܝܬ ⁘ ܘܐܢܬܘܢ
ܒܗ ܡܬܡܠܝܢ ⁘ ܡܢ ܕܗܘ ܪ̈ܝܫܐ ܕܟܘܠ ܪ̈ܝܫܘ ܘܫܠܛܢܘ ⁘ f. 15b
11 ܗܕܝܢ ܕܒܗ ܐܬܓܙܪܬܘܢ ܓܙܘ̈ܪ ܕܠܐ ܒܐܝܕܐ ܒܐܫܠܚܝܢ
ܒܫܠܚܗ ܕܝ ܕܒܣ̈ܪܐ ⁘ ܒܓܙܘ̈ܪܐ ܒܓܙܘܪܬܗ ܕܡܫܝܚܐ
12 ܐܬܘܢ ܐܬܩܒܪܬܘܢ ܥܡܗ ܐܘܦ ܒܡܥܡܘܕܝܬܐ ⁘
ܕܒܗ ܐܘܦ ܩܡܬܘܢ ܥܡܗ ܒܬ̈ܪܥܗ ܕܗܝܡܢܘܬܐ ⁘
ܘܕܐܬܥܒܕܘܬܗ ܕܐܠܗܐ ⁘ ܗܕܝܢ ܕܐܩܝܡ ܝܬܗ ܡܢ
13 ܒܝܬ ܡܝܬܝܐ ⁘ ܘܐܘܦ ܠܟܘܢ ܕܗܘܝܬܘܢ ܡܝܬܝܢ
ܒܐܪܥܝܘܬܟܘܢ ܘܒܥܘ̈ܪܠܘܬܗ[1] ܕܒܣ̈ܪܟܘܢ ⁘ ܐܚܝ ܝܬܟܘܢ
14 ܥܡܗ ܘܫܒܩ ܠܢ ܟܘܠ ܐܪܥܝܘܬܐ ⁘ ܕܡܚܘܒ f. 16a
ܫܛܪܐ ܕܗܘܐ ܚܠܩܝܢ ܒܝܬܗ ܕܝ ܐܬܩܘܡܘܬܐ ⁘ ܗܕܝܢ
ܕܗܘܐ ܩܐܡ ܠܩܘܒܠܢ ⁘ ܘܝܬܗ ܐ̈ܪܝܡ ܡܢ ܡܨܥܬܐ
15 ܕܡܣܡ̈ܪ ܝܬܗ ܒܨܠܝܒܐ ⁘ ܕܫܠܚ ܝܬܗܘܢ ܠܪ̈ܫܐܘܬܐ
ܘܠܫܘܠܛܢܘܬܐ ⁘ ܘܐܦܪܣ ܝܬܗܘܢ ܒܦܪ̈ܗܣܝܐ ܕ̈ܝ
ܕܟܒܟܝ ܝܬܗܘܢ ܒܗ

[1] Cod. ܘܒܥܘ̈ܪܘܬܗ

14

HEBREWS 2. 11—18.

ܠܚܕ ܒܫܘܒܐ ܕܨܘܡܐ ܠܘܬ ܥܒܪܝܝܢ ✻ ܒܪ ܓܝܪ ܗܘܕܝܢ 11
ܕܡܩܕܫ ܘܗܠܝܢ ܕܡܬܩܕܫܝܢ: ܟܘܠ ܗܢܘܢ ܡܢ ܚܕܐ ܀
f. 16 b ܠܒܓܠ ܟܕܝܢ ܠܐ ܒܗܬ ܀ ܡܩܪܐ ܠܗܘܢ ܐܚܝܢ ܀ ܐܡܪ 12
ܟܕ ܐܡܪ ܐܬܢܐ ܫܡܟ ܠܐܚܝ ܀ ܘܒܡܨܥܬ ܟܢܫܬܐ ܐܢܐ
ܡܫܒܚ ܠܟ ܀ ܘܬܘܒ ܐܢܐ ܘܛܠܝܐ ܗܠܝܢ ܕܝܗܒܬ ܠܝ 13
ܐܠܗܐ ܀ ܠܒܓܠ ܐܘ ܕܛܠܝܐ ܐܫܬܘܬܦܘ ܒܐܢܫܘܬܐ 14
ܘܒܒܣܪܐ ܀ ܐܘܦ ܗܘ ܒܗܝܢ ܐܫܬܘܬܦ ܒܕܡܗܘܢ
ܒܡܘܬܢܐ ܀ ܠܒܓܠ ܕܒܬܪܗ ܕܡܘܬܗ ܡܒܛܠ ܠܗܘܝܢ
ܕܒܝܕܗ ܫܘܠܛܢܗ ܕܡܘܬܐ ܡܢ ܕܗܘ ܣܛܢܐ ܀ ܘܡܦܢܐ 15
f. 17 a ܟܘܠ ܗܠܝܢ ܕܡܢ ܠܒܓܠ ܕܚܠܬܗ ܕܡܘܬܐ ܟܘܠ ܒܪ
ܚܝܝܗܘܢ ܗܘܘ ܡܫܬܥܒܕܝܢ ܠܥܒܕܘܬܐ ܀ ܠܐ ܓܝܪ ܥܠ 16
ܡܠܐܟܝܢ ܗܘ ܢܣܒ ܕܝܠܗ ܐܠܗܐ ܀ ܐܠܐ ܥܠ ܙܪܥܗ
ܕܐܒܪܗܡ ܗܘ ܢܣܒ ܕܝܠܗ ܀ ܠܒܓܠ ܟܕܝܢ ܗܘܐ ܢܥܠ 17
ܠܗ ܕܒܟܘܠ ܡܘܡܐ ܢܕܡܐ ܠܐܚܘܝ ܀ ܠܒܓܠ ܕܪܚܡܢ
ܢܬܥܒܕ ܘܪܒ ܟܗܢܝܢ ܡܗܝܡܢ ܠܘܬ ܐܠܗܐ ܀ ܕܝܗܘܐ
ܥܒܕ ܚܘܣܝܬܗ ܕܥܡܐ ܀ ܒܗܕܐ ܓܝܪ ܕܚܫܫ ܗܘ 18
ܘܐܬܢܣܝ ܝܟܠ ܐܘܦ ܗܘ ܠܗܠܝܢ ܕܡܬܢܣܝܢ ܡܣܝܥ ≡

15

HEBREWS 9. 11—15.

f. 17 b ܠܚܕ ܒܫܘܒܐ ܫܒܝܥܝ ܒܨܘܡ ܠܘܬ ܥܒܪܐܝܢ ✻ ܡܫܝܚܐ 11
ܕܝܢ ܐܬܐ ܪܒ ܟܗܢܝܐ ܀ ܕܛܒܬܐ ܐܘܦ ܐܬܥܒܕܝ

ܒܡܫܟܢܐ ܪ̈ܒܐ ܘܡܫܠܡܢܐ ܕܠܐ ܥܒܝܕ ܒܐܝܕܝܢ ∴ ܗܢܐ
12 ܕܗܘ ܕܠܐ ܡܢ ܗܕܐ ܒܪ̈ܝܬܐ ∴ ܘܠܐ ܡܢ ܐܕܡ ܕܬܝܫܝܢ
ܘܕܥܓܠܝܢ ∴ ܐܘܦ ܒܐܝܕܡܗ ܕܝ ܕܝ̈ܠܗ ܥܐܠ ܡܢ
ܚܕܐ ܠܒܝܬ ܩܘܕܫ ܩܘܕܫܝܐ ∴ ܘܦܪ̈ܩܢ ܕܠܥܠܡ ܐܫܟܚ ∴
13 ܐܢ ܓ̈ܝܪ ܐܕܡܐ ܕܬܝܫܝܐ ܘܕܬܘܪ̈ܝܐ ܘܩܛܡܐ ܕܥܓܠܬܐ f. 18a
ܕܡܬܪ̈ܣܝܢ ∴ ܠܗܠܝܢ ܕܡܣܬܐܒܝܢ ܗܘܐ ܡܩܕܫ ܠܕܟܝܘܬܗ
14 ܕܒܣ̈ܪܐ ∴ ܚܕ ܟܡܐ ܡܝܬܪ ܐܕܡܗ ܕܝ ܕܡܫܝܚܐ ܗܕܝܢ
ܕܒܪ̈ܘܚܐ ܕܩܘܕܫܐ ܠܢܦܫܗ ܩܪܒ ∴ ܦܢܝ ܡܘܡ ܗܘ
ܠܐܠܗܐ ∴ ܗܘ ܡܕܟܐ ܫܕܥܬܢ ܡܢ ܥܒܕܝܢ ܕܡܝܬܝܢ ∴
15 ܕܬܗܘܢ ܐܬܘܢ ܡܫܡܫܝܢ ܠܐܠܗܐ ܚܝܐ ∴ ܘܠܒܕܝܠ
ܒܕܝܢ ܗܘ ܬܠܝܬܝ ܗܘ ܕܝܬܝܩܐ ܚܕܬܐ ∴ ܕܒܡܘܬܐ ܕܐܬܥܒܕ
ܡܘܬܐ ܠܦܘܪ̈ܩܢܐ ܕܗܠܝܢ ܒܥܘܒܪ̈ܢܐ ∴ ܕܒܠ ܕܝ ܕܝܬܝܩܐ f. 18b
ܩܕܡܝܬܐ ܩܒܝܠܬܐ ܢܣܒܘܢ ܗܠܝܢ ܕܩܪ̈ܝܢ ܠܝܪ̈ܬܘܬܐ
ܕܠܥܠܡ ܥܠܡܝܢ ܐܡܝܢ

16

HEBREWS 10. 19—25.

19 ܠܝܢ ܒܥܘܒܕܐ ܥܠܝ ܒܫܘܪ ܠܘܬ ܒܒܪ̈ܝܢ ※ ܐܢܬ ܠܝ ܐܘܦ
ܐܚܝܢ ܦܪ̈ܗܣܝܐ ܓܝܪ ܠܡܥܠܬܐ ܕܩܘܕܫܝܐ ∴ ܒܐܕܡܗ
20 ܕܝ ܕܝܫܘܥ ܡܫܝܚܐ ∴ ܗܕܐ ܕܐܚܕܬ ܠܢ ܐܘܪܚ ܚܕܬܐ ∴
21 ܘܚܝܐ ܒܬܪ̈ܥ. ܦܪܣܐ ܗܢܐ ܕܗܘ ܒܣܪ̈ܗ ܘܟܗܢܝܢ ܪܒ
22 ܥܠ ܒܝܬܗ ܕܐܠܗܐ ∴ ܢܩܪܘܒ ܐܘܦ ܒܠܒ ܡܫܪܪ f. 19a
ܒܡܘܠܝܐ ܕܗܝܡܢܘ ∴ ܡܕ̈ܟܝܢ ܠܒܒܝܢ ܡܢ ܫܥܒܕܐ
23 ܒܝܫܐ ∴ ܘܡܣܚܝܢ ܦܓ̈ܪܝܢ ܒܡܝܢ ܕܟܝܢ ∴ ܢܚܘܕ
ܐܘܕܝܘܬܐ ܕܣܒܪ̈ܐ ܕܠܐ ܪܟܝܢ ∴ ܡܗܝܡܢ ܗܘ ܐܠܗܐ

24 ܗܘ ܗܕܝܢ ܕܡܨܝ ܀ ܘܢܛܪ ܕܝ ܡܕܡܚܝܢ ܦܠܓܝܢ ܒܦܠܝܓ ܀
25 ܠܝܚܝܕ ܕܫܒܚܐ ܕܝ ܘܕܒܘܕܝܢ ܠܓܐܟܝܢ ܀ ܕܠܐ ܥܒܘܫ
ܒܘܥܝܢ ܩܕܡ ܕܐܠܗܝܢ ܐܢܫܝܢ ܐܠܐ ܢܚܘ ܕܝ ܡܚܝܣܝܢ
ܒܪܚܡܝܢ ܀ ܘܟܘܠ ܒܕܝܢ ܒܠ ܕܝܬܪ ܀ ܒܘܠ ܐܡܪܬܝ ܕܐܬܘ
ܫܡܝܢ ܕܦܢܝܒ ܗܘ ܡܠܐܟܐ ═══

17

ROMANS **1**. 1—7.

f. 19b ܠܚܕ ܒܫܒܐ ܕܦܘܠܘܣ ܬܠܡܝܕܗ ܕܡܫܝܚܐ

1 ※ ܦܘܠܘܣ ܥܒܕܗ ܕܝܫܘܥ ܡܫܝܚܐ ܀ ܩܪܝܐ ܘܫܠܝܚ
2 ܡܦܪܫ ܠܒܣܘܪܬܗ ܕܐܠܗܐ ܀ ܗܕܝܢ ܕܡܢ ܩܘܕܡ ܡܢ ܒܢܒܝܐ
3 [1]ܕܟܬܒܝܢ ܩܕܝܫܝܢ ܀ ܠܓܒܗ ܕܒܪܗ ܀ ܕܗܘܐ ܡܢ ܙܪܥܗ
4 ܕܒܝܬ ܕܘܝܕ ܒܒܣܪܐ ܀ ܗܕܝܢ ܕܐܬܝܕܥ ܒܪܗ ܕܐܠܗܐ ܀
ܒܚܝܠܗ ܕܪܘܚܐ ܕܩܘܕܫܐ ܡܢ ܩܝܡܬܐ ܕܝ ܕܡܝܬܝܐ
f. 20a 5 ܕܝܫܘܥ ܡܫܝܚܐ ܡܪܢ ܀ ܗܕܝܢ ܕܒܗ ܢܣܒܢܝܢ ܚܣܕܐ ܐܘܦ
ܘܫܠܝܚܘܬܐ ܠܡܫܡܥܘܬܐ ܕܗܝܡܢܘܬܐ ܒܟܘܠܗܘܢ ܥܡܡܝܐ
6 ܒܠ ܠܓܒ ܫܡܗ ܀ ܕܒܗ ܐܘܦ ܐܢܬܘܢ ܩܪܝܢ ܒܝܫܘܥ
7 ܡܫܝܚܐ ܀ ܠܟܘܠ ܗܠܝܢ ܕܝ ܕܒܪܘܡܐ ܚܒܝܒܝܢ ܠܐܠܗܐ
ܩܪܝܢ ܘܩܕܝܫܝܢ ܀ ܫܝܢܐ ܠܟܘܢ ܘܛܝܒܘܬܐ ܡܢ ܐܠܗܐ
ܐܒܘܢ ܘܡܢ ܡܪܢ ܝܫܘܥ ܡܫܝܚܐ

18

ROMANS **3**. 19—**4**. 12.

f. 20b ܗܕܐ ܠܡܪ̈ܝ ܒܫܠܡܘܬ ܠܗܘܢ ܕܪ̈ܚܡܝܢ ※ ܝܕܥܝܢ ܐܢܢ 19
ܕܟܠܡܐ ܕܢܡܘܣܐ ܐܡܪ ܠܗܠܝܢ ܕܒܢܡܘܣܐ ܢܡܘܣܐ

[1] Cod. ܕܟܬܒܒ

ܗܘ ܐܡܪ ⁘ ܕܟܘܠ ܦܘܡ ܝܣܬܟܪ ܘܚܝܒ ܝܬܥܒܕ ܟܘܠܗ
20 ܥܠܡܐ ܠܐܠܗܐ ⁘ ܠܒܓܠ ܕܡܢ ܥܘܒܕܝ ܕܢܡܘܣܐ ܠܐ
ܡܙܕܕܩ ܟܘܠ ܒܣܪ ܩܘܕܡܘܗܝ ⁘ ܒܬܪܥ ܓܪ ܕܝ ܢܡܘܣܐ
21 ܐܫܬܘܬܐ ܕܝ ܕܚܛܝܬܐ ܗܫܘ ܕܝ ܠܒܪ ܡܢ ܢܡܘܣܐ
ܙܕܩܗ ܕܝ ܕܐܠܗܐ ܐܬܓܠܝ ⁘ ܘܡܣܗܕܐ ܥܠܘܝ ܡܢ ܢܡܘܣܐ
22 ܘܡܢ ܢܒܝܐ ⁘ ܙܕܩܗ ܕܐܠܗܐ ܐܘܦ ܒܗܝܡܢܘܬܐ ܕܝܫܘܥ f. 21 a
ܡܫܝܚܐ ⁘ ܠܟܘܠ ܗܠܝܢ ܕܝ ܕܡܗܝܡܢܝܢ ܒܗ ⁘ ܠܝܬ ܓܪ
23 ܐܦܪܘܫ ܟܘܠܐ ܓܪ ܐܚܛܘ ܘܚܣܪܝܢ ܡܢ ܐܝܩܪܘܬܐ ܕܝ
24 ܕܬܫܒܘܚܬܗ ܕܐܠܗܐ ܡܙܕܕܩܝܢ ܡܓܢܐ ܒܛܝܒܘܬܐ
25 ܕܝܠܗ ⁘ ܒܬܪܥ ܦܘܪܩܢܐ ܗܕܝܢ ܕܒܝܫܘܥ ܡܫܝܚܐ ܗܕܝܢ
ܕܡܢ ܩܘܕܡ ܐܣܒܥܗ ܕܝ ܐܠܗܐ ܦܪܝܣ ܒܗܝܡܢܘ ܕܝ
ܒܐܝܕܡܐ ܕܓܪܡܗ ⁘ ܕܝ ܠܐܘܕܝܘܬܐ ܕܝ ܕܙܕܩܗ ⁘
ܠܒܓܠ ܐܥܒܪܘܬܐ ܕܚܛܝܬܐ ܡܢ ܩܘܕܡ ܐܬܥܒܕܝ f. 21 b
26 ܒܡܣܝܒܪܢܘܬܗ ܕܐܠܗܐ ⁘ ܠܐܘܕܝܘܬܐ ܕܝ ܕܙܕܩܗ
ܒܙܘ ⁘ ܠܒܓܠ ܕܗܘܐ ܗܘ ܙܕܝܩ ܕܝ ܘܡܙܕܕܩ ܐܘܦ
27 ܒܗܝܡܢܘܬܐ ܕܝܫܘܥ ܡܫܝܚܐ ⁘ ܐܢ ܐܘܢ ܠܘܓܒܐ
ܕܝ ܐܬܟܠܝ ⁘ ܒܬܪܥ ܗܕܝܢ ܢܡܘܣ ܒܝ ܒܥܘܒܕܝܐ ܠܐ ⁘
28 ܐܠܐ ܒܬܪܥ ܢܡܘܣܐ ܕܗܝܡܢܘܬܐ ܡܬܚܫܒܝܢ ⁘ ܐܝܢ
ܓܪ ܕܝ ܒܗܝܡܢܘ ܡܙܕܕܩ ܐܘܦ ܒܪܢܫܐ ܠܒܪ ܡܢ
29 ܥܘܒܕܝ ܕܢܡܘܣܐ ⁘ ܐܘ ܕܝܗܘܕܝܐ ܕܐܠܗܐ ܗܘ ܕܝܗܘܕܝܢ f. 22 a
30 ܒܠܚܘܕ ܠܐ ܐܘܦ ܕܥܡܡܝܢ ܐܝܢ[1] ܐܘܦ ܕܥܡܡܝܢ ⁘
ܐܢ ܐܘܢ ܚܕ ܗܘ ܐܠܗܐ ⁘ ܗܕܝܢ ܠܓܙܘܪܬܐ ܡܢ
ܗܝܡܢܘܬܐ ⁘ ܐܘܦ ܒܥܘܪܠܘܬܐ ܒܬܪܥܗ ܕܝ ܕܗܝܡܢܘܬܐ ⁘
31 ܢܡܘܣܐ ܐܘܢ ܐܝܢ ܡܒܛܠܝܢ ⁘ ܠܓܠܠ ܕܝ ܗܝܡܢܘܬܐ

[1] Cod. ܐܝܢ

ܠܐ ܡܗܘܐ ܚܣ ܀ ܐܠܐ ܢܝܡܘܣܐ ܐܢܚܢ ܡܩܝܡܝܢ ܀
4. 1 ܡܢܐ ܐܘܢ ܐܢܚ ܐܡܪܝܢ ܀ ܕܝܢ ܕܐܫܟܚ ܐܒܪܗܡ ܪܒܢ
2 ܐܒܘܗܬܢ ܡܢ ܒܥܒܕܝܢ ܕܐܙܕܕܩ ܗܘܐ ܠܗ ܠܡܫܬܒܚ ܀
f. 22 b 3 ܐܠܐ ܠܐ ܠܘܬ ܐܠܗܐ ܀ ܒܡܢܐ ܓܝܪ ܟܬܒܐ ܐܡܪ ܀
ܕܗܝܡܢ ܐܒܪܗܡ ܠܐܠܗܐ ܘܐܬܚܫܒܬ ܠܗ ܠܙܕܩܘ ܀
4 ܠܗܕܝܢ ܕܝ ܕܥܒܕ ܠܐ ܡܬܚܫܒ ܠܗ ܐܓܪܗ ܒܛܝܒܘ ܀
5 ܐܠܐ ܗܝܟ ܚܘܒܐ ܠܗܕܝܢ ܕܝ ܕܥܒܕ ܡܗܝܡܢ ܕܝ ܥܠ
ܕܡܙܕܩ ܠܪܫܝܥܐ ܡܬܚܫܒ ܠܗ ܗܝܡܢܘܬܐ ܠܙܕܩܘ ܀
6 ܗܝܟ ܕܐܘܦ ܕܘܝܕ ܐܡܪ ܥܠ ܛܘܒܗ ܕܒܪܢܫܐ ܀ ܗܕܝܢ
ܕܐܠܗܐ ܡܚܫܒ ܠܗ ܙܕܩܘ ܠܒܪ ܡܢ ܥܒܕܝܢ ܀
f. 23 a 7 ܛܘܒܝܗܘܢ ܗܠܝܢ ܕܐܫܬܒܩܘ ܚܛܝܗܘܬܗܘܢ ܘܗܠܝܢ
8 ܕܐܬܟܣܝ ܥܠ ܚܛܝܬܗܘܢ ܀ ܛܘܒܝ ܓܒܪܐ ܕܠܐ
9 ܫܒܩ ܠܗ ܡܪܝܐ ܚܛܝܐ ܀ ܗܕܝܢ ܛܘܒܐ ܥܠ ܓܙܘܪܬܐ
ܗܘ ܐܢ ܐܘܦ ܥܠ ܥܘܪܠܬܐ ܀ ܕܠܐ ܥܠ ܓܙܘܪܬܐ
ܐܠܐ ܐܘܦ ܥܠ ܥܘܪܠܬܐ ܀ ܐܡܪܝܢ ܓܝܪ ܕܐܬܚܫܒܬ
10 ܠܐܒܪܗܡ ܐܘܦ ܗܝܡܢܘܬܗ ܠܙܕܩܘ ܀ ܗܝܟ ܐܘܢ
ܐܬܚܫܒܬ ܠܗ ܀ ܘܗܘ ܕܝ ܒܓܙܘܪܬܐ ܐܝ ܘܗܘ ܒܥܘܪܠܬܐ ܀
11 ܠܐ ܘܗܘ ܗܘܐ ܐܘܦ ܒܥܘܪܠܬܐ ܘܐܬܐ[1] ܢܣܒ ܕܝ
ܓܙܘܪܬܐ ܀ ܚܬܡܐ ܕܝ ܕܙܕܩܐ ܐܘܦ ܗܝܡܢܘܬܗ
f. 23 b ܗܕܐ ܕܝ ܕܒܥܘܪܠܬܐ ܀ ܕܝܗܘܝ ܐܘܦ ܠܟܠ ܗܠܝܢ
ܕܡܗܝܡܢܝܢ ܀ ܡܢ ܒܥܘܪܠܬܐ ܬܬܚܫܒ ܐܘܦ ܠܗܘܢ
12 ܠܙܕܩܘ ܀ ܘܐܒܐ ܠܐ ܠܓܙܘܪܬܐ ܒܠܚܘܕ ܐܠܐ ܐܘܦ
ܠܗܠܝܢ ܕܣܠܩܝܢ ܒܫܒܝܠܐ ܕܗܝܡܢܘܬܐ ܕܒܥܘܪܠܬܗ
ܕܐܒܘܢ ܐܒܪܗܡ

[1] Cod. ܘܐܬܫ

19

HEBREWS 10. 32—38.

32 ܗܕܝܢ ܠܟܘܠ ܠܡܕܝܢܬܐ ܠܘܬ ܥܒܪܝܢ ⁜ ܐܕܟܪܘ
ܝܘܡܝܗܘܢ ܩܕܡܝܢ ∴ ܗܕܝܢ ܕܒܗܘܢ ܐܬܢܗܪܬܘܢ ∴ ܘܣܓܝ
33 ܕܝ ܬܟܬܘܫ ܣܝܒܪܬܘܢ ∴ ܗܕܐ ܡܢ ܕܚܣܕܝܢ ܘܒܠܚܨܝܢ f. 24 a
ܗܘܝܬܘܢ ܕܝ ܡܬܚܒܒܝܢ ∴ ܒܚܘܣܕܢܐ ܗܕܐ ܕܝ
ܐܬܚܒܪܬܘܢ ∴ ܫܘܬܦܝܢ ܠܗܠܝܢ ܕܗܟܕܝܢ ܐܘܦ ܡܬܗܦܟܝܢ ∴
34 ܡܛܠ ܥܡ ܐܣܝܪܝܐ ܐܬܘܢ ܚܫܬܘܢ ∴ ܘܒܙܒܝܢܬܐ
ܕܩܢܝܢܟܘܢ ܕܝ ܒܚܕܘܐ ܕܝ ܩܒܠܬܘܢ ∴ ܟܕ ܝܕܥܝܢ ܕܠܟܘܢ
35 ܩܢܝܢ ܛܒ ܘܡܩܘܝܡ ܒܫܡܝܐ ∴ ܠܐ ܗܟܝܠ ܐܘܢ
ܬܪܡܘܢ ܦܪܗܣܝܐ ܕܠܟܘܢ ∴ ܗܕܐ ܕܒܗ ܐܬܓܠܝܬܘܢ
36 ܕܐܓܪܝܟܘܢ ܪܒ ∴ ܒܡܣܝܒܪܢܘ ܓܝܪ ܐܬܘܢ ܨܪܝܟܝܢ f. 24 b
ܕܬܥܒܕܘܢ ܕܝ ܨܒܝܢܗ ܕܝ ܕܐܠܗܐ ∴ ܘܬܣܒܘܢ ܕܝ
37 ܡܘܥܕܐ ∴ ܥܘܕ ܓܝܪ ܨܒܝܪ ܟܕ ܟܘܠ ܐܡܬܝ ܕܗܕܝܢ
38 ܕܐܬܐ ܘܠܐ ܡܘܚܪ ∴ ܨܕܝܩܐ ܕܝ ܡܢ ܗܝܡܢܘ ܚܝܐ

20

HEBREWS 11. 32—40.

32 ܗܕܝܢ ܠܒܢܝܐ ܘܠܐܚܘܬܐ ܠܘܬ ܥܒܪܝܢ ⁜ ܘܡܗܐ
ܟܘܕ ܐܢܐ ܐܡܪ ∴ ܠܐ ܓܝܪ ܣܦܩ ܠܝ ܐܫܥܝܐ ܕܝ
ܕܢܬܝܢ ܥܠ ܓܕܥܘܢ ܕܒܪܩ ܒܪ ܫܡܫܘܢ ∴ ܦܬܚ ܕܝ
33 ܫܡܘܐܝܠ ܘܢܒܝܐ ܗܠܝܢ ܕܝ ܐܘܦ ܒܗܝܡܢܘܬܐ ܐܬܟܬܫܘ
ܥܡ ܡܠܟܘܬܐ ∴ ܥܒܕܘ ܙܕܩܐ ∴ ܫܩܠܘ ܒܡܨܓܬܐ ∴ f. 25 a
34 ܣܟܪܘ ܕܝ ܦܘܡܗܘܢ ܕܐܪܝܘܬܐ ∴ ܛܦܘ ܚܝܠܗ ܕܢܘܪܐ ∴

ܒܪ̈ܘܗ ܡܢ ܦܘܡܗ ܕܣܘܦܐ ܀ ܐܬܢܚܠܘ ܡܢ ܒܡܫܢܐ
ܣܘܠܝܢ ܀ ܐܬܒܒܪܘ ܕ, ܒܡܕܒܪܐ ܀ ܐܪ̈ܒܥܘ ܡܒܝ̈ܬܝܢ ܀
35 ܕܐܘܫ̈ܠܝܢ ܢܦܩܘ ܢܥܝܢ ܡܢ ܡܝܟܬܐ ܬܠܡܝܕܘ̈ܗܝ
ܠܡܬܠܡܕܘ̈ܗܝ ܀ ܐܘܫ̈ܠܝܢ ܐܝܟ ܦܪ̈ܘ ܘܠܐ ܡܟܠ ܦܘܪ̈ܢܐ ܀
36 ܠܟܘܠ ܕܡܝܟܬܐ ܡܬܪ̈ܬܐ ܐܘܦ ܢܦܩܘ ܀ ܐܘܫ̈ܠܝܢ ܕ,
f. 25 b ܟܣܘܚܝܢ ܕ, ܘܟܠܚܘܕܝܢ ܢܦܘ, ܢܦܩܘ ܀ ܚܘܙ ܕ, ܒܚܦܬܝܢ
37 ܘܒܣܒܘܥܝܢ ܐܬܪ̈ ܠܒܚܘ ܘܐܬܡܫ̈ܪܘ ܘܐܬܢܫܝܘ ܒܦܠܠܗ
ܕ, ܕܡܝܦܐ ܐܘܦ ܡܬܪܘ ܀ ܗܘܘ ܣܠܝܢ ܒܚܘܠ ܣܚܝܘܬܐ ܀
38 ܘܡܚܡܝܢ ܕܚܝܢ ܡܬܠܣܢܝܢ ܡܬܒܙ ܠܗܘܢ ܀ ܗܠܝܢ ܕܠܐ
ܗܘܐ ܚܠܝܡܐ ܫܘ, ܒܗܘܢ ܀ ܦܚܝܢ ܒܡܕܒܪ̈ܝܐ ܘܦܠܦܪܝܐ
39 ܘܡܒܕܒܝܗ ܕܐܪ̈ܒܥܐ ܀ ܘܒܘܠ ܗܠܝܢ ܐܬܗܢܙ ܚܠܝܗܘܢ
40 ܒܬܪ̈ܒ ܗܡܒܝܢܘܬܐ ܘܠܐ ܢܦܩܘ ܡܝܚܝܬܐ ܕ, ܕܐܠܗܐ ܀
f. 26 a ܟܠ ܕܦܠܚܝܢ ܒܝܠܘܢ ܡܬܒܪ̈ ܥܠܘ ܣܒܝܐ ܠܟܘܠ ܀ ܕܠܐ ܠܒܪ̈
ܡܚܝܢ ܫܬܠܚܘܢ

21

I Timothy 3. 14—16.

14 ܗܕܝܢ ܠܫܒܘܬܐ ܕܒܝܢܐܬܐ ܠܘܬ ܦܫܒܐܬܗܘܢ ⁜ ܗܠܝܢ
15 ܐܢܐ ܒܒܝܙ ܒܬܒܒ ܠܟ ܡܟܡܫܪ̈ ܕ, ܐܬܐ ܒܡܦܪ̈ܒܒ ܀
ܐܢ ܕ, ܐܘܫ̈ܪܬ ܕܬܗܘ, ܡܕܒ ܗܡܝܟ ܕܢܦܠ ܠܟ ܕ, ܕܬܗܘܐ
ܐܘܦ ܡܬܗܩܝܟ ܒܒܝܬܗ ܕ, ܕܐܠܗܐ ܀ ܡܒܐ ܕܗ, ܒܝܫܬܐ
ܡܒܝܫܬܐ ܕ, ܠܐܠܗܐ ܚܝܐ ܀ ܒܡܕܘܪܐ ܕ, ܘܫܘܪ̈ܪܐ
16 ܕܡܫܦܐ ܀ ܘܡܘܕܝܢ ܐܢܝܢ ܕܪ̈ܒ ܗܘ ܒܪ̈ ܪܐܙܐ ܕܕܚܠܬܗ
f. 26 b ܕܐܠܗܐ ܀ ܗܕܝܢ ܕܐܬܓܠܝ ܐܘܦ ܒܒܣܪ̈ܐ ܀ ܐܙܕܕܩ ܕ,

ܒܪ̈ܘܚܐ ⁘ ܐܬܚܙܝ ܕܝ ܠܡܠܐܟܝܐ ⁘ ܐܬܟܪ̈ܙ ܠܥܡܡܝܐ
ܐܬܗܝܡܢ ܕܝ ܒܥܠܡܐ ⁘ ܐܣܬܠܩ ܕܝ ܒܬܫܒܘܚܐ

22

II Timothy 1. 16—2. 10.

16 ܗܒܝܢ ܠܢܝܚܐ ܘܪܚܡܐ ܠܒܝܬ ܐܘܢܣܝܦܘܪܘܣ ܡܛܠ ܐܠܗܐ
ܕܣܓܝܢ ܠܒܢܝܬܗ ܕܝ ܕܐܢܝܚܬܘܗ ⁘ ܕܫܫܠܬܝ ܐܣܝܪܝܢ ܕܝ ܐܢܫܪ
17 ܒܪ̈ܘܚ ܘܒܥܝܠܬܝ ܠܐ ܒܡܗܠܬ ⁘ ܐܠܐ ܟܕ ܐܬܐ ܠܪ̈ܘܡܐ
18 ܒܥܝܢܝ ܟܕ ܫܬ ܘܐܫܟܚܢܝ ⁘ ܢܬܠ ܠܗ ܡܪ̈ܝܐ ܒܗܘ
ܝܘܡܐ ܘܟܠ ܡܢܐ ܕܝ ܕܫܡܫ ܫܬ ܒܐܦܣܘܣ ⁘ ܝܕܥܐܬ
2. 1 ܐܬܚܝܠ ܐܢܬ ܐܘܟ ܒܪܝ ܐܬܚܝܠ ܕܝ ܒܚܣܕܐ ܕܡܪܢ f. 27a
2 ܘܡܐܘ ܡܫܡܥܐ ⁘ ܘܒܟܒܐ ܕܝܡܥܬ ܡܢܝ ܒܣܗܕ̈ܐ ܗܘܕܝܢ
ܗܦܟ ⁘ ܗܠܝܢ ܗܘܝ ܡܫܠܡ ܠܒܢܝ ܢܫܐ ܡܗܝܡܢܝܢ ⁘ ܗܠܝܢ
3 ܕܗܝܢܘܢ ܕܝܟܠܝܢ ܕܐܠܦ ܠܐܘܚܪ̈ܢܝܢ ܠܡܦܢ ⁘ ܐܢܬ
4 ܢܦܠ ܗܟܢ ܦܠܚܗ ܠܛܒܐ ܕܝܫܘܥ ܡܫܝܚܐ ⁘ ܐܢܫ ܠܐ
ܗܘܐ ܦܠܚ ܘܡܬܥܪܩ ܕܝ ܒܡܥܡܬܗ ܕܥܠܡܐ ⁘ ܠܒܕܠ
5 ܕܝܠܗ ܫܦܪ ܠܡܕܡ ܕܗܘ ܦܠܚ ܠܗ ⁘ ܐܢ ܕܝ ܐܘܦ
ܐܬܟܬܫ ܐܢܫ ܠܐ ܟܕ ܡܬܟܠܠ ⁘ ܐܠܐ ܐܢ ܡܢ ܢܡܘܣܗ
6 ܢܬܟܬܫ ⁘ ܠܐܪ̈ܝܣܐ ܕܝ ܕܠܗ ܢܦܠ ܠܗ ܡܕܡ ܕܝܠܗ f. 27b
7 ܐܣܬܟܠ ܡܢ ܦܬ̈ܓܡܐ ܗܘܝ ܬܕܡܪܐ ܕܐܢܐ ܐܡܪ ܠܟ ⁘ ܡܛܠ
8 ܠܟ ܝܬܢ ܡܪ̈ܝܐ ܣܘܟܠ ܒܟܘܠܐ ⁘ ܗܘܝ ܕܟܝܪ ܠܝܫܘܥ
ܡܫܝܚܐ ܕܩܡ ܡܢ ܒܝܬ ܡܝ̈ܬܐ ⁘ ܡܢ ܙܪܥܗ ܕܕܘܝܕ
9 ܗܡܢܬܐ ܕܝ ܕܒܣܒܪ̈ܬܐ ⁘ ܗܕܝܢ ܕܒܗ ܐܢܐ ܡܬܐܢܚ ܥܕ
ܡܛܠ ܒܥܒܕܬܢ ܗܟܢ ܒܟܒܠ ܕܝ ܒܝܫܝܢ ⁘ ܐܠܐ ܡܠܬܗ

10 ܕܐܠܗܐ ܠܝܬ ܗܝ ܐܘܩܝܪܐ ⁘ ܠܒܪܠ ܒܪܡ ܒܟܠܗ ܐܢܐ
ܡܫܒܚܝܢ ܠܒܪܠ ܒܢܝܪ ⁘ ܕܐܘܦ ܗܝܟ ܢܫܒܚܘܢ ܚܝܠܐ
f. 28a ܕܒܫܡܗ ܡܫܝܚܐ ܐܘܦ ܒܬܫܒܘܚܬܗ ܕܝܢ ܠܗ ܘܥܠܡܝܢ

23

Hebrews 1. 1—12.

ܗܕܐ ܠܠܝܠܬ ܐܠܡܝܠܐܕ ܠܘܬ ܥܒܪܐܝܡ ܘܠܡܠܐܟܝܐ

1 ⁜ ܒܣܓܝ ܚܘܠܩܝܢ ܘܒܣܓܝ ܐܦܝܢ ⁘ ܡܢ ܩܕܡ ܡܠܠ
2 ܐܠܗܐ ܠܐܒܗܬܢ ⁘ ܕܝ ܒܢܒܝܐ ܒܣܘܦܗܘܢ ܕܝ ܕܗܠܝܢ
ܝܘܡܝܐ ܡܠܠ ܠܢ ܒܒܪܗ ⁘ ܗܕܝܢ ܕܐܬܡܢܝ ܝܪܘܬ ܟܠ
3 ܒܟܠܐ ⁘ ܗܕܝܢ ܕܐܘܦ ܒܐܝܕܗ ܥܒܕ ܥܠܡܝܐ ⁘ ܗܕܝܢ
ܕܗܘ ܐܦܗܘܣܬܗ ܕܬܫܒܘܚܬܗ ܕܐܒܐ ⁘ ܗܕܝܢ ܕܗܘ ܡܢ
f. 28b ܢܟܝܢܗ ܕܐܠܗܐ ⁘ ܡܛܥܝܢ ܕܝ ܒܟܠܐ ܒܡܠܬܗ ܕܚܝܠܗ ⁘
ܘܥܒܕ ܕܟܝܘܬܗܘܢ ܕܚܛܝܬܢ ⁘ ܘܝܬܒ ܡܢ ܝܡܝܢܗ ܕܝ
4 ܕܪܒܘܬܐ ܒܡܪܘܡܝܐ ⁘ ܒܟܠ ܒܕܝܢ ܐܬܥܒܕ ܡܝܬܪ ܡܢ
ܡܠܐܟܝܐ ⁘ ܟܡܐ ܕܐܘܦ ܥܠܝ ܡܝܬܪ ܡܢܗܘܢ ܝܪܬ
5 ܠܗܕܝܢ ܠܐ ܡܢ ܡܠܐܟܝܐ ܐܡܪ ⁘ ܡܢ ܝܘܡ ܒܪܝ ܐܢܬ
ܗܘ ܘܐܢܐ ܝܘܡܕܝܢ ܝܠܕܬ ܝܬܟ ⁘ ܘܬܘܒ ܐܢܐ ܗܘܝ
6 ܠܗ ܐܒ ⁘ ܘܗܘ ܝܗܘܐ ܠܝ ܒܪ ⁘ ܒܕ ܕܝ ܝܥܠ ܒܟܠ ܬܘܒܟܡ
ܒܘܟܪܐ ܐܘܦ ܠܥܘܠܡܐ ܘܗܘ ܕܝ ܐܡܪ ⁘ ܘܝܣܓܕܘܢ
f. 29a 7 ܠܗ ܟܠ ܡܠܐܟܘܗܝ ܕܐܠܗܐ ⁘ ܘܠܘܩܒܝܠ ܡܠܐܟܘܗܝ
ܗܘ ܐܡܪ ⁘ ܗܕܝܢ ܕܥܒܕ ܡܠܐܟܘܗܝ ܪܘܚ ܘܡܫܡܫܢܘܗܝ ܢܘܪ
8 ܒܥܪܐ ⁘ ܠܘܬ ܕܝ ܒܪܐ ܗܘ ܐܡܪ ⁘ ܡܘܬܒܢܟ ܐܠܗܐ
ܕܠܥܠܡܐ ܐܡܝܢ ⁘ ܫܒܛ ܕܬܪܘܨܐ ܫܒܛܐ ܕܡܠܟܘܬܐ ⁘

9 ܐܢܒܬ ܕܝܘܪܐ ܘܩܘܢܬ ܒܒ̈ܪܝܩܘܬܐ ⁘ ܠܒܝܬ ܒܝܢ
ܡܫܚܟ ܐܠܗܐ ܐܠܗܟ ⁘ ܡܫܚ ܕܚܕܘܬܐ ܛ̈ܒ ܡܢ
10 ܥܒܕܬܟ.. ܘܐܬܬ ܡܪ̈ܬܐ ܡܢ ܝ̈ܡܝܢ ܐܢܫܝܬܐ ܐܪ̈ܒܥܐ ⁘
11 ܘܫܡܥܝܢܗܝ ܕܐܪܟܝܢ ܐܕܢܝܟܝ ܘܛܥܝܢܝ ܥܡܟܝ f. 29b
ܐܒܝܘܢܝ ⁘ ܐܬ ܕܝ ܘܡܐܢܐ ܐܬ ⁘ ܘܒܝܠܗܘܢ ܗܘܡܢܐ
12 ܕܡܠܟܐ ܫܩܠܬܝ ⁘ ܘܗܘܝܢ ܒܠܒܬܐ ܕܝ ܬܦܘܠܝ ܝܘܗܝ
ܠܐܘܠܝܢܐ ܕܐܬܐ ⁘ ܐܬ ܕܝ ܐܬ ܗܘ ܘܫܡܝܢ ܠܐ
ܦܐܝܩܝܢ

24

Isaiah 7. 10—16.

ܩ̈ܪܝܢ ܡܢ ܟܬܒܗ ܕܬܫܒܘܚܬܐ ܡܢ ܫܥܝܐ ܢܒܝܐ
10, 11 ⁜ ܘܐܘܣܦ ܡܪ̈ܝܐ ܕܡܠܠ ܠܐܚܙ ⁘ ܘܐܡ̈ܪ ܠܗ ܫܐܠ ܠܟ
ܐܬ ܡܢ ܠܘܬ ܡܪ̈ܝܐ ܐܠܗܟ ⁘ ܠܥܘܡܩܐ ܐܘ ܠܪ̈ܘܡܐ ⁘
12 ܘܐܡ̈ܪ ܐܚܙ ܠܝܬ ܐܢܐ ܕܝ ܫܐܠ ܘܠܐ ܡܢܣܐ ܐ̈ܢܐ ܠܡܪ̈ܝܐ ⁘
13 ܘܐܡ̈ܪ ܫܡܥܘ ܗܕܐ ܒܝܬܗ ܕܕܘܝܕ ⁘ ܕܐܢܐ ܙܥܘ̈ܪܐ f. 30a
ܗܝ ܠܟܘܢ ܕܬܫܠܡܘܢ ܬܠܐܝܢ ܐܘܦ ܠܒܢܝܢܫܐ ⁘
14 ܘܗܝܟ ܠܡܪ̈ܐ ܐܬܘܢ ܡܣܡܣܝܢ ܬܠܐܝܢ ⁘ ܠܒܝܬ ܒܝܢ
ܗܐ ܡܪ̈ܐ ܗܘ ܝܗܒ ܠܟܘܢ ܐܬ ⁘ ܗܐ ܒܬܘܠܬܐ ܒܛܢܐ
15 ܒ̈ܪܗ ܘܬܠܕܝ ܒܪ ⁘ ܘܬܩܪ̈ܘܢ ܫܡܗ ܥܡܢܘܐܝܠ ܚܡܐܐ ܘܕܒܫ
ܘܕܒܫ ܝܐܟܘܠ ⁘ ܥܕ ܠܐ ܝܕܥ ܕܝܒܚܪ ܒܝܫܬܐ ܘܢܓܒܐ ܛ̈ܒܐ
16 ܡܛܠ ܕܥܕ ܠܐ ܝܕܥ ܛܠܝܐ ⁘ ܠܛܒܬܐ ܝܕܥ ܛܠܝܐ ܠܛܒ
ܐܝ ܒܝܫ ⁘ ܠܐ ܡܬܛܦܣ ܕܝ ܠܒܝܫܬܐ ܐܠܐ ܕܢܓܒ̈ܐ ܛܒܬܐ f. 30b
ܠܛܒܬܐ

25

MICAH 5. 2—5.

ܩܪܝܢܐ ܬܠܝܬܝܐ ܡܢ ܡܝܟܐ ܢܒܝܐ ⁜ ܘܐܢܬܝ ܒܝܬ 2
ܠܚܡ ܒܝܬܐ ܕܐܦܪܬܐ ܠܝܬ ܐܢܬܝ ܙܥܘܪܐ ܒܡܕܒܪܢܘܬܐ
ܕܝܗܘܕܐ ⁛ ܡܢܟܝ ܠܝ ܢܦܩ ܠܗ ܡܕܒܪܢ ܕܝܗܝ ܠܐܝܣܪܐ
ܐܘܦ ܒܐܝܣܪܐܝܠ ⁛ ܘܡܦܩܢܘܬܗ ܡܢ ܪܝܫܐ ܡܢ ܝܘܡܝ ܥܠܡܐ
3 ܕܠܟܠܡ ܠܟܕܘܠ ܟܕܝܢ ܬܬܠ ܢܬܗܘܢ ܥܕܡܐ ܠܦܪܘܣܐ
ܕܝܠܕܬܐ ܬܠܕ ⁛ ܘܫܪܟܬܗ ܕܐܚܝܗܘܢ ܢܬܦܢܘܢ ܥܠ
f. 31 a 4 ܒܢܝ ܐܝܣܪܐܝܠ ⁛ ܘܝܩܘܡ ܘܝܚܙܐ ܘܝܪܥܐ ܡܪܥܝܬܗ
ܕܡܪܝܐ ܒܚܝܠܐ ܘܒܫܘܒܚܘܬܐ ܕܫܡܗ ܕܡܪܝܐ
ܐܠܗܗܘܢ ܝܚܘܢ ⁛ ܠܟܕܘܠ ܕܟܕܘ ܢܬܪܒܘܢ ܥܕܡܐ
5 ܠܣܘܦܝܗ ܕܐܪܥܐ ⁛ ܘܝܗܘܐ ܗܕܝܢ ܫܠܡܐ ܟܕ ܐܬܘܪܝܐ
ܢܐܬܐ ܥܠ ܐܪܥܢ ⁛ ܘܟܕ ܢܕܘܫ ܥܠ ܐܬܪܘܬܢ ≡

26

PROVERBS 1. 1—9.

1 ܩܪܝܢܐ ܬܠܝܬܝܐ ܡܢ ܡܬܠܘܗܝ ܕܫܠܝܡܘܢ ܡܬܠܘܗܝ
2 ܕܫܠܝܡܘܢ ܒܪܗ ܕܕܘܝܕ ܕܡܠܟ ܒܐܝܣܪܐܝܠ ⁛ ܕܝܕܥ
3 ܚܟܡܬܐ ܘܡܪܕܘ ⁛ ܘܕܝܬܘܪ ܡܠܝܢ ܕܦܘܣܩܘ ⁛ ܘܡܩܒܠ
f. 31 b ܗܦܘܟܝܢ ܕܡܠܝܢ ⁛ ܢܛܘܪ ܕܝ ܟܐܝܢ ܩܘܫܛ ⁛ ܘܕܝܢܗ ܡܫܟܗ
4 ܕܝܬܠ ⁛ ܠܛܠܠ ܕܝܬܠ ܠܡܪܓܢܝܬܐ ܡܚܣܢܘ ⁛ ܘܠܛܠܝܐ
5 ܕܡܘܪܐ ܐܪܟܢܘ ܘܬܘܪܐ ܚܟܝܡ ܡܢ ܐ ܝܕܥ ܗܠܝܢ
6 ܚܟܝܡ ܗܘܐ ⁛ ܬܘܪܐ ܕܝ ܡܕܒܪܢܘ ܩܢܐ ⁛ ܢܛܘܪ ܡܬܠ
7 ܘܡܬܠܐ ܡܬܠܐ ܘܡܠܝܢ ܕܚܟܝܡܝܢ ܘܪܡܙܝܢ ⁛ ܪܥܝܗ

ܕܫܘܒܚܬܐ ܕܫܠܝܛܘܬܗ ܕܐܠܗܐ ܘܒܫܝܢܗ ܠܣܟܐ ܠܟܘܠ ܥܠܝܗ

ܕܒܟܘܪܣܝ ܕܘܝܕ ܀ ܝܕܥܐ ܕ, ܠܡܬ ܐܠܗܐ ܀ ܕܫܠܝܛܘܬܗ ܕܡܪܝܐ

ܪܒܐ ܕܐܬܟܫܦܬܐ ܀ ܫܡܥܬܐ ܕ, ܘܡܪܘܕܘܬܐ ܪܒܝܬܐ f. 32 a

8 ܦܩܠܝܢ ܀ ܥܡܡܐ ܒܪ, ܡܪܘܕܘܬܗ ܕܐܒܘܟ ܘܠܐ ܬܗܘܐ,

9 ܥܡܡ ܐܬܝܩܘܬܗ ܕܐܒܘܟ ܀ ܟܠܠ ܒܪ ܕܢܦܫ ܪܚܡܟ

ܡܟܒܠ ܀ ܘܡܟܝܢ ܕܕܘܝܕ ܥܠ ܪܓܠܟ

27

Isaiah **8**. 8—**11**. 16.

8 ܀ ܡܢܘܢ ܬܟܒܘ ܡܢ ܐܪܥܟܐ ܢܒܥܐ ܥܡܢ ܗܘ ܐܠܗܐ ܀

9 ܥܡܡܝܐ ܡܫܝܚܐ ܘܐܬܒܙܝܘ ܀ ܐܝܟܘܢ ܟܠ ܐܬܚܝܠܘܢ ܬܬܒܙܘܢ

10 ܀ ܘܐܬܒܙܝܘܢ ܀ ܘܟܠ ܡܠܟܝܢ ܕܬܬܡܠܟܘܢ ܢܒܕ ܡܪܝܐ ܀

ܘܟܠ ܡܠܐ ܕܬܡܠܠܘܢ ܠܐ ܢܩܘܡ ܒܟܘܢ ܠܥܠܡ f. 32 b

11 ܕܥܡܢ ܗܘ ܐܠܗܐ ≡ ܗܟܢ ܕ, ܐܡܪ ܡܪܝܐ ܠܐܚܪܢܐ

ܕܬܪܝܬܐ ܠܐ ܡܬܩܫܝܢ ܀ ܘܠܡܠܬܐ ܕܐܘܪܚܗ ܕܗܕܝܢ

12 ܘܡܠܐ ܕܡܪܐ ܐܡܪܬ, ܢܐܡܪܘܢ ܩܫܝܐ ܀ ܘܟܠ ܡܪܐ ܘܟܠܐ

ܕܢܐܡܪܘܢ ܗܕܝܢ ܘܡܠܐ ܩܫܝܐ ܗܢܝܢ ܀ ܡܢ ܕܫܠܝܛܘܬܗܘܢ

13 ܕ, ܠܐ ܬܕܚܠܘܢ ܘܠܐ ܬܬܪܥܒܘܢ ܀ ܠܡܪܝܐ ܚܝܠܘܬܐ

14 ܩܕܝܫ ܗܘܐ ܘܗܘ ܕܚܠܬܟ ܀ ܘܗܘ, ܬܬܟܠ ܥܠܘ, ܘܗܘܐ ܠܟ

ܠܡܩܕܫ ܀ ܘܠܐ ܗܝܟ ܠܟܐܦ ܕܬܘܩܠܬܐ ܬܬܪܒܘܢ ܠܗ ܀ f. 33 a

ܘܠܐ ܗܝܟ ܠܟܐܦ ܕܡܦܩܠܐ ܠܗܘ, ܕ, ܕܡܬܒܥܐ ܒܡܪܘܡ ܀

15 ܘܗܝܟ ܒܢܫܠܐ ܗܠܝܢ ܕܝܬܒܝܢ ܒܝܪܘܫܠܡ ≡ ܠܥܠܡ ܥܠܡܝܢ

ܘܢܚܢ ܕܝܢ ܫܡܘ ܒܗܘܢ ܀ ܘܢܦܠܘܢ ܘܢܬܒܪܘܢ

16 ܘܡܬܒܪܝܢ ܒܢܝܢ ܫܘܠܝܢ ܀ ܘܒܥܝܢ ܡܘܢ ܕܚܬܝܡ ܗܠܝܢ
17 ܕܫܬܡܥܝܢ ܢܡܘܣܐ ܕܠܐ ܠܡܝܠܦ ܒܗ ܀ ܘܡܣܟܐ ܗܘܝܬ ܡܪܝܐ
f. 33 b ܐܢܐ ܠܐܠܗܐ ܗܘܐ ܕܗܦܟ ܐܦܘ ܡܢ ܒܝܬܗ ܕܝܥܩܘܒ.
18 ܘܡܣܟܐ ܐܢܐ ܪܚܝܨ ܒܗ ܀ ܗܐ ܐܢܐ ܘܛܠܝܐ ܕܝܗܒ ܠܝ
ܐܠܗܐ ܀ ܘܝܗܘܢ ܐܬܝܢ ܘܬܡܗܝܢ ܒܒܝܬܐ ܕܐܝܣܪܐܝܠ ܡܢ
ܠܘܬ ܡܪܝܐ ܨܒܐܘܬ ܀ ܗܘܐ ܕܫܪܐ ܒܛܘܪܐ ܕܨܝܘܢ ܀
19 ܘܐܡܪܘܢ ܠܟܘܢ ܒܥܘ ܗܠܝܢ ܕܡܡܠܠܝܢ ܡܬܠܝܢ ܡܢ
ܒܪܥܐ ܘܗܠܝܢ ܕܡܡܠܠܝܢ ܡܢ ܐܪܥܐ ܘܗܠܝܢ ܕܡܡܠܠܝܢ
f. 34 a ܪܝܩܢ ܀ ܘܗܠܝܢ ܕܡܢ ܒܪܥܐ ܡܡܠܠܝܢ ܀ ܘܠܝܬ ܗܘ ܡܢ
ܕܒܥܐ ܠܐܠܗܐ ܀ ܡܢ ܐܬܘܢ ܒܥܝܢ ܘܡܢ ܐܬܘܢ
20 ܫܐܠܝܢ ܥܠ ܕܡܝܬ ܚܝܝܢ ܡܢ ܡܝܬܝܐ ܀ ܢܡܘܣܐ ܓܝܪ
ܐܬܝܗܒ ܠܡܥܕܪܢܘܢ ܕܝܗܘܢ ܐܡܪܝܢ ܠܐ ܐܝܟ ܗܢܐ
21 ܡܠܬܐ ܗܢܐ ܕܠܝܬ ܐܢܐ ܥܠܝܗ ܫܘܚܕ ܀ ܘܐܬܝܐ
ܥܠܝܟܘܢ ܟܦܢ ܩܫܝܐ ܀ ܘܝܗܘܐ ܟܕ ܬܟܦܢܘܢ ܬܬܪܓܙܘܢ
ܘܬܬܩܛܪܘܢ ܒܝܫ ܥܠ ܐܪܒܥܢܐ ܘܥܠ ܫܘܪܒܬܐ ܀
f. 34 b 22 ܘܢܬܠܘܢ ܥܝܢܝܗܘܢ ܘܢܚܙܘܢ ܠܫܡܝܐ ܠܥܠ ܘܠܐܪܥܐ
ܠܬ̈ܚܬ ܀ ܘܝܗܘܐ ܗܢܘܢ ܘܠܥܩܝܢ ܘܚܫܘܟܝܢ ܘܚܘܒܠܝܢ ܘܡܥܠ
ܬ̈ܒ ܀ ܠܥܠܡ ܕܠܐ ܢܗܘܐ ܐܢܐ ܫܟܢܐ ܀ ܘܕܚܝܐ ܗܘܝܢ
9. 1 ܕܗܘܐ ܒܠܘܩܝܢ ܒܙ ܡܬܒܘܣ ܀ ܗܘܝܢ ܡܟܢ ܡܐܬܐ
ܒܦܢܝܢ ܘܒܥܕܢܝ ܐܪܥܐ ܕܙܒܠܘܢ ܘܐܪܥܐ ܕܢܦܬܠܝ ܀
ܘܗܠܝܢ ܕܡܫܟܢ ܥܠ ܝܡܗ ܕܥܒܪܐ ܓܠܝܠܐ ܕܥܡܡܝܐ ܀
2 ܘܥܡܐ ܗܘܝܢ ܕܡܗܠܟ ܒܚܫܘܟܐ ܚܙܘ ܢܘܗܪ ܪܒ ܀ ܗܠܝܢ
f. 35 a ܕܝܬܒܝܢ ܒܐܪܥܐ ܒܛܠܠܗ ܕܡܘܬܐ ܢܘܗܪ[1] ܕܢܚ
3 ܥܠܝܗܘܢ ܀ ܘܣܓܝܬܗ ܕܥܡܐ ܡܢ ܕܐܝܬܝܬ ܘܐܬܚܕܝܘܢ

[1] Cod. ܢܘܗܕ

ܘܕܡܚܝܢ ܗܟܢ ܗܠܝܢ ܕܡܬܦܠܓܝܢ ܒܚܙܝܐ ܀ ܘܗܟܢ
4 ܗܠܝܢ ܕܡܫܠܛܝܢ ܒܐܬܐ ܀ ܕܢܝܪܐ ܗܘ ܡܛܥܢܗ ܚܝܪ ܕܗܘܐ
ܡܫܩܠ ܥܠ ܨܘܪܝܗܘܢ ܀ ܘܫܒܛܗܘܢ ܕܪ ܕܡܫܥܒܕܐ
5 ܬܒܪܬ ܀ ܗܟܢ ܘܟܠܐ ܗܘ ܕܗܘܐ ܥܠ ܡܚܝܪܝܢ ܀ ܕܟܠ
ܟܢܫܐ ܕܡܬܟܢܫܐ ܒܢܟܠ ܀ ܘܟܠ ܠܒܘܫ ܡܟܝܢ ܒܠܒܘܫ ܢܝܩܕܘܢ ≡
6 ※ ܘܗܘܢ ܝܩܕܢ ܐܝܟ ܡܙܘ ܒܢܘܪܐ ܀ ܘܗܘܐ ܛܠܝܐ ܐܬܝܠܕ f. 35 b
ܠܢ ܘܒܪܐ ܐܬܝܗܒ ܠܢ ܘܪܒܘܬܗ ܥܠ ܟܬܦܗ: ܘܩܪܘܢ
ܫܡܗ ܡܠܐܟܐ ܕܡܠܟܐ ܪܒܐ ܒܡܠܟܘܬܗ ܀ ܡܠܟ
ܡܫܬܡܥ ܀ ܐܠܗ ܚܝܠ ܀ ܪܫܝܡ ܕܟܠ ܫܠܝܛܘܬܐ ܀
ܐܪܟܘܢܐ ܕܫܠܡܐ ܀ ܐܒܘܗܝ ܕܥܠܡܐ ܕܐܬܐ ܀ ܫܓܝܐ ܗܝ
7 ܫܠܡܗ ܥܠ ܐܪܟܘܢܐ ܘܫܠܡܗ ܠܗ ܀ ܘܪܒܐ ܗܝ ܡܠܟܘܬܗ f. 36 a
ܘܠܬܪܥܘܬܗ ܠܝܬ ܣܘܦ ܀ ܥܠ ܡܬܘܬܒܗ ܕܕܘܝܕ ܢܬܒ ܀
ܘܒܡܠܟܘܬܗ ܕܢܬܩܢ ܝܬܗ: ܘܢܣܥܘܕܝ ܝܬܗ ܒܕܝܢ ܘܒܙܕܝܩܘ
ܡܢ ܟܕܘ [1]ܘܥܕܡܐ ܠܥܠܡ ܀ ܩܢܐܬܗ ܕܡܪܝ ܚܝܠܐ
8 ܬܥܒܕ ܗܕܐ ܀ ܡܠܝܗ ܫܕܪ ܡܪܐ ܥܠ ܝܥܩܘܒ
9 ܘܐܬܬ ܥܠ ܐܝܣܪܝܠ ܀ ܘܝܕܥ ܟܠ ܥܡܐ ܕܐܦܪܝܡ
ܘܗܠܝܢ ܕܝܬܒܝܢ ܒܫܡܪܝܢ ܕܐܡܪܝܢ ܒܪܡܘܬܐ ܘܒܪܘܪܒܘ ܠܒܐ f. 36 b
10 ܐܡܪܝܢ ܠܒܢܝܐ ܢܦܠ ܐܠܐ ܐܬܘ ܕܢܦܣܘܠ ܟܐܦܝܢ ܘܢܦܠܘܛ
11 ܫܩܡܝܢ ܘܐܪܙܝܢ ܘܢܒܢܐ ܠܢ ܡܓܕܠ ܀ ܘܝܬܪܐ ܐܠܗܐ
ܠܗܠܝܢ ܕܩܝܡܝܢ ܥܠ ܛܘܪܐ ܕܨܝܘܢ ܘܠܣܢܐܘܗܝ ܢܒܕܪ ܀
12 ܘܐܪܡ ܣܘܪܝܐ ܡܢ ܡܕܢܚܗ ܕܫܡܫܐ ܀ ܘܝܘܢܝܐ ܡܢ
ܡܥܪܒܗ ܕܫܡܫܐ ܀ ܗܠܝܢ ܕܐܟܠܝܢ ܠܐܝܣܪܝܠ ܒܟܠܗ
ܦܘܡܗܘܢ ܀ ܘܒܟܠ ܗܠܝܢ ܠܐ ܬܒܬ ܚܡܬܗ ܐܠܐ ܥܘܕ f. 37 a
13 ܐܝܕܗ ܪܡܐ ܀ ܘܥܡܐ ܠܐ ܬܒ ܠܗ ܥܕ ܕܡܚܐ ܠܗ ܕܠܗܐ:

[1] Cod. ܘܥܕܕܡܐ

ܘܠܡܬ̈ܪܐ ܠܐ ܒܗ ⁘ ܘܐܬܪܥܝܘ ܡܪ̈ܐ ܡܢ ܐܝܣܪܐܝܠ ܕܪ̈ܫܐ 14
ܘܕܝܢܒܐ ⁘ ܘܬ̈ܒܪܐ ܘܢܒܪ̈ܐ ܒܫܕܝܢܗܘܢ ⁘ ܫܒܚܐ ܘܗܠܝܢ 15
ܕܢܫܒܚܝܢ ܐܩ̈ܝܢ ܗܕܝܢ ܗܘ ܕܡܠܦ ܒܒ̈ܝܢܝܗܘܢ ܗܕܝܢ ܗܘ
ܕܫܒܚܐ ⁘ ܘܗܘܝܢ ܗܠܝܢ ܕܡܫܒܚܝܢ ܝܬܗ ܠܗܕܝܢ ܡܗܠܟܐ 16
ܡܠܟܝܢ ܝܬܗ ⁘ ܠܡܠܘ ܕܡܒܒܒܒܘܢ ܝܬܗܘܢ ⁘ ܠܒܕܝܠ 17

f. 37 b
ܒܕܝܢ ܒܠ ܒܡܠܦܒܢܝܗܘܢ ܠܐ ܡܒܫܘܢ ܡܪ̈ܐ ⁘ ܘܒܠ
ܝܬܒܢܝܗܘܢ ܘܒܠ ܐܪ̈ܡܠܬܗܘܢ ܠܐ ܝܬ̈ܪܚܡ ⁘ ܠܒܕܝܠ
ܕܒܠܗܘܢ ܒܒ̈ܝܫ ܢܦܩܘܢ ܘܒܢܫܝܢ ⁘ ܘܒܟܠ ܦܢܡ ܡܒܠܠ
ܒܝܫܘ ⁘ ܘܒܒܟܠ ܗܠܝܢ ܠܐ ܬܐܒܬ ܢܦܬܗ ܐܠܐ
ܒܡܕ ܐܝܕܐ ܕܡܒܐ ⁘ ܘܦܩ̈ܪܐ ܗܝܒܒܒܐ ܕܝܘܪܐ 18
ܒܒ̈ܢܝܒܘܫܐ ⁘ ܘܗܝܟܢ ܡܠܟܐ ܡܒܝܫܐ ܗܒܕܝܢ ܢܦܘܕ

f. 38 a
ܢܘ̈ܪܐ ⁘ ܘܢܘܦܕ ܘܦܩ̈ܪ ܒܫܘܠܛܢܗ ܕܝܘܪ̈ܫܠܡ ⁘ ܘܬܦܩܘܠ
ܫܒܠܬ ܬܠܠܝܐ ⁘ ܒܡܠܐ ܟܪ ܠܒܕܝܠ ܪܘܟܒܐ ܕܡܒܬܗ 19
ܕܡܪ̈ܐ ܢܦܕܐ ܒܡܠܗ ܐܪ̈ܒܐ ⁘ ܘܦܫܐ ܦܗܠܐ ܗܝܟܢ
ܢܦܕ ܡܢ ܢܘ̈ܪܐ ⁘ ܘܠܐ ܬܬ̈ܪܝܫ ܐܝܟ ܒܠ ܐܫܘ ⁘ ܐܠܐ 20
ܬ̈ܡܢ ܠܡܒܝܢܐ ܘܡܒܦܘܢ ܘܬܦܘܠ ܡܢ ܠܦܩ̈ ܫܡܠܐ ܘܠܐ
ܡܫܒܘܒ ܒ̈ܢܝܢ ܡܢ ܒܫܡ̈ܪܐ ܕܐܕ̈ܪܒܗ ܕܐܝܫܘܗ ⁘ ܘܬܦܘܠ 21
ܕܝ ܡܒܝܢ ܠܐܦܪ̈ܝܫ ܘܐܦܪ̈ܝܫ ܠܡܒܝܢ ⁘ ܘܗܝܟܢ ܢܕܐ

f. 38 b
ܢܦܘܒ ܝܬܗ ܠܝܗܘܕܐ ܘܒܒܠ ܗܠܝܢ ܠܐ ܬܐܒܬ ܢܦܬܗ
ܐܠܐ ܒܡܕ ܐܝܕܐ ܕܡܒܐ ≡

ܡܠܝܘܢ

10. 1 ⁘ ܘܝ ܠܗܠܝܢ ܕܟܬܒܝܢ ܒܝܫ ⁘ ܒܝܫ ܟܪ ܠܟܬ̈ܒܗܘܢ
ܗܢܘܢ ܟܬܒܝܢ ܡ̈ܟܬܒܝܢ ܗܢܘܢ ܟܪ ܕܝܢܝܗܘܢ ܕܡܫܟ̈ܝܢܐ 2
ܘܢܠܦܝܢ ܕܝܢܐ ܕܡܫܟܝܢܘ ܕܥܡܠ ܠܡܠܘ ܕܬܗܘܐ ܠܗܘܢ

3 ܐܪ̈ܒܠܬܐ ܠܥܡܐ ܘܢܬܚܕܐ ܠܣܘܦܘܟܝܢ ⁘ ܘܗܐ ܐܬܘܢ
ܚܕܝܢ ܒܗܘ ܗܟܢܐ ܕܦܠܓܝܢ : ܠܫܘܠܝܗܘܢ ܟܕ ܡܢ f. 39a
ܒܦܪ̈ܝܓ ܐܬܘܢ : ܘܠܐ ܬܗܘ ܡܢ ܬܚܪܘܢ ܕܬܗܘܝܬܘܢ ⁘
4 ܗܘܢ ܐܬܘܢ ܚܟܡܝܢ ܗܘܐ ܠܡܫܬܥܒܕܘܢ ܕܠܐ
ܬܩܘܠܘܢ ܒܥܒܕܝܬܐ ܘܡܩܘܠܘܢ ܬܫܘܒܬ ܡܦܠܠܝܢ : ܘܒܚܘܠ
ܗܘܝܢ ܠܐ ܬܐܡܪ ܠܗ ܪܘܓܙܐ :: ܐܠܐ ܒܗܕ ܐܢܫܐ
5 ܪ̈ܚܡܐ : ܘܝ ܠܗܘܢ ܠܡܦܪܢܐ ܣܘܦܪ̈ܐ ܕܫܡܥܬܝ ⁘ ܘܪ̈ܘܓܙܝ
6 ܐܬܢ ܗܘ ܒܐܢܫܝܗܘܢ ⁘ ܪ̈ܓܙܝ ܥܠ ܥܡ ܒܚܪ̈ܝܫܘܬܗܘܢ
ܐܢܐ ܡܥܠܝ ⁘ ܘܠܡܗܠ ܕܠܐ ܐܢܐ ܡܡܡܕ ܕܒܒܙܘܢ
ܒܙܐ ܘܡܒܙܐ ⁘ ܘܕܒܩܘܢ ܡܕܝܢ ܘܡܫܝܚܘܢ ܢܬܗܘܢ f. 39b
7 ܠܬܒܘܚ ⁘ ܗܘ ܕܝ ܗܕܝܢ ܠܐ ܐܬܚܫܒ ⁘ ܘܒܠܒܗ ܠܐ
ܗܕܝܢ ܬܬܪ ⁘ ܐܠܐ ܗܒܕ ܗܘ ܐܬܚܫܒ ܠܒܗ ܕܢܫܪܘܒ
8 ܡܢܝܢ ܘܠܐ ܝܒܣܪ ⁘ ܘܐܢ ܢܡܘܪܘܢ ܠܗ ܐܝܬ
9 ܒܠܫܘܕܝܢ ܐܪ̈ܒܘܢ ⁘ ܘܗܘ ܐܡܪ ܠܗܘܢ ܠܐ ܢܫܟܚ
ܐܪ̈ܒܢܐ ܗܕܐ ܕܠܟܠ ܡܢ ܒܒܝܠ ⁘ ܘܟܠܢܐ ܗ
ܕܬܬܒ̈ܢܐ ܡܢܓܠܐ ⁘ ܘܢܫܒܝܬ ܒܪ̈ܒܢܐ ܘܕܫܡܫܘܢ
10 ܘܫܡܪܝܢ ⁘ ܘܗܡܒܕܐ ܕܢܫܒܝܬ ܒܗܘܠ ܗܠܝܢ ܐܘܦ ܪܒܘܬܐ f. 40a
ܐܢܐ ܢܫܒ ⁘ ܐܠܠܘ ܕܓܠܝܦܐ ܟܪ̈ܘܥܠܝܟ ܘܒܫܡܪܝܢ ⁘
11 ܘܗܡܒܕܐ ܕܒܒܪܬ ܠܫܡܪܝܢ ܘܠܗܠܝܢ ܕܒܓܘܗ ܒܚܝܕܝܢ
12 ܒܐܝܕܝܢ ⁘ ܗܒܕܝܢ ܝܒܪܐ ܠܪ̈ܘܫܠܝܡ ܘܠܝܠܚܡܗ ⁘ ܘܝܗܝ ܒܪ
ܝܠܡ ܡܪ̈ܐ ܕܝܒܕܝ ܒܗܘܠ ܗܠܝܢ ܒܛܘܪܐ ܕܨܝܘܢ ܘܒܓܘ
ܐܘܪܫܠܡ ⁘ ܝܬܐܢܐ ܥܠ ܠܒܐ ܪܡܐ ܥܠ ܐܪܟܘܢܐ
ܕܐܬܘܪܝܐ ⁘ ܘܥܠ ܪܘܡܒܘܬܐ ܕܬܫܒܘܚܬܗܘܢ ܕܥܝܢܘܗܝ ⁘
13 ܐܡܪ ܓܝܪ ܕܒܚܝܠ ܝܒܕܝ ⁘ ܘܒܚܟܡܬܐ ܕܒܘܢܝܬܝ

f. 40 b ܐܢܐ ܝܬܗ ܬܩܕܫܘܢܗ ܕܡܚܝܠܐ ܘܫܠܡܘܢ ܒܗܘܢ ·:·
ܘܐܝܬܝ ܡܬܚܘܝܐ ܡܩܕܫ ·:· ܘܟܠܗ ܒܟܐܦ ܬܘܩܠܬܐ ܘܫܥܐ 14
ܒܐܦܝ ܗܘܝܢ ܘܡܠܐ ܕܦܘܪܓܠܐ ·:· ܘܗܘܝܢ ܒܬܪܝܢ
ܕܝܣܪܐܝܠ ·:· ܘܫܘܒܩ ܡܫܪܝܐ ܘܠܬܢ ܡܢ ܕܚܙܝܢ ܡܢ
ܒܢܝ ܐܒܪܗ ܐܝ ܡܢ ܕܝܬܒܝܢ ܠܡܘܟܠ ·:· ܕܡܢܐ ܡܥܬܕܝܢ 15
ܒܠܒܢܐ ܠܒܪ ܡܢ ܗܕܝܢ ܕܝܗܒ ܒܗ ·:· ܐܦ ܡܬܠܐ ܗܘ
ܡܛܪܐ ܠܒܪ ܡܢ ܗܕܝܢ ܕܝܗܒ ܒܗ ·:· ܘܗܘܝܢ ܒܗܠ ܡܢܐ
ܕܡܫܒ ܐܝܟ ܣܦܪܐ ܐܦ ܡܫܐ ·:· ܐܠܐ ܐܘܦ ܠܐ ܗܕܝܢ ·:·
f. 41 a ܘܫܠܡ ܡܪܐ ܕܒܐܘܬ ܚܠܦ ܠܐܢܫܪܝܟ ·:· ܘܠܬܒܫܘܬܝܟ 16
ܢܛܪ ܩܕܝܫܐ ܘܒܒܪܐ ·:· ܘܝܗܒܐ ܢܗܘܪܗ ܕܐܫܪܝܠ ܠܢܛܪ 17
ܘܡܫܬܘܗ ·:· ܘܢܘܪܐ ܒܒܪܐ ·:· ܘܡܩܘܠ ܗܘܝܢ ܒܫܡܒܐ
ܠܫܘܟܢܐ ·:· ܘܗܒ ܒܗܘ ܝܗܒܐ ܝܦܘܩܘܢ ܦܘܪܢܐ 18
ܘܬܠܠܝܐ ܘܣܘܪܝܝܐ ·:· ܘܡܩܘܠ ܡܢ ܢܦܫܐ ܒܝܒܐ
ܠܒܫܪܐ ·:· ܘܝܗܒܐ ܗܘ ܕܒܪܡ ܗܘܝܢ ܕܡܢ ܡܘܕܡ
ܥܠܒܢܗܬܐ ܕܢܘܪܐ ·:· ܘܗܠܝܢ ܕܡܫܬܪܝܢ ܡܢܗܘܢ 19
ܒܡܝܢܐ ܝܗܘܢ ·:· ܘܦܠܠܐ ܠܒܪ ܠܚܘܬܗ[1] ܒܘܬܗ ܝܗܘܢ ·:·
ܘܝܗܒܐ ܒܗܘ ܝܗܒܐ ܒܗܪ ܝܬܘܫܒ ܡܢܐ ܕܝܬܪ ܡܢ 20
ܐܫܪܝܠ ·:· ܘܒܪܐ ܕܝܫܐ ܡܢ ܝܒܘܫܒ ·:· ܘܠܐ ܕܝ ܝܗܘܢ
f. 41 b ܕܝܫܝܢ ܥܠ ܗܠܝܢ ܕܐܪܫܝܘ ܝܬܗܘܢ ·:· ܐܠܐ ܝܗܘܢ
ܕܝܫܝܢ ܥܠ ܐܠܗܐ ܡܝܒܐ ܕܝܫܪܝܠ ܒܡܘܫܒܬ ·:·
ܘܝܗܒܐ ܡܢܐ ܕܝܬܪ ܡܢ ܝܒܘܫܒ ܝܗܘܢ ܕܝܫܝܢ ܥܠ 21
ܐܠܗܐ ܚܝܠܐ ·:· ܘܐܦ ܗܘܐ ܡܠܗܐ ܕܐܫܪܝܠ ܗܘܝܢ 22
ܚܠܦ ܕܡܢܐ ·:· ܡܢܐ ܕܝܬܪ ܡܢܝܗܘܢ ܚܫܐ ·:· ܡܢܐ 23
ܠܒܪ ܡܥܠܡܐ ܘܦܠܝܓܐ ܒܝܘܡ ܝܘܒܕ ܡܪܐ ܥܠ

[1] Cod. ܒܘܬܗ

ܐܪܥܐ ⁘ ܘܩܠܐ ܓܙܝܪܐ ܥܒܕ ܡܪܝܐ ܒܟܘܠܗ ܡܥܡܘܪܬܐ ⁘
24 ܠܒܢܠ ܕܗܟܢ ܐܡܪ ܡܪܝܐ ⁘ ܠܐ ܬܕܚܘܠ ܥܡܠ ܗܘܠ ܗܠܝܢ f. 42 a
ܕܝܬܒܝܢ ܒܨܝܘܢ ܡܢ ܐܬܘܪܐ ܕܒܫܒܛܐ ܗܘ ܡܚܐ
ܠܟ ⁘ ܐܦܐ ܟܢܐ ܡܚܛܪܐ ܥܠܝܟ ܡܚܝܐ ܕܬܡܨܪܝܢ
25 ܐܘܪܚܐ ܕܡܨܪܝܢ ⁘ ܥܘܕ ܟܪ ܙܥܘܪ ܘܫܠܡ ܪܘܓܙܐ
26 ܘܡܬܚܐ ܠܗ ܥܠ ܡܫܠܡܗܘܢ ⁘ ܘܝܥܝܪ ܐܠܗܐ ܥܠܝܗܘܢ
ܗܝܟ ܡܚܘܬܐ ܕܡܕܝܢ ⁘ ܘܡܬܚܬܗ ܠܐܘܪܚܐ ܕܝܡܐ
27 ܝܡܐ ܘܝܬܥܒܐ ܕܡܨܪܝܢ ⁘ ܘܝܗܐ ܒܗܘ ܝܘܡܐ ܬܥܕܐ
28 ܢܝܪܗ ܡܢ ܥܠܬܟܝܢ ܘܐܘܩܦ ܕܫܠܛܢܗ ܡܢܟܝܢ ⁘ ܐܬܐ ܗܘ f. 42 b
ܒܪ ܠܡܕܝܢܬܗ ܐܓܝ ⁘ ܘܥܒܪ ܠܡܓܕܘܢ ⁘ ܘܒܡܟܡܫ
29 ܣܡ ܡܐܢܘܗܝ ܘܥܒܪܘ ܢܚܠܐ ܘܬܐܬܐ ܠܐܓܝ ⁘ ܘܕܚܠܬܐ
30 ܬܥܕ ܠܪܡܬܐ ܕܡܕܝܢܬܗ ܕܫܐܘܠ ⁘ ܘܬܬܡܒܪܘܢ ܒܪܬܗ
31 ܕܓܠܝܡ ⁘ ܘܬܫܡܥܘܢ ܗܕܐ ܒܠܝܬܐ ⁘ ܘܬܬܕܪܒܒ
32 ܡܕܒܪܐ ܘܗܠܝܢ ܕܝܬܒܝܢ ܒܓܒܝܡ ⁘ ܢܣܒܘ ܝܘܡܝܢ
ܒܐܘܪܚܐ ܕܬܗܘܐ ܠܢܒܐ ⁘ ܢܣܒܘ ܠܛܘܪܐ ܕܒܪܬܗ f. 43 a
33 ܕܨܝܘܢ ܘܠܒܠܛܐ ܕܒܗܘ ܝܪܘܫܠܡ ⁘ ܗܐ ܟܪ ܡܪܝܐ
ܨܒܐܘܬ ܡܒܪܒܪ ܠܒܘܠ ܗܠܝܢ ܕܡܫܬܒܚܝܢ ܒܚܝܠܐ ⁘
34 ܘܗܠܝܢ ܕܡܬܪܘܡܡܝܢ ܒܫܪܒܐ ܘܠܒܚܝܢ ܒܡ ܪܘܡܗܘܢ
11. 1 ܥܠ ܡܥܠܝܗܘܢ ❊ ܘܝܦܘܩ ܚܘܛܪܐ ܡܢ ܥܩܪܗ ܕܝܫܝ ܘܢܝ
2 ܡܢ ܥܩܪܗ ܝܦܩ ⁘ ܘܬܬܢܝܚ ܥܠܘܝ ܪܘܚܗ ܕܐܠܗܐ
3 ܪܘܚܐ ܕܚܟܡܬܐ ܘܕܒܘܢܬܐ ⁘ ܪܘܚܐ ܕܡܠܟܐ f. 43 b
ܘܕܚܝܠܐ ⁘ ܪܘܚܐ ܕܐܝܕܥܬܐ ⁘ ܘܬܡܠܝܢܗ ܟܘܠܗ ܪܘܚܐ
ܕܕܚܠܬܗ ܕܐܠܗܐ ⁘ ܠܐ ܗܝܟ ܬܫܘܒܚܬܗ ܗܘ ܕܐܝܢ
4 ܘܠܐ ܗܝܟ ܡܡܠܠܗ ܗܘ ܡܟܘܢ ⁘ ܐܠܐ ܕܐܝܢ ܗܘ

ܕܠܒܘܫܗܘܢ ܕܡܬܟܢܫܝܢ ܘܡܚܘܡ ܠܡܬܚܠܦܘܬܗ ܕܐܪܥܐ ܀
ܘܐܬܨܒܘܢ ܠܐܘܪܚܐ ܕܒܠܥܬܐ ܕܢܘܪܐ ܀ ܘܒܪܘܝܐ
ܕܫܘܠܛܢܗ ܗܘ ܥܠܠ ܠܬܪܥܝܬܐ ܀ ܘܡܬܩܪܐ ܐܡܬܪ ܫܪܝܘ 5
f. 44a ܒܪܘܚܐ ܘܐܠܗܘܬܗ ܪܒܝܢ ܒܫܘܠܛܢܐ ܀ ܘܪܒܐ ܕܝܗܒ 6
ܥܡ ܐܡܬܪܐ
ܘܠܝܘܐ ܘܡܠܟܐ ܘܬܘܪܐ ܘܐܪܝܐ ܗܘܝܢ ܚܕܐ
ܢܪܒܘܢ ܀ ܘܫܠܡܐ ܠܚܘܕ ܢܫܠܛ ܥܠܝܗܘܢ ܀ ܘܬܘܪܬܐ 7
ܘܕܘܒܫܐ ܗܘܝܢ ܚܕܐ ܢܪܒܘܢ ܀ ܘܒܢܝܗܘܢ ܥܡܗܘܢ
ܗܘܝܢ ܚܕܐ ܀ ܘܐܪܝܐ ܘܬܘܪܐ ܗܘܝܢ ܚܕܐ ܐܟܠܝܢ
ܬܒܢ ܀ ܘܛܠܝܐ ܙܥܘܪܐ ܢܪܡܐ ܐܝܕܗ ܥܠ ܚܘܪܪܝܗܘܢ 8
ܕܐܣܦܝܕܐ ܀ ܘܐܘܦ ܥܠ ܡܥܪܘܒܝܬܗܘܢ ܕܐܘܠܕܝ
f. 44b ܗܘܝܢ ܕܐܣܦܝܕܐ ܘܠܐ ܢܒܐܫܘܢ ܠܗ ܀ ܘܠܐ ܢܚܒܠܘܢ 9
ܕܝܬܒܘܢ ܒܛܘܪ ܠܩܘܕܫ ܥܠ ܛܘܪܝ ܡܛܠ ܀ ܕܡܠܝܬ
ܕܐܬܡܠܝܬ ܟܠܗ ܕܐܪܥܐ ܕܝܕܥ ܠܡܪܝܐ ܀ ܗܝܟ ܡܝܐ
ܣܓܝ ܕܟܣܝܢ ܝܡܡܝܢ ܀ ܘܗܘܝ ܒܝܘܡܐ ܗܘ ܥܩܪܗ 10
ܕܐܝܫܝ ܘܗܘܝܢ ܕܩܐܡ ܡܠܟܐ ܥܠ ܥܡܡܐ ܘܥܠܘܝ
ܥܡܡܐ ܡܣܬܒܪܝܢ ܀ ܘܬܗܘܐ ܢܝܚܬܗ ܐܝܩܪܐ ܀ ܘܢܗܘܐ ܒܗܘ 11
ܝܘܡܐ ܢܘܣܦ ܡܪܝܐ ܕܢܚܘܐ ܐܝܕܗ ܕܢܩܢܐ ܡܢ ܕܫܪܟ
f. 45a ܡܢ ܥܡܗ ܡܢ ܐܬܘܪ ܕܐܬܚܙܝ ܡܢ ܡܨܪܝܢ ܘܡܢ
ܒܒܠ ܘܡܢ ܟܘܫ ܘܡܢ ܥܝܠܡ ܀ ܘܡܢ ܡܕܢܚܐ ܘܡܢ ܡܪܝܘܬ
ܥܪܒܝܐ ܀ ܘܡܢ ܓܙܪܬܐ ܀ ܘܢܬܠ ܐܬ ܠܥܡܡܐ ܀ ܘܢܟܢܫ 12
ܠܡܒܕܪܐ ܕܐܝܣܪܐܝܠ ܀ ܘܐܘܦ ܠܡܠܝܢ ܕܐܬܒܕܪܘ ܡܢ
ܘܬܥܒܪ ܚܣܡܐ ܡܢ ܐܦܪܝܡ ܕܐܬܒܣܪܬ ܘܢܬܒܛܠܘܢ ܀ ܘܢܬܒܛܠ 13
ܥܩܪܗ ܕܐܦܪܝܡ ܘܝܗܘܕܐ ܠܐ ܢܚܣܡ ܀ ܘܐܦܪܝܡ

⁘ ܠܐ ܡܢܐ ܒܣܗܕܐ ⁘ ܘܣܗܕܐ ܠܐ ܠܡܣܒ ܠܐܦܬܪܝ ⁘
14 ܘܦܪܘܩܝܢ ܒܐܠܦܘܢ ܕܫܩܠܐ ܢܒܪܘܟܐ ⁘ ܘܝܡܟܐ f. 45 b
ܗܘܝܢ ܚܕܐ ܥܡܟܘܢ ⁘ ܘܠܗܠܝܢ ܕܗܡ ܡܕܝܢܬܗ ܕܡܫܝܚܐ ⁘
ܘܠܐܕܘܡ ⁘ ܘܥܠ ܡܘܗܒ ܡܐܡܪ ܢܬܪܟܘܢ[1] ܐܒܝܐ ⁘
15 ܒܢܝܐ ܕܝ ܕܒܥܢܘܢ ܡܡܐܡ ܢܬܡܟܢܘܢ ⁘ ܘܡܪܘܒ ܡܪܐ
ܡܟܐ ܕܡܝܬܪܝܢ ⁘ ܘܡܥܒܕ ܐܒܝܗ ܥܠ ܢܗܪܐ[2] ܒܪܘܚ
ܕܠܘܬܟܘܢ ⁘ ܘܡܫܘܦ ܥܡܒܠܐ ܚܠܝܢ ܒܡܝܬܪܝܢ ⁘ ܕܡܘܢ
16 ܠܝܡ ܒܐܘܪܚܐ ܘܡܫܡܫܢܘܢ ܒܪܓܠܝܗܘܢ ⁘ ܘܬܗܘܐ
ܡܠܟܐ ܕܐܘܪܚܝ ܠܗܘܢ ܗܕܝܢ ܕܐܫܬܘܪ ܒܡܝܬܪܝܢ ⁘ f. 46 a
ܘܬܗܘܐ ܗܕܐ ܠܐܬܪܘܥ ܗܘܝܢ ܡܟܐ ܕܝܢ ܕܢܩܘܡ ܡܢ
ܐܪܒܐ ܕܡܝܬܪܝܢ ܀

28

GALATIANS 3. 24—4. 7.

ܠܫܒܬܐ ܕܬܠܬܝ ܕܡܫܝܚܐ ܠܘܬ ܓ̈ܠܛܝܐܝܢ ܡܬܩܪܝ
24 + ܗܘܐ ܐܦ ܢܡܘܣܐ ܡܪ̈ܒܝܢ ⁘ ܐܬܒܥܕ ܠܢ ܠܘܬ
ܡܫܝܚܐ ܡܫܝܚܐ ⁘ ܠܒܕܝܠ ܕܡܢ ܗܝܡܢܘܬܐ ܢܙܕܕܩ:
25 ܒܕܘ ܕܝ ܐܬܬ ܗܝܡܢܘܬܐ: ܠܒܪ ܠܬܢ ܐܢܢ ܬܚܘܬ
26 ܡܪ̈ܒܝܢ ⁘ ܒܟܠܟܘܢ ܓܝܪ ܒܢܘܝ ܕܐܠܗܐ ⁘ ܐܢܬܘܢ
27 ܒܬܪܝܗ ܕܗܝܡܢܘܬܐ ܕܒܫܘܥ ܡܫܝܚܐ ⁘ ܒܠ ܗܠܝܢ f. 46 b
28 ܕܒܡܫܝܚܐ ܐܬܥܡܕܬܘܢ ܠܡܫܝܚܐ ܠܒܫܬܘܢ ⁘ ܠܝܬ
ܝܗܘܕܝ ܘܠܐ ܐܪܡܝ ⁘ ܠܝܬ ܥܒܕ ܘܠܐ ܒܪ ܚܐܪܝܢ ⁘ ܘܠܝܬ
ܕܟܪ ܘܠܐ ܢܩܒܐ ⁘ ܒܟܠܟܘܢ ܓܝܪ ܚܕ ܐܢܬܘܢ ܒܫܘܥ

[1] Cod. ܢܬܪܟܘܢ [2] Cod. ܢܗܪܐ

29 ܕܡܫܝܚܐ ܀ ܐܢ ܕܝ ܐܢܬܘܢ ܕܡܫܝܚܝܐ ܗܘܐ ܡܢ ܙܪܥܗ
4. 1 ܕܐܒܪܗܡ ܐܢܬܘܢ ܒܡܘܠܟܢܐ ܝܪܬܘܢ ܀ ܐܡܪ ܐܢܐ
ܕܟܕ ܟܠ ܐܡܬܝ ܕܝ ܝܪܬܐ ܠܝܠܘܕܐ ܚܠܝܦ ܠܝܬ ܗܘ
f. 47a 2 ܡܥܒܕܐ ܡܢ ܥܒܕ ܀ ܘܗܘ ܡܪܐ ܗܘ ܡܪܗ ܕܟܠܐ ܀ ܐܠܐ
ܬܚܘܬ ܕܝ ܐܦܝܛܪܘܦܝܢ ܀ ܐܝܬ ܗܘ ܘܦܪܢܣܝܢ ܀ ܥܕܡܢ
3 ܕܙܒܢܐ ܕܐܫܘܐ ܕܝ ܕܐܬܩܝܡ ܐܒܘܗܝ ܀ ܗܟܕܝܢ ܐܦ ܐܢܚܢ
ܟܕ ܗܘܝܢ ܛܠܝܢ ܬܚܘܬ ܣܛܘܟܝܘ ܕܥܠܡܐ ܗܘܝܢ
4 ܡܫܥܒܕܝܢ ܀ ܟܕ ܕܝ ܐܬܬ ܫܠܡܘܬܐ ܕܙܒܢܐ ܫܠܚ
ܐܠܗܐ ܠܒܪܗ ܟܕ ܡܢ ܐܬܬܐ ܀ ܟܕ ܬܚܘܬ ܢܡܘܣܐ ܀
5 ܠܒܕܝܠ ܕܠܗܠܝܢ ܕܬܚܘܬ ܢܡܘܣܐ ܝܙܒܢ ܀ ܠܒܕܝܠ
f. 47b 6 ܕܢܣܒ ܕܝ ܒܪܘܬܐ ܀ ܠܒܕܝܠ ܕܐܢܬܘܢ ܒܢܝܢ ܫܠܚ ܐܠܗܐ
ܪܘܚܗ ܕܝ ܕܒܪܗ ܠܗܘ ܠܠܒܝܢ ܡܩܪܝܐ ܐܒܐ ܐܒܘܢ ܀
7 ܗܟܐ ܐܘܢ ܠܝܬ ܐܢܬ ܥܒܕ ܐܠܐ ܒܪ ܀ ܐܢ ܕܝ ܐܘܦ
ܒܪ ܀ ܐܘܦ ܝܪܬ ܒܝܕ ܡܫܝܚܐ

29

JAMES 1. 1—12.

ܐܓܪܬܐ ܕܫܠܝܚܐ ܡܢ ܠܘܬ ܝܥܩܘܒ

1 ܝܥܩܘܒ ܥܒܕܗ ܕܐܠܗܐ ܘܕܡܪܢ ܝܫܘܥ ܡܫܝܚܐ ܀
ܠܬܪܥܣܪܬܐ ܫܒܛܝܢ ܕܝ ܠܗܠܝܢ ܕܐܡܕܪܝܢ ܒܥܠܡܐ ܡܒܕܪܬܐ
2 ܫܠܡ ܀ ܟܟܠ ܚܕܘܐ ܗܘܘ ܚܫܒܝܢ ܐܚܝ ܀ ܟܕ ܠܢܣܝܘܢܝܢ
f. 48a 3 ܡܫܠܚܝܢ ܬܗܘܘܢ ܣܓܝܐܝܢ ܀ ܝܕܥܝܢ ܕܝ ܕܒܘܩܝܢܐ ܕܗܝܡܢܘܬܟܘܢ
4 ܟܕ ܡܣܝܒܪܢܘ : ܡܣܝܒܪܢܘܬܐ ܕܝ ܥܒܕܐ ܟܡ ܗܘ ܟܕ
ܫܠܝܡ ܀ ܠܒܕܝܠ ܕܬܗܘܘܢ ܡܫܠܡܝܢ ܕܝ ܘܡܫܟܠܠܝܢ ܀

5 ܘܚܠܝܠܦ ܠܐ ܬܗܘܐ ܣܢܝܢܝܢ ܀ ܐܢ ܕ, ܐܡܬ ܐܢܐ
ܡܢܟܘܢ ܣܡܝ̈ܪ ܣܓܝܐܐ ܡܐܟܘܠ ܡܢ ܐܠܗܐ ܕܒܠܘܐ
ܕܝܗܒ ܠܗ ܥܘܦܐܬ ܘܠܐ ܒܣܡܝ̈ܪ ܀ ܘܡܬܗܢܒ ܠܗ
6 ܡܢ ܕܝܗܝ ܥܐܠ ܒܝܗܒܘܢ ܀ ܘܒܠܝܠܦ ܠܐ ܗܘ̇ܐ
ܡܬܦܠܝܓ ܀ ܗܕܢ ܓܪ̈ ܕ, ܕܡܬܦܠܝܓ ܢܬܕܒܪ ܕ, ܠܝܥܘܠܗ f. 48b
7 ܕܡܚܐ ܐܘܦ ܕܡܬܢܝܦ ܘܐܙܠ ܀ ܠܐ ܓܪ̈ ܠܐ ܣܡܘܟܪ̈ ܕ,
8 ܒܪ̈ܢܫܐ ܚܠܘܦ ܡܢ ܡܪ̈ܝܐ ܀ ܓܒܪ ܕܝܢ ܕܦܠܝܓ ܒܦܥܠܗ ܀
9 ܘܡܒܪܟܒ ܒܟܘܠ ܐܘܪܚܬܗ ܐܬܥܒܕ ܕ, ܐܫܘܡ ܡܒܥܒܐ
10 ܕ, ܒܬܘܡܟܬܗ ܀ ܘܒܬܪܐ ܕ, ܒܡܒܥܒܘܬܗ ܀ ܠܒܕܠ
11 ܕܗܘܝܢ ܠܗ ܕܒܥܒܐ ܗܘ ܒܒܪ̈ ܀ ܕܠܐ ܕ, ܥܒܥܝܐ
ܒܥܘܪܒܗ ܡܥ ܀ ܒܥܒܐ ܢܐܬܐ ܘܥܦܪܗ ܕ, ܕܐܦܘ,
12 ܒܡܥܝ ܀ ܦܘܡ ܓܒܪ̈ܐ ܕܡܥܘܒܪ̈ ܒܥܘܒܢܐ ܕܒܕܝܢ
ܗܘ ܡܬܒܒܝܪ ܀ ܘܥܒܕ ܚܠܠܐ ܕܝܫܢܐ ܀ ܗܕܝܢ ܕܥܐܝܢ f. 49a
ܐܠܗܐ ܠܗܠܝܢ ܕܝܚܒܝܢ ܠܗ

30

Isaiah 43. 15—21.

15 ܡܪ̈ܝܐ ܢ ܡܥܕ ܠܡܠܝܕܐ ܡܢ ܥܡܩܐ ܢܟܝܐ ܐܢܐ ܡܪܝܐ
ܐܠܗܐ ܩܕܝܫܟܘܢ ܗܕܝܢ ܕܐܘܒܕܬ ܠܐܝܣܪܐܝܠ ܡܠܟܟܘܢ
16 ܒܠܒܟܘܢ ܀ ܗܟܕܝܢ ܐܡܪ ܡܪܝܐ ܐܠܗܐ ܗܕܝܢ ܕܝܗܒ
17 ܒܝܡܐ ܐܘܪܚ ܀ ܘܒܡܝܢ ܣܓܝܐܝܢ ܥܘܒܝܠܝܢ ܀ ܗܕܝܢ
ܕܐܦܩ ܡܪ̈ܟܒܢ ܕ, ܕܣܘܣܘܬܐ ܘܐܘܟܠܘܣ ܥܡ ܘܚܝܠ
ܠܚܕܐ ܀ ܐܠܐ ܕܡܟܒܘ ܘܠܐ ܢܩܘܡܘܢ ܀ ܘܛܦܘ ܗܝܟ ܡܫܟܢܐ f. 49b
18 ܕܦܫܬܐ ܦܫܝܛܐ ܀ ܠܐ ܬܕܟܪܘܢ ܠܩܕܡܝܬܐ ܘܥܬܝܩܐ ܕܩܕܡ
19 ܢܐ ܠܐ ܬܬܚܫܒܘܢ ܀ ܕܗܐ ܐܢܐ ܥܒܕ ܚܕܬܢ ܗܐ

ܕܒܒܘ ܗܘܝܢ ܕܝܠܕܝܢ :· ܘܐܬܬܢ ܡܚܒܒܝܢ ܠܗܘܢ ܘܐܡܢܐ
ܒܒܝ ܒܡܕܒ̈ܪܐ ܠܐܘܪܚ : ܘܗܢ ܕܠܐ ܗܘܘ ܡܚܝܢ
ܠܗܘ̈ܪܝܢ : ܘܐܬܒܪ̈ܝ ܡܬ، ܫܦܝܪܬܗ ܕܐܠܗܐ :· ܘܡܬܪ̈ܒܝܐ 20
f. 50 a ܘܟܢܝܫܘܢ ܕܐܝܬܡܟܢܘܢܬܐ ܕܒܝܬܗ ܟܠܗ ܡܕܒ̈ܪܐ ܡܢ :
ܘܒܗܪ̈ܝܢ ܗܢ ܕܠܐ ܗܘܘ ܡܚܝܢ : ܕܝܫܡܥ ܡܠܝܐ ܒܫܝ̈ܪܐ 21
ܘܡܠܟܐ ܗܕ̈ܝܢ ܕܢܝܚܬ ܠܝ :· ܕܢܗܪ̈ܐ ܡܬܐ̈ܒܐ ܒܡܕܒ̈ܪܝ،
ܡܫܝܚܐ

31

Isaiah 35. 1—10.

ܦܪ̈ܚܐܢ ܐܬܒܣܡ ܡܢ ܡܕܒܪܐ ܕܨܗܝܐ ܠܡܠܝܬܐ ܒܫܘܫܢ 1
ܡܕܒ̈ܪܐ ܗܕ̈ܝܢ ܕܝܗܒܐ :· ܘܬܬܕܝܨ، ܡܕܒܪܐ ܘܬܦܪܚ
ܗܟܢ ܐܦܪܚܘܢ :· ܘܬܬܕܝܨܘܢ ܘܫܒܚܘܢ ܡܕܒܪܗܘܢ، 2
ܕܡ̈ܠܝܐ :· ܕܐܬܝܗܒܬ ܫܘܒܚܐ ܕܠܒܢܢ ܐܬܝܗܒܬ ܠܗ :· ܘܐܝܩܪܗ
f. 50 b ܕܟܪܡܠܐ :· ܘܥܡܠ ܫܒܚܐ ܕܝܩܪܗ ܕܡܪܝܐ ܘܪܒܘܬܗ
ܕܐܠܗܐ :· ܘܐܬܚܝܠܘ ܐܝܕܝܐ ܡܪ̈ܦܝܬܐ ܘܐܪ̈ܟܒܬܐ 3
ܡܪ̈ܫܠܬܐ :· ܘܢܚܡܘ[1] ܠܠܒܝܢ ܕܡܬܒܗܪ̈ܐ ܢܦܫܬܗ 4
ܒܡܫܒܚܬܗܘܢ : ܘܐܬܚܝܠܘ ܘܠܐ ܬܕܚܠܘܢ :· ܗܐ
ܐܠܗܢ ܕܝܢ ܐܬܐ، :· ܘܗܘ ܢܦܪܘܩ ܠܢ ܘܢܦܪ̈ܩ ܐܠܗܢ
f. 51 a ܘܡܚܝܐ ܠܢ : ܘܒܗ ܢܬܦܬܚܢ ܥܝܢܝܗܘܢ ܕܥܘܝ̈ܪܐ : 5
ܘܐܕܢܝܗܘܢ ܕܚܪ̈ܫܢܐ ܢܫܡܥܘܢ : ܘܒܗ ܢܫܘܪ ܐܝܟ ܐܝܠܐ 6
ܗܠܝܐ ܕܐܠܐܠܐ : ܘܦܫܩ̈ܐ ܗܘܐ ܠܫܢܗܘܢ ܕܦܘܩܐ
ܕܗܘܐ ܐܬܦܬܚܘ ܡܝܢ ܒܡܕܒ̈ܪܐ :· ܘܢܚܠ ܒܐܪ̈ܒܐ
ܨܗܝܬܐ :· ܘܬܗܘܐ ܐܪ̈ܒܐ ܗܝܐ ܕܠܐ ܗܘܐ ܒܗ ܡܢ 7

[1] Codex ܘܢܚܡܘܢ

ܠܚܝܝܢ ܕܡܝܢ: ܘܒܐܪܥܐ ܨܗܝܬܐ ܗܘܐ ܡܒܘܥ ܕܡܝܢ:
ܘܗܘܐ ܬܡܢ ܫܒܝܠ ܠܦܘܪܩܢܐ ܘܡܬܩܪܐ ܕܩܕܝܫܐ ܀
8 ܘܗܘܢ ܬܡܢ ܒܐܘܪܚ ܕܟܝܐ ܕܩܕܝܫܐ ܘܐܘܪܚܐ . ܬܬܩܪܐ ܀ f. 51 b
ܘܠܐ ܢܥܒܪ ܬܡܢ ܡܣܐܒ. ܘܠܐ ܬܗܘܐ ܬܡܢ ܐܘܪܚ
ܡܣܐܒܐ ܀ ܘܠܝܬ ܬܡܢ ܡܫܬܟܚܝܢ ܠܡܘܬܒ ܬܡܢ
9 ܘܠܐ ܢܗܠܟܘܢ ܀ ܘܠܐ ܗܘܐ ܬܡܢ ܐܪܝܐ ܀ ܘܠܐ ܡܢ
ܚܝܘܬܐ ܒܝܫܬܐ ܠܐ ܢܣܩܘܢ ܠܬܡܢ ܀ ܘܠܐ ܢܫܬܟܚܘܢ
10 ܬܡܢ ܀ ܐܠܐ ܢܗܠܟܘܢ ܠܬܡܢ ܦܪܝܩܝܢ ܀ ܘܡܟܢܫܝܢ
ܒܝܕ ܡܪܝܐ ܀ ܘܢܗܦܟܘܢ ܘܢܐܬܘܢ ܠܨܗܝܘܢ f. 52 a
ܒܚܕܘܐ ܀ ܘܚܕܘܐ ܕܠܥܠܡ ܥܠ ܪܝܫܗܘܢ ܀ ܥܠ
ܪܝܫܗܘܢ ܓܝܪ ܬܗܘܐ ܬܫܒܘܚܬܐ ܘܚܕܘܬܐ ܢܕܒܪ
ܢܬܗܘܢ ܀ ܐܪܘܩ ܠܗ ܟܐܒ ܘܥܩܬܐ ܘܬܢܚܬܐ

32

Isaiah 40. 1—8.

1 ܦܪܩܢ ܬܠܝܬܝ، ܡܢ ܥܪܘܒܐ ܪܒܐ ܠܩܪܝܢܐ ܕܫܥܝܐ
2 ܒܝܐܘ ܒܝܐܘ ܥܡܝ ܐܡܪ ܐܠܗܐ ܀ ܡܠܠܘ ܥܠ ܠܒܗ
ܕܐܘܪܫܠܡ ܀ ܒܝܐܘ ܕܗܐ ܡܠܝܬ ܫܘܥܒܕܗ
ܘܐܫܬܒܩ ܚܛܗ ܀ ܕܢܣܒܬ ܡܢ ܐܝܕܗ ܕܡܪܝܐ
3 ܥܦܝܦܬܐ ܚܛܗ ܀ ܩܠ ܕܩܪܐ ܒܡܕܒܪܐ ܛܝܒܘ ܐܘܪܚܗ f. 52 b
4 ܕܡܪܝܐ ܀ ܘܬܪܘܨܘ ܫܒܝܠܘܗܝ ܕܐܠܗܢ ܀ ܟܠ ܢܚܠ
ܢܬܡܠܐ ܘܟܠ ܛܘܪ ܘܪܡܬܐ ܢܬܡܟܟܘܢ ܀ ܘܢܗܘܘܢ ܟܠ
ܥܘܩܡܬܐ ܠܦܫܝܛܐ ܀ ܘܟܠ ܥܪܩܘܒ ܐܪܥܐ ܠܡܫܝܪܐ ܀
5 ܘܬܬܓܠܐ ܫܘܒܚܗ ܕܡܪܝܐ ܀ ܘܢܚܙܐ ܟܠ ܒܣܪܐ

ܒܚܝܠܗ ܕܐܠܗܐ ⁘ ܕܡܪܐ ܟܠܠ ⁘ ܘܠ ܐܡܪ ܠܗ 6
f. 53 a ܐܢܫ ܘܐܡܪܬ ܡܢܐ ܐܩܪܐ ⁘ ܒܟܠܗ ܒܣܪܐ ܗܟܢ
ܥܣܒܐ ⁘ ܘܟܠܗ ܬܫܒܘܚܬܗ ܕܒܪܢܫܐ ܗܟܢ ܢܝܨܗ
ܕܥܣܒܐ ⁘ ܝܒܫ ܥܣܒܐ ܘܢܬܪ ܢܝܨܗ ⁘ ܕܪܘܚܗ ܕܡܪܐ 7
ܢܫܒܬ ܒܗ ⁘ ܕܗܟܢ ܘܡܥܒܪ ܥܡܐ ܗܘ ܘܗܘ ܡܘܠܐ ⁘ ܝܒܫ 8
ܥܣܒܐ ܘܢܬܪ ܢܝܨܗ ⁘ ܡܠܬܗ ܕܝ ܕܡܪܐ ܩܝܡܐ ܠܥܠܡ܀

33

Isaiah 44. 2—7.

ܩܪܝܢܐ ܕܐܫܥܝ ܡܢ ܢܒܝܐ ܠܡܠܝܕܐ

2 ⁜ ܠܐ ܐܘܢ ܬܕܚܠ ܥܒܕܝ ܝܥܩܘܒ ܘܐܝܣܪܐܝܠ
3 f. 53 b ܫܒܝܒܐ ܗܕܝܢ ܕܒܨܗܘܬ ⁘ ܗܐ ܐܢܐ ܝܗܒ ܡܝܢ ܒܨܗܘܬܐ
ܠܗܠܝܢ ܕܡܗܠܟܝܢ ܗܘ ܕܝܒܫܬ ܡܝܢ ⁘ ܘܫܒܩ ܪܘܚܝ ܥܠ
4 ܙܪܥܟ ܘܒܪܟܬܝ ܥܠ ܒܢܝܟ ⁘ ܘܝܢܚܘܢ ܗܟܢ ܒܥܣܒܐ
ܥܠ ܡܝܐ ⁘ ܘܗܟܢ ܚܠܦܬܐ. ܥܠ ܝܒܠ ܡܢ ܕܡܝܢ ⁘
5 ܗܕܢ ܐܡܪ ܐܠܗܐ ܐܢܬ ܐܢܐ ܘܗܕܝܢ ܡܬܝܚܝܫ
ܒܫܡܗ ܕܝܥܩܘܒ ⁘ ܘܚܪܢ ܟܬܒ ܒܐܝܕܗ ܕܐܠܗܐ
ܕܐܠܗܐ ܐܢܬ ܐܢܐ ⁘ ܘܥܠ ܫܡܗ ܕܐܝܣܪܐܝܠ ܢܟܢܝܫ ⁘
6 f. 54 a ܗܟܕܝܢ ܐܡܪ ܐܠܗܐ ܡܠܟܐ ܕܐܝܣܪܐܝܠ ⁘ ܗܕܢ ܕܦܪܩ
ܬܗܝܢ ܐܠܗܐ ܒܚܝܠܘܬ ⁘ ܐܢܐ ܗܘ ܩܕܡܝܐ ܘܐܢܐ ܡܢ
7 ܒܬܪ ܒܕܝܢ ⁘ ܘܠܝܬ ܐܠܗ ܠܒܪ ܡܢܝ ⁘ ܡܢ ܟܘܬܝ ܘܩܘܡ
ܘܩܪܐ ⁘ ܘܢܬܢܐ ܘܢܣܕܪ ܠܝ ܡܢ ܕܫܡܬ ܥܡܐ ܕܥܒܕܬ ܒܪܢܫܐ
ܕܠܥܠܡܐ ⁘ ܘܥܡܐ ܕܐܬܝܢ ܕܢܗܘܐ ܥܕ ܠܐ ܢܐܬܝܢ
ܢܚܘܘܢ ܠܗܘܢ

34

TITUS 2. 11—15.

ܗܕܐ ܠܛܝܛ ܐܠܬܠܡܝܕ ܘܠܦܘܠܣ ܐܚܘܐܪ ܦ ܐܠܦܘܕܐܣ
11 : ܠܘܬ ܛܝܡܬܐܘܣ ܐܬܓܠܝܬ ܓܪ ܛܝܒܘܬܗ ܕܐܠܗܐ f. 54b
12 ܡܚܝܢܐ ܠܟܘܠ ܒܢܝܢܫܐ ܕܪܕܝܐ ܝܬܢ : ܠܡܝܡܪ ܕܢܟܦܘܪ
ܒܪܫܥܘܬܐ ܘܒܪܓܝܓܬܗ ܕܥܠܡܐ : ܠܡܝܡܪ ܕܒܢܟܦܐ
ܘܒܟܐܢܘ : ܘܒܚܣܝܕܐ ܕܐܠܗܐ ܢܚܐ ܒܗܕܝܢ ܥܠܡܐ :
13 ܡܣܟܝܢ ܠܣܒܪܐ ܛܒܐ ܘܠܓܠܝܢܗ ܕܬܫܒܘܚܬܗ ܕܐܠܗܐ
14 ܪܒܐ : ܒܡܪܢ ܘܡܚܝܢ ܝܫܘܥ ܡܫܝܚܐ : ܗܕܝܗܒ
ܢܦܫܗ ܚܠܦܝܢ ܥܠ ܕܝܦܪܘܩ : ܠܡܝܡܪ ܕܢܦܪܘܩ ܝܬܢ
ܡܢ ܟܘܠ ܒܪܢܝܡܘܣܝܢ : ܘܕܝܕܟܐ ܥܡܐ ܠܗ ܠܗܘܠ f. 55a
15 ܠܡܝܢܝܢ : ܡܛܢܐ ܒܥܒܕܝܢ ܛܒܝܢ : ܗܠܝܢ ܗܘܝ
ܡܠܠ ܘܒܥܘ ܘܟܘܣܝܢ ܒܟܘܠ ܦܩܘܕ : ܐܢܫ ܕܝ ܠܐ
ܝܗܐ ܡܫܛ ܠܟ ܀

35

ISAIAH 12. 1—6.

ܗܕܐ ܠܫܥܝܐ ܕܢܒܝܐ ܡܢ ܥܢܝܢܐ ܡܬܘܪܬܐ ܦܡܐ
1 : ⊛ ܘܝܐܡܪ ܒܝܘܡܗ ܗܘܐ ܡܘܕܐ ܐܢܐ ܠܟ ܡܪܝܐ
ܠܡܝܡܪ ܕܪܓܙܬ ܥܠܝ : ܘܐܬܦܢܝܬ ܘܢܚܡܬܢܝ ܡܪܝ
2 ܘܐܬܪܚܡܬ ܥܠܝ : ܗܐ ܐܠܗܝ ܡܚܝܢܝ : ܘܐܬܟܠ
ܗܘܐ ܬܘܟܠ ܥܠܘܗܝ ܘܚܝܐ ܒܗ : ܘܠܐ ܐܕܚܠ ܠܡܝܡܪ
ܕܬܩܦܝ ܘܬܫܒܘܚܬܝ ܗܘ ܡܪܝܐ ܘܐܬܥܒܕ ܠܝ ܠܚܝܝܢ : f. 55b
3 : ܘܬܠܘ ܡܝܢ ܒܚܕܘܐ ܡܢ ܡܒܘܥܐ ܕܦܘܪܩܢܐ

✠ܐܬ ܬܐܡܪ ܒܝܘܡܗ ܗܘܡܐ ܐܫܝܪܘ ܠܡܪܝܐ ܘܩܪܘ 4
ܒܫܡܗ ⁘ ܘܬܢܘ ܒܥܡܡܝܐ ܡܫܒܚܬܗ ⁘ ܘܐܬܕܟܪܘ
ܕܐܬܪܘܡܡ ܫܡܗ ⁘ ܐܫܝܪܘ ܕܝ ܠܫܡܗ ܕܡܪܐ ܠܩܒܠ 5
ܕܪ̈ܘܡܡܢ ܥܒܕ : ܘܬܢܘ ܗܠܝܢ ܒܟܘܠܗ ܐܪܥܐ ⁘ ܘܐܬܦܨܚܘܢ 6
f. 56 a ܘܐܬܒܣܡܘܢ ܗܠܝܢ ܕܝܬܒܝܢ ܒܨܝܘܢ ⁘ ܠܩܒܠ
ܕܐܬܪܘܡܡ ܒܡܨܥܬܗ ܩܕܝܫܐ ܕܐܝܣܪܐܝܠ ∘

36

I CORINTHIANS **10**. 1—4.

ܡܪ̈ܝܢ ܬܚܝܢ ܠܘܬ ܩܘܪܢܬܝܐܢ ܐܚܝܐ ܠܝܬ 1
ܐܢܐ ܨܒܐ ܕܬܗܘܢ ܕܠܐ ܡܕܥܝܢ ⁘ ܐܚܝܐ ܕܐܒܗܬܢ
ܟܘܠܗܘܢ ܬܚܘܬ ܥܢܢܐ ܗܘܘ ܟܘܠܗܘܢ ⁘ ܒܝܡܐ
ܥܒ̈ܪܘ ܟܘܠܗܘܢ ⁘ ܒܡܘܫܐ ܐܨܛܒܥܘ ܒܥܢܢܐ ܘܒܝܡܐ 2
ܟܘܠܗܘܢ ⁘ ܗܝܐ ܡܐܟܘܠܬܐ ܕܪܘ̈ܚܐ ܐܟ̈ܠܘ ܟܘܠܗܘܢ ⁘ 3
f. 56 b ܗܝܐ ܡܫܬܝܬܐ ܕܪܘܚܐ ܐܫܬܝܘ ܟܠ̈ ܗܘܘ ⁘ ܫܬܝܢ ܡܢ 4
ܫܥܐ ܕܪܘܚܐ ܕܗܘܬ ܕܢܩܦܐ ܫܥܐ ܕܝ ܗܘ ܗܘܐ
ܡܫܝܚܐ ⁘

37

ROMANS **14**. 14—**15**. 6.

ܠܚܕ ܒܫܒܬܐ ܕܫܪܘ̈ܒܐ ܠܘܬ ܪܗܘܡܝܐ

⁘ ܝܕܥ ܐܢܐ ܘܡܦܝܣ ܐܢܐ ܒܡܪܢ ܝܫܘܥ 14
ܡܫܝܚܐ ⁘ ܕܟܠܘܡ ܠܝܬ ܗܘ ܡܣܝܒ[1] ܡܢ ܓܪܡܗ ⁘
ܐܠܐ ܗܕܝܢ ܕܡܬܚܫܒ ܕܗܘ ܡܣܝܒ[1] ⁘ ܠܗ ܠܝܬ ܗܘ

[1] Cod. ܡܣܗܒ.

15 ܡܣܝܒ[1] ܐܢ ܓܝܪ ܠܒܕܝܠ ܡܝܟܘܠܬܐ ܐܚܘܟ ܡܬܥܝܩ :·
ܟܘܕ ܠܝܬ ܐܢܬ ܡܗܠܟ ܒܚܘܒܐ :· ܠܐ ܒܡܝܟܘܠܬܐ ܬܘܒܕ f. 57 a
16 ܡܘܒܕ :· ܠܗܕܝܢ ܕܡܝܬ ܡܫܝܚܐ ܥܠ ܕܓܠܒܗ :· ܠܐ
17 ܐܘܢ ܬܗܘܝ ܛܒܬܟܘܢ ܡܬܓܕܦܐ :· ܠܝܬ ܓܝܪ ܐܘܦ
ܡܠܟܘܬܗ sic ܕܐܠܗܐ ܡܝܟܘܠ ܘܡܫܬܝ :· ܐܠܐ ܙܕܩܘ
18 ܘܫܠܡ ܘܚܕܘܐ :· ܕܝ ܒܪܘܚܐ ܕܩܘܕܫܐ :· ܡܢ ܓܝܪ
ܕܒܗܠܝܢ ܡܫܡܫ ܠܡܫܝܚܐ ܫܦܝܪ ܗܘ ܠܐܠܗܐ
19 ܘܠܒܢܝܢܫܐ :· ܗܘܐ ܐܘܢ ܒܬܪ ܥܒܕܘܝ ܕܫܝܠܡܐ ܢܗܘܐ
20 ܪ̈ܗܛܝܢ :· ܘܡܒܢܝܐ ܕܗܘ ܒܝܢ ܦܠܓܝܢ ܠܦܠܓܝܢ ܠܐ ܡܢ f. 57 b
ܡܝܟܘܠܬܐ ܬܗܘܝ ܫܪܐ ܥܒܕܘܝ ܕܐܠܗܐ :· ܟܘܠܐ ܓܝܪ
ܡܢ ܕܟܝ ܐܠܐ ܒܝܫ ܗܘ ܠܒܪ ܢܫܐ ܗܠܝܢ ܕܒܬܩܠ ܬܘܩܠܐ
21 ܐܟܠ :· ܛܒ ܓܝܪ ܕܠܐ ܕܝ ܬܗܘܝ ܐܟܝܠ ܒܣܪ ܘܠܐ ܕܝ
ܬܫܬܝ ܚܡܪ :· ܘܠܐ ܒܡܐ ܕܝ ܕܐܚܘܟ ܡܬܬܩܠ ܐܝ ܕܝ
22 ܡܬܬܒܪ :· ܐܢܬ ܕܝ ܬܗܘܐ ܠܟ ܗܝܡܢܘ ܒܓܪܡܟ ܘܩܕܡ
ܐܠܗܐ :· ܛܘܒܘ ܡܢ ܕܠܐ ܕܐܝܢ ܓܪܡܗ ܒܡܐ ܕܗܘ f. 58 a
23 ܒܚܪ :· ܗܘ ܕܝ ܡܬܦܠܓ ܐܢ ܐܟܠ ܗܘ ܡܬܚܝܒ
ܠܒܕܝܠ ܕܠܐ ܡܢ ܗܝܡܢܘ :· ܟܘܠ ܡܐ ܕܝ ܕܠܐ ܡܢ
15. 1 ܗܝܡܢܘ ܚܛܝܐ ܗܘܘ :· ܚܝܒܝܢ ܐܢܚܢ ܕܝ ܚܝܠܬܢܐ :·
ܕܢܣܒ ܠܚܝܫܝܢ ܒܟܐܒܝܗܘܢ ܕܬܟܝܟܝܢܐ :· ܘܠܐ ܢܗܘܝ ܕܝ
2 ܥܒܕܝܢ ܠܓܪܡܢ :· ܟܘܠ ܐܢܫ ܡܢܢ ܗܘ ܥܒܕ ܠܩܪܝܒܗ :·
3 ܠܛܒܬܐ ܠܒܢܝܢܐ : ܐܦ ܓܝܪ ܡܫܝܚܐ ܠܐ ܠܓܪܡܗ ܥܒܕ :·
ܐܠܐ ܐܝܟ ܕܟܬܝܒ ܚܣܕܝܗܘܢ ܕܡܚܣܕܝܢ ܠܟ ܢܦܠܘ
4 ܥܠܝ :· ܟܘܠ ܡܐ ܓܝܪ ܕܐܬܟܬܒ ܠܒܕܝܠ ܕܡܠܦܢܘܬܢ f. 58 b

[1] Cod. ܡܣܣܝܒ

ܘܒܬܘܢܚܡܬܐ ܕܒܬܒܥܬܐ[1] ܕܐܬܗ ܕܝ ܡܬܢܣܒܝܢ ܦܠܓܝܢ
ܒܦܠܓܝ ⁘ ܒܡܬܪ̈ܐ ܫܘܩܦ ܡܚܝܢܐ ⁘ ܠܒܬܘܠ ܕܗܘܝܢ 6
ܣܓܝܐ ܒܚܝܠ ܦܬ ܕܝ ܬܝܒܣܘܢ ܕܝ ܠܐܠܗܐ ܐܒܘܝ
ܕܡܬܪ̈ܐ ܫܘܩܦ ܡܚܝܢܐ

38

Joel 1. 14—2. 11.

ܒܐܪܒܥܬܐ ܒܫܒܘܥܬܐ ܩܕܡܝܬܐ ܕܨܘܡܐ ܡܢ ܝܘܗܠ
ܢܒܝܐ

ܩܕܫܘ ܨܘܡܐ ܘܐܟܪܙܘ ܐܣܘܦܬܐ ⁘ ܘܟܢܫܘ ܩܫܝܫܐ 14
ܟܠܗܘܢ ܥܡܘܪ̈ܝܗ ܕܐܪܥܐ ܠܒܝܬܗ ܕܐܠܗܟܘܢ ⁘
f. 59a ܘܐܙܥܩܘ ܠܘܬ ܡܪ̈ܝܐ ܚܝܩܐܝܬ ⁘ ܘܝ ܠܝ ܘܝ ܠܝ ܘܝ ܠܝ 15
ܠܝܘܡܐ ⁘ ܠܒܬܘܠ ܕܩܪܝܒ ܗܘ ܝܘܡܗ ܕܡܪ̈ܝܐ ⁘ ܘܗܝܟ
ܕܘܝܘܬܐ ܡܢ ܕܘܝܘܬܐ ܢܐܬܐ ⁘ ܕܠܩܘܒܠ ܥܝܢܝܟܘܢ
ܐܬܚܣܝܘ ܡܐܟܘܠܬܐ ⁘ ܘܡܢ ܒܝܬܗ ܕܡܪ̈ܐ ܐܠܗܟܘܢ 16
ܒܫܩܦܐ ܘܚܕܘܬܐ ⁘ ܩ̈ܦܙܝܢ ܕܝ ܒܓܠܓܠܝܢ ܥܠ 17
ܐܘܪ̈ܘܬܗܘܢ ⁘ ܐܬܚܒ̈ܠܘ ܐܘܨܪ̈ܝܐ ܘܐܬܦܓܕܪܘ ܡܟܝ̈ܪܬܐ
ܘܬܥܒܕ ܒܒܗܘܪܐ ⁘ ܡܐ ܢܐܓܪ̈ܘ ܒܗܘܢ ⁘ ܒܥܝܪ 18
ܒܩܘܪ̈ܬܐ ܕܬܘܪ̈ܐ ܕܠܐ ܗܘܐ ܠܗܘܢ ܡܪ̈ܥܝܐ ⁘ ܘܐܬܚ̈ܪܒܘ
f. 59b ܡܪ̈ܥܝܬܐ ܕܐܬܢܒܝܬܐ ܠܘܬܟ ܕܝ ܡܪ̈ܐ ܩܪܝܬ ⁘ ܠܒܬܘܠ 19
ܕܐܟܠܬ ܢܘܪܐ ܠܫܘܦܪܗ ܕܡܕܒܪܐ ܘܫܠܗܒܝܬܐ
ܕܠܘܬ ܒܥܠ ܐܠܢܐ ܕܩܘܪܝܐ ܘܐܘܦ ܒܥܝܪܗ ܕܡܕܒܪܐ 20

[1] Part of *vv.* 4, 5 dropped owing to the translator or scribe having begun from παρακλήσεως in *v.* 5 instead of from the same word in *v.* 4.

ܐܙܥܩܘ ܠܘܬܗ̇ ⁘ ܕܡܒܥܝܢ ܡܩ̈ܕܫܝܢ ܕܐܠܗܐ ⁘ ܘܐܡ̈ܪܝܢ
2. 1 ܐܬ̈ܩܥܘ ܫܝܦܘܪܗ ܕܒܨܗܝܘܢ ⁘ ܐܪܢܝܘ ܒܛܘܪܐ ܩܕܝܫܝ ⁘
ܘܐܬܪܥܘ ܟܦܪ̈ܝܐ ܕܝܗܘܕܐ ⁘ ܘܬܬܒܥܘܢ ܒܟܠ ܗܠܝܢ
2 ܕܡܬ̈ܝܢ ܐܪܥܐ ܠܒܪ ܕܡܬܠܟܐ ܡܢܗ ܕܡܪ̈ܝܐ ⁘ ܘܡܩ̈ܪܒ f. 60a
ܗܘ ܝܘܡܐ ܕܚܫܘܟܐ ܘܕܥܪ̈ܦܠܐ ⁘ ܝܘܡܐ ܕܥܢܢܐ
ܘܕܥܢܢܐ ⁘ ܗܟܘܬ ܦܪܝܣܬܐ ܡܫܬܪܝܐ ܥܠ ܛܘ̈ܪܝܐ
ܥܡܐ ܣܓܝ ܘܚܝܠܬܢ ⁘ ܕܕܡܝܐ ܠܗ ܠܐ ܗܘܐ ܡܢ ܥܠܡ ⁘
3 ܘܡܢ ܒܬܪܗ ܠܐ ܢܬܘܣܦ ܥܕܡܐ ܠܫ̈ܢܝ ܕܪ̈ܝܢ ⁘ ܩܕܡ
ܕܡܘܕܝܘܗܝ ܢܘܪ ܐܟ̈ܠܐ ⁘ ܘܡܢ ܒܬܪܗ ܡܫܠ̈ܗܒܐ
ܫܠܗܒܝܬܐ ⁘ ܗܟܘܬ ܦܪܕܝܣܐ ܕܒܥܕܢܐ ܐܪ̈ܥܐ ܩܘܕܡ
ܐܦܝ̈ܘ ⁘ ܘܡܢ ܠܒܬܪܗ ܗܟܘܬ ܡܕܒܪ ܕܚܪ̈ܒܢܐ ⁘ f. 60b
4 ..ܘܐܬܚܙܝܘܬ ܕܡܝܘܗܝ ܠܐ ܚܙܐ ⁘ ܗܟܘܬ ܕܡܣܘܣܝܐ
ܕܣܘܣܘܬܐ ܡܣܘܣܝܢܘܢ ⁘ ܘܗܟܘܬ ܦܪ̈ܫܝܢ ܗܟܢܢ
5 ܪܗܛܝܢ ⁘ ܘܗܟܘܬ ܩܠܐ ܕܡܪܟܒܬܐ ܥܠ ܪ̈ܝܫ ܛܘܪܝܐ
ܡܫܘܪܝܢ ⁘ ܘܗܟܘܬ ܩܠܐ ܕܫܠܗܒܝܬܐ ܕܢܘܪܐ ܕܐܟܠܐ
ܩܫܐ ⁘ ܘܗܟܘܬ ܥܡܐ ܣܓܝ ܘܚܝܠܬܢ ܕܡܬܛܝܒ ܠܩܪܒܐ
6 ܡܢ ܩܕܡ ܐܦܘܗܝ ܢܬܙܝܥܘܢ ܥܡ̈ܡܝܐ ⁘ ܘܟܠ ܐܦܝܢ
7 ܗܘܢ ܗܟܘܬ ܓܢܒܪܝܗ ܕܡܕܪ̈ܐ ⁘ ܗܟܘܬ ܕܝ ܓܒܪ̈ܝܢ f. 61a
ܪ̈ܗܛܝܢ ⁘ ܘܗܟܘܬ ܓܒܪ̈ܝܢ ܩܪܒܝܢ ܡܕܒ ܣܠܩܝܢ ܥܠ
ܫܘܪܝܐ ܘܐܝܫ ܐܝܫ ܒܐܘܪܚܗ ܐܙܠ ⁘ ܘܠܐ ܢܣܛܘܢ
8 ܫܒܝ̈ܠܝܗܘܢ ܘܐܝܫ ܐܝܫ ܡܢ ܐܚܘܗܝ ܠܐ ܢܫܘܒ ⁘ ܘܒܗ
ܢܦܩܝܢ ܒܙܝܢܗܘܢ ܘܒܓܢ̈ܒܪܝܗܘܢ ܢܐܙܠܘܢ ⁘ ܢܦܠܘܢ ܕܝ
9 ܘܠܐ ܢܫܠܡܘܢ ⁘ ܘܠܡܕܝܢܬܐ ܢܬܟܫܘܢ ܘܥܠ ܫܘܪܐ

ܕ̈ܪܗܦܘܢ ܀ ܘܥܠ ܒܬܘܐ ܐܬܩܝܡ ܀ ܘܥܠ ܕܒܥܝܐ
ܒܟܠܗܘܢ ܗܝܟ ܠܒܒܝܡ ܀ ܘܐܡܪ ܐܦܫܛ ܐܬܬܦܫܛܝܢ ܐܝܪ̈ܒܐ 10
f. 61 b ܘܐܬܟܒܘܢ ܥܒܕܝܢܐ ܀ ܘܡܫܬܢܝܢܐ ܘܗܘܪ̈ܐ ܝܫܘܥܟܘܢ ܀
ܘܒܟܒܟܝܐ ܦܠܦܟܘܢ ܢܣܗܘܪܘܢ ܀ ܘܡܬܪ̈ܐ ܝܡܗ ܥܠܗ 11
ܘܡܪܐ ܐܒ̈ܩܝܐ ܕܝܠܗ ܀ ܕܢܟܝ ܗܝ ܡܢܬܪܬܗ ܠܝܕܐ ܀
ܘܝܘܠܝܡ ܗܘܢ ܒܟܒܕܝܐ ܕܡܠܟܘܬܝ ܀ ܕܪ̈ܒ ܗܘ ܢܗܕܗ
ܕܡܪ̈ܐ ܪ̈ܒ ܘܢܗܪ̈ ܠܝܕܐ ܀ ܘܡܢ ܗܘܐ ܕܗܘܐ ܕܡܠܟܐ ܠܗܘ

39

II Corinthians 6. 2 b—10.

ܠܚܕ ܒܫܒܐ ܬܢܝܢܐ ܕܨܘܡܐ ܠܘܬ ܩܘܪܢܬܝܘܢ

2 b ܗܐ ܟܕܘ ܡܬܪ̈ܘܥܝܐ ܡܩܒܠ ܀ ܗܐ ܟܕܘ ܝܘܡ
f. 62 a 3 ܕܡܚܝܢܘ ܀ ܐܘܦ ܠܐ ܚܕܐ ܒܟܠܘܡ ܠܝܬ ܐܢܚ ܝܗܒܝܢ
4 ܬܘܩܠܐ ܀ ܕܠܐ ܝܗܝ ܡܘܡ ܕܝ ܡܫܬܡܫܝܢ ܐܠܐ
ܒܟܠܐ ܐܢܚ ܡܩܝܡܝܢ ܀ ܓܪ̈ܡܢ ܗܝܟ ܫܡܐܫܘܝ
ܕܐܠܗܐ ܀ ܐܘܦ ܒܡܣܝܒܪܢܘ ܣܓܝ ܒܠܚܘܨܝܢ ܀
5 ܒܡܚܘܐܢ ܀ ܒܚܒܘܫܝܢ ܀ ܒܦܘܪ̈ܦܐܢ ܀ ܕܝ ܘܒܠܗܘܐ ܀
6 ܒܨܗܪܝܢ ܀ ܒܨܘܡܝܢ ܀ ܘܒܕܟܝܘ ܀ ܒܐܘܪܟܬ ܪܘܚ
ܒܒܣܝܡܘ ܀ ܒܪ̈ܘܚ ܕܩܘܕܫ ܀ ܒܚܒܐ ܕܠܝܬ ܒܗ ܢܣܐܪܝܢ ܀
7 ܒܡܠܐ ܡܫܪܐ ܀ ܒܚܝܠܗ ܕܐܠܗܐ ܀ ܒܙܝܢܐ ܕܨܕܩܐ
f. 62 b 8 ܕܝܡܝܢܐ ܘܕܣܡܠܐ ܀ ܒܬܫܒܘܚܐ ܕܝ ܘܒܨܠܘܠ ܀ ܒܛܒܘ
9 ܕܝ ܘܒܫܒܘܫ ܀ ܗܝܟ ܡܛܥܝܢ ܘܐܢܚ ܡܫܪܝܢ ܀ ܗܝܟ
ܕܠܐ ܢܘܕ̈ܥܝܢ ܘܐܢܚ ܢܘܕ̈ܥܝܢ ܀ ܗܝܟ ܡܝܬܝܢ ܘܐܢܚ

ܚܝܝܢ ⁘ ܗܟܢ ܡܬܚܕܬܝܢ ܘܠܐ ܡܬܒܠܝܢ ⁘ ܗܟܢ ܡܬܢܣܝܢ
ܘܐܢܫ ܢܐܕܡ ⁘ ܗܟܢ ܡܬܚܫܚܝܢ ܘܐܢܫ ܦܠܓ ܡܬܚܕܬܝܢ ⁘
ܗܟܢ ܠܐ ܚܠܘܦ ܠܝܬ ܠܟ ܘܡܘܠܐ ܐܢܫ ܢܐܕܝܢ

40

Joel **2**. 12—20.

ܕܬܪܘܒܬܐ ܕܥܢܘܒܬܐ ܬܫܝܥܝܬܐ ܕܝܘܡܐ ܡܢ ܝܘܐܝܠ ܢܒܝܐ

⁜ ܘܐܘܦ ܗܫܐ ܐܡܪ ܡܪܝܐ ܐܠܗܟܘܢ ܬܘܒܘ ܠܘܬܝ 12
ܒܟܠܗ ܠܒܟܘܢ ⁘ ܘܒܨܘܡܐ ܘܒܒܟܝܐ ܘܒܡܣܦܕܐ ⁘
ܘܨܪܘܒ ܠܒܒܟܘܢ ܘܠܐ ܡܢܐܟܘܢ ⁘ ܘܬܘܒܘ ܠܘܬ 13 f. 63a
ܡܪܝܐ ܐܠܗܟܘܢ ⁘ ܠܡܛܠ ܕܪܚܡܢ ܘܚܢܢ ܗܘ ܘܢܓܝܪ
ܪܘܚ ܘܣܓܝ ܪܚܡܘܗܝ ⁘ ܘܬܐܒ ܥܠ ܒܝܫܬܐ ⁘ ܡܢ ܝܕܥ 14
ܢܗܦܘܟ ܐܦ ܬܐܒ ܘܬܫܒܘܩ ܒܬܪܗ ܒܘܪܟܐ ⁘
ܘܩܘܪܒܢ ܘܢܣܟ ܠܡܪܝܐ ܐܠܗܢ ⁘ ܬܩܥܘ ܒܫܘܦܪܐ 15
ܒܨܝܘܢ ⁘ ܩܕܫܘ ܨܘܡܐ ܘܐܟܪܙܘ ܟܢܘܫܬܐ ⁘ ܟܢܫܘ 16
ܥܡܐ ܘܩܕܫܘ ܥܕܬܐ ⁘ ܘܟܢܫܘ ܣܒܐ ܐܘܦ ܠܥܘܠܝܐ
ܕܝܢܩܝܢ ܬܕܝܐ ⁘ ܢܦܘܩ ܚܬܢܐ ܡܢ ܩܝܛܘܢܗ ܘܟܠܬܐ
ܡܢ ܓܢܬ ܓܢܘܢܗ ⁘ ܘܒܝܢ ܦܬܟܐ ܕܡܕܒܚܐ ܢܒܟܘܢ 17 f. 63b
ܟܗܢܝܐ ܡܠܝ ܕܡܫܡܫܝܢ ܠܡܪܝܐ ⁘ ܘܢܐܡܪܘܢ ܚܘܣ
ܡܪܝܐ ܥܠ ܥܡܟ ܘܠܐ ܬܬܠ ܝܪܬܘܬܟ ܠܚܣܕܝܢ ⁘
ܕܢܫܠܛܘܢ ܒܗܘܢ ܥܡܡܐ ⁘ ܠܡܛܠ ܕܠܐ ܢܐܡܪܘܢ
ܒܝܢ ܥܡܡܝܐ ܗܝ ܗܘ ܐܠܗܗܘܢ ⁘ ܘܛܢܐ ܡܪܝܐ 18

ܒܐܪ̈ܒܥܗ ܘܢܫܘ ܥܠ ܡܘܬܗ ܀ ܘܐܬܓܒ ܡܪ̈ܐ ܠܡܘܬܗ 19
ܘܐܡ̈ܪ ܗܐ ܐܢܐ ܡܥܠܝ ܠܟܘܢ ܒܒܘ̈ܪܐ ܘܫܡ̈ܪܐ
ܘܡܫܝܚܐ ܀ ܘܬܐ̈ܟܠܘܢ ܘܬܬܒܣܒܣܘܢ ܡܢܗܘܢ ܀
ܘܠܝܬ ܐܢܐ ܝܗܒ ܠܟܘܢ ܒܥܕ ܠܚܡܐܝܢ ܒܝܢ ܡܚܝܢܐ ܀
f. 64a ܘܠܥܕ̈ܝܢ ܕܡܢ ܝܘܒܢܐ ܢ̈ܗܘܒ ܡܢܒܥܘܢ ܘܢܚܘܒ ܢܬܗ 20
ܠܐܪ̈ܒ ܕܠܝܬ ܒܗ ܡܢܝ ܀ ܘܐܢܐ ܗܪ̈ܝ ܐܦ̈ܘܝ ܒܝܡܐ
ܡܢܝܐ ܀ ܘܡܝܐ ܕܠܫܘ̈ܪܝ ܥܠ ܡܝܐ ܐܣܝܪܐ ܘܐܬܗܫܒ
ܗܪܝܬܗ ܀ ܘܐܬܐܝܠ ܘܦܪ̈ܘܬܗ ܠܒܝܒܠ ܕ̈ܪܘܒ
ܒܥܘܒܗܝ

41

ROMANS 12. 1—5.

ܠܝܫ ܒܫܘܒܐ ܬܠܝܬܝܐ ܕܝܘܡܐ ܠܘܬ ܪ̈ܘܡܝܢ

1 ܒܥܝ ܐܢܐ ܐܘܢ ܡܢܟܘܢ ܐܚܝܐ ܒܬܚܢܢܘܗܝ
ܕܐܠܗܐ ܀ ܕܝ ܕܬܩܝܡܘܢ ܦܓܪ̈ܝܟܘܢ ܢܟ̈ܣܬܐ ܚܝܐ
ܘܩܕܝܫܐ ܀ ܫܦܪ ܠܐܠܗܐ ܦܠܚܬܟܘܢ ܗܕܐ ܕܒܡܠܠܬܐ ܀
f. 64b ܘܠܐ ܬܗܘܘܢ ܡܬܕܡܝܢ ܠܗܕܝܢ ܥܠܡܐ ܀ ܐܠܐ ܗܘܘ 2
ܡܬܕܡܝܢ ܒܚܘܕܬܗ ܕܡܕܥܬܟܘܢ ܀ ܕܬܗܘܘܢ ܒܕܩܝܢ ܡܢܐ
ܗܘ ܨܒܝܢܗ ܕܐܠܗܐ[1] ܀ ܡܢܐ ܕܛܒ ܘܫܦܝ̈ܪ
ܘܫܠܡ ܀ ܐܡ̈ܪ ܐܢܐ ܓܝܪ ܒܛܝܒܗ ܕܐܠܗܐ ܗܕܝܢ 3
ܕܐܬܝܗܒ ܠܝ ܀ ܠܟܠ ܡܢ ܕܐܝܬ ܒܟܘܢ ܕܠܐ ܝܗܪ
ܡܬܚܫܒ ܡܢܘ̈ܬܪ ܡܢ ܡܐ ܕܝܠ ܠܗ ܕܡܬܚܫܒ ܀ ܕܝܗܪ
ܡܬܗܡ ܠܟܠ ܐܢܫ ܗܝܟ ܕܦܠܓ ܠܗ ܐܠܗܐ ܀ ܒܐܠܠܐ
ܕܗܝܡܢܘܬܐ ܀ ܗܟܢܐ ܓܝܪ̈ ܕܝ ܕܒܚܕ ܦܓܪ̈ ܣܓܝ ܐܒܪ̈ܝܢ 4

[1] ܕ݁ܝ is here inserted by a later hand.

ܕ݀ ܐܢܬ ܠܝ ⁘ ܐܒܪܗܡ ܕ݀ ܒܫܠܡܗ ܠܐ ܚܙܐ ܕ݀ ܒܟܒܕܐ

ܕܐܒܪܗܡ ⁘ ܐܡܪ ܗܘܢ ܡܪܢ ܝܫܘܥ ⁘ ܫ݀ ܦܘܠܚܢ̈ܐ ܐܢܐ f. 65 a

ܠܟܘܢ ܕ݀ ܒܡܡܫܚܐ ܟܘܠ ܕ݀ ܫ݀ ܘܫ݀ ܡܢ ܐܒܪܗܡ ܐܢܐ

ܕ݀ ܦܠܚܝܢ ܠܥܠܡܝܢ

42

ISAIAH **42**. 16 b—**43**. 14.

ܩܪܝܢܐ ܡܢ ܒܪܘܟܬܐ ܬ.ܠ ܒܫܥܬܐ ܬܠܝܬܝܬܐ

16 b ܕܝܣܘܡܐ ܡܢ ܥܒܝܕܐ ⁜ ܗܠܝܢ ܕ݀ ܐܥܒܕ ܘܐܫܒܘܩ ܠܗܘܢ

17 ܠܐܚܘܪܗܘܢ ܘܒܗܬܘ ܒܗܬܬܐ ܗܠܝܢ ܕܬܟܝܠܝܢ ܥܠ

ܓܠܝܦܐ ⁘ ܗܠܝܢ ܕܐܡܪܝܢ ܠܢܣܟܝܢܐ ܐܬܘܢ ܗܘܢ

18 ܐܠܗܝܢ: ܚܪܫܝܐ ܫܡܥܘ ܘܣܡܝܐ ܐܪܡܘ ܕܬܚܙܘܢ ⁘

19 ܘܡܢ ܣܡܘܪ ܐܠܐ ܥܒܕܝ ⁘ ܘܚܪܫܝܢ ܐܠܐ ܗܠܝܢ ܕܡܪܝܢ

ܥܠܝܗܘܢ ܡܢ ܣܡܘܪ ܗܟܢ ܗܕܝܢ ܕܫܠܝܡ ⁘ ܘܐܬܥܘܪܘ f. 65 b

20 ܥܒܕܘܗܝ ܕܐܠܗܐ: ܚܙܝܬܘܢ ܣܓܝ ܐܕܢܝܢ ܘܠܐ ܢܛܪܬܘܢ ⁘

21 ܘܐܕܢܝܟܘܢ ܦܬܝܚܢ ܘܠܐ ܫܡܥܬܘܢ ⁘ ܘܡܪܝܐ ܐܠܗܐ

ܗܘܐ ܨܒܐ ܕܢܙܕܕܩ ܢܫܒܚܘܢ ⁘ ܘܢܪܒܐ ܢܬܗ

22 ܠܬܫܒܘܚܬܗ ⁘ ܘܡܫܚܬ ܘܗܘܐ ܥܡܐ ܗܘܐ ܒܙܝܙ

ܘܫܠܝܚ ⁘ ܦܚܐ ܦܫܐ ܒܬܘܐܢܐ ܒܟܠ ܐܬܪ ܘܒܒܬܐ

ܗܟܢ ܫܒܝܐ ܟܠ ܟܗ ܐܫܬܪܝܘ ܢܬܗܘܢ ⁘ ܘܐܬܒܙܘ

ܠܒܙܬܐ ܘܠܐ ܗܘܐ ܡܢ ܕܡܦܨܐ ܣܦܩܘܬܐ ⁘ ܘܠܐ

23 ܡܢܘ ܡܢ ܕܐܡܪ ܫܡܥܘ ܡܢ ܟܢܫܬܗܘܢ ܕܢܨܘܬ ܠܗܠܝܢ f. 66 a

24 ܘܫܡܥܘ ܠܗܢܐ ܕܥܬܝܕ ⁘ ܡܢ ܝܗܒ ܝܥܩܘܒ ܠܒܙܬܐ

ܘܐܝܣܪܐܝܠ ܠܗܠܝܢ ܕܒܙܝܢ ܠܗ ⁘ ܠܐ ܐܠܗܐ ܗܘ ܕܝܢ

ܕܐܣܛܠܘ ܠܗ ܘܠܐ ܨܒܘ ܕܝܐܙܠܘܢ ܒܐܘܪܚܬܗ ܀ ܘܠܐ
ܕܝܫܡܥܘܢ ܠܢܡܘܣܗ ܀ ܘܐܝܬܝ، ܥܠܝܗܘܢ ܪܘܓܙܐ
ܕܚܡܬܗ ܀ ܘܐܬܩܫܝܠ ܥܠܝܗܘܢ ܩܪܒܐ ܘܗܠܝܢ ܕܚܘܕܪܝܢ
f. 66 b ܠܗܘܢ ܚܕܠܝܢ ܡܬܗܘܢ ܀ ܘܠܐ ܐܚܢܘ ܒܟܠ ܚܕ
ܒܠܒܗܘܢ ܘܠܐ ܐܬܝܩܘ ܒܢܦܫܗܘܢ ܀ ܐܘܦ ܟܕܘ ܗܟܕܢ 43. 1
ܐܡܪ ܡܪܝܐ ܐܠܗܐ ܗܘܝܢ ܕܒܪܐ ܝܬܟ ܝܥܩܘܒ ܘܗܘܝܢ
ܕܓܒܠ ܝܬܟ ܐܝܣܪܝܠ ܀ ܠܐ ܬܕܚܠ ܒܓܠܠ ܕܐܢܐ
ܦܪܩܬ ܝܬܟ ܘܩܪܝܬ ܝܬܟ ܒܫܡܟ ܕܕܝܠܝ ܐܢܬ ܀ 2
ܘܐܢ ܬܥܒܪ ܒܡܝܐ ܥܡܟ ܐܝܬ ܐܢܐ ܀ ܘܢܗܪܘܬܐ
ܠܐ ܝܫܛܦܘܢ ܝܬܟ ܘܐܢ ܬܗܠܟ ܒܢܘܪܐ ܠܐ
ܬܬܟܘܝ ܀ ܘܫܠܗܒܝܬܐ ܠܐ ܬܘܩܕܝܬܟ ܀ ܕܐܢܐ ܗܘ 3
f. 67 a ܡܪܝܐ ܐܠܗܐ ܩܕܝܫܐ ܕܐܝܣܪܝܠ ܗܘܝܢ ܕܦܪܩܬ ܝܬܟ ܀
ܘܗܒܬ ܚܘܠܦܝܟ ܟܘܫ ܘܡܨܪܝܢ ܘܣܘܢܝܐ ܚܠ ܕܝܠܟ
ܡܢ ܕܝܩܪܐ ܠܟ ܕܐܬܝܩܪܬ ܘܐܬܒܘܢܢ ܪܚܡܬ ܀ ܐܢܐ ܪܚܡܬܟ 4
ܐܘܦ ܐܢܐ ܗܝ ܐܫܠܡܬ ܝܬܟ ܀ ܘܐܬܠ ܒܢܝܢ ܚܠ
ܕܝܠܟ ܀ ܘܐܪܟܘܢܝܐ ܚܠ ܢܦܫܗ ܕܪܥܘܬܟ ܡܥܠܝܢ
⁜ ܘܠܐ ܬܕܚܠ ܥܡܟ ܓܝܪ ܐܝܬ ܐܢܐ ܀ ܘܡܢ ܡܕܢܚܐ 5
ܐܢܐ ܡܝܬܐ ܙܪܥܟ ܀ ܘܡܢ ܡܥܪܒܐ ܐܢܐ ܡܟܢܫ ܝܬܟ ܀
ܘܐܢܐ ܐܡܪ ܠܓܪܒܝܐ ܐܝܬܝ ܀ ܘܠܬܝܡܢܐ ܠܐ ܬܟܠܝܢ ܀ 6
f. 67 b ܐܝܬܝ ܒܢܝ ܡܢ ܐܪܥܐ ܪܚܝܩܬܐ ܀ ܘܒܢܬܝ ܡܢ ܣܘܦܝܗ
ܕܐܪܥܐ: ܟܠ ܗܠܝܢ ܕܩܪܝܢ ܫܡܝ ܠܐܝܩܪܝ ܀ ܒܬܫܒܚܬܝ، ܒܪܝ 7
ܥܠܠܬ ܝܬܗ ܀ ܘܓܒܠܬ ܝܬܗ ܘܥܒܕܬ ܝܬܗ ܀ ܘܐܦܩܬ ܥܡܐ
ܥܘܝܪܐ ܀ ܘܥܝܢܝܗܘܢ ܥܘܝܪܢ ܀ ܗܡ ܕ، ܘܚܪܫܝܬ ܘܐܕܢܝܢ ܠܗܘܢ 8

9 ܠܗܘܢ ܀ ܘܟܥܠܗܘܢ ܡܬܚܢܢܐ ܐܬܒܥܘ ܗܟܢ ܚܕܐ ܀
ܘܐܬܒܥܘܢ ܐܪܚܡܘܢ ܒܡܥܡܘܢ ܀ ܡܢ ܗܘ ܕܡܬܒܥܐ
ܠܟܘܢ ܗܠܝܢ ܀ ܐܢܐ ܡܟܐ ܕܡܢ ܝܕ ܡܢ ܡܥܒܕ ܠܟܘܢ ܀ f. 68 a
ܘܡܣܒܠܘܢ ܦܣܘܕܝܬܗܘܢ ܘܣܓܕܘܢ ܀ ܘܡܫܡܫܘܢ
10 ܘܡܩܪܒܘܢ ܡܥܠܝܢ ܀ ܗܘܘ ܠܝ ܦܬܝܚܝܢ ܘܐܢܐ ܡܦܩܕ
ܐܡܪ ܡܪܝܐ ܐܠܗܐ ܘܨܠܘܬܐ ܗܕܝܢ ܕܒܝܕܝܬ ܀ ܡܢ
ܠܡܕܠ ܕܬܫܒܘܚܬܟܘܢ ܘܬܫܒܘܚܬܟܘܢ ܠܝ ܀ ܘܒܟܠ ܬܬܒܥܘܢ
ܕܐܢܐ ܗܘ ܘܡܢ ܡܘܕܒܪ ܠܐ ܗܘܐ ܐܠܗ ܚܘܪܢ ܀
11 ܘܡܢ ܒܬܪ ܠܐ ܗܘܐ ܀ ܐܢܐ ܗܘ ܡܪܝܐ ܘܠܝܬ ܠܒܪ
12 ܡܠܟ ܕܡܫܝܚܐ ܀ ܘܐܢܐ ܐܬܝܬ ܘܐܫܬܒܚܬ ܘܠܐ ܗܘܐ
ܒܟܘܢ ܢܘܟܪܝܐ ܀ ܐܬܘܢ ܠܝ ܣܗܕܝܢ ܀ ܐܡܪ ܡܪܝܐ
13 ܐܠܗܐ ܕܡܢ ܩܕ ܘܠܝܬ ܕܡܬܦܨܐ ܡܢ ܒܝ ܐܥܒܕܝ ܀
14 ܘܐܢܐ ܒܒܪ ܘܡܢ ܗܘ ܗܕܝܢ ܕܗܦܟ ܠܗ ܀ ܗܟܢ ܐܡܪ
ܡܪܝܐ ܐܠܗܐ ܗܕܢ ܕܦܪܩ ܝܬܟܘܢ ܡܕܝܢܐ ܕܝܫܪܐܠ ܀
ܠܒܪܠܟܘܢ ܐܢܐ ܡܫܠܚ ܠܒܒܠ ܀ ܘܐܢܐ ܡܚܝܬ ܒܪܘܚܝܢ
ܒܠܗܘܢ ܒܠܒܝܐ ܀ ܘܟܐܠܕܝܐ ܬܬܐܣܪܘܢ

43

JOEL 2. 21—27.

ܩܪܝܢܗ ܬܢܝܢܗ ܡܢ ܝܘܐܝܠ ܢܒܝܐ
21 ܐܬܚܣܠܝ ܐܪܥܐ ܘܚܕܝ ܘܒܣܘܡܝ ܕܐܘܪܒ ܡܪܝܐ
22 ܕܒܒܪܐ ܀ ܐܬܚܣܠ ܒܒܢܝܗ ܕܡܕܒܪܐ ܕܝܚܦܘ ܡܫܪܝܗܘܢ f. 69 a
ܕܡܕܒܪܐ ܀ ܕܐܝܠܢܐ ܐܝܬܝ ܦܐܪܝܗ ܀ ܘܓܦܢܐ ܘܬܐܢܬܐ
23 ܒܢܝ ܨܝܘܢ ܀ ܘܒܢܝܗ ܕܝܨܝܒ ܚܕܘ ܘܒܣܘܡܘ ܒܠ

ܡܪܝܐ ܐܠܗܟܘܢ ⁘ ܕܝܗܒ ܠܟܘܢ ܡܐܟܘܠܬܐ ܠܙܕܩܘ ⁘
ܘܡܚܬ ܠܟܘܢ ܡܛܪܐ ܒܟܝܪܐ ܘܠܩܝܫܐ ܗܝܟ ܕܩܕܡ
24 ܘܢܬܡܠܘܢ: ܘܬܬܡܠܝܢ ܐܕܪܝܐ ܡܢ ܥܒܘܪܐ ܘܡܥܨܪܬܐ
25 ܚܡܪܐ ܘܡܫܚܐ ⁘ ܘܐܫܠܡ ܠܟܘܢ
ܫܢܝܐ ܕܐܟܠ ܓܘܒܐ ܘܝܠܩܐ ܘܚܣܝܠܐ ܘܙܚܠܐ
26 ܘܬܐܟܠܘܢ ܡܐܟܠ ܘܬܣܒܥܘܢ ܘܬܫܒܚܘܢ ܠܫܡܗ ⁘ ܕܡܪܝܐ ܐܠܗܟܘܢ
ܕܥܒܕ ܥܡܟܘܢ ܬܡܗܝܢ ⁘ ܘܠܐ ܢܒܗܬ ܥܡܝ ܠܥܠܡ ⁘
27 ܘܬܕܥܘܢ ܕܒܡܨܥܬ ܐܝܣܪܐܝܠ ܐܢܐ ⁘ ܘܐܢܐ ܗܘ ܡܪܝܐ ܐܠܗܟܘܢ
ܘܠܝܬ ܐܚܪܝܢ ⁘ ܘܠܐ ܢܒܗܬ ܥܡܝ ܠܥܠܡ

44

ROMANS **12**. 6—16 a.

ܠܝܫ ܒܩܪܝܢܐ ܕܫܠܝܚܐ ܕܦܘܠܘܣ ܠܘܬ ܪܗܘܡܝܐ

6 ܐܝܬ ܕܝܢ ܒܐܝܕܝܢ ܡܘܗܒܢ ܕܝܢ ܕܐܝܟ ܛܝܒܘܬܐ ܗܘ ܕܝܗܒܬ ܫܚܠܦܐ
f. 70 a ܗܕܐ ܕܝܢ ܕܐܬܝܗܒܬ ܠܢ ⁘ ܐܢ ܢܒܝܘܬܐ ܒܡܫܘܚܬ ܗܝܡܢܘܬܐ
7 ܕܬܫܡܫܬܐ ⁘ ܐܢ ܗܘ ܕܡܠܦ ܒܡܠܦܢܘܬܐ ⁘
8 ܐܢ ܗܘ ܕܒܥܐ ܕܝܢ ܒܒܘܝܐܐ ⁘ ܐܢ ܗܘ ܕܝܗܒ
ܕܝܗܒ ܒܦܫܝܛܘܬܐ ⁘ ܗܘ ܕܩܐܡ ܒܚܦܝܛܘܬܐ ⁘ ܗܘ
9 ܕܝܢ ܕܡܪܚܡ ܒܚܕܘܬܐ ⁘ ܚܘܒܐ ܕܠܐ ܢܣܒ ܒܐܦܐ ⁘ ܣܢܝܢ
10 ܒܝܫܬܐ ܕܒܩܝܢ ܕܝܢ ܠܛܒܬܐ ⁘ ܐܘܦ ܠܚܒܪܝܢ ܕܝܢ ܐܚܘܝܐ
ܦܠܓܝܢ ܚܕ ܥܠ ܚܕ ⁘ ܘܗܘܘ ܕܝܢ ܪܚܡܝܢ ⁘ ܒܐܝܩܪܐ ܕܝܢ
f. 70 b ܦܠܓܝܢ ܠܚܒܪܝܢ ⁘ ܘܗܘܘ ܡܩܕܡܝܢ ܚܕ ܕܝܢ ܒܚܦܝܛܘܬܐ:

11 ܠܐ ܬܗܘܘܢ ܕܝ ܥܫܠܝܢ ܐܘܦ. ܒܪܘܚܐ ܀ ܗܘܘ ܡܪܬܚܝܢ
12 ܠܡܪܢܐ ܗܘܘ ܡܫܡܫܝܢ ܀ ܒܣܒܪܐ ܕܝ ܗܘܘ ܚܐܕܝܢ ܀
ܒܠܚܘܨܢܐ ܗܘܘ ܡܣܝܒܪܝܢ ܀ ܒܨܠܘܬܐ ܗܘܘ ܢܩܝܦܝܢ ܀
13 ܠܨܘܪ̈ܟܝܗܘܢ ܕܩܕܝܫܝܐ ܗܘܘ ܡܫܬܬܦܝܢ ܀ ܠܡܩܒܠܗܘܢ
14 ܕܐܟܣܢܝܐ ܗܘܘ ܪ̈ܕܦܝܢ ܀ ܗܘܘ ܡܒܪ̈ܟܝܢ ܘܠܐ ܬܗܘܘܢ[1]
15 ܠܐܛܝܢ ܀ ܚܐܕܝܢ ܥܡ ܗܠܝܢ ܕܚܐܕܝܢ ܀ ܘܒܟܐܝܢ ܥܡ
16 a ܗܠܝܢ ܕܒܟܐܝܢ ܀ ܚܕܐ ܗܘܬ ܡܬܚܫܒܝܢ ܠܐ ܪ̈ܡܬܐ ܡܬܚܫܒܝܢ f. 71 a
ܐܠܐ ܥܡ ܡܟܝܟܐ ܐܙܠܝܢ

45

Deuteronomy 10. 12—11. 28.

ܦܪ̈ܢܣܐܢ ܥܡܘܢܐ ܕܒܪܬ ܗܝܟ ܐܡܪ̈ܝܢ ܡܫܠܗܟ ܀ Ps. 77. 20
ܒܩܠܗ ܕܡܫܝܚܐ ܘܕܗܪܘܢ ܚܢܝܢܬܗ ܩܠ ܠܘܬ ܡܪܢܐ Ps. 77. 1
ܐܨܘܬ ܀ ܩܠ ܠܘܬ ܐܠܗܐ ܘܐܨܬܟܠ ܠܝ ܀ ܒܪܘܚܬܐ
ܒܫܥܬܐ ܪ̈ܒܝܚܬܐ ܦܪܢܣܐܢ ܗܘܐ ܥܡ ܬܝܘܒ ܕܝܥܩܘܒܐ
12 + ܐܘܦ ܟܕܘ ܐܝܣܪܝܠ ܡܗ ܡܪܢܐ ܐܠܗܟ ܒܥܐ ܡܢܟ Deut. 10. 12
ܐܠܐ ܕܬܕܚܠ ܡܢ ܡܪܢܐ ܐܠܗܟ ܀ ܕܬܗܠܟ
ܒܟܠܗܘܢ ܐܘܪ̈ܚܬܗ ܘܕܬܪܚܡ ܝܬܗ ܀ ܘܬܦܠܚ ܠܡܪܢܐ f. 71 b
ܐܠܗܟ ܡܢ ܟܠܗ ܠܒܟ ܀ ܘܡܢ ܟܠܗ ܢܦܫܟ ܀
13 ܘܬܛܪ ܦܩܘܕܘܝ ܕܡܪܢܐ ܐܠܗܟ ܘܩܝܡܘܗܝ ܗܠܝܢ ܕܐܢܐ
14 ܡܦܩܕ ܠܟ ܝܘܡܢ ܕܝܛܒ ܠܟ ܀ ܗܐ ܕܡܪܢܐ ܐܠܗܟ
ܗܘܢ ܫܡܝܐ : ܘܫܡܝ̈ܐ ܫܡܝܐ ܀ ܘܐܪܥܐ ܘܟܠ
15 ܕܒܗ ܀ ܒܠܚܘܕ ܠܐܒܗܬܟܘܢ ܨܒܐ ܡܪܢܐ
ܕܝܚܒ ܝܬܗܘܢ ܀ ܘܒܚܪ ܙܪܥܗܘܢ ܘܡܢ ܒܬܪܗܘܢ f. 72 a

[1] Cod. ܬܘܘܢ

ܠܟܘܢ ܡܢ ܟܠܗܘܢ ܥܡܡܝܐ ⁘ ܗܟܢ ܕܝܘܡܢ
16 ܬܓܙܪܘܢ ܥܘܪܠܬ ܠܒܟܘܢ ⁘ ܕܠܐ ܬܩܫܘܢ ܩܕܠܟܘܢ
17 ܥܘܕ ⁘ ܕܡܪܝܐ ܐܪ ܐܠܗܟܘܢ ܗܘ ܐܠܗܘܢ ܕܐܠܗܝܐ
ܘܡܪܗܘܢ ܕܡܪܢܝܐ ⁘ ܐܠܗܐ ܪܒܐ ܘܓܢܒܪܐ ܘܕܚܝܠܐ ⁘
18 ܕܗܘ ܠܐ ܡܣܬܒܗ ܐܦܝܢ ܘܠܐ ܢܣܒ ܫܘܚܕ ⁘ ܕܥܒܕ
19 ܕܝܢܐ ܠܓܝܘܪܐ ܘܠܝܬܡܐ ܘܠܐܪܡܠܬܐ ⁘ ܘܡܚܒ ܠܓܝܘܪܐ f. 72 b
ܕܝܬܠ ܠܗ ܠܚܡܐ ܘܠܒܘܫܐ ⁘ ܘܬܚܒܘܢ ܠܓܝܘܪܐ
20 ܒܓܝܘܪܝܢ ܐܪ ܗܘܝܬܘܢ ܒܐܪܥܐ ܕܡܨܪܝܢ ⁘ ܠܡܪܝܐ
ܐܠܗܟ ܬܕܚܠ ܘܠܗ ܬܦܠܚ ܘܠܘܬܗ ܬܕܒܩ ܘܒܠ
21 ܫܡܗ ܬܝܡܐ ⁘ ܗܘ ܐܪ ܬܫܒܘܚܬܟ ܘܗܘ ܐܠܗܟ ⁘
ܗܘ ܕܥܒܕ ܥܡܟ ܪ̈ܒܪܒܢܬܐ ܘܡܫܒܚܬܐ ܗܠܝܢ ܕܚܙܝ
22 ܥܝܢܝܟ ⁘ ܒܫܒܥܝܢ ܢܦܫ ܢܚܬܘ ܐܒܗܬܟ ܠܡܨܪܝܢ ⁘ f. 73 a
ܘܒܪ ܕܝ ܟܥܢ ܫܘܝܟ ܡܪܝܐ ܐܠܗܟ ܗܟܢ ܒܟܘܟܒܝܐ
11. 1 ܕܫܡܝܐ ܒܣܘܓܝܐ ⁘ ܘܬܚܒ ܠܡܪܝܐ ܐܠܗܟ ܘܬܛܪ
ܡܛܪܬܗ ܘܦܩܘܕܘܝ ܘܩܝܡܘܝ ܘܕܝܢܘܝ ܒܟܠܗܘܢ ܝܘܡܝܐ ⁘
2 ܘܬܕܥܘܢ ܝܘܡܢ ܕܠܐ ܒܢܝܟܘܢ ܗܠܝܢ ܕܠܐ ܝܕܥܝܢ
ܘܠܐ ܚܙܘܢ ܡܪ̈ܕܘܬܗ[1] ܕܡܪܝܐ ܐܠܗܟ ܘܪܒܘܬܗ ⁘
3 ܘܐܝܕܐ ܥܫܝܢܬܐ ܘܐܕܪܥܐ ܪܡܐ ⁘ ܘܐܬܘܬܘܝ ܘܥܒܕܘܝ f. 73 b
ܗܠܝܢ ܕܥܒܕ ܒܡܨܪܝܢ ⁘ ܠܦܪܥܘܢ ܡܠܟܐ ܕܡܨܪܝܢ
4 ܘܠܟܠܗ ܐܪ̈ܟܒܗ ⁘ ܘܡܐ ܕܥܒܕ ܠܚܝܠܐ ܕܡܨܪܝܢ ⁘
ܠܡܪ̈ܟܒܬܗܘܢ ܘܠܦܘܪܫܘܬܗܘܢ ܗܟܢ ܛܦܘ ܡܝܐ
ܕܝܡܐ ܣܘܦܐ ܥܠ ܐܦܝܗܘܢ ⁘ ܟܕ ܪܕܦܘ ܡܢ
ܠܒܬܪܗܘܢ ⁘ ܘܐܘܒܕ ܐܢܘܢ ܡܪܝܐ ⁘ ܥܕܡܐ ܠܝܘܡܐ f. 74 a

[1] Cod. ܡܪ̈ܕܕܘܬܗ

5 ܕܡܕܒܪܝܢ ⁘ ܘܟܘܠܡܐ ܕܥܒܕ ܠܟܘܢ ܒܡܕܒܪܐ ܥܕܡܐ
6 ܕܐܬܝܬܘܢ ܠܐܬܪܐ ܗܕܢ ⁘ ܘܟܘܠ ܡܐ ܕܥܒܕ ܠܕܬܢ
ܘܠܐܒܝܪܘܢ ܒܢܝ ܐܠܝܒ ܒܪܗ ܕܪܘܒܝܠ ⁘ ܗܝܟ ܕܦܬܚܬ
ܐܪܥܐ ܦܡܗ ܘܒܠܥܬ ܐܢܘܢ ܘܠܒܬܝܗܘܢ
ܘܠܡܫܟܢܝܗܘܢ ܘܟܘܠ ܩܝܡܬܗܘܢ ܙܒܢܬܐ ܒܡܨܥ f. 74b
7 ܒܟܠܗ ܐܝܣܪܐܠ ⁘ ܕܥܝܢܝܟܘܢ ܚܡܝܐ ܒܟܠܗܘܢ
ܥܘܒܕܘܗܝ ܕܡܪܝܐ ܪܒܪܒܐ ⁘ ܗܝܟ ܕܥܒܕ ܠܟܘܢ ܥܕܡܐ
8 ܠܝܘܡܢ ⁘ ܘܛܪܘ ܟܘܠܗܘܢ ܦܘܩܕܘܗܝ ܗܝܟ ܕܐܢܐ
ܡܦܩܕ ܠܟܘܢ ܝܘܡܢ ⁘ ܕܬܚܝܘܢ ܘܬܣܬܓܘܢ
ܠܩܘܒܠ ⁘ ܘܬܥܠܘܢ ܘܬܝܪܬܘܢ ܐܪܥܐ ܗܕܐ
ܕܐܬܘܢ ܥܒܪܝܢ ܝܪܕܢܐ ܠܬܡܢ ⁘ ܕܬܝܪܬܘܢ ܝܬܗ ⁘ f. 75a
9 ܕܬܘܪܟܘܢ ܝܘܡܝܟܘܢ ܥܠ ܐܪܥܐ ܕܝܡܐ ܡܪܝܐ
ܠܐܒܗܬܟܘܢ ܕܝܬܠ ܠܗܘܢ ܘܠܙܪܥܗܘܢ ܡܢ ܒܬܪܗܘܢ ⁘
10 ܐܪܥ ܕܢܓܕܐ ܚܠܒ ܘܕܒܫ ⁘ ܐܝܬ ܗܝ ܓܝܪ ܐܪܥܐ ܕܐܬܘܢ
ܥܠܝܢ ܠܬܡܢ ܕܬܝܪܬܘܢ ܝܬܗ ⁘ ܠܐ ܗܝܟ ܐܪܥܐ
ܕܡܨܪܝܢ ܗܝ ܡܢ ܗܢ ܕܢܦܩܬܘܢ ܡܢ ܬܡܢ ⁘ ܕܟܕ
ܙܪܥܝܢ ܙܪܥܐ ܡܫܩܝܢ ܒܪܓܠܝܗ ܗܝܟ ܓܢܬܐ ܕܝܪܩܐ ⁘ f. 75b
11 ܐܪܥܐ ܕܝ ܕܐܬܘܢ ܥܠܝܢ ܠܬܡܢ ܕܬܝܪܬܘܢ ܝܬܗ
ܐܪܥ ܕܛܘܪܝܢ ܘܕܒܩܥܝܢ ⁘ ܡܢ ܡܛܪܐ ܕܫܡܝܐ ܗܝ
12 ܫܬܝܐ ܡܝܢ ⁘ ܐܪܥܐ ܗܕܐ ܕܡܪܝܐ ܐܠܗܟ ܦܩܕ ܠܗ
ܒܟܘܠ ܙܒܢ ⁘ ܥܝܢܘܝ ܕܡܪܝܐ ܐܠܗܟ ܒܠܝܗ ⁘ ܡܢ ܪܫܗ
13 ܕܫܢܬܐ ܥܕ ܣܟܐ ܠܫܘܠܡܗ ܕܫܢܬܐ ⁘ ܐܢ ܕܝ f. 76a
ܡܫܡܥ ܬܫܡܥܘܢ ܠܦܘܩܕܘܗܝ ܟܘܠܗܘܢ ܗܝܟ ܕܐܢܐ
ܡܦܩܕ ܠܟ ܝܘܡܢ ܕܬܚܒ ܠܡܪܝܐ ܐܠܗܟ ܘܬܦܠܚܝܘܗ

ܗܐ ܗܝ ܕܡܠܟܗ ܠܟܘܢ ܘܗܝ ܕܡܠܟܗ ܢܦܫܟܘܢ ܀ ܘܟܠ ܠܟܘܢ ܡܦܪܐ 14
ܠܐܪܥܟܘܢ ܟܘܠ ܥܡܐ ܒܪܝܫܗ ܒܚܝܪܐ ܘܠܡܫܝܚܐ ܘܬܚܒܒ
ܒܒܢܝܟܘܢ ܘܫܪܝܟܘܢ ܘܡܫܝܚܝܟܘܢ ܀ ܘܟܠ ܒܥܡܐ ܟܦܪܝܟܘܢ 15
f. 76b ܠܒܒܢܝܟܘܢ ܀ ܘܒܪ ܬܟܘܠ ܘܬܫܡܥܘܢ ܀ ܐܣܬܡܥܘ 16
ܠܦܘܩܕܢܝܟܘܢ[1] ܕܠܐ ܬܥܒܕܘܢ ܠܒܒܟܘܢ ܀ ܘܬܒܥܘܢ
ܘܬܦܠܚܘܢ ܠܐܠܗܝܢ ܚܪܝܢܝܢ ܀ ܘܡܪܐ ܬܫܡܥܘܢ ܘܬܪܥܘܢ 17
ܒܠܒܟܘܢ ܀ ܘܝܗܘܕ ܥܡܢܐ ܘܠܐ ܝܗܒ ܡܦܪܐ ܀
ܘܐܪܒܐ ܠܐ ܬܬܠ ܦܬܓܡ ܀ ܘܬܒܥܘܢ ܒܦܪܥ ܡܢ
ܐܪܒܐ ܦܬܓܡܐ ܕܝܗܒ ܠܟܘܢ ܡܪܐ ܀ ܘܡܠܟܐ ܗܠܝܢ 18
ܬܪܡܘܢ ܒܠ ܠܒܒܟܘܢ ܘܒܠ ܢܦܫܬܟܘܢ ܀
f. 77a ܘܬܦܩܪܘܢ ܬܗܘܢ ܠܐܬ ܒܠ ܐܝܕܟܘܢ ܘܝܗܘܢ ܕܠܐ
ܘܒ ܘܗܒ ܚܝܒܟܘܢ ܀ ܘܬܠܦܘܢ ܬܗܘܢ ܠܒܢܝܟܘܢ 19
ܕܝܗܘܢ ܡܡܠܠܝܢ ܒܗܘܢ ܀ ܒܕ ܐܬ ܝܬܒ ܒܒܝܬܐ ܀ ܘܒܕ ܐܬ
ܐܙܠ ܒܐܘܪܚܐ ܀ ܘܒܕ ܐܬ ܫܟܒ ܘܒܕ ܐܬ ܩܐܡ ܀ ܘܬܟܬܒܘܢ 20
ܬܗܘܢ ܒܠ ܐܣܩܦܝܐ ܕܒܝܬܟܘܢ ܘܒܬܪܥܝܟܘܢ ܕܝܣܓܘܢ 21
ܝܘܡܝܟܘܢ ܘܝܘܡܝ ܒܢܝܟܘܢ ܕܒܢܝܟܘܢ ܒܠ ܐܪܥܐ ܕܝܡܐ ܡܪܐ
f. 77b ܠܐܒܗܬܟܘܢ ܕܝܬܠ ܠܗܘܢ ܀ ܗܝܟ ܝܘܡܝ ܫܡܝܐ
ܒܠ ܐܪܥܐ ܀ ܘܗܘܐ ܐܢ ܡܛܪܘ ܬܛܪܘܢ 22
ܒܠܗܘܢ ܦܘܩܕܢܐ ܗܠܝܢ ܕܐܢܐ ܡܦܩܕ ܠܟܘܢ
ܡܛܪܘܢ ܕܬܥܒܕܘܢ ܀ ܕܬܪܚܡܘܢ ܠܡܪܐ ܐܠܗܟܘܢ
ܕܬܗܠܟܘܢ ܒܟܘܠ ܐܘܪܚܬܗ ܘܠܗ ܬܕܒܩܘܢ ܀ ܘܝܦ 23
ܡܪܐ ܒܠܗܘܢ ܥܡܡܝܐ ܗܠܝܢ ܡܢ ܩܕܡ ܐܦܝܟܘܢ ܀

[1] Cod. ܠܦܩܕܟܘܢ

ܘܬܬܪܬܘܢ ܡܚܝܝܢ ܘܣܠܩܝܢ ܪܒܪܒܝܢ ܛܘܪ ܡܪܒܘܢ ⁘ f. 78a
24 ܒܠܒܗ ܐܬܪܐ ܕܝܘܕܥ ܒܡܒܥܐ ܕܪܬܚܠܬܘܢ ܠܒܘܢ
ܗܘܐ ⁘ ܡܢ ܡܕܒܪܐ ܘܠܒܝܢ ⁘ ܘܡܢ ܢܗܪܐ ܪܒܐ ܒܘܪܬ
ܘܒܝܬ ܡܒܐ ܠܝܡܐ ܕܒܠ ܡܕܒܪܐ ܗܘܐ ܘܡܬܦܫܝܢ ⁘
25 ܠܐ ܝܕܥܝܢ ܐܢܫ ܡܘܕܥ ܐܦܝܗܘܢ ⁘ ܐܬܬܘܬܬܘܢ
ܘܕܫܠܬܘܢ ܢܗ̈ܪܐ ܡܢܪܐ ܐܠܗܘܢ ܒܠ ܐܦܝܗ ܕܒܠܗ
ܐܪ̈ܒܐ ܗܕܐ ܕܬܕܥܘܢ ܒܠܝܗ ܗܝܢ ܕܡܠܠ ܠܒܘܢ f. 78b
26 ܡܪܝܐ ⁘ ܗܐ ܐܢܐ ܝܗܒ ܡܘܕܥܢܟܘܢ ܝܘܡܪܐ
27 ܒܪܬܐ ܘܠܘܬܐ ⁘ ܒܪܒܬܐ ܐܢ ܬܫܡܥܘܢ ܦܩܘܕܝ
ܕܡܪܐ ܐܠܗܘܢ ܗܠܝܢ ܕܐܢܐ ܡܦܩܕ ܠܒܘܢ ܝܘܡܕܝ ⁘
ܘܠܘܬܐ ܐܢ ܠܐ ܬܫܡܥܘܢ ܦܩܘܕܝ ܕܡܪܐ
ܐܠܗܘܢ ܗܠܝܢ ܕܐܢܐ ܡܦܩܕ ܠܒܘܢ ܝܘܡܕܝ
28 ܘܬܛܥܘܢ ܐܘܪܚܐ ܕܦܩܕܬ ܝܬܒܘܢ ܕܬܠܟܘܢ ܒܗ
ܘܬܦܠܚܘܢ ܠܐܠܗܝܢ ܚܪܢܝܢ sic ܗܠܝܢ ܕܠܝܬ ܐܢܬܘܢ f. 79a
ܝܕܥܝܢ ⁘⁘

46

JOB **16**. 1—**17**. 16.

ܩܪܝܢܐ ܬܢܝܢܐ ܡܢ ܐܝܘܒ

1, 2 ❀ ܥܢܐ ܐܝܘܒ ܘܐܡܪ ⁘ ܫܡܥܬ ܗܟܢ ܗܝܢ ܗܠܝܢ
3 ܡܢܚܡܝܢ ܕܒܝܫܝܢ ܐܢܬܘܢ ܟܠܟܘܢ ⁘ ܡܐ ܓܝܪ ܕܡܐܢ ܐܝܬ
ܐܬܝܗܒ ܠܡܠܝܐ ܕܪܘܚܐ ⁘ ܐܘ ܡܢ ܡܚܝܠ ܠܟ ܕܬܗܘܐ ܐܬ
4, 5 ܡܫܝܒ ⁘ ܐܦ ܐܢܐ ܗܟܠܠ ܒܗܘܢ ⁘ ܐܠܘ ܗܘܬ
ܢܦܫܟܘܢ ܡܦܩܕܐ ܚܠܦ ܕܝܠܝ: ܒܡ ܗܘܝܬ ܡܥܕܪ ܒܠܒܘܢ f. 79b

6 ܒܡܠܠܝ ܀ ܡܟܐܒ ܕܝ ܟܠܝܒܗܘܢ ܐܢܫ ܀ ܘܡܗܐ ܫܠ ܒܩܡܗ ܀
7 ܘܠܐ ܚܘܫܘ ܥܠ ܐܦܘܡܐ ܕܡܫܒܘܬܝ ܀ ܐܢ ܟܕܘ ܡܠܠ
ܠܝܬ ܐܢܐ ܫܒܩ ܒܡܚܫܘܒܝ ܀ ܐܢ ܕܝ ܫܬܩ ܐܢܐ ܀ ܡܐ
8 ܡܢ ܡܢ ܡܚܫܒܬܝ ܀ ܟܕܘ ܕܝ ܟܒܕܬ ܥܠܝ ܠܐܝܐ ܘܫܒܩܬ
9 ܘܡܚܘܐ ܀ ܘܠܒܫܬ ܥܠܝ ܘܐܬܟܒܕܬ ܠܝ ܠܣܗܕܘ ܀ ܘܩܡܬ
10 ܕܓܠܝ ܒܟܘ ܘܠܡܚܠ ܐܦܝ ܠܩܒܠܝ ܀ ܟܐܦܐ ܐܬܟܢܫ
ܒܝ ܀ ܘܢܟܐ ܥܠܝ ܘܚܪܩ

f. 80 missing.

f. 81a 21 ܘܬܬܟܫ ܒܚܘܬܝ ܠܘܬ ܡܪܝܐ ܀ ܘܩܕܡܘܗܝ ܬܕܡܥ
22 ܚܝܝ ܀ ܗܐ ܕܝ ܫܢܘܢ ܠܐܘܪܚܐ ܡܐܕܡ ܡܪܝܐ ܀ ܘܠܒܪܗ
23 ܕܒܪܢܫܐ ܠܩܪܝܒܗ ܀ ܫܢܝܐ ܕܝ ܒܡܢܝܢܐ ܀ ܐܬܝܢ ܀ ܐܬܝܢ ܠܝ ܀
17. 1 ܒܐܘܪܚܐ ܕܝ ܕܠܝܬ ܐܢܐ ܬܐܒ ܐܢܐ ܐܙܠ ܀ ܐܒܕ
ܐܢܐ ܡܢ ܡܪܘܚܐ ܡܢ ܩܒܘܪܐ ܀ ܘܗܘܐ ܐܢܐ ܒܥܐ
2 ܕܬܘܒܪ ܘܠܐ ܡܬܘܗܒ ܠܝ ܠܐܝܐ ܐܢܐ ܡܢ ܒܥܐ ܘܡܚܐ
3 ܡܢܝܢ ܚܢܝܢܐ ܕܝ ܢܘܟܪܝܢ ܡܢܝܢ ܀ ܡܢ ܗܘ ܗܢܘܢ
4 ܕܐܬܬܒܥܬ ܠܐܝܕܝ ܕܠܒܗܘܢ ܚܒܝܘ ܡܢ ܒܝܘܬܐ ܀
f. 81b 5 ܠܚܠܠ ܒܙܢ ܠܐ ܬܘܪܡܡ ܢܬܗܘܢ ܠܚܒܪ ܥܘܠܡܗ ܗܘ
6 ܡܬܠܐ ܒܥܡ ܀ ܚܝܝ ܕܝ ܥܠܝ ܚܠ ܒܥܡܐ ܀ ܐܬܥܒܕܬ ܠܝ
ܕܝ ܡܬܠܠ ܠܒܢܝܢܐ ܀ ܘܐܢܐ ܐܬܬܚܫܬ ܠܗܘܢ ܠܚܘܟܝ ܀
7 ܐܬܚܫܟ ܟܕ ܚܝܝ ܡܢ ܪܘܓܙܐ ܀ ܘܗܘܐ ܐܢܐ ܚܠܫ
8 ܠܚܕܐ ܡܢ ܒܟܠܐ ܬܡܗܐ ܙܕܝܩܝܢ ܠܡܦܠܛܐ ܥܠ
9 ܗܕܐ ܀ ܙܕܝܩܐ ܕܝ ܢܩܘܡ ܥܠ ܒܪܚܡܬܗ ܀ ܚܦܐ
ܕܝ ܒܗܡܢܘܬܐ ܐܘܪܚܐ ܕܠܒܗ ܀ ܕܝ ܙܢ ܕܝ ܕܕܟܐ

10 ܒܐܝܕܘܝ ܗܡܥ ܕ̈ܦܝܬܘ ܀ ܠܐ ܩܕܡ ܐܬܐ ܐܠܗܐ ܒܥܠܡܝܢ
ܐܬܬܬܘ ܘܡܬܚܙܝܬܘ ܀ ܠܝܬ ܐܢܐ ܩܕܡ ܡܫܝܚ ܒܚܘܢ f. 82a
11 ܒܠܥܕܝ ܡܦܠܛ ܀ ܕܗܘܢ ܚܒܪܘ ܕܦܪܩܘ ܀ ܘܐܬܦܠܛܘ
12 ܡܘܗܒܗܘ ܕܠܒܪ ܀ ܠܝܠܝܐ ܠܐܢܟܪܝܐ ܐܢܬܘܢ ܀ ܘܣܗ̈ܕܐ
13 ܡܢܝܢ ܕܐܬܒܥܝܐ ܡܢ ܡܘܕܝܢ ܐܦܘ ܕܡܢܝܠܐ ܀ ܐܢ
ܡܢ ܡܫܘܙܒ̈ ܐܢܐ ܥܒܕ ܗ ܒܝܕܝ ܘܡܢ ܡܗܦܟܝܗ ܥܘܕܝ
14 ܡܥ̈ܒܕܐ ܀ ܡܝܬܪܐ ܡܪܝܬ ܕܗܘ ܐܒܐ ܘܐܝܠܗܢܐ ܕܝ
15 ܘܐܝܬܝ ܀ ܠܩܕܝܫܘܬܐ ܗ ܗܘ ܐܘ ܡܢ ܒܪܘ ܩܒܪܝ ܀
16 ܐܪ̈ ܠܦܠܛܝ ܐܢܐ ܕܡܫܝܚ̈ܐ ܒܗܕ ܀ ܐܪ̈ ܒܥܡ ܗܘܝܢ
ܢܬܝܢ ܠܫܡܠ ܀ ܐܪ̈ ܗܘܝܟ ܚܕܐ ܐܢܝ ܢܬܝܢ ܠܒܦܪܐܘ f. 82b

47

Isaiah 42. 5—10.

ܩܪܝܢ ܬܠܝܬܝ ܡܢ ܐܫܥܝܐ ܢܒܝܐ

5 ܀ ܗܟܕܝܢ ܟܢ ܐܡܪ ܡܪܝܐ ܐܠܗܐ ܗܘ ܕܒܪܐ
ܫܡܝܐ ܘܡܬܚ ܬܗܘܢ ܀ ܗܘܝܢ ܕܪ̈ܩܥ ܢܦܩܗ ܠܐܪܥܐ
ܘܠܟܠ ܡܐ ܕܡܦܩܗ ܀ ܘܝܗܒ ܢܫܡܬ sic ܠܥܡܐ ܕܥܠܝܗ
6 ܘܪ̈ܘܚ ܠܗܠܝܢ ܕܡܗܠܟܝܢ ܒܗ ܀ ܐܢܐ ܡܪܝܐ ܐܠܗܐ f. 83a
ܩܪܝܬ ܝܬܟ ܒܟܐܢܘ ܀ ܘܐܚܕܬ ܝܬܟ ܒܐܝܕܟ ܘܚܝܠܬ
ܝܬܟ ܀ ܘܝܗܒܬ ܝܬܟ ܠܕܝܬܩܝ ܠܥܡ̈ܡܝܢ ܀ ܘܕܢܚܗܐ
7 ܠܢܗܘܪ ܕܥܡܡܝܢ ܕܬܦܬܚ ܥܝܢܝܗܘܢ ܕܗܠܝܢ ܕܣܡܝܢ ܀
ܘܬܦܩ ܡܢ ܐܣܘܪ̈ܐ ܠܗܠܝܢ ܕܟܦܬܝܢ ܘܡܢ ܒܝܬ ܚܒܘܫܝܐ
8 ܠܗܠܝܢ ܕܝܬܒܝܢ ܒܚܫܘܟܐ ܀ ܐܢܐ ܗܘ ܡܪܝܐ ܐܠܗܐ
ܗܕܢ ܗܘ ܫܡܝ ܀ ܘܬܫܒܘܚܬܝ ܠܝܬ ܐܢܐ ܝܗܒ f. 83b

9 ܠܣܘܪܢ ܀ ܘܠܐ ܬܚܡܣܢ ܠܚܠܘܦܝܐ ܀ ܡܢܐ ܕܡܢ ܝܕܥ
ܗܐ ܐܬܬܢܝܢ ܘܦܫܪܬܝܢ ܡܢܐ ܕܐܢܫܐ ܡܬܬܢܝܐ ܀ ܘܚܙܐ
10 ܠܐ ܕܬܬܢܝܐ ܐܬܬܢܝܬܝܢ ܠܗܘܢ ܀ ܥܒܕܘ ܠܡܪܝܐ ܬܫܒܘܚܬܐ
ܚܕܬܐ ܀ ܘܪܚܡܬܐ ܕܠܗ ܗܘܘ ܡܫܒܚܝܢ ܠܫܡܗ ܡܢ
f. 84a ܩܕܡܘܗܝ ܕܐܪܒܥܐ ܗܠܝܢ ܕܚܝܘܬܐ ܠܡܪܒܥ ܘܦܪܣܝܢ ܠܗ ܀
ܢܦܫܬܐ ܘܗܠܝܢ ܕܒܡܪ̈ܝܢ ܟܠܗܘܢ

48

Romans **12**. 16b—**13**. 5.

ܠܣܛ ܒܫܘܒܐ ܫܒܝܚܐ ܕܝܘܡܐ ܕܠܘܬ ܪܘܡܝܝܢ

16b ܠܐ ܬܗܘܘܢ ܚܟܝܡܝܢ ܒܚܝܠܝܐ ܕܢܦܫܟܘܢ ܀
17 ܘܠܐܢܫ ܠܐ ܬܗܘܘܢ ܦܪܥܝܢ ܒܝܫ ܚܠܦ ܒܝܫ ܀ ܗܘܘ
18 ܕܝ ܡܬܚܫܒܝܢ ܠܛܒܝܢ ܩܕܡ ܟܠ ܒܢܝܢܫܐ ܀ ܐܢ ܕܡܫܟܚܐ
19 ܡܢܟܘܢ ܥܡ ܟܠ ܒܢܝܢܫܐ ܀ ܗܘܘ ܒܫܝ ܥܠܡܝܢ ܀ ܠܐ
f. 84b ܬܗܘܘܢ ܢܩܡܝܢ ܠܢܦܫܟܘܢ ܚܒܝܒܝ ܀ ܐܠܐ ܗܒܘ
ܐܬܪ ܠܪܘܓܙܐ ܀ ܟܬܝܒ ܓܝܪ ܕܠܝ ܢܩܡܬܐ ܘܐܢܐ ܐܦܪܥ
20 ܐܡܪ ܡܪܝܐ ܀ ܘܐܢ ܟܦܢ ܒܥܠ ܕܒܒܟ ܐܘܟܠ ܝܬܗ ܀
ܘܐܢ ܨܗܐ ܐܫܩܝ ܝܬܗ ܀ ܗܕܐ ܓܝܪ ܬܗܘܐ ܥܒܕ
21 ܒܗ ܀ ܓܘܡܪܝܢ ܕܢܘܪ ܐܢܬ ܒܫܐ[1] ܥܠ ܪܝܫܗ ܀ ܠܐ
ܬܗܘܐ ܕܝ ܡܬܢܨܚ ܡܢ ܒܝܫܐ ܀ ܐܠܐ ܐܬ ܙܟܝ ܒܛܒܬܐ ܐܬ
f. 85a 13. 1 ܢܦܫ ܗܘܐ ܠܒܢܝܢܫܐ ܀ ܟܠ ܢܦܫ ܠܫܘܠܛܢܘܬܐ ܕܠܡܫܠܛܝܢ
ܬܗܘܝ ܕܝ ܡܫܬܥܒܕܐ ܀ ܠܝܬ ܓܝܪ ܫܘܠܛܢܘܬܐ ܐܠܐ
ܐܢ ܡܢ ܐܠܗܐ ܀ ܗܢܘܢ ܕܝ ܡܢ ܐܠܗܐ ܗܢܘܢ ܕܝ
2 ܡܬܬܩܢܝܢ ܀ ܗܘܐ ܐܘܢ ܡܢ ܕܡܩܐܡ ܠܫܘܠܛܢ ܕܝ

[1] Cod. ܒܫܠܐ

ܡܠܟܘܬܐ ܠܥܠܡ ܐܠܗܐ. ܗܘ ܡܐܡܪܗ ܀ ܗܠܝܢ
3 ܕܡܬܩܕܡܝܢ ܕܝܢܐ ܠܦܬܓܡܝܗܘܢ ܗܢܘܢ ܢܗܘܝܢ ܪܢܝܢܬܐ ܀
ܟܪ ܬܠܬ ܗܢܘܢ ܕܝܢܐ ܠܡܩܕܡܐ ܦܬܓܡܐ ܀ ܐܠܐ f. 85b
ܠܡܝܢܬܐ ܀ ܒܟܪܝ ܐܬܐ ܕܠܐ ܐܢܫ ܬܕܫܠܡ ܡܢ ܡܠܟܘܬܐ
ܟܕܒ ܦܬܓܡܐ ܀ ܘܗܘܝܐ ܠܟ ܡܢܗ ܐܢܫ ܬܫܒܘܚܬܐ ܀
4 ܡܫܐܠܗ ܟܪ ܕܐܠܗܐ ܗܘ ܠܟ ܠܦܬܓܡܐ ܀ ܐܢ ܕܝ ܠܡܝܢܬܐ
ܐܬܟܬܒܬ ܕܫܠܡ ܀ ܠܐ ܠܟ ܟܪ ܡܟܠܢ ܗܘ ܠܟܝ ܗܘ ܥܠܡܐ ܀
ܡܫܐܠܗ ܕܝ ܕܐܠܗܐ ܟܪ ܗܘ ܢܣܒ ܠܦܘܠܚܢܐ ܠܗܕܢ
5 ܕܒܒܕ ܒܡܝܢܬܐ ܀ ܠܟܕܠ ܟܕ ܒܢܦܘܩܐ ܗܝ
ܕܬܬܒܬܒܕܘܢ ܀ ܠܐ ܟܠܡܕ ܐܢܫ ܠܟܕܠ.....

ff. 86, 87 are missing.

49

Exodus 8. 22 b—9. 35.

22b ......ܕܬܕܥܘܢ ܕܐܢܐ ܗܘ ܡܪܐ ܕܟܠܗ f. 88a
23 ܐܪܥܐ ܀ ܘܐܢܐ ܝܗܒ ܐܦܪܫܘ ܒܝܢ ܥܡܝ ܠܒܝܢ ܥܡܟ ܀
24 ܘܡܚܪ ܝܗܘܐ ܗܕܢ ܐܬܐ ܥܠ ܐܪܥܐ ܀ ܘܥܒܕ ܡܪܝܐ
ܗܟܕܢ ܀ ܘܐܬܐ ܕܒܒ ܟܠܒܐ ܣܓܝ ܠܒܬܘܝ
ܕܦܪܥܘܢ ܘܠܒܬܝܗܘܢ ܕܥܒܕܘܝ: ܘܠܟܠܗ ܐܪܥܐ
ܕܡܨܪܝܢ ܀ ܘܐܬܚܒܠܬ ܐܪܥܐ ܡܢ ܕܒܒܗ ܕܟܠܒܐ ܀
25 ܘܩܪܐ ܦܪܥܘܢ ܠܡܘܫܐ ܘܠܐܗܪܘܢ ܘܐܡܪ: ܐܬܘ f. 88b
26 ܕܒܚܘ ܠܐܠܗܟܘܢ ܒܐܪܥܐ ܀ ܘܐܡܪ ܡܘܫܐ ܠܐ
ܝܟܠ ܕܢܗܘܐ ܟܕܢ ܀ ܡܣܐܒܬܐ ܓܪ ܕܡܨܪܝܐ ܐܝܟ ܢܟܣܝܢ
ܠܡܪܝܐ ܐܠܗܢ ܀ ܐܢ ܓܪ ܢܟܣ ܡܣܐܒܬܗܘܢ

ܕܡܕܒܪܐ ܘܢܕܒܚܘܢ ܡܬܪܥܝܢ ܐܝܢ ∴ ܡܡܠܟ 27
f. 89 a ܬܠܬܐ ܝܘܡܝܢ ܢܐܙܠ ܒܡܕܒܪܐ ܘܢܕܒܚ ܠܡܪܝܐ
ܐܠܗܢ ܗܝܟ ܕܐܡܪ ܠܝ ܡܪܝܐ ∴ ܘܐܡܪ ܦܪܥܘܢ 28
ܐܢܐ ܡܫܠܚ ܠܟܘܢ ܘܬܕܒܚܘܢ ܠܡܪܝܐ ܐܠܗܟܘܢ
ܒܡܕܒܪܐ ∴ ܐܠܐ ܠܪܘܚܩܐ ܠܐ ܬܪܚܩܘܢ ܕܬܐܙܠܘܢ ∴
ܐܠܐ ܨܠܘ ܒܥܘܕ ܥܠ ܕܝܠܝ ܠܘܬ ܡܪܝܐ ∴ ܘܐܡܪ 29
f. 89 b ܡܘܫܐ ܗܐ ܐܢܐ ܢܦܩ ܡܢ ܠܘܬܟ ∴ ܘܡܨܠܐ ܠܘܬ
ܡܪܝܐ ܐܠܗܐ ∴ ܘܢܐܙܠ ܠܗ ܕܒܒ ܚܠܒܐ ܡܢ ܦܪܥܘܢ ∴
ܘܡܢ ܥܒܕܘܗܝ ܘܡܢ ܥܡܠܗ ܡܚܪ ∴ ܠܐ ܒܥܘܕ ܡܘܣܦ
ܦܪܥܘܢ ܕܠܐ ܡܫܠܚ ܠܥܡܠܐ ܕܢܕܒܚܘܢ ܠܡܪܝܐ ∴ ܘܢܦܩ 30
ܡܘܫܐ ܡܢ ܩܕܡ ܦܪܥܘܢ ܘܨܠܝ ܠܘܬ ܡܪܝܐ ∴ ܘܥܒܕ 31
f. 90 a ܡܪܝܐ ܗܝܟ ܡܠܐ ܕܐܡܪ ܡܘܫܐ ∴ ܘܐܪܚܩ ܕܒܒ
ܚܠܒܐ ܡܢ ܦܪܥܘܢ ܘܡܢ ܥܡܠܗ ∴ ܘܠܐ ܫܪܟ ܐܘܦ
ܠܐ ܚܕ ∴ ܘܝܩܪ ܦܪܥܘܢ ܠܒܗ ܐܘܦ ܒܗܕܢ ܙܒܢܐ 32
ܘܠܐ ܨܒܐ ܕܝܫܠܚ ܠܥܡܠܐ ∴ ܘܐܡܪ ܡܪܝܐ ܠܡܘܫܐ 9. 1
ܥܘܠ ܠܘܬ ܦܪܥܘܢ ܘܬܡܠܠ ܠܗ ∴ ܗܕܢ ܐܡܪ ܡܪܝܐ
f. 90 b ܐܠܗܐ ∴ ܥܒܪܝ ܫܠܚ ܥܡܠܝ ܕܢܦܠܚܘܢ ܠܝ ∴ ܘܐܢ ܕܝ ܠܐ 2
ܨܒܝܬ ܕܬܫܠܚ ܥܡܠܝ ∴ ܐܠܐ ܥܕ ܟܥܘ ܐܢܬ ܨܒܐ ܠܗ ∴
ܗܐ ܐܝܕܗ ܕܡܪܝܐ ܗܘܝܐ ܒܒܥܝܪܝܟ ܗܠܝܢ ܕܒܚܩܠܐ 3
ܒܣܘܣܘܬܐ ∴ ܘܒܚܡܪܝܐ ∴ ܘܒܓܡܠܝܐ ∴ ܘܒܬܘܪܝܐ ∴
ܘܒܥܢܬܐ ∴ ܡܘܬܐ ܪܒ ܠܚܕܐ ∴ ܘܐܢܐ ܡܦܪܫ 4
ܐܢܐ ܒܝܢ ܒܥܝܪܐ ܕܐܝܣܪܐܝܠ ܘܒܝܢ ܒܥܝܪܐ ܕܡܨܪܝܐ ∴
f. 91 a ܘܠܐ ܡܝܬ ܡܢ ܒܥܝܪܐ ܕܒܢܘܗܝ ܐܝܣܪܐܝܠ ܐܘܦ ܠܐ
ܚܕ ∴ ܘܝܗܒ ܡܪܝܐ ܐܬܘܬܐ ܠܡܚܪ ∴ ܕܥܒܕ ܡܪܝܐ 5

6 ܡܠܬܐ ܗܕܐ ܥܠ ܐܪܥܐ ܀ ܘܥܒܕ ܡܪܝܐ ܡܠܬܐ ܗܕܐ
ܥܠ[1] ܐܪܥܐ[1] ܒܝܘܡܐ ܕܒܬܪܗ ܀ ܘܡܝܬܬ ܟܘܠܗܘܢ
ܒܥܝܪܗܘܢ ܕܡܨܪ̈ܝܐ ܀ ܘܡܢ ܒܥܝܪܐ ܕܒܢܝ ܐܝܣܪܐܝܠ ܠܐ
7 ܡܝܬܬ ܐܦ ܚܕ ܀ ܘܫܠܚܐ ܦܪܥܘܢ ܕܠܐ ܡܝܬܬ ܡܢ
ܒܥܝܪܐ ܕܒܢܝ ܐܝܣܪܐܝܠ ܐܦ ܚܕ ܀ ܘܐܬܝܩܪ ܠܒܗ f. 91 b
8 ܕܦܪܥܘܢ ܘܠܐ ܫܕܪ ܠܥܡܐ ܀ ܘܐܡܪ ܡܪܝܐ ܠܡܘܫܐ
ܘܠܐܗܪܘܢ ܕܐܡܪ ܀ ܣܒܘ ܐܢܬܘܢ ܡܠܐ ܐܚܕܝܟܘܢ
ܚܠ ܕܐܬܘܢ ܘܙܪܩ ܝܬܗ ܡܘܫܐ ܠܫܘܡܝܐ ܩܕܡ
9 ܦܪܥܘܢ ܘܩܕܡ ܥܒܕܘܗܝ : sic ܘܝܗܘܐ ܪ̈ܒܘܥ ܥܠ ܟܘܠܗ f. 92 a
ܐܪܥܐ ܕܡܨܪ̈ܝܡ ܀ ܘܝܗܘܐ ܥܠ ܒܢܝܢܫܐ ܘܥܠ ܒܥܝܪܐ
ܫܚܝܢ ܪ̈ܬܚܝܢ ܥܠܒܘܥܝܬܐ ܒܒܢܝܢܫܐ ܘܒܒܥܝܪܐ ܀
10 ܒܟܘܠܗ ܐܪܥܐ ܕܡܨܪ̈ܝܡ ܀ ܘܢܣܒܘ ܚܠܐ ܕܐܬܘܢܐ
ܘܩܡܘ ܩܕܡ ܦܪܥܘܢ ܀ ܘܙܪܩ ܝܬܗ ܡܘܫܐ ܠܫܘܡܝܐ
11 ܘܗܘܘ ܫܚܝܢ ܥܠܒܘܥܝܬܐ ܒܒܢܝܢܫܐ ܘܒܒܥܝܪܐ: ܘܠܐ
ܗܘܘ ܚܪܫܝܐ ܝܟܠܝܢ ܕܝܩܘܡܘܢ ܩܕܡ ܡܘܫܐ ܠܒܝܠ f. 92 b
ܫܚܝܢܐ ܀ ܗܘܘ ܓܝܪ ܫܚܝܢܐ ܒܚܪܫܝܐ ܘܒܟܘܠܗ ܐܪܥܐ
12 ܕܡܨܪ̈ܝܡ ܀ ܘܩܫܝ ܡܪܝܐ ܠܒܗ ܕܦܪܥܘܢ ܘܠܐ ܫܡܥ
13 ܗܝܟܡܐ ܕܐܡܪ̈ ܡܪܝܐ ܠܡܘܫܐ ܀ ܘܐܡܪ̈ ܡܪܝܐ
ܠܡܘܫܐ ܀ ܩܘܡ ܒܨܦܪܐ ܘܬܬܩܘܡ ܩܕܡ[2] ܘܬܐܡܪ
ܠܗ: ܗܟܕܢ ܐܡܪ ܡܪܝܐ ܐܠܗܐ ܕܥܒܪ̈ܝܐ ܀ ܫܕܪ
14 ܥܡܝ ܘܝܦܠܚܘܢ ܠܝ ܀ ܒܙܒܢ ܗܢܐ ܓܝܪ ܐܢܐ ܫܕܪ ܐܢܐ f. 93 a
ܡܚ̈ܘܬܝ ܟܘܠ ܦܓܥܝ ܠܠܒܟ ܘܠܥܒܕܝܟ ܘܠܥܡܟ ܀

[1] These two words have a red stroke through them, but it is not certain that they are to be deleted.

[2] ܦܪܥܘܢ seems to be dropped here.

15 ܘܬܕܥ ܕܠܝܬ ܟܘܬܝ ܒܟܘܠܗ ܐܪ̈ܥܐ ܀ ܟܕܘ ܓܪ ܐܫܓܪ
ܐܝܕܝ ܘܡܚܝܢܐ ܝܬܟ ܘܠܥܡܟ ܒܡܘܬܐ ܘܬܫܬܨܐ ܡܢ
16 ܐܪ̈ܥܐ ܀ ܘܠܒܕܠ ܒܕܢ ܐܬܢܛܪܬ ܕܐܘܕܥ ܒܟ ܚܝܠܝ܆
17 ܘܬܬܢܐ ܫܡܝ ܒܟܘܠܗ ܐܪ̈ܥܐ ܀ ܗܐ ܐܘܢ ܐܬ
18 ܡܬܪܘܡܡ ܒܥܡܝ ܕܠܐ ܬܫܕܪ ܝܬܗܘܢ ܀ ܗܐ ܐܢܐ
f. 93 b ܡܡܛܪ ܒܗܕܐ ܥܕܢܐ ܡܚܪ ܐܟܡ ܒܪ̈ܕ ܣܓܝ ܠܚܕܐ ܀
ܗܕܐ ܕܟܘܬܗ ܠܐ ܗܘܬ ܒܡܨܪ̈ܝܢ ܡܢ ܝܘܡܐ
19 ܕܐܬܒܪܝܬ ܥܕ ܗܕܐ ܠܝܘܡܢ ܀ ܟܕܘ ܐܘܢ ܐܥܬܕܟ
ܟܢܫ ܒܥܝܪ̈ܝܟ ܘܟܠ ܡܐ ܕܠܟ ܒܚܩܠܐ ܀ ܟܠܗܘܢ
ܓܪ ܒܢܝܢܫܐ ܘܒܥܝܪܐ ܟܘܠ ܕܫܬܟܚ ܒܚܩܠܐ ܘܠܐ
ܝܥܘܠ ܠܒܝܬܐ ܀ ܬܦܘܠ ܥܠܘܝ ܐܟܡ ܒܪ̈ܕܐ ܝܡܘܬ ܀
f. 94 a 20 ܘܡܢ ܕܕܚܠ ܡܢ ܡܠܬܗ ܕܡܪܝܐ ܡܢ ܥܒܕܘܝ ܕܦܪܥܘܢ
21 ܟܢܫ ܛܠܝܘܝ ܘܒܥܝܪ̈ܘܝ ܠܒܝܬܐ ܀ ܘܡܢ ܕܠܐ ܐܕܟܪ
ܒܪܥܝܢܬܗ ܠܡܠܬܗ ܕܡܪܝܐ ܫܒܩ ܛܠܝܘܝ ܘܒܥܝܪ̈ܘܝ
22 ܒܚܩܠܐ ܀ ܘܐܡܪ ܡܪܝܐ ܠܡܘܫܐ ܦܫܘܛ ܐܝܕܟ
ܠܫܡܝܐ ܘܬܗܘܐ ܐܟܡ ܒܪ̈ܕܐ ܥܠ ܟܘܠܗ ܐܪ̈ܥܐ ܕܡܨܪ̈ܝܢ
ܥܠ ܒܢܝܢܫܐ ܘܥܠ ܒܥܝ̈ܪܐ ܘܥܠ ܟܘܠܗ ܥܣܒܐ
23 ܕܒܚܩܠܐ ܥܠ ܐܪ̈ܥܐ ܕܡܨܪ̈ܝܢ ܀ ܘܦܫܛ ܡܘܫܐ
f. 94 b ܐܝܕܗ ܠܫܡܝܐ ܘܡܪ̈ܝܐ ܝܗܒ ܩܠܐ ܘܐܟܡ ܒܪ̈ܕܐ
ܘܗܘܬ ܢܘܪܐ ܪ̈ܗܛܐ ܥܠ ܟܘܠܗ ܐܪܥܐ ܕܡܨܪ̈ܝܢ ܀
24 ܘܗܘܬ ܐܟܡ ܒܪ̈ܕܐ ܣܓܝܐ ܘܢܘܪܐ ܡܬܠܗܒܐ ܒܐܟܡ
ܒܪ̈ܕܐ ܀ ܣܓܝ ܠܚܕܐ ܗܕܐ ܕܠܐ ܗܘܬ ܟܘܬܗ ܒܟܘܠܗ
25 ܐܪ̈ܥܐ ܕܡܨܪ̈ܝܢ ܡܢ ܝܘܡ ܕܗܘܬ ܥܠܝܗ ܥܡܝܢ ܀ ܘܡܚܬ
ܐܟܡ ܒܪ̈ܕܐ ܒܟܘܠܗ ܐܪ̈ܥܐ ܕܡܨܪ̈ܝܢ ܀ ܟܘܠ ܡܐ ܕܗܘܐ

ܒܡܨܪ̈ܝܐ ܡܢ ܒܪܢܫ ܘܥܕܡܐ ܠܒܥܝܪ ܘܟܘܠܗ ܥܣܒܐ
ܗܘܢ ܕܡܨܪ̈ܝܐ ܡܚܬ ܐܦ ܒܪܕܐ ܘܟܘܠ ܐܝܠܢܐ f. 95 a
26 ܕܡܨܪ̈ܝܐ ܢܣܘܬ ⁘ ܒܠܚܘܕ ܒܐܪܥܐ ܕܓܘܫܢ ܗܢ
27 ܕܗܘܘ ܒܢܝ ܐܝܣܪܐܝܠ ܠܐ ܗܘܬ ܐܦ ܒܪܕܐ ⁘ ܘܫܕܪ
ܦܪܥܘܢ ܩܪܐ ܠܡܘܫܐ ܘܠܐܗܪܘܢ ܘܐܡܪ ܠܗܘܢ
ܐܣܟܠܬ ܒܙܘ ܡܪܝܐ ܗܝ ܙܕܝܩ ܘܐܢܐ ܘܥܡܝ ܪ̈ܫܝܥܝܢ ⁘
28 ܨܠܘ ܐܘܢ ܠܘܬ ܡܪܝܐ ܘܢܫܠܐ ܘܠܐ ܝܗܘܢ ܩܠܝ
ܕܐܠܗܐ ܘܐܦ ܒܪܕܐ ܘܫܪܐ ܘܐܢܐ ܡܫܕܪ ܠܟܘܢ ⁘ f. 95 b
29 ܘܡܢ ܟܕܘ ܠܐ ܬܘܣܦܘܢ ܕܬܬܥܟܒܘܢ ⁘ ܘܐܡܪ ܠܗ ܡܘܫܐ
ܟܕ ܕܢܦܩ ܡܢ ܡܕܝܢܬܐ ܡܦܪܫ ܐܝܕܝ ܠܘܬ ܡܪܝܐ ⁘
ܘܩܠܝܐ ܢܫܠܘܢ ܘܐܦ ܒܪܕܐ ܘܡܛܪ̈ܐ ⁘ ܘܠܐ ܝܗܘܢ
30 ܥܘܕ ⁘ ܕܬܕܥ ܕܕܡܪܝܐ ܗܝ ܐܪܥܐ ܘܐܢܬ ܘܥܒܕܝܟ
ܝܕܥ ܐܢܐ ܕܥܕ ܟܕܘ ܠܐ ܕܚܠܬܘܢ ܡܢ ܡܪܝܐ ⁘
31 ܘܟܬܢܐ ܘܣܥܪܐ ܠܩܝ ⁘ ܣܥܪܐ ܓܝܪ ܗܘܐ ܡܐܒܒܢ ⁘ f. 96 a
32 ܘܟܬܢܐ ܗܘܬ ܡܙܪ̈ܥܐ ⁘ ܘܚܛܝܐ ܘܟܘܢܬܝܬܐ ܠܐ ܠܩܝ
33 ܠܫܥܝܐ ܓܝܪ ܗܘܘ ⁘ ܘܢܦܩ ܡܘܫܐ ܡܢ ܩܘܕܡ ܦܪܥܘܢ
ܠܒܪ ܡܢ ܡܕܝܢܬܐ ܘܦܪܫ ܐܝܕܘܝ ܠܘܬ ܡܪܝܐ: ܘܫܠܘ
ܩܠܝܐ ܘܐܦ ܒܪܕܐ ܘܡܛܪ̈ܐ ܥܘܕ ܠܐ ܢܛܦ ܬܘܒ ܥܠ
34 ܐܪܥܐ ⁘ ܘܚܙܐ ܦܪܥܘܢ ܕܫܠܐ ܡܛܪܐ ܘܐܦ ܒܪܕܐ f. 96 b
35 ܘܩܠܝܐ ⁘ ܘܐܘܣܦ ܕܡܚܛܐ ܘܝܩܪ ܠܒܗ ܘܥܒܕܘܗܝ ⁘
ܘܐܬܩܫܝ ܠܒܗ ܕܦܪܥܘܢ ܘܠܐ ܫܕܪ ܠܒܢܘܝ ܐܝܣܪܐܝܠ ⁘
ܗܟܢܐ ܕܡܠܠ ܡܪܝܐ ܒܐܝܕܗ ܕܡܘܫܐ ≡

50

Joel 3. 9—21.

ܩܪ̈ܝܢ ܬܢܝܢ ܡܢ ܝܘܗܝܠ ܢܒܝܐ

f. 97 a ܐܟܪ̈ܙܘ ܗܠܝܢ ܒܝܢ ܥܡܡܝܐ ⁘ ܩܕܫܘ ܩܪܒܐ ܐܥܝܪ̈ܘ 9
ܓܒܪ̈ܝܐ ⁘ ܢܬܩܪ̈ܒܘܢ ܘܢܣܩܘܢ ܟܠܗܘܢ ܓܒܪ̈ܝܐ
ܩܛ̈ܘܬܟܝܐ ⁘ ܠܣܝܦ ܗܒ ܦܬܓܡܝܟܘܢ ܠܡܣܢܝܢ ⁘ ܘܡܓܠܝܟܘܢ 10
ܠ̈ܘܡܚܝܢ ⁘ ܕܢ ܕܬܝܩ ܢܐܡܪ̈ ܚܝܠ ܐܢܐ ⁘ ܐܬܟܢܫܘ 11
ܘܐܬܘ ܟܘܠܗܘܢ ܥܡܡܝܐ ܟܘܠ ܗܠܝܢ ܕܣܚܠܝܢ ܐܬܟܢܫܘ ⁘
f. 97 b ܘܬܡܢ ܬܒ̈ܪ ܡܪ̈ܐ ܓܒܪ̈ܘܬܗܘܢ ⁘ ܢܬܥܝܪ̈ܘܢ ܥܡܡܝܐ 12
ܘܢܣܩܘܢ ܠܚܩܠܐ ܕܝܗܘܫܦܛ ܠܥܡܩ ܕܬܡܢ ܐܢܐ ܝܬܒ
ܕܐܕܘܢ ܟܘܠܗܘܢ ܥܡܡܝܐ ܕܣܚܠܝܢ ⁘ ܫܕܪܘ ܡܓܠܝܐ 13
ܠܚܨܕ ܕܡܛܐ ܚܨܕܐ ⁘ ܥܘܠܘ ܘܕܘܫܘ ܠܚܨܕ ܕܐܬܡܠܝܬ
ܡܥܨܪ̈ܬܐ ܘܫܦܥܘ ܠܡܥܒܕܐ ܕܡܥܨܪ̈ܬܐ ⁘ ܠܒܝܫܬ
f. 98 a ܕܩܠܛܬ ܒܥܡܬܗܘܢ ⁘ ܩܪܝܒ ܝܘܡܗ ܒܚܩܠܐ ܕܕܝܢܐ ⁘ 14
ܫܡܫܐ ܘܣܗܪܐ ܚܫܟܘܢ ⁘ ܘܟܘܟܒܝܐ ܟܢܫܘ 15
ܢܘܗܪܗܘܢ ⁘ ܘܡܪܝܐ ܡܢ ܨܗܝܘܢ ܢܟܠܠ ܘܡܢ ܐܘܪܫܠܡ 16
ܝܬܠ ܩܠܗ ⁘ ܘܢܙܘܥܘܢ ܫܡܝܐ ܘܐܪ̈ܥܐ ⁘ ܘܡܪܝܐ
ܚܘܣ ܥܠ ܥܡܗ ⁘ ܘܚܝܠ ܡܪܐ ܠܒܢܝ ܐܝܣܪܐܝܠ ⁘
f. 98 b ܘܬܕܥܘܢ ܕܐܢܐ ܗܘ ܡܪܝܐ ܐܠܗܟܘܢ ܕܫܪܐ 17
ܒܨܗܝܘܢ ܛܘܪܐ ܕܩܘܕܫܝ ⁘ ܘܬܗܘܐ ܐܘܪܫܠܡ ܩܕܝܫܐ ⁘
ܢܘܟܪ̈ܝܐ ܠܐ ܢܥܒܪܘܢ ܒܗ ܬܘܒ ⁘ ܘܢܗܘܐ ܒܝܘܡܐ 18
ܗܘ ܢܛܦܘܢ ܛܘܪܝܐ ܚܠܒ ⁘ ܘܓܒܥܬܐ ܢܪܕܘܢ ܚܠܒ ⁘
ܘܟܘܠ ܢܚܠܐ ܕܝܗܘܕܐ ܢܪܕܘܢ ܡܝܢ ⁘ ܘܡܒܘܥܐ ܡܢ

19 ܒܬܗ ܕܡܪܝܐ ܣܩܘܡ ⁘ ܘܩܝܡܐ ܠܫܠܝܐ ܕܥܠܡܐ ⁘ ܡܚܪܡ f. 99 a
ܠܫܢܝܟܘܢ ܬܗܘܐ: ܘܐܙܘܡ ܠܡܕܒܪܐ ܣܒܪ ܬܗܘܐ ⁘ ܡܢ
ܣܓܘܦܝܐ ܕܒܢܝܗܘܢ ܡܚܘܪܐ ⁘ ܕܢܦܩܘ ܐܙܡ ܘܒܢܘܗܝ
20 ܒܐܪܥܗܘܢ ⁘ ܘܡܚܘܪܐ ܠܚܠܡ ܬܬܬܒܢ ⁘ ܘܪܢܥܠܡ ܠܪܢ
21 ܘܕܪܡ ⁘ ܘܠܡܘܡ ܐܬܪܚܡܘܢ ܘܠܡܬ ܐܢܫܐ ܡܪܒܥܐ:
ܘܡܪܐ ܚܡܪ ܒܪܘܢ ܀

51

Exodus 10. 1—11. 10.

ܒܐܪܒܥܬܐ ܕܫܒܘܥܬܐ ܫܬܝܬܐ ܕܐܪܒܥܝܢܬܐ ܒܪܡܫ f. 99 b
ܫܒܘܚܬܐ ܪܥܝܬ ܡܪܝܐ ܒܐܪܥܟ ܘܐܬܦܢܬ ܫܒܝܬܗ Ps. 85. 1
ܕܝܥܩܘܒ ܒܝܬܗ ܕܝ ܐܘܕܥ ܠܢ ܡܪܝܐ ܛܝܒܘܬܟ ܘܦܘܪܩܢܟ Ps. 85. 7
1 ܗܘܝܬ ܠܝ ܦܪܘܩܐ ܘܥܟ ܡܢ ܡܟܘܒܝܢ ܐܠܘܗܬܐ ≡ ܘܐܡܪ
ܡܪܝܐ ܠܡܘܫܐ ܕܐܥܘܠ ܠܘܬ ܦܪܥܘܢ ⁘ ܐܢܐ
ܓܝܪ ܝܩܪܬ ܠܒܗ ܘܠܒܗܘܢ ܕܥܒܕܘܗܝ ⁘ ܕܝܗܒ ܐܢܐ ܐܬܘܬܝ
2 ܗܠܝܢ ܐܬܘܬܝ ܥܠܘܗܝ ⁘ ܠܡܥܠ ܕܬܬܢܘܢ ܒܐܕܢܝܗܘܢ
ܕܒܢܝܟܘܢ ܘܠܒܢܝ ܒܢܝܟܘܢ ⁘ ܟܠ ܡܐ ܕܥܒܕܬ f. 100 a
ܠܡܨܪܝܐ ⁘ ܘܐܬܘܬܝ ܗܠܝܢ ܕܥܒܕܬ ܒܗܘܢ ⁘ ܘܬܕܥܘܢ
3 ܕܐܢܐ ܗܘ ܡܪܝܐ ⁘ ܘܥܠ ܡܘܫܐ ܘܐܗܪܘܢ ܠܘܬ
ܦܪܥܘܢ ܘܐܡܪܘ ܠܗ ⁘ ܗܟܢܐ ܐܡܪ ܡܪܝܐ ܐܠܗܐ
ܕܥܒܪܝܐ ܥܕ ܐܡܬܝ ܠܝܬ ܐܢܬ ܨܒܐ ܕܬܬܟܢܥ ܡܢܝ ⁘
4 ܫܕܪ ܥܡܝ ܕܢܦܠܚܘܢ ܠܝ ⁘ ܘܐܢ ܠܐ ܬܨܒܐ ܐܢܬ
ܕܬܫܕܪ ܠܥܡܝ ⁘ ܗܐ ܐܢܐ ܡܝܬܐ ܡܚܪ ܟܗܕܐ f. 100 b
5 ܩܡܨܐ ܡܚܪ ܥܠ ܟܠ ܬܚܘܡܝܟ ⁘ ܘܡܟܣܐ
ܐܦܝܗ ܕܐܪܥܐ ⁘ ܘܠܐ ܬܬܚܙܐ ܐܪܥܐ ⁘

ܘܐܟ̈ܠ ܟܘܠ ܦܐܪ̈ܘܬܐ ܕܐܫܬܐܪܘܢ ⁘ ܡܐ ܕܫܒܩܬ
ܠܟܘܢ ܐܝܡ ܒܪܕܐ ⁘ ܘܐܟ̈ܘܠ ܐܝܠܢܐ ܕܨܡܚ ܠܟܘܢ
ܥܠ ܐܪ̈ܥܐ ⁘ ܘܢܬܡܠܘܢ ܒܬܝܟ ܘܒܬܝܗܘܢ ܕܥܒܕܝܟ 6
f. 101 a ܘܟܘܠ ܒܬܝܐ ܕܟܘܠ ܐܪ̈ܥܐ ܡܨܪ̈ܝܢ ⁘ ܡܐ ܕܐܒܗܬܟ
ܡܢ ܝܘܡܝܗܘܢ ܠܐ ܚܡܘ ܘܠܐ ܐܒܗܬܗܘܢ
ܕܐܒܗܬܟ ⁘ ܡܢ ܝܘܡܐ ܕܗܘܘ ܥܠ ܐܪ̈ܥܐ ܥܕܡܐ
ܠܝܘܡܢܐ ⁘ ܘܐܬܦܢܝ ܢܦܩ ܡܢ ܩܕܡ ܦܪ̈ܥܘܢ ⁘ ܘܐܡܪ̈ܘ 7
ܥܒܕܘܗܝ ܕܦܪ̈ܥܘܢ ܠܗ ⁘ ܥܕ ܡܬܝ ܗܘ̈ܐ ܠܢ ܗܕܐ ⁘
ܬܩܠܐ ⁘ ܫܕܪ ܓܒܪ̈ܝܐ ܕܢܦܠܚܘܢ ܠܡܪ̈ܝܐ ܐܠܗܗܘܢ ⁘
ܐ̇ܘ ܝܕܥܐ ܐܢܬ ܕܬܘܒ ܕܐܒܕܬ ܡܨܪ̈ܝܢ ⁘ ܘܐܬܦܢܝܘ[1] 8
f. 101 b ܠܡܘܫܐ ܘܠܐܗܪ̈ܘܢ ܠܘܬ ܦܪ̈ܥܘܢ ⁘ ܘܐܡ̇ܪ ܠܗܘܢ
ܐܙܠܘ ܦܠܘܚܘ ܠܡܪ̈ܝܐ ܐܠܗܟܘܢ ⁘ ܡܢ ܕܝ ܘܡܢ ܗܢܘܢ
ܗܠܝܢ ܕܐܙܠܝܢ ⁘ ܘܐܡ̈ܪ ܡܘܫܐ ܥܡ ܥܠܝܡܝܢ ܘܣܒܝܢ 9
ܢܐܙܠ ⁘ ܥܡ ܒܢܝܢ ܘܒܢܬܢ ܢܐܙܠ ⁘ ܥܡ ܐܡܪ̈ܢ
ܘܥܡ ܬܘܪ̈ܝܢ ⁘ ܐܪܝ ܗܘ ܚ̈ܓ ܡܘܥܕܗ ܕܡܪ̈ܝܐ ܐܠܗܢ ⁘
ܘܐܡ̈ܪ ܠܗܘܢ ܗܟܢ ܡܪ̈ܝܐ ܥܡܟܘܢ ⁘ ܟܡܐ 10
f. 102 a ܕܫ̈ܠܚ ܐܢܐ ܠܟܘܢ ܘܠܟܘܠ ܡܐ ܕܠܟܘܢ ⁘ ܚܙܘ ܕܒܝܫܬܐ
ܡܬܥܒܕܐ ܘܡܕܒܪܟܘܢ ⁘ ܠܐ ܗܟܢ ܐܠܐ ܢܐܙܠܘܢ 11
ܘܦܠܚܘ ܠܡܪ̈ܝܐ ܕܗܕܐ ܐܢܬܘܢ ܒܥܝܢ ⁘ ܘܐܦܩܘ
ܝܬܗܘܢ ܡܢ ܩܕܡ ܐܦ̈ܘܝ ܕܦܪ̈ܥܘܢ ⁘ ܘܐܡ̈ܪ ܡܪ̈ܝܐ 12
ܠܡܘܫܐ̇ ܦܫܘܛ ܐܝܕܟ ܥܠ ܐܪ̈ܥܐ ܕܡܨܪ̈ܝܢ ܘܢܣܩ
ܩܡ̈ܨܐ ܥܠ ܐܪ̇ܥܐ ܕܡܨܪ̈ܝܢ ܘܝܐܟ̈ܘܠ ܥܣܒܗ ܕܐܪ̈ܥܐ ⁘
ܘܟܘܠ ܦܐܪ̈ܐ ܕܐܝܠܢܐ ⁘ ܡܐ ܕܫܒܩܬ ܐܝܡ ܒܪ̈ܕܐ ⁘

[1] Cod. ܘܐܬܦܢܘ

13 ܘܦܫܛ ܡܘܫܐ ܚܘܛܪܗ ܠܫܡܝܐ : ܘܡܪܝܐ ܐܝܬܝ ܪܘܚܐ f. 102 b
ܕܕܪ̈ܘܡܐ[1] ܥܠ ܐܪܥܐ ܟܘܠܗ ܝܘܡܐ ܗܘ ⁘ ܘܟܘܠܗ
ܠܠܝܐ ܘܨܦܪ̈ܐ ܗܘܐ ܘܪ̈ܘܚܐ ܕܕܪ̈ܘܡܐ ܢܣܒ ܠܩܡܨܐ
14 ܘܐܣܩ ܝܬܗ ܥܠ ܟܘܠܗ ܐܪ̈ܥܐ ܕܡܨܪ̈ܝܢ ⁘ ܘܐܬܢܚ
ܥܠ ܟܘܠ ܬܚܘܡܝܗ ܕܡܨܪ̈ܝܢ ⁘ ܣܓܝ ܗܘܐ ܠܩܕܡܐ ܠܐ f. 103 a
ܗܘܐ ܗܟܘܬܗ, ܒܬܪܗ ܡܟܝܢ ܕܝܗܘܐ ܠܗ ⁘ ܘܡܢ ܒܬܪ̈
15 ܗܕܝܢ ܠܐ ܗܘ̇ܐ ܟܕܝܢ ⁘ ܘܟܣܝ ܐܦܝܗ ܕܐܪ̈ܥܐ ⁘
ܘܐܬܚܫܟܬ ܐܪ̈ܥܐ ⁘ ܘܐܟ̈ܠ ܟܘܠ ܥܣܒܗ ܕܐܪ̈ܥܐ :
ܘܟܘܠ ܦܐܪ̈ܝܐ ܕܐܝܠܢܐ : ܗܠܝܢ ܕܐܫܬܐܪܘ ܡܢ ܐܟܢ
ܒܪ̇ܕܐ ⁘ ܠܐ ܐܫܬܐܪ ܟܠܘܡ ܝܪܘܩ ܒܐܝܠܢܐ ⁘ ܘܒܟܘܠ f. 103 b
16 ܥܣܒܐ ܕܚܩܠ̈ܝܐ ܒܟܘܠܗ ܐܪ̈ܥܐ ܕܡܨܪ̈ܝܢ ⁘ ܘܐܬܒܗܠ
ܦܪ̈ܥܘܢ ܕܝܩܪ, ܠܡܘܫܐ ܘܠܐܗ̈ܪܘܢ ܕܐܡ̈ܪ ܐܣܟܠܬ
17 ܩܕܡ ܡܪ̈ܝܐ ܐܠܗܟܘܢ ܘܠܟܘܢ ⁘ ܫܒܘܩܘ ܐܘܢ
ܚܛܝܬܝ, ܒܗܕ ܒܙܘ ⁘ ܘܨܠܘ ܠܘܬ ܡܪ̈ܝܐ ܐܠܗܟܘܢ
18 ܘܝܥܒܪ̈ ܡܢܝ ܗܕܝܢ ܡܘܬܐ ⁘ ܘܢܦܩ ܡܘܫܐ ܡܢ ܩܕܡ
19 ܦܪ̇ܥܘܢ ܘܨܠܝ ܠܘܬ ܡܪ̈ܝܐ ⁘ ܘܗܦ̈ܟ ܡܪ̈ܝܐ ܘܐܝܬܝ f. 104 a
ܪ̈ܘܚ ܡܢ ܝܡܐ ܬܩܝܦ ܠܣܓܝ ⁘ ܘܢܣܒ ܠܩܡܨܐ ܘܐܪܡ̇ܝ
ܒܝܡܐ ܫܡܘܩܐ ⁘ ܘܠܐ ܐܫܬܐܪ̈ ܡܢܗ ܚܕ ܒܟܘܠ
20 ܐܪ̈ܥܐ ܕܡܨܪ̈ܝܢ ⁘ ܘܐܩܫܝ ܡܪ̈ܝܐ ܠܒܗ ܕܦܪ̈ܥܘܢ ܘܠܐ
21 ܫܕ̇ܪ ܠܒܢܝ ܐܝܣܪ̈ܐܝܠ ⁘ ܘܐܡ̈ܪ ܡܪ̈ܝܐ ܠܡܘ̇ܫܐ ܦܫܘܛ
ܐܝܕܟ ܠܫܡܝܐ ⁘ ܘܢܗܘ̇ܐ ܡܚܫܟܐ ܥܠ ܐܪ̈ܥܐ ܕܡܨܪ̈ܝܢ ⁘
22 ܡܬܠ ܕܡܬܓܫܫ ⁘ ܘܦܫܛ ܡܘ̇ܫܐ ܐܝܕܗ ܠܫܡܝܐ
ܘܗܘܐ ܡܚܫܟܐ ܘܥܢܢܐ ܘܥܪ̈ܦܠܐ ܥܠ ܟܘܠܗ ܐܪ̈ܥܐ f. 104 b

[1] Cod. ܕܕܕ̈ܘܡܐ

23 ܕܡܨܪܝܢ ⁘ ܬܠܬܐ ܝܘܡܝܢ ܠܐ ܚܡܐ ܐܢܫ ܠܐܚܘܗܝ ⁘
ܘܠܐ ܩܡ ܐܢܫ ܡܢ ܡܫܟܢܘܬܗ ܬܠܬܐ ܝܘܡܝܢ ⁘ ܘܢܗܘܪܐ
ܗܘܐ ܠܟܘܠ ܒܢܝ ܐܝܣܪܐܝܠ ܒܟܘܠ ܗܢ ܕܗܘܘ ⁘
24 ܘܩܪܐ ܦܪܥܘܢ ܠܡܘܫܐ ܘܠܐܗܪܘܢ ܕܐܡܪ ⁘ ܐܙܠܘ
ܦܠܚܘ ܠܡܪܝܐ ܐܠܗܟܘܢ ܠܒܪ ܡܢ ܐܡܪ̈ܬܟܘܢ ܐܘܦ
ܘܬܘܪ̈ܝܟܘܢ ܫܒܘܩܘ ܘܡܢܐ ܕܠܟܘܢ ܢܐܙܠ ܥܡܟܘܢ ⁘
f. 105 a 25 ܘܐܡܪ̈ ܠܗ ܡܘܫܐ ⁘ ܐܠܐ ܕܐܘܦ ܐܢܬ ܬܬܠ ܠܢ ܢܟ̈ܣܝܢ
26 ܘܥܠܘܐܢ ܗܠܝܢ ܕܢܥܒܕ ܠܡܪܝܐ ܐܠܗܢ ⁘ ܘܐܘܦ
ܒܥܝܪܝܢ ܡܐܙܠܝܢ ܥܡܢ ܘܠܐ ܢܫܒܘܩ ܦܠܓ ܡܢܗܘܢ ⁘
ܡܢ ܢܣܒ ܕܢܦܠܘܚ ܠܡܪܝܐ ܐܠܗܢ ⁘ ܘܐܢܢ ܠܝܬ ܐܢܢ
ܝܕܥܝܢ ܡܢܐ ܢܦܠܘܚ ܠܡܪܝܐ ܐܠܗܢ ⁘ ܥܕܡܐ ܕܢܐܬܐ
27 ܠܬܡܢ ⁘ ܘܐܥܫ ܡܪܝܐ ܠܒܗ ܕܦܪܥܘܢ ܘܠܐ ܨܒܐ ܕܝܫܠܚ
28 ܝܬܗܘܢ ⁘ ܘܐܡܪ̈ ܠܗ ܦܪܥܘܢ ܐܙܠ ܠܟ ܡܢ ܓܒܝ ܐܣܬܡܪ
ܠܢܦܫܟ ܕܡܢ ܒܪܘ ܠܐ ܬܘܣܦ ܕܬܚܡܝܢ ܐܦ̈ܝ ⁘ ܒܝܘܡ
f. 105 b 29 ܒܝܘܡܐ ܕܬܬܚܡܝܢ ܠܝ ܬܡܘܬ ⁘ ܘܐܡܪ̈ ܠܗ ܡܘܫܐ
ܝܐܘܬ ܐܡܪ̈ܬ ⁘ ܡܢ ܟܕܘ ܠܐ ܢܬܚܡܐ ܠܐܦ̈ܝܟ ⁘
11. 1 ܘܐܡܪ̈ ܡܪܝܐ ܠܡܘܫܐ ⁘ ܥܘܕ ܡܚܘܐ ܚܕܐ ܡܚܬܐ ܥܠ
ܦܪܥܘܢ ܘܥܠ ܡܨܪܝܢ ⁘ ܘܡܢ ܒܬܪ ܗܠܝܢ ܗܘ ܡܫ̈ܠܚ
ܠܟܘܢ ܡܢ ܟܐ ⁘ ܘܟܕ ܡܫܠܚ ܝܬܟܘܢ ܒܡ ܒܟܘܠܐ ܗܘ
2 ܡܦܩ ܠܟܘܢ ܐܦܩܘ ܡܢ ܟܐ ⁘ ܡܠܠ ܐܘܢ ܒܠܚܘܕܝܢ
ܒܐܕܢܝܗܘܢ ܕܥܡܐ ⁘ ܘܢܫܐܠ ܐܢܫ ܡܢ ܚܒܪܗ ܘܐܢܬܬܐ
f. 106 a ܡܢ ܚܒܪܬܗ ⁘ ܡܐܢܝܢ ܕܟܣܦ ܘܡܐܢܝܢ ܕܕܗܒ ܘܠܒܘܫܝܢ ⁘
3 ܘܝܗܒ ܡܪܝܐ ܚܣܕ ܠܥܡܐ ܩܕܡ ܡܨܪ̈ܝܐ ܘܐܫܐܠܘ
ܠܗܘܢ ⁘ ܘܡܘܫܐ ܓܒܪܐ ܪܒ ܐܬܥܒܕ ܠܚܕܐ ܩܕܡ

ܩܪ̈ܒܐ : ܘܢܦܩ ܦܪܘܩܢ : ܘܢܦܩ ܒܥܠ ܒܥܡܡ̈ܘܝ

4 ܕܦܪ̈ܩܘܢ ∴ ܘܒܝܘܡܘܝ ܕܩܪܒܐ ∴ ܘܐܡܪ ܡܪܝܐ ܗܘ ܝܘܡܢ

ܐܡܪ ܡܪ̈ܝܐ ∴ ܒܥܠܡܗ ܕܠܠܝܟܐ ܐܝܟ ܠܠ ܒܡܕܢܚܬܗ

ܕܡܪ̈ܝܡ ∴ ܘܡܚܘܬ ܒܥܠ ܒܒܘܪ ܒܐܪ̈ܒܐ ܕܡܪ̈ܝܡ. ܡܢ

ܒܡܒܪ̈ܗ ܕܦܪ̈ܩܘܢ ܗܘ ܕܠܬܒ ܒܠ ܠܒܪ̈ܘܚܗ ∴ f. 106b

ܘܒܕܡܐ ܠܒܘܒܝܪܗ ܕܐܡܬܐ ܗܘܐ ܕܠܬܒܐ[1] ܒܒܝܬ

6 ܪ̈ܘܚܐ ∴ ܘܒܕܡܐ ܠܒܘܪ ܕܒܝ̈ܬ ∴ ܘܠܠܐ ܪ̈ܒܐ ܬܗܐ

ܒܒܠܗ ܐܪ̈ܒܐ ܕܡܪ̈ܝܡ ∴ ܗܘܐ ܕܒܘܬܗ ܠܐ ܗܘܬ ∴

7 ܘܒܘܬܗ ܒܘܕ ܠܐ ܬܬܘܡܫ ܕܬܗܘܐ ∴ ܘܒܒܘܠ ܒܠ

ܐܫܪ̈ܝܐܠ ܠܐ ܡܘܪ ܒܠܒ ܒܠܝܥܡܗ ∴ ܡܢ ܒܢ̈ܝܢ ܒܕ

ܒܝ̈ܬ ∴ ܠܒܠܗ ܕܬܒܪ ܒܒܐ ܡܪ̈ܝ ܡܪ̈ܐ ܒܢ ܡܪ̈ܝܐ f. 107a

8 ܠܒܢ ܐܫܪ̈ܝܐܠ ∴ ܘܡܫܬܘܢ ܗܠܝܢ ܒܒܕܢܝܟ ܠܬܘܬ,

ܘܡܫܒܚܘܢ ܠܝ ܕܐܡܪ̈ܝܡ ܕܦܘܡ ܐܬܐ ܘܒܘܠ ܡܠܝܟ

ܗܠܝܢ ܕܒܡܝܟ ∴ ܘܡܢ ܒܬ̈ܪ ܒܕ ܡܘܡ ∴ ܘܢܦܩ ܡܘܥܝܐ ܡܢ

9 ܡܘܕܡ ܦܪ̈ܩܘܢ ܒܫܡܝܐ ∴ ܘܐܡܪ ܡܪ̈ܝܐ ܠܡܘܥܝܐ ∴ ܠܐ

ܢܥܘܒ ܠܒܘܢ ܦܪ̈ܩܘܢ ∴ ܕܡܫܒܚܐ ܐܬܝ, ܘܒܒܘܪ̈ܬܝ, ∴

10 ܒܐܪ̈ܒܐ ܕܡܪ̈ܝܡ ∴ ܘܡܘܥܝܐ ܘܐܡܪ̈ܘܢ ܒܒܕܘ ܒܘܠ

ܒܒܘܪ̈ܬܐ ܘܡܘܕܡ ܦܪ̈ܩܘܢ ∴ ܘܡܥ ܡܪ̈ܐ ܠܒܗ ܕܦܪ̈ܩܘܢ f. 107b

ܘܠܐ ܢܒܐ ܕܡܫܒ̈ܚ ܠܒܕ ܐܫܪ̈ܝܐܠ ܡܢ ܐܪ̈ܒܗ

52

ZECHARIAH 9. 9—15.

9 ܦܪ̈ܝܐ ܬܘܒܝܐ ܡܢ ܐܦܪ̈ܝܐܘ ܫܒܐ, ܠܫܒܐ

ܒܪ̈ܬܗ ܕܢܝܘܢ ܐܒܙܪ, ܒܪ̈ܬ ܢܘܥܠܝܡ ∴ ܗܐ ܡܠܟܝܟ

[1] Cod. ܕܠܗܒܐ

ܐܬ̈ܐ ܠܝܬܗ ܥܕܡܐ ܘܡܢܘܚܬܐ ܀ ܚܝܢ ܘܐܪ̈ܚܢ ܥܠ ܣܡ̈ܟܐ
f. 108 a ܘܥܒܠ ܝܪ̈ܕܢ ܀ ܘܬܝܬܒܘܢ ܒܐܪ̈ܥܬܐ ܡܢ ܐܦ̈ܝܟܘܢ ܘܬܫܘܘܢ 10
ܡܢ ܒ̈ܥܠܕܒܟܘܢ ܀ ܘܬܝܬܒܘܢ ܥܡܟܘܢ ܕܝܗ̈ܘܕܝܐ ܘܥܡܠܠ ܥܠܡܐ
ܡܢ ܡܢܚܬܐ ܀ ܘܬܬܠܠܘܢ ܡܢ ܥܡܐ ܕܝ ܥܡܐ ܀ ܘܥܡ
ܢܗ̈ܪܐ ܕܝ ܡܠܟܘܬܗ ܕܐܪ̈ܥܐ ܀ ܘܐܬܐ ܒܡܕܒܪܐ 11
ܕܝܬܒܘܬܐ ܕܢܝܚ ܐܦܘܬ ܐܪ̈ܥܐ ܡܢ ܠܚܡܐ ܕܝܠܗ
f. 108 b ܒܗ ܥܡܗ܀ ܫܒܘ ܒܫܢܐ ܐܪ̈ܥܐ ܕܒܝܫܬܐ܀ ܘܫܠܦ 12
ܝܕ ܝܘܡ ܒܒܠܥܐ ܐܢܐ ܚܕܐ ܠܟܘܢ ܀ ܠܒܥܠ ܕܥܒܪܬܗ 13
ܡܣܩ ܥܠ ܝܘܡܐ ܘܥܠܝܬ ܥܠ ܐܦ̈ܝܟ ܀ ܘܡܚ̈ܐ ܒܢܝܗ
ܝܘܢ ܥܠ ܒܢܘܗܝ sic ܕܝܘܢܐ ܀ ܘܒܒܝܬܗ ܡܬܝܒ ܗܘܝܢ
ܗܦܘܗ ܕܝܗܘܒܐ ܀ ܘܡܪ̈ܐ ܡܐܪ ܥܠܝܗܘܢ ܀ ܘܝܦܘܩ 14
ܗܘܝܢ ܒܪ̈ܝܐ ܠܒ̈ܢܘܗ ܀ ܘܡܪ̈ܐ ܡܪ̈ܘܬܐ ܡܪ̈ܢܝܢ ܒܡܪ̈ܝܐ
ܘܐܝܠ ܡܢ ܠܒܒܐ ܕܒܒ̈ܢܬܗ ܀ ܘܡܪ̈ܐ ܫܠܬܝܐ ܝܚܝܢ 15
ܥܠܝܗܘܢ ܀

PSALM **86**. 1, 15, 16 a.

ܡܪ̈ܘܬܐ ܕܐܠܒܫܬܐ ܥܬܬܬܐ ܕܐܬܡܪܬܐ ܝܘܡܢ
1 ܒܒܐܪܘܢܐ ܕܐܪ̈ܒܝܢ ܡܪ̈ܐ ܐܕܢܝܟ ܘܥܢܝܢܝ ܡܛܠ ܀
15 ܕܡܪܚܡܢ ܘܡܪ̈ܝܟ ܐܢܬ ܐܢܐ ܒܫܘܬܗ ܐܪ̈ܝܟ ܪܘܚ ܘܣܓܝ
16 a ܪ̈ܚܡܝܢ ܘܩܘܫܛܐ ܀ ܐܬܦܢܝ ܒܝ ܘܐܬܪܚܡ ܥܠܝ،

53

DEUTERONOMY **12**. 28—**14**. 3.

ܦܪ̈ܘܩ ܫܡܥ ܡܢ ܬܘܚܡܗ ܕܝܫܘܥܡܪܐ ܐܘܪܝܬܐ ⁜ ܦܬܓ̈ 28
ܘܥܒܕܝܢ ܕܬܒܥܝܢ ܒܥܠܡܝܢ ܥܠܝܗ ܥܠܡ ܕܐܢܐ ܡܦܩܕ

ܠܟ ܀ ܕܝܛܒ ܠܟ ܘܠܒܢܝܟ ܠܥܠܡ ܀ ܐܢ ܬܥܒܕ ܛܒܐ f. 109b
29 ܕܫܦܪ ܘܛܒܐ ܕܟܫܪ[1] ܩܕܡ ܡܪܝܐ ܐܠܗܟ ܀ ܐܢ ܕܝ
ܫܘܨܐ ܡܪܝܐ ܐܠܗܟ ܥܡܡܝܐ ܗܠܝܢ ܕܐܢܬ ܥܠܝܠ ܠܬܡܢ
ܕܬܝܪܘܬ ܐܪܥܗܘܢ ܡܢ ܩܕܡ ܐܦܝܟ ܘܬܝܪܘܬ ܝܬܗܘܢ
30 ܘܬܬܒ ܒܐܪܥܗܘܢ ܕܝܢܘ ܀ ܐܣܬܡܪ ܠܢܦܫܟ ܕܠܐ
ܬܛܥܐ ܕܬܗܠܟ ܒܬܪܝܗܘܢ ܀ ܡܢ ܒܬܪ ܕܫܬܝܨܘܢ ܀
ܡܢ ܩܕܡ ܐܦܝܟ ܀ ܠܐ ܬܒܥܐ ܕܬܐܙܠ ܒܬܪܝܗܘܢ ܀
ܘܠܐ ܬܒܥܐ ܐܠܗܝܗܘܢ ܐܡܪ ܗܟܢ ܕܗܘܘ ܥܒܕܝܢ f. 110a
31 ܥܡܡܝܐ ܗܠܝܢ ܠܐܠܗܝܗܘܢ ܢܥܒܕ ܐܦ ܐܢܐ ܀ ܠܐ
ܬܥܒܕ ܟܢ ܠܡܪܝܐ ܐܠܗܟ ܐܘܦ ܀ ܡܣܐܘܒܢܐ ܟܠ
ܕܣܢܐ ܡܪܝܐ ܥܒܕܘ ܠܐܠܗܝܗܘܢ ܀ ܕܒܢܝܗܘܢ
ܘܒܢܬܗܘܢ ܗܘܢ ܡܘܩܕܝܢ ܒܢܘܪܐ ܠܐܠܗܝܗܘܢ ܀
32 ܟܘܠ ܡܠܐ ܕܐܢܐ ܡܦܩܕ ܠܟ ܝܘܡܕܝܢ ܀ ܗܕܐ ܬܛܪ
ܕܬܥܒܕ ܀ ܠܐ ܬܘܣܦ ܥܠܘܗܝ ܘܠܐ ܬܒܨܪ ܡܢܗ ܀ f. 110b
13. 1 ܐܢ ܕܝ ܝܩܘܡ ܒܓܘܟ ܢܒܝܐ ܐܘ ܚܠܡ ܚܠܡܐ : ܘܝܬܠ
2 ܠܟ ܐܬܐ ܐܘ ܬܕܡܘܪܬܐ ܀ ܘܝܐܬܐ ܐܬܐ ܐܘ
ܬܕܡܘܪܬܐ ܕܡܠܠ ܠܟ ܐܡܪ ܀ ܢܐܙܠ ܢܦܠܘܚ ܠܐܠܗܝܢ
3 ܢܘܟܪܝܢ ܗܠܝܢ ܕܠܝܬ ܐܢܬܘܢ ܝܕܥܝܢ : ܠܐ ܬܫܡܥܘܢ
ܠܡܠܬܗ ܕܢܒܝܐ ܐܘ ܕܗܢ ܕܚܠܡ ܚܠܡܐ ܐܗܘ ܀ f. 111a
ܕܡܢܣܐ ܗܘ ܠܟ ܡܪܝܐ ܐܠܗܐ ܕܝܕܥ ܐܢ ܪܚܡܝܢ
ܐܢܬܘܢ ܠܡܪܝܐ ܐܠܗܟܘܢ ܡܢ ܟܘܠܗ ܠܒܟܘܢ : ܘܡܢ
4 ܟܘܠܗ ܢܦܫܟܘܢ ܀ ܒܬܪ ܡܪܝܐ ܐܠܗܟܘܢ ܐܙܠܘ :
ܘܦܘܩܕܘܗܝ ܛܪܘ ܀ ܘܒܩܠܗ ܫܡܥܘ ܀ ܘܠܗ ܬܬܦܠܚܘܢ ܀

[1] Cod. ܕܟܫܪ

5 ܘܢܒܝܐ ܗ̇ܘ ܐܘ̇ ܚܠܡ ܚܠܡܐ: ܗ̇ܘ ܡܩܛܠ ܢܬܩܛܠ ÷ ܡܛܠ
f. 111 b ܥܠ ܕܢܦܠܓܘܢܟ ܠܟ ܡܢ ܡܪܝܐ ܐܠܗܟ: ܗܘ̇ ܕܐܦܩܟ
ܠܟ ܡܢ ܐܪܥܐ ܕܡܨܪ̈ܝܢ ÷ ܗܘ̇ ܕܦܪܩܟ ܠܟ ܡܢ
ܒܝܬ ܥܒܕܘܬܐ ÷ ܕܢܦܩܟ ܠܟ ܡܢ ܐܘܪܚܐ ܕܦܩܕܟ ܠܟ
ܡܪܝܐ ܐܠܗܟ ܕܬܐܙܠ ܒܗ̇ ÷ ܘܬܥܩܪܘܢ ܒܝܫܐ ܡܢ
6 ܒܝܢܬܟܘܢ ÷ ܐܢ ܕܝ ܢܡܠܟܟ ܐܚܘܟ ܕܡܢ ܐܒܘܟ
ܐܘ ܕܡܢ ܐܡܟ ÷ ܐܘ̇ ܒܪܟ ܐܘ̇ ܒܪܬܟ ܐܘ̇ ܐܢܬܬܟ
f. 112 a ܕܒܥܘܒܟ ܐܘ̇ ܪܚܡܟ ܕܐܝܟ ܢܦܫܟ ܒܛܘܫܝܐ ÷
ܕܐܡܪ̈ ܢܐܙܠ ܘܢܦܠܘܚ ܠܐܠܗܝܢ ܚܪ̈ܢܝܢ ܗܠܝܢ ܕܠܐ
7 ܗܘܝܬ ܝܕܥ ܐܢܬ ܘܐܒܗܝܟ ܡܢ ܐܠܗܝܗܘܢ ܕܥܡܡ̈ܐ
ܗܠܝܢ ܕܚܕܪܝܢ ܠܟ: ܕܩܪܝܒܝܢ ܠܟ: ܐܘ ܕܪ̈ܚܝܩܝܢ ܡܢܟ:
8 ܡܢ ܪܫܗ ܕܐܪ̈ܥܐ ܘܥܕܡܐ ܠܪܫܗ ܕܐܪܥܐ ÷ ܠܐ
ܬܨܒܐ ܥܡܗ ÷ ܘܠܐ ܬܫܡܥ ܠܗ ܘܠܐ ܬܚܘܣ
f. 112 b ܥܝܢܟ ܥܠܘܗܝ ÷ ܘܠܐ ܬܬܪܚܡ ܥܠܘܗܝ ÷ ܘܠܐ ܬܟܣܐ
9 ܗ̇ܘ ܡܩܛܠܘ ܬܩܛܠ ܥܠܘܗܝ ÷ ܘܐܝܕܝܟ ܬܗܘܐ ܥܠܘܗܝ
ܒܩܕܡܝܬܐ ܕܬܩܛܠ ܗ̇ܘ ÷ ܘܐܝܕܝ ܕܟܠܗ ܥܡܐ
10 ܒܐܚܪܬܐ ܘܬܪ̈ܓܡܘܢ ܗ̇ܘ ܒܟܐܦܐ ܘܢܡܘܬ ܕܒܥܐ
ܕܢܛܥܝܟ ܗ̇ܘ ܡܢ ܡܪܝܐ ܐܠܗܟ ÷ ܗܘ̇ ܕܐܦܩܟ ܠܟ
11 ܡܢ ܐܪܥܐ ܕܡܨܪ̈ܝܢ ÷ ܡܢ ܒܝܬ ܥܒܕܘܬܐ ÷ ܘܢܫܡܥ
ܟܠܗ ܥܡܐ ܘܢܕܚܠ ÷ ܘܠܐ ܢܘܣܦܘܢ ܠܡܥܒܕ
f. 113 a ܕܥܒܕܘܢ ܒܝܢܬܟܘܢ ܐܝܟ ܡܠܬܐ ܗܕܐ ܒܝܫܬܐ ÷
12 ܐܢ ܕܝ ܬܫܡܥ ܒܚܕܐ ܡܢ ܡܕܝܢ̈ܬܐ ܕܡܪܝܐ ܐܠܗܟ
13 ܝܗܒ ܠܟ ܕܬܥܡܘܪ ܬܡܢ ܕܐܡܪܝܢ ܢܦܩܘ ܓܒܪ̈ܝܢ

ܒܒܢܝܢܝܫܘܬܐ[1] ܡܢܟܘܢ ܘܐܛܥܝܘ ܠܟܘܠ ܗܘܠܝܢ
ܕܡܕܝܢ ܒܡܕܝܢܬܗܘܢ ܐܡܪܝܢ ܢܐܙܠ ܢܦܠܘܚ ܠܐܠܗܝܢ
14 ܣܛܪܢܝܢ ܗܠܝܢ ܕܠܐ ܚܟܡܬܘܢ ܢܚܩܘܢ ܘܬܫܐܠ ܘܬܒܥܐ
ܘܬܒܥܘܠ ܘܬܫܐܠ ܠܚܕܐ ܀ ܘܗܐ ܫܪܝܪܐ ܫܪܝܪܐܝܬ ܗܝ
ܡܠܬܐ ܀ ܘܐܬܥܒܕܬ ܡܣܐܒܘܬܐ ܗܕܐ ܒܝܢܝܟܘܢ ܀ f. 113b
15 ܡܩܛܠ ܬܩܛܠ ܠܟܘܠ ܗܠܝܢ ܕܒܡܕܝܢܬܐ ܗܝܕ
ܒܦܘܡ ܕܣܝܦܐ ܀ ܡܚܪܡܐ ܬܚܪܡܘܢ ܗܝܕ ܘܟܘܠ
16 ܡܐ ܕܒܗ ܀ ܘܬܟܢܫ ܟܘܠܗ ܒܙܬܗ ܠܦܬܘܬܗ ܘܬܘܩܕ
ܒܡܕܝܢܬܐ ܒܢܘܪܐ ܀ ܘܟܘܠܗ ܒܙܬܐ ܘܟܘܠ ܐܩܠܘܣܗ
ܡܘܕܡ ܡܪܝܐ ܐܠܗܟ ܀ ܘܬܗܘܐ ܕܠܐ ܡܬܒܢܝܐ ܠܥܠܡ ܀
17 ܠܐ ܒܥܘܕ ܬܬܒܢܝܐ ܘܟܠܘܡ ܠܐ ܢܕܒܩ ܒܐܝܕܝܟ ܡܢ f. 114a
ܚܪܡܐ ܀ ܕܬܘܒ ܡܪܝܐ ܡܢ ܪܘܓܙܐ ܕܚܡܬܗ ܀ ܘܝܬܠ
ܠܟ ܕܪܚܡܝܢ ܘܝܪܚܡܢܟ ܚܠܦܝܟ ܘܝܣܓܐ ܝܬܟ ܗܝܟܡܐ
18 ܕܝܡܐ ܡܪܝܐ ܠܐܒܗܬܟ ܀ ܐܢ ܬܫܡܥ ܒܩܠܗ
ܕܡܪܝܐ ܐܠܗܟ ܕܬܛܪ ܟܘܠܗܘܢ ܦܘܩܕܘܗܝ ܗܠܝܢ ܕܐܢܐ
ܡܦܩܕ ܠܟ ܝܘܡܢ ܘܬܥܒܕ ܡܐ ܕܫܦܝܪ ܘܡܐ ܕܬܪܝܨ f. 114b
14. 1 ܩܕܡ ܡܪܝܐ ܐܠܗܟ ܀ ܒܢܝ ܐܢܬܘܢ ܕܡܪܝܐ
ܐܠܗܟܘܢ ܀ ܠܐ ܬܬܦܪܣܘܢ ܘܠܐ ܬܥܒܕܘܢ ܩܪܚܐ
2 ܒܝܢ ܥܝܢܝܟܘܢ ܥܠ ܡܝܬܐ ܀ ܕܥܡܐ ܩܕܝܫ ܐܢܬ ܠܡܪܝܐ
ܐܠܗܟ ܀ ܕܬܗܘܐ ܠܗ ܥܡ ܝܬܝܪ ܡܢ ܟܘܠܗܘܢ
3 ܥܡܡܝܐ ܕܥܠ ܐܦܝ ܕܟܘܠܗ ܐܪܥܐ ܀ ܠܐ ܬܝܟܠܘܢ f. 115a
ܟܘܠ ܡܣܐܒ ܥܠܡ

[1] Cod. ܒܒܢܝܫܘ

54

Job 21. 1—34.

1 ܦܪ̈ܝܐܢ ܬܝܢܝܐܢ ܡܢ ܐܝܘܒ ܘܥܢܐ ܐܝܘܒ ܘܐܡܪ̈
2 ܫܡܥܘ ܫܡܥܘ[1] ܠܡܠܝ ܀ ܠܟܠܠ ܕܠܐ ܬܗܘܐ ܠܝ ܗܕܐ
3 ܡܢ ܠܘܬܟܘܢ ܠܬܘܢܚܡܝܢ ܀ ܫܒܘܩܘ ܠܝ: ܐܢܐ ܕܝ
4 ܐܡܠܠ ܀ ܘܒܬܪ ܐܬܘܢ ܠܐ ܬܚܟܘܢ ܒܝ ܀ ܡܗ ܐܢܐ ܠܒܪ̈
ܕܡܟܐ ܠܐ ܕܒܢ̈ܫ ܗܘ ܒܘܟܝ ܀ ܐܦ ܠܡܟܐ ܠܐ
f. 115b 5 ܐܬܦܢܘܬܬ ܕܐܬܡܗܘܢ ܒܝ ܘܬܬܡܗܘܢ ܀ ܘܐܫܬܩܘܢ
6 ܐܢܕܟܘܢ ܟܠ ܠܘܟܒܝܢ ܀ ܐܢ ܒܪ̈ ܐܬܕܒܪ̈ܬ
7 ܡܛܠܒܒ ܐܢܐ ܀ ܘܡܫܬܝܐ ܢܛܒܝܢ ܒܣܪܝ ܀ ܠܡܟܐ
8 ܕܪ̈ܫܝܥܐ ܚܝܝܢ ܘܡܬܩܢܝܢ ܐܘܦ ܒܥܘܬܪܐ ܀ ܙܪܥܗܘܢ
9 ܒܢܦܫܗܘܢ ܀ ܒܝܬܗܘܢ ܕܝ ܒܒܝܬܗܘܢ ܒܫܬܗܘܢ sic
f. 116a ܡܢ ܠܚܝܢ ܀ ܕܫܠܐ ܕܝ ܠܝܬ ܥܠܝܗܘܢ ܀ ܘܡܚܘܕܐ ܡܢ
10 ܡܪܝܐ ܠܝܬ ܥܠܝܗܘܢ ܀ ܬܘܪܬܗܘܢ ܕܝ ܟܠܦܬ ܘܠܐ
11 ܫܠܦܬ ܘܐܬܦܠܛܬ ܟܠܦܬܗܘܢ ܘܠܐ ܐܒܕܬ ܀ ܘܗܘܢ
ܡܢܗܝܢ ܗܘܝܢ ܐܡܪܝܢ ܕܠܥܠܡ ܀ ܘܒܢܝܗܘܢ ܡܓܚܟܝܢ
12 ܘܢܫܩܝܢ ܚܒܪܐ ܘܩܝܬܪܐ ܘܡܫܬܡܥܝܢ ܒܩܠܐ ܕܙܡܪ̈ܐ ܀
13 ܫܠܡܘ ܒܛܒ̈ܬܗܘܢ ܒܠܝܢ ܀ ܘܒܢܝܚܘ ܕܫܝܘܠ ܢܚܬܘ ܀
f. 116b 14 ܐܡܪ̈ܘ ܕܝ ܠܡܪܝܐ ܙܠܘܩ ܡܢܢ ܀ ܠܡܕܥ ܕܝܕܥܐ ܐܢܚܢ ܐܪ̈ܚܟ
15 ܐܘܪ̈ܚܬܟ ܡܢ ܕܥܒܕ ܕܢܫܬܥܒܕ ܠܗ ܀ ܐܦ̈ ܡܗ ܗܢܝܐ
16 ܕܐܝܢ ܡܬܚܫܒܝܢ ܠܗ ܀ ܡܣܒܪ ܠܓܒܪܐ ܗܘܝ ܒܝܢ ܐܝܕܝܗܘܢ ܀
17 ܘܒܥܘܒܕܝܗܘܢ ܕܪ̈ܫܝܥܐ ܠܐ ܣܡܟܐ ܀ ܠܐ ܒܪ ܐܠܐ
ܐܘܦ ܒܡܓܝܢܗܘܢ ܕܪ̈ܫܝܥܐ ܫܦܟܐ ܀ ܘܗܦܟܬܐ ܐܬܬܐ

[1] Cod. ܠܡܠܝ

ܚܠܒܗܘܢ ÷ ܚܝܕܘܢ ܬܗܘܢ ܚܒܠܝܐ ܡܢ ܪܘܓܙܐ ÷ f. 117a
18 ܘܝܗܘܢ ܗܝܟ ܬܒܢܐ ܡܢ ܪܘܚܐ ܐܝܟ ܗܡܚܒܪܐ
19 ܕܪܒܘܚܐ ܕܢܣܒ ܬܗܘ ܒܠܒܠܐ ÷ ܢܣܦܪܘܢ ܡܢܝܚܘܗܝ
20 ܒܢܝܢ ÷ ܘܝܚܙܐ ܠܗ ܠܡܫܠܡܘܗܝ[1] ܘܝܕܥ ܬܗܘ ÷ ܚܝܠܗܘܢ
21 ܒܢܘܗܝ ܡܠܠܗ ܘܡܢ ܡܪܐ ܠܐ ܬܫܬܝ ÷ ܕܨܒܘܬܗ
ܒܒܝܬܗ ܡܢ ܒܬܪܗ ÷ ܘܡܢܝܢܗܘܢ ܕܝܪܚܘܗܝ ܐܬܦܠܓܘ ÷
22 ܕܡܢܐ ܠܐ ܡܪܐ ܗܘ ܗܕܝܢ ܕܡܠܦ ܒܝܕܥܬܐ ÷ ܘܐܘܦ f. 117b
23 ܡܕܝܢܐ ÷ ܗܢܘ ܒܕܡ ܡܫܠܡܐ ÷ ܒܪܘ ܡܐܬܐ ܒܥܠ
ܫܠܡܘܬܗ ܕܢܦܫܗ ÷ ܘܥܠܘܗܝ ܒܪܐ ܘܡܨܠܚ ÷
24 ܘܟܠܝܗܘܢ ܡܠܝܢ ܡܢ ܫܘܡܢܐ ÷ ܘܫܘܡܢܗ ܡܫܬܦܟ ÷
25 ܘܦܪ̈ܫܝܢ ܡܐܬܐ ܡܢ ܡܪܝܪܘܬܗ ܕܢܦܫܗ ÷ ܕܠܐ ܐܟ̈ܠ
26 ܒܠܘܡ ܛܒ ÷ ܗܝܟ ܚܕܐ ܕܝ ܗܘܢܘܢ ܕܡܟܡܝܢ ܒܠ f. 118a
27 ܐܪ̈ܥܐ ÷ ܘܪܡܬܐ ܕܝ ܚܦܝܬ ܐܢܘܢ ÷ ܗܘܐ ܐܦ
ܝܕ̈ܥ ܐܢܐ ܠܟܘܢ ܕܒܪܢܝܢܘܢ ܐܬܘܢ ܕܬܐܡܪܘܢ ܥܠܝ ÷
28 ܕܐܬܘܢ ܐܡܪܝܢ ܗܝܢ ܗܘ ܒܝܬܗ ܕܐܪܟܘܢܐ ÷ ܘܗܢ
29 ܗܝ ܡܫܪܝܬܐ ܕܡܫܟܢܝܗܘܢ ܕܪ̈ܫܝܥܝܐ ÷ ܫܐܠܘ ܠܥܒܪ̈ܝܗ
30 ܕܐܘܪ̈ܚܬܐ ܘܠܐ ܬܫܟܚܘܢ ܐܬܘܬܗܘܢ ÷ ܕܠܝܘܡܐ
ܕܐܒܕܢܐ ܡܬܦܠܓ ܒܝܫܐ ÷ ܘܠܝܘܡܐ ܕܪ̈ܘܓܙܐ ܗܘܝܢ f. 118b
31 ܡܕܒܪܝܢ ÷ ܡܢ ܡܬܢܐ ܩܕܡܘܗܝ ܐܘܪܚܬܗ ܘܡܢ ܕܗܘ
32 ܥܒܕ ܡܢ ܦܪܥ ܠܗ ÷ ܐܘܦ ܗܘ ܐܙܠ ܠܡܩܒܪܐ ÷ ܘܥܠ
33 ܩܒܪܐ ܕܐܒܝܠܝܐ ܗܘ ܫܗܪ ÷ ܚܠܝܘ ܠܗ ܓܪ̈ܘܪܝ ܕܢܚܠܐ ÷
ܘܡܢ ܒܬܪܗ ܟܘܠ ܐܢܫ ܐܙܠ ÷ ܘܡܢ ܩܕܡܘܗܝ ܕܠܝܬ
34 ܠܗܘܢ ܡܢܝܢܐ ÷ ܗܝܟ ܕܝ ܐܬܘܢ ܡܢܚܡܝܢ ܠܝ
ܒܪܝܩܘ ÷ ܘܕܡܬܢܚ ܕܝ ܡܢܟܘܢ ܠܐ ܒܠܘܡ

[1] Cod. ܘܝܕܥܘܝ

55

ISAIAH 43. 10—21.

ܡܪ̈ܝܐܢ ܛܠܝܬܝ، ܡܢ ܥܒܕܐ ※ ܗܘܘ ܠܝ ܣܗܕܝܢ ܘܐܢܐ 10
ܣܗܕ ܐܡܪ ܡܪ̈ܝܐ ܐܠܗܐ ܀ ܘܛܠܝܐ ܗܕܝܢ ܕܒܚܪ̈ܬ ܀
ܕܬܕܥܘܢ ܘܬܗܝܡܢܘܢ ܘܬܣܬܟܠܘܢ ܕܐܢܐ ܗܘܐ
ܡܢ ܩܕܡܝ ܠܐ ܗܘܐ ܐܠܗ ܚܘܪܢ ܘܡܢ ܒܬܪܝ، ܠܐ
f. 119b ܗܘܐ̈ ܀ ܐܢܐ ܐܠܗ ܘܠܝܬ ܠܒܪ ܡܢܝ ܕܡܦܪܩܐ̇ ܀ ܐܢܐ 11, 12
ܬܢܝܬ ܘܡܠܠܬ ܀ ܘܐܫܡܥܬ ܘܐܫܬܡܥܬ ܘܠܐ ܗܘܐ ܒܟܘܢ
ܢܘܟܪ̈ܝ، ܀ ܐܬܘܢ ܠܝ ܣܗܕܝܢ ܘܐܢܐ ܡܪ̈ܝܐ ܐܠܗܐ ܬܘܒܢ 13
ܡܢ ܪܫ ܀ ܘܠܝܬ ܡܢ ܕܡܦܨܐ̇ ܡܢ ܒܝܕܝ، ܀ ܐܥܒܕ ܀ ܒܥܒܕ
ܐܢܐ ܒܥܒܕ ܡܢ ܗܘ ܗܕܢ ܕܗܦܟ ܠܗ ܀ ܗܟܕܢ 14
ܐܡܪ ܡܪ̈ܝܐ ܐܠܗܐ ܗܕܢ ܕܦܪ̈ܩ ܝܬܟܘܢ ܩܕܝܫܐ
f. 120a ܕܐܝܣܪܐܠ ܀ ܕܠܒܒܠܟܘܢ ܐܢܐ ܡܫܕܪ ܠܟܒܠ ܀ ܘܐܢܐ
ܡܛܒܥ ܟܘܠܗܘܢ ܒܥܪܘܩܝܢ ܘܟܠܕܝ̈ܐ ܒܐܠܦܝܐ
ܬܬܟܒܫܘܢ ܀ ܐܢܐ ܡܪ̈ܝܐ ܐܠܗܐ ܩܕܝܫܟܘܢ ܗܕܢ 15
ܕܐܘܕܥܬ ܐܘܪܚܐ ܡܠܝܟ ܚܠܟܘܢ ܀ ܕܗܟܕܢ ܐܡܪ 16
ܡܪ̈ܝܐ ܗܕܢ ܕܝܗܒ ܒܝܡܐ ܐܘܪܚ ܘܫܒܝܠ ܒܡܝܢ
f. 120b ܚܝܠܝܢ ܀ ܗܕܢ ܕܦܩ ܡܪ̈ܟܒܝܢ ܘܣܘܣܘܢ 17
ܘܐܘ̈ܟܠܘܣ ܚܝܠ ܀ ܐܠܐ ܕܕܡܟܘ ܘܠܐ ܡܩܝܡܝܢ ܀
ܛܦܘ ܗܝܟ ܕܡܛܦܝܐ ܒܨ ܦܬܝܠܐ ܀ ܠܐ ܬܕܟܪ̈ܘܢ 18
ܠܩܕܡܝܬܐ ܘܩܕܡܐ ܕܡܢ ܩ̈ܕܝܡ ܠܐ ܬܗܘܘܢ ܡܬܒܝܢܝܢ ܀
ܕܗܐ ܐܢܐ ܥܒܕ ܚܕܬܢ ܡܢܐ ܕܥܒܕܘ ܕܢܚܝ ܀ ܘܐܬܘܢ 19
ܡܟܢܫ ܠܗܘܢ ܀ ܘܐܢܐ ܥܒܕ ܐܘܪܚ ܒܡܕܒܪ̈ܐ ܀ ܘܗܘ

20 ܕܠܐ ܗܘܐ ܡܢ ܢܒܪܝܐ ܀ ܠܬܒܪܝܢܟ ܗ̇ܝ ܣܘܬܗ ܕܦܪܘ̈ܫܝܐ ܀ f. 121a
ܣ̈ܦܪܝܐ ܘܚܟܝܡܝܢ ܕܐܬܚܫܒܬܐ ܕܢܡܘܣܬ ܡܢ ܟܡܕܒܪܢܘܬܐ ܀
ܘܢܡܘܣܝܢ ܗܘ̈ܢ ܕܠܐ ܗܘܐ ܡܢ܀ ܕܢܥܘܠܘ̇ ܡܠܟ ܒܫܡܝ̈ܐ ܀
21 ܘܗܠܐ ܗܘܕ ¹ܕܡܡܠܠܬ ܠܝ ܐ̇ܡܪܗܝ ܗܘ ܡ̇ܬܝܢ

56

PSALM **29**. 3, 1.

ܒܝܘܡܐ ܕܫܒܘܚܬܐ ܕܡܘܕܝܢ ܐܘܠܝܠܘܝܐ ܫܒܘܚܝܐ
3 ܡܪܝܐ ܐܣܩܬ ܡܢ ܫܝܘܠ ܢܦܫܝ܃ ܐܚܝܬ ܠܝ, ܡܢ ܗܠܝܢ f. 121b
1 ܕܢܚܬܝܢ ܠܓܘܒܐ ܀ ܫܒܚܘܗܝ ܢܨܘܪܝܢܟ ܡܪܝܐ ܕܡܒܠܬ
ܠܝ ܀ ܘܠܐ ܐܚܕܝܬ ܥܠܝ ܒܥܠܕܒܒ̈ܝ

57

I THESSALONIANS **4**. 13—18.

13 ܩܪܝܢܐ ܡܢ ܐܓܪܬܐ ܕܬܣܠܘܢܝܩܝܢ ⁜ ܠܝܬ ܐܢܚܢܐ ܕܝ
ܨܒܝܢ ܕܝ ܕܠܐ ܬܗܘܘܢ ܝ̇ܕܥܝܢ ܐܚܝܐ ܥܠ ܦܠܓ ܗܠܝܢ
ܕܕܡܟܘ ܀ ܕܠܐ ܬܗܘܘܢ ܡܬܥܝܩܝܢ ܗܝܟ ܕܫܪܟܬܐ ܀
14 ܗܠܝܢ ܕܠܝܬ ܠܗܘܢ ܣܒܪ ܀ ܐܢ ܓܝܪ ܡܗܝܡܢܝܢ ܐܢܢ f. 122a
ܕܝܫܘܥ ܡܝܬ ܘܩܡ ܀ ܗܟܢ ܐܠܗܐ ܐܘܦ ܠܗܠܝܢ
ܕܕܡܟܘ ܕܝܫܘܥ ܡܢܝܚܐ ܗܘ ܡܟܢܫ ܘܡܝܬܐ ܠܗܘܢ
15 ܒܡܠܬܗ ܀ ܗܕܐ ܓܝܪ ܐܢܚܢܐ ܐܡܪܝܢ ܠܟܘܢ ܒܡܠܬܗ
ܕܡܪܝܐ ܀ ܕܐܢܚܢ ܗܠܝܢ ܕܚܝܝܢ ܗܠܝܢ ܕܡܫܬܪܝܢ ܀
ܠܡܐܬܝܬܗ ܕܡܪܝܐ ܀ ܠܝܬ ܐܢܢ ܡܩܕܡܝܢ ܀ ܒܗܠܝܢ f. 122b

¹ Cod. ܕܡܡܠܠܬ ܠܝ

16 ܕܕܡܠܟܘ ܀ ܠܟܘܠ ܕܗܘ ܡܪܝܐ ܒܟܘܢܝ ܒܟܠܗ ܕܪܝܫ
ܡܠܟܝܢܐ ܀ ܘܒܟܠܗ ܕܡܪܝܐ ܕܐܠܗܐ ܢܣܬ ܡܢ ܠܗ ܘܠ
17 ܥܘܡܪܝܢܐ ܀ ܘܡܫܘܬܐ ܕܒܡܥܫܢܝܐ ܡܐܡܝܢ ܡܚܣܢ ܀ ܘܡܢ
ܒܬܪ ܒܢܝ ܐܢܝ ܗܠܝܢ ܕܢܫܝ ܗܠܝܢ ܕܡܥܬܬܪܝܢ ܗܘܝܬ
ܢܝܐ ܒܡܗܘܢ ܐܢܗ ܡܬܓܠܝܢ ܒܚܢܝܢܐ ܠܐܘܪܒܘܬܗ
f. 123a ܕܡܪܝܐ ܒܐܪܐܐ ܀ ܘܗܒܢܝܢ ܒܒܗܠ ܒܪ ܡܢ ܡܪܝܐ
18 ܐܢܗ ܗܘܝܢ ܀ ܗܘܐ ܐܘܢ ܢܣܒܘ ܦܠܓܘܢ ܠܦܠܓ
ܒܗܠܝܢ ܡܠܝܐ ○

58

PSALMS 97. 8, 1, 8. 1, 2.

ܘܩܡ ܚܕ ܒܥܘܒܐ ܕܐܘܠܦܢܘܬܐ ܥܒܘܕܐ ܦܘܪܩܢܐ
8 ܫܡܥܘ ܥܡܡܝ ܡܢ ܩܘܕܡ ܐܦܘܝ ܕܡܪܝܐ ܕܗܘ ܐܬܐ ܠܡܕܢܗ
1 ܐܫܒܚܘ ܠܡܪܝܐ ܫܒܚܐ ܚܕܬܐ ܀ ܠܟܘܠ ܕܬܡܗܬܗ ܥܒܕ
8. 1 ܟܠ ܗܠܠܘܝܐ ܘ ≡ ܡܪܝܐ ܡܪܝܐ ܡܠܟܬܗ ܗܘ ܫܒܚܝܟ
f. 123b ܒܟܘܠܗ ܐܪܥܐ ܀ ܐܬܪܡܡ ܪܒܘܬܗ ܕܫܡܝܟ ܠܟܠ ܡܢ
2 ܫܡܝܐ ܀ ܡܢ ܦܘܡܗܘܢ ܕܝܠܘܕܝܢ ܝܢܘܩܝܢ ܫܟܠܠܬ ܠܟ
ܬܫܒܘܚܬܐ

59

EPHESIANS 1. 3—14.

ܦܪܝܫܐ ܡܢ ܐܓܪܬܐ ܕܐܦܣܝܘܢ ܗܘ ܡܬܩܪܝ،
3 ܕ ܡܒܪܟ ܗܘ ܐܠܗܐ ܘܐܒܘܗܝ ܕܡܪܢ ܝܫܘܥ
ܡܫܝܚܐ ܀ ܗܘ ܕܒܪܟ ܠܢ ܒܟܘܠ ܒܪܟܐ ܕܪܘܚ

4 ܒܫܘܡܝܐ ܒܡܫܝܚܐ ⁘ ܗܝܟ ܒܟܠ ܡܢܐ ܕܒܚܪ ܠܢ
ܒܗ ܩܕܡ ܥܕ ܠܐ ܫܟܠܘܠܗ ܕܥܠܡܐ ⁘ ܕܢܗܘܐ ܩܕܝܫܝܢ f. 124a
5 ܘܠܝܬ ܡܘܡ ܩܕܡܘܗܝ ܒܚܘܒܐ ⁘ ܕܩܕܡ ܐܦܪܫ ܠܢ
ܠܒܪܘ ܒܝܫܘܥ ܡܫܝܚܐ ܠܘܬܗ ⁘ ܗܝܟ ܨܒܝܢܐ
6 ܕܪܥܝܢܗ ⁘ ܠܫܘܒܚܐ ܕܬܫܒܘܚܬܗ ܕܛܝܒܘܬܗ ⁘ ܗܕܝܢ
7 ܕܛܝܒܘ ܥܒܕ ܠܢ ܒܚܒܝܒܐ ⁘ ܕܒܗ ܐܝܬ ܠܢ ܦܘܪܩܢܐ
8 ܒܐܕܡܗ ܠܫܒܘܩܝܢ ܕܐܫܘܬܢ ⁘ ܗܝܟ ܥܘܬܪܐ
ܕܛܝܒܘܬܗ ܗܕܐ ܕܐܬܥܬܪܬ ܥܠܝܢ: ܒܟܠ ܚܟܡܐ
9 ܘܒܣܘܟܠ ܕܐܘܕܥ ܠܢ ܪܙܐ ܕܪܥܝܢܗ ⁘ ܗܝܟ ܪܥܝܢܗ f. 124b
10 ܕܗܕܢ ܕܥܒܕ ܐܢܘܢ ܒܗ ܠܦܪܢܣܘܬܐ ܕܡܫܠܡܘܢ
ܕܙܒܢܝܐ ⁘ ܕܢܟܢܫ ܟܘܠܐ ܒܡܫܝܚܐ ⁘ ܡܐ ܕܥܠ
11 ܫܘܡܝܐ ⁘ ܘܡܐ ܕܥܠ ܐܪܥܐ ܒܗ ⁘ ܗܕܢ ܕܒܗ
ܐܦ ܚܠܩܢ ܒܢܝ ⁘ ܕܐܬܦܪܫܢ ܒܐܬܩܘܬܗ ܕܐܠܗܐ ⁘ f. 125a
ܗܕܢ ܕܟܘܠܐ ܒܟܘܠܐ ܡܫܡܠ ⁘ ܗܝܟ ܡܠܟܐ
12 ܕܪܥܝܢܗ ⁘ ܕܢܗܘܐ ܐܢܚ ܠܫܘܒܚܐ ܕܬܫܒܘܚܬܗ ⁘ ܗܠܝܢ
13 ܕܣܒܪܘ ܘܩܕܡܘ ܒܡܫܝܚܐ ⁘ ܕܒܗ ܐܦ ܐܢܬܘܢ
ܫܡܥܬܘܢ ܡܠܬܐ ܕܩܘܫܛܐ ܒܣܒܪܐ ܕܚܝܝܟܘܢ ⁘
ܗܕܢ ܕܒܗ ܐܦ ܗܝܡܢܬܘܢ ⁘ ܘܐܬܚܬܡܬܘܢ
14 ܒܪܘܚܐ ܕܩܘܕܫܐ ⁘ ܕܡܘܠܟܢܐ ⁘ ܗܝܟ ܕܗܘ ܥܪܒܘܢܐ f. 125b
ܕܝܪܬܘܬܢ ܠܦܘܪܩܢܐ ܕܩܢܝܢܘܬܐ ܠܫܘܒܚܐ
ܕܬܫܒܘܚܬܗ ⁘

60

Genesis 1. 1—3. 24.

ܩܪܝܢܐ ܕܥܪܘܒܬܐ ܘܕܫܒܬܐ ܕܦܤܚܐ ܗܘܢ ܬܪܝܢܐ ܪܒܐ ܦܪܝܫܐ ܗܘ ܗܘ ܡܬܘܪܐ ܡܢ ܪܫܝܗ ܕܫܦܪܐ ܕܟܠܗ ܘܬܘܒ ܗܘ ܡܬܘܪܐ ܗܘ ܬܠܬܗ ܕܡܫܒܚܐ ܘܬܘܒ ܗܘ ܡܕܒܚܢܗܘܢ ܕܡܫܒܚܐ ܕܡܬܦܩܢܘܬܐ

f. 126a ✠ ܡܢ ܪܫ ܒܪܐ ܐܠܗܐ ܫܡܝܐ ܘܐܪܥܐ ⁘ ܐܪܥܐ 1, 2
ܕܝ ܗܘܬ ܠܐ ܡܬܚܙܝܐ ܘܠܐ ܡܫܟܠܠܐ ⁘ ܘܩܒܠܐ
ܗܘܐ ܠܥܠ ܡܢ ܬܗܘܡܐ ⁘ ܘܪܘܚܗ ܕܐܠܗܐ ܗܘܬ
3 ܡܪܚܦܐ ܠܥܠ ܡܢ ܡܝܐ ⁘ ܘܐܡܪ ܐܠܗܐ ܝܗܐ
4 ܢܗܘܪ ܘܗܘܐ ܢܗܘܪ ⁘ ܘܚܡܐ ܐܠܗܐ ܠܢܗܘܪܐ ܕܗܐ
f. 126b ܛܒ ⁘ ܘܐܦܪܫ ܐܠܗܐ ܒܝܢ ܢܗܘܪܐ ܘܠܒܝܢ ܩܒܠܐ ⁘
5 ܘܩܪܐ ܐܠܗܐ ܠܢܗܘܪܐ ܐܝܡܡܐ ⁘ ܘܠܩܒܠܐ ܩܪܐ
ܠܠܝܐ ⁘ ܘܐܬܥܒܕ ܪܡܫ ܘܐܬܥܒܕ ܨܦܪ ܝܘܡ ܚܕ ⁘
6 ܘܐܡܪ ܐܠܗܐ ܝܬܥܒܕ ܫܘܪܪܐ ܒܡܨܥ ܡܝܐ: ܘܝܗܐ
7 ܡܦܪܫ[1] ܒܝܢ ܡܝܐ ܠܡܝܐ ܘܐܬܥܒܕ ܟܢ ⁘ ܘܥܒܕ ܐܠܗܐ
ܫܘܪܪܐ ⁘ ܘܐܦܪܫ ܐܠܗܐ ܒܝܢ ܡܝܐ ܕܗܘܘ ܬܚܘܬ
f. 127a 8 ܫܘܪܪܐ ܠܒܝܢ ܡܝܐ ܕܠܥܠ ܡܢ ܫܘܪܪܐ ⁘ ܘܩܪܐ ܐܠܗܐ
ܠܫܘܪܪܐ ܫܡܝܐ ⁘ ܘܚܡܐ ܐܠܗܐ ܕܗܐ ܛܒ ⁘ ܘܗܘܐ
9 ܪܡܫ ܘܗܘܐ ܨܦܪ ܝܘܡ ܬܢܝܢ ⁘ ܘܐܡܪ ܐܠܗܐ
ܐܬܟܢܫܘ ܡܝܐ ܕܬܚܘܬ ܫܡܝܐ ܠܟܢܫܐ ܚܕܐ
ܘܬܬܚܙܝ ܝܒܫܬܐ ܘܐܬܥܒܕ ܟܢ ⁘ ܘܐܬܟܢܫܘ ܡܝܐ
10 ܠܟܢܫܝܗܘܢ ܘܐܬܚܙܝܬ ܝܒܫܬܐ ⁘ ܘܩܪܐ ܐܠܗܐ

[1] Cod. ܡܥܪܫ

ܠܝܒܝܫܬܐ ܐܪܥܐ ܘܠܟܢܫܘܬܗܘܢ ܕܡܝܐ ܩܪܐ ܝܡܡܝܐ ܀ f. 127b
11 ܘܚܡܐ ܐܠܗܐ ܕܗܘܐ ܛܒ ܀ ܘܐܡܪ ܐܠܗܐ ܬܕܬܝܚ
ܐܪܥܐ ܥܣܒܐ ܕܥܣܒܝܪܐ ܕܙܪܥܝܢ ܙܪܥ ܗܘܝܢ ܠܦܘܣܗܘܢ
ܘܗܘܝܢ ܕܕܡܘܬܗ ܀ ܘܐܝܠܢ ܕܦܐܪܝܢ ܕܥܒܕ ܦܐܪܝܢ: ܕܗܘܝܢ
ܕܙܪܥܗ ܒܗ ܗܘܝܢ ܕܕܡܘܬܗ ܥܠ ܐܪܥܐ ܘܗܘܐ ܟܢ ܀
12 ܘܐܦܩܬ ܐܪܥܐ ܥܣܒܐ ܕܥܣܒܝܪܐ ܕܙܪܥܝܢ ܙܪܥ f. 128a
ܗܘܝܢ ܠܦܘܣܗܘܢ ܘܗܘܝܢ ܕܕܡܘܬܗ ܀ ܘܐܝܠܢ ܕܦܐܪܝܢ ܕܥܒܕ
ܦܐܪܝܢ ܕܗܘܝܢ ܙܪܥܗ ܒܗ ܗܘܝܢ ܠܦܘܣܗܘܢ ܥܠ ܐܪܥܐ ܀
13 ܘܚܡܐ ܐܠܗܐ ܕܗܘܐ ܛܒ ܀ ܘܗܘܐ ܪܡܫ ܘܗܘܐ ܨܦܪ[1]
14 ܬܠܝܬܝ ܀ ܘܐܡܪ ܐܠܗܐ ܢܬܥܒܕܘܢ ܢܗܘܪܝܢ ܒܪܩܝܥܐ f. 128b
ܕܫܡܝܐ ܕܝܗܘܢ ܡܢܗܪܝܢ ܥܠ ܐܪܥܐ ܀ ܘܝܗܘܢ
ܡܦܪܫܝܢ ܒܝܢ ܐܝܡܡܐ ܠܒܝܢ ܠܠܝܐ ܀ ܘܝܗܘܢ ܠܐܬܘܢ
15 ܘܠܙܒܢܝܢ ܘܠܝܘܡܝܢ ܘܠܫܢܝܢ ܀ ܘܝܗܘܢ ܠܢܗܘܪ ܒܪܩܝܥܐ
ܕܫܡܝܐ ܀ ܕܝܗܘܢ ܡܢܗܪܝܢ ܥܠ ܐܪܥܐ: ܘܗܘܐ ܟܢ:
16 ܘܥܒܕ ܐܠܗܐ ܬܪܝܢ ܢܗܘܪܝܢ ܪܒܪܒܝܢ: ܢܗܘܪܐ ܪܒܐ f. 129a
ܪܒ ܠܝܘܡܐ: ܘܢܗܘܪܐ ܙܥܘܪܐ ܪܒ ܠܠܠܝܐ ܀ ܘܟܘܟܒܝܐ
17 ܘܐܬܩܡ ܐܢܘܢ ܐܠܗܐ ܒܓܘ ܪܩܝܥܐ ܕܫܡܝܐ
18 ܕܝܗܘܢ ܡܢܗܪܝܢ ܥܠ ܐܪܥܐ ܘܝܗܘܢ ܪܒ ܠܝܘܡܐ
ܘܠܠܠܝܐ ܀ ܘܝܗܘܢ ܡܦܪܫܝܢ ܒܝܢ ܢܗܘܪܐ ܘܒܝܢ ܚܫܘܟܐ ܀
19 ܘܚܡܐ ܐܠܗܐ ܕܗܘܐ ܛܒ ܀ ܘܗܘܐ ܪܡܫ ܘܗܘܐ ܨܦܪ
20 ܝܘܡ ܪܒܝܥܝ ܀ ܘܐܡܪ ܐܠܗܐ ܢܪܚܫܘܢ ܡܝܐ ܚܝܐ ܪܚܫܝܢ f. 129b
ܕܢܦܫ ܚܝܐ ܘܦܪܚܝܢ ܕܦܪܚܝܢ ܥܠ ܐܪܥܐ ܬܚܘܬ
21 ܪܩܝܥܐ ܕܫܡܝܐ ܘܐܬܥܒܕ ܟܢ ܀ ܘܥܒܕ ܐܠܗܐ

[1] Deest ܝܘܡ

ܡܬܠܘܫܐ ܪ̈ܘܪܒܐ ܘܟܠ ܢܦܫܐ ܕܚܝܘܬܐ ܕܪ̈ܚܫܐ ܀
ܗܠܝܢ ܕܐܦܩܘ ܡܝܐ ܠܓܢܣܗܘܢ ܀ ܘܟܠ ܦܪܚܐ
f. 130 a ܕܒܓܦܘܗ ܠܓܢܣܗ ܀ ܘܚܙܐ ܐܠܗܐ ܕܗܘܐ ܛܒ: ܘܒܪܟ 22
ܝܬܗܘܢ ܐܠܗܐ ܘܐܡܪ ܀ ܦܪܘ ܘܣܓܘ ܘܡܠܘ ܡܝܐ
ܕܒܝ̈ܡܡܐ ܀ ܘܦܪܚܬܐ ܬܣܓܐ ܥܠ ܐܪܥܐ ܀
ܘܗܘܐ ܪܡܫ ܘܗܘܐ ܨܦܪ ܝܘܡ ܚܡܝܫܝ ܀ ܘܐܡ̈ܪ 23, 24
ܐܠܗܐ ܬܦܩ ܐܪ̈ܥܐ ܢܦܫ ܚܝܐ ܠܓܢܣܗ ܕܐܪ̈ܒܥ
ܪ̈ܓܠܝܢ ܘܪܚܫܬܐ ܘܚܝܘܬܐ ܕܐܪ̈ܥܐ ܠܓܢܣܗ[1] ܀
f. 130 b ܘܟܠ ܪܚܫܬܐ ܕܐܪܥܐ ܠܓܢܣܗܝܢ ܀ ܘܚܙܐ ܐܠܗܐ 25
ܕܗܘܐ ܛܒ ܀ ܘܐܡ̈ܪ ܐܠܗܐ ܢܥܒܕ ܒܪ̈ܢܫ ܒܨܘܪܬܢ 26
ܘܗܝܟ ܕܕܡܘܬܢ ܀ ܘܢܗܘܢ ܪ̈ܕܝ ܥܠ ܢܘܢܝ̈ ܕܝܡܐ
ܘܥ̇ܠ ܦܪ̈ܚܬܐ ܕܫܡܝܐ: ܘܥܠ ܒܥܝ̈ܪܐ: ܘܥܠ ܟܠܗ
ܐܪܥܐ: ܘܥܠ ܟܠ ܪ̈ܚܫܬܐ ܕܪ̈ܚܫܝܢ ܥܠ ܐܪ̈ܥܐ ܀
ܘܒܪܐ ܐܠܗܐ ܠܒܪܢܫܐ ܒܨܘܪܬܗ ܕܐܠܗܐ ܒܪܐ ܝܬܗ ܀ 27
f. 131 a ܕܟܪ ܘܢܩܒܐ ܒܪܐ ܝܬܗܘܢ ܀ ܘܒܪ̈ܟ ܝܬܗܘܢ ܐܠܗܐ 28
ܘܐܡܪ ܀ ܦܪܘ ܘܣܓܘ ܘܡܠܘ ܝܬܗ ܠܐܪ̈ܥܐ ܘܟܒ̈ܫܘ
ܚܠܝܗ ܀ ܘܗܘܘ ܪ̈ܕܝ ܥܠ ܢܘܢܝ̈ ܕܝܡܐ: ܘܥܠ ܦܪ̈ܚܬܐ
ܕܫܡܝܐ: ܘܥܠ ܟܠ ܚܝܘܬܐ: ܘܥܠ ܟܠ ܒܥܝ̈ܪܐ:
ܘܥܠ ܟܠ ܪ̈ܚܫܬܐ ܕܪ̈ܚܫܝܢ ܥܠ ܐܪ̈ܥܐ ܀ ܘܐܡ̈ܪ 29
ܐܠܗܐ ܗܐ ܝܗܒܬ ܠܟܘܢ ܟܠ ܥܣܒܐ ܕܡܙܕܪ̈ܥ ܀
ܕܡܙܕܪ̈ܥ ܙܪ̈ܥ ܀ ܗܕܝܢ ܕܗܘ ܠܟܠ ܐܦܝ ܟܠܗ ܐܪ̈ܥܐ ܀
f. 131 b ܘܟܠ ܐܝܠܢ ܕܒܗ ܦܐܪ̈ܝܢ ܕܙܪ̈ܥ ܕܡܙܕܪ̈ܥ ܠܟܘܢ ܝܗܐ
ܠܡܐܟܘܠܬܐ ܘܠܟܠ ܚܝܘܬܐ ܕܐܪܥܐ ܘܠܟܠ ܦܪ̈ܚܬܐ 30

[1] Part of *vv.* 24 and 25 is omitted.

ܕܫܡܝܐ ܀ ܘܠܟܘܠ ܪܚܫܬܐ ܕܪ̈ܚܫܐ ܥܠ ܐܪ̈ܥܐ
ܕܒܗ ܢܦܫ ܚܝܐ ܀ ܘܟܘܠ ܥܣܒܐ ܝ̈ܘܪܩܐ ܠܡܐܟܘܠܐ
31 ܘܐܬܥܒܕ ܟܢ ܀ ܘܚܡܐ ܐܠܗܐ ܟܘܠ ܡܐ ܕܥܒܕ ܘܗܐ
ܛܒܝܢ ܠܚܕܐ ܀ ܘܗܘܐ ܪܡܫ ܘܗܘܐ ܨܦܪ ܝܘܡ f. 132 a
2. 1 ܫܬܝܬܝ ܀ ܘܐܫܬܟܠܠܘ ܫܡܝܐ ܘܐܪܥܐ ܘܟܘܠ
2 ܬܘܩܢܗܘܢ ܀ ܘܫܠܡ ܐܠܗܐ ܒܝܘܡܐ ܫܒܝܥܝܐ ܥܒܕܘܗܝ
ܡܐ ܕܥܒܕ ܀ ܘܐܬܢܝܚ ܒܝܘܡܐ ܫܒܝܥܝܐ ܡܢ ܟܘܠܗܘܢ
3 ܥܒܕܘܗܝ ܡܐ ܕܥܒܕ ܀ ܘܒܪܟ ܐܠܗܐ ܠܝܘܡܐ ܫܒܝܥܝܐ
ܘܩܕܫ ܝܬܗ ܀ ܕܒܗ ܐܬܢܝܚ ܡܢ ܟܘܠܗܘܢ ܥܒܕܘܗܝ ܀
4 ܗܠܝܢ ܕܒܪܝ ܐܠܗܐ ܕܥܒܕ ܀ ܗܕܝܢ ܗܘ ܣܦܪ̈ܐ f. 132 b
ܕܒܘܢܝܐ ܕܫܡܝܐ ܘܕܐܪܥܐ ܀ ܒܗ ܗܘܐ ܝܘܡܐ
5 ܕܒܗ ܥܒܕ ܐܠܗܐ ܫܡܝܐ ܘܐܪܥܐ ܘܟܘܠ ܝ̈ܘܪܩܐ
ܕܚܩܠܐ ܥܕ ܠܐ ܗܘ̇ܐ ܥܠ ܐܪܥܐ ܀ ܘܟܘܠ ܥܣܒܐ
ܕܐܪܥܐ ܥܕ ܠܐ ܨܡܚ ܀ ܠܐ ܓܝܪ ܐܡܛܪ̈ ܐܠܗܐ
ܥܠ ܐܪܥܐ ܘܐܢܫ ܠܐ ܗܘܐ ܕܝܦܠܘܚ ܝܬܗ ܠܐܪ̈ܥܐ ܀
6 ܡܒܘܥ ܕܝ ܗܘܐ ܣܠܩ ܡܢ ܐܪܥܐ ܘܗܘܐ ܡܫܩܐ̇
7 ܐܦܝܗ ܕܐܪ̈ܥܐ ܀ ܘܓܒܠ ܐܠܗܐ ܠܒܪ̈ܢܫܐ ܥܦܪ ܡܢ f. 133 a
ܐܪܥܐ ܀ ܘܢܦܚ ܒܐܦܘܗܝ ܢܫܡܬܐ ܕܚܝܝܢ ܀ ܘܐܬܥܒܕ
8 ܒܪܢܫܐ ܠܢܦܫ ܚܝܐ ܀ ܀ ⊙ ܘܢܨܒ ܐܠܗܐ ܦܪܕܝܣ
ܒܥܕܢ ܥܠ ܡܕܢܚܐ ܀ ܘܐܣܝܡ ܬܡܢ ܠܒܪ̈ܢܫܐ ܕܓܒܠ ܀
9 ܘܐܨܡܚ ܐܠܗܐ ܬܘܒ ܡܢ ܐܪ̈ܥܐ ܟܘܠ ܐܝܠܢ ܥܒܝ̈ܕ
ܠܡܚܙܝ̇ܐ ܘܛܒ ܠܡܐܟܠ ܀ ܘܐܝܠܢܐ ܕܚܝܐ ܒܡܨܥܬܗ
ܕܦܪܕܝܣܐ ܀ ܘܐܝܠܢܐ ܕܝܕܥ ܐܚܙܘܬܐ ܕܛܒ ܘܕܒܝܫ ܀ f. 133 b
10 ܢܗܪ ܕܝ ܢܦܩ ܡܢ ܥܕܢ ܕܡܫܩܐ̇ ܝܬܗ ܠܦܪ̈ܕܝܣܐ ܀ ܘܡܢ

11 ܬܡܢ ܗܘ ܦܪ̈ܫ ܠܐܪܒܥܐ ܪܫܝܢ ܀ ܫܡܗ ܕܚܕ ܦܝܫܘܢ
ܗܢܘ ܗܘ ܕܚܕܪ ܟܘܠ ܐܪ̈ܥܐ ܕܐܘܝܠܛ ܀ ܬܡܢ ܗܘ
12 ܕܗܒܐ ܀ ܕܗܒܐ ܕܝ ܕܬܡܢ ܐܪܥܐ ܛܒ ܀ ܘܬܡܢ ܗܝ
13 ܠܒܕܘ̈ܠܚܐ ܘܟܐܦܐ ܕܒܪ̈ܘܠܐ ܀ ܘܫܡܗ ܕܢܗܪܐ ܬܢܝܢܐ f. 134a
ܓܝܚܘܢ ܀ ܗܢܘ ܗܘ ܕܚܕܪ ܟܘܠܗ ܐܪ̈ܥܐ ܕܟܘܫܝܢ ܀
14 ܘܢܗܪܐ ܬܠܝܬܝܐ ܗܘ ܕܩܠܬ ܗܢܘ ܗܘ ܕܐܙܠ
15 ܠܩܘܒܠ ܐܬܘܪܐ ܀ ܘܢܗܪܐ ܪ̈ܒܝܥܝܐ ܗܘ ܦܪܬ ܀ ܘܢܣܒ
ܡܪܝܐ ܐܠܗܐ ܠܒܪ̈ܢܫܐ ܕܓܒܠ ܘܐܫܪܝ ܠܗ ܒܗ
16 ܒܦܪܕܝܣܐ ܕܢܗܘܐ ܦܠܚ ܠܗ ܘܢܛܪܝܗ̇ ܀ ܘܦܩܕ ܡܪܝܐ f. 134b
ܐܠܗܐ ܠܐܕܡ ܘܐܡܪ ܀ ܡܢ ܟܘܠ ܐܝܠܢ ܕܒܦܪܕܝܣܐ
17 ܡܐܟܠ ܬܐܟܘܠ ܀ ܡܢ ܐܝܠܢܐ ܕܝ ܕܝܕܥܬ ܛܒ ܘܒܝܫ ܠܐ
ܬܐܟܘܠܘܢ ܡܢܗ ܀ ܒܝܘܡܐ ܕܬܐܟܘܠܘܢ ܡܢܗ ܡܘܬ
18 ܬܡܘܬܘܢ ܀ ܘܐܡܪ ܡܪܝܐ ܐܠܗܐ ܠܐ ܛܒ ܕܢܗܘܐ
19 ܒܪܢܫܐ ܒܠܚܘܕܘܗܝ ܀ ܢܥܒܕ ܠܗ ܡܥܕܪܢ ܒܕܡܘܬܗ ܀ ܘܓܒܠ f. 135a
ܐܠܗܐ ܒܕ ܡܢ ܐܪ̈ܥܐ ܟܘܠ ܚܝܘܬܐ ܕܦܪܐ ܘܟܘܠ
ܦܪܚܬܐ ܕܫܡܝܐ ܀ ܘܐܝܬܝ ܐܢܘܢ ܠܘܬ ܐܕܡ ܕܢܚܙܐ
ܡܢܐ ܗܘ ܩܪܐ ܠܗܘܢ ܀ ܘܟܘܠ ܡܢܐ ܕܩܪܐ ܐܕܡ ܢܦܫ
20 ܚܝܐ ܗܢܘ ܗܘ ܫܡܗ ܀ ܘܩܪ̈ܐ ܐܕܡ ܫܡܗܝܢ ܠܟܘܠ
ܒܥܝܪܐ ܘܠܟܘܠ ܦܪܚܬܐ ܕܫܡܝܐ ܀ ܘܠܟܘܠ ܚܝܘܬܐ
ܕܦܪܐ ܀ ܠܗ ܕܝ ܠܐܕܡ ܠܐ ܐܫܬܟܚ ܠܗ ܡܥܕܪܢ
21 ܕܡܟܐ ܠܗ ܀ ܘܐܪܡܝ ܐܠܗܐ ܫܢܬܐ ܥܠ ܐܕܡ ܘܕܡܟ f. 135b
22 ܘܢܣܒ ܚܕܐ ܡܢ ܐܠܥܘܗܝ ܘܡܠܐ ܒܣܪ ܚܠܦܝܗ ܀ ܘܒܢܐ
ܡܪܝܐ ܐܠܗܐ ܐܠܥܐ ܗܝ ܕܢܣܒ ܡܢ ܐܕܡ ܠܐܢܬܬܐ
23 ܘܐܝܬܝܗ̇ ܠܘܬ ܐܕܡ ܀ ܘܐܡܪ ܐܕܡ ܗܢܘ ܙܒܢ

ܓܪܡ[1] ܡܢ ܓܪܡܝ ܘܒܣܪ ܡܢ ܒܣܪܝ ⁘ ܗܕܐ ܬܬܩܪܐ
24 ܐܢܬܬܐ ܕܡܢ ܓܒܪܗ ܐܬܢܣܒܬ ⁘ ܗܕܐ ܠܒܝܠ ܗܕܐ f. 136a
ܝܫܒܘܩ ܓܒܪ ܠܐܒܘܗܝ ܘܠܐܡܗ ܘܝܕܒܩ ܠܐܢܬܬܗ
25 ܘܝܗܘܢ ܬܪܝܗܘܢ ܠܚܕ ܒܣܪ ⁘ ܘܗܘܘ ܬܪܝܗܘܢ
3. 1 ܥܪܛܠܝܢ ܐܕܡ ܘܐܢܬܬܗ ܘܠܐ ܗܘܘ ܒܗܬܝܢ ⁘ ܘܚܘܝܐ
ܕܝ ܗܘܐ ܥܪܝܡ ܡܢ ܟܘܠ ܚܝܘܬܐ ܕܐܝܬ ܥܠ ܐܪܥܐ
ܗܠܝܢ ܕܥܒܕ ܡܪܝܐ ܐܠܗܐ ⁘ ܘܐܡܪ ܚܘܝܐ ܠܐܢܬܬܐ ⁘ f. 136b
ܡܢܐ ܗܘ ܕܐܡܪ ܐܠܗܐ ܕܠܐ ܬܝܟܠܘܢ ܡܢ ܟܘܠ
ܐܝܠܢ ܕܒܦܪܕܝܣܐ ⁘ ܘܐܡܪܬ ܐܢܬܬܐ ܠܚܘܝܐ ⁘ ܡܢ 2
ܦܐܪܘܝ ܕܐܝܠܢܐ ܕܒܦܪܕܝܣܐ ܢܝܟܘܠ ⁘ ܡܢ ܦܐܪܘܝ 3
ܕܝܗܝܒ ܒܡܨܥܬܗ ܕܦܪܕܝܣܐ ܐܡܪ ܐܠܗܐ ܠܐ
ܬܝܟܠܘܢ ܡܢܗ ܘܠܐ ܬܬܩܪܒܘܢ ܠܗ ܕܠܐ f. 137a
ܬܡܘܬܘܢ ⁘ ܘܐܡܪ ܚܘܝܐ ܠܐܢܬܬܐ ܡܘܬ ܠܐ 4
ܬܡܘܬܘܢ ⁘ ܝܕܥ ܓܪ ܗܘܐ ܐܠܗܐ ܕܒܝܘܡ ܕܬܝܟܠܘܢ 5
ܡܢܗ ܥܝܢܝܟܘܢ ܡܬܦܬܚܢ ܘܬܗܘܘܢ ܗܘܝܢ ܗܝܟ
ܐܠܗܝܢ ܡܚܟܡܝܢ ܛܒ ܘܒܝܫ ⁘ ܘܚܙܬ ܐܢܬܬܐ ܕܛܒ ܗܘ 6
ܐܝܠܢܐ ܠܡܝܟܠ ⁘ ܘܫܦܝܪ ܠܥܝܢܝܐ ܠܡܚܙܝܘ ܒܗ ⁘
ܘܢܣܒܬ ܡܢ ܦܐܪܘܝ ܘܐܟܠܬ ⁘ ܘܝܗܒܬ ܐܘܦ ܠܒܥܠܗ f. 137b
ܥܡܗ ܘܐܟܠܘ ⁘ ܘܐܬܦܬܚܝ ܥܝܢܝܗܘܢ ܕܬܪܝܗܘܢ 7
ܘܐܪܓܘ ܕܥܪܛܠܝܢ ܗܘܘ ⁘ ܘܚܝܛܘ ܛܪܦܝܢ ܕܬܐܢܐ ܘܥܒܕܘ
ܠܗܘܢ ܩܪܙܘܡܝܢ ⁘ ܘܫܡܥܘ ܩܠܗ ܕܡܪܝܐ ܐܠܗܐ 8
ܡܗܠܟ ܒܦܪܕܝܣܐ ܒܪܘܚ ܪܡܫܐ ⁘ ܘܐܬܛܫܪܘ ܐܕܡ f. 138a
ܘܐܢܬܬܗ ⁘ ܡܢ ܩܕܡ ܐܦܘܝ ܕܡܪܝܐ ܐܠܗܐ ܒܡܨܥ

[1] Cod. ܓܪ

ܐܝܠܢܐ ܕܒܦܘܪܕܝܣܐ ܀ ܘܩܪܐ ܐܠܗܐ ܠܐܕܡ ܘܐܡܪ 9
ܠܗ ܗܘ ܐܬ ܀ ܘܐܡܪ ܠܗ ܩܠܟ ܫܡܥܬ ܡܗܠܟ 10
ܒܦܘܪܕܝܣܐ ܘܕܚܠܬ ܕܐܢܐ ܥܪ̈ܛܠ ܀ ܘܐܡܪ ܠܗ ܡܢ 11
ܐܘܕܥ ܠܟ ܕܐܢܬ ܥܪ̈ܛܠ ܀ ܐܠܘ ܠܐ ܕܡܢ ܐܝܠܢܐ
f. 138b ܕܦܩܕܬ ܠܟ ܕܡܢ ܗܘܝܢ ܒܠܚܘܕ ܠܐ ܬܐܟܘܠ ܡܢܗ
ܐܟܠܬ ܀ ܘܐܡܪ ܐܕܡ ܐܢܬܬܐ ܗܕܐ ܕܝܗܒܬ ܥܡܝ ܗܝ 12
ܝܗܒܬ ܠܝ ܡܢ ܐܝܠܢܐ ܘܐܟܠܬ ܀ ܘܐܡܪ ܐܠܗܐ 13
ܠܐܢܬܬܐ ܡܢܐ ܗܘ ܗܕܐ ܕܥܒܕܬܝ ܀ ܘܐܡܪܬ ܐܢܬܬܐ
ܚܘܝܐ ܐܛܥܝܢ ܝܬܝ ܘܐܟܠܬ ܀ ܘܐܡܪ ܡܪܝܐ ܐܠܗܐ 14
ܠܚܘܝܐ ܠܡܛܠ ܕܥܒܕܬ ܗܕܐ ܠܝܛ ܐܢܬ ܡܢ ܟܘܠ
f. 139a ܒܥܝܪܐ ܘܡܢ ܟܘܠ ܚܝܘܬܐ ܕܒ̈ܪܐ sic ܥܠ ܚܕܝܟ ܘܥܠ
ܒܟܪܣܟ ܬܗܠܟܝܢ ܘܥܦܪ ܬܐܟܘܠ ܟܘܠ ܝܘܡܝ ܚܝܝܟ
ܘܣܢܝܘܬܐ ܣܝܡ ܒܝܢܟ ܠܒܝܢ ܐܢܬܬܐ ܀ ܘܒܝܢ ܙܪ̈ܥܟ ܠܒܝܢ 15
ܙܪ̈ܥܗ ܀ ܘܗܘ ܢܗܘܐ ܢܛܪ̈ sic ܪ̈ܫܝܟ ܘܐܢܬ ܬܗܘܐ ܢܛܪ̈
ܥܩܒܗ ܀ ܘܠܐܢܬܬܐ ܐܡܪ̈ ܣܓܝܘ ܡܣܓܐ ܟܐܒܝܟ ܒܥܩܬܟ 16
ܘܬܢܚܬܝܟ ܀ ܒܟܐܒܝܢ ܬܝܠܕܝܢ ܒܢܝܢ ܘܡܬܒܬܝܟ ܬܗܘܐ
f. 139b ܠܘܬ ܒܥܠܝܟ ܘܗܘ ܡܪ̈ܐ ܒܟܝ ܀ ܘܠܐܕܡ ܐܡܪ 17
ܠܡܛܠ ܕܫܡܥܬ ܠܐܢܬܬܟ ܘܐܟܠܬ ܡܢ ܐܝܠܢܐ ܕܦܩܕܬ
ܠܟ ܕܡܢ ܗܘ ܒܠܚܘܕ ܠܐ ܬܐܟܘܠ ܡܢܗ ܘܐܟܠܬ ܀
ܠܝܛܐ ܐܪ̈ܥܐ ܒܥܒܕܝܟ ܀ ܒܟܐܒܝܢ ܬܐܟܘܠ ܡܢܗ ܟܘܠ
ܝܘܡܝ ܚܝܝܟ ܀ ܟܘܒܝܢ ܘܥܪ̈ܦܘܒܝܢ ܬܨܡܚ ܠܟ 18
ܘܥܣܒܐ ܕܚܩܠܐ ܀ ܒܕܥܬ ܐܦܝܟ ܬܐܟܘܠ 19
f. 140a ܠܚܡܟ ܀ ܥܕܡܐ ܕܬܬܘܒ ܠܐܪܥܐ ܕܡܢܗ ܐܬܢܣܒܬ ܀

20 ܕܐܪܥ. ܐܬ ܘܠܐܪ̈ܥܐ ܬܬܘܒ ܀ ܘܩܪܐ ܐܕܡ ܫܡܗ
21 ܕܐܢܬܬܗ ܚܘܐ ܕܗܝ. ܐܡܗܘܢ ܕܟܠ ܚܝܐ ܀ ܘܥܒܕ.
ܡܪ̈ܝܐ ܐܠܗܐ ܠܐܕܡ ܘܠܐܢܬܬܗ ܠܒܘܫܝܢ ܕܡܫܟܝܢ
22 ܘܐܠܒܫ ܐܢܘܢ ܀ ܘܐܡܪ ܐܠܗܐ ܗܐ ܐܕܡ ܐܬܥܒܕ.
ܗܝܟ ܚܕ. ܡܢܢ ܕܝܕܥ ܛܒ ܘܒܝܫ ܀ ܐܘܦ ܟܕܘ ܠܐ f. 140b
ܐܡܬܝ, ܡܘܫܛ ܐܝܕܗ ܘܢܣܒ ܡܢ ܐܝܠܢܐ ܕܚܝܐ
23 ܘܐܟܘܠ ܘܝܚܐ ܠܥܠܡ ܀ ܘܫܠܚ ܝܬܗ ܡܪ̈ܝܐ ܐܠܗܐ
ܡܢ ܦܪ̈ܕܝܣܐ ܕܥܕܢ. ܕܢܦܠܘܚ ܐܪ̈ܥܐ ܕܡܢܗ ܐܬܢܣܒ ܀
24 ܘܐܦܩ ܝܬܗ ܠܐܕܡ ܘܐܫܪܝ ܝܬܗ ܠܩܒܠ ܦܪܕܝܣܐ
ܕܥܕܢ. ܀ ܘܩܡܢ ܠܟܪܘܒܝܢ ܘܠܣܝ̈ܦܐ ܕܫܠܗܒܝܬܐ f. 141a
ܕܡܬܗܦܟܐ ܕܢܛܪ̈ܘܢ ܐܘܪܚܐ ܕܐܝܠܢܐ ܕܚܝܐ ܥܠܡ

61

Proverbs 1. 1—9.

ܦܪܫܐ ܬܢܝܢܐ ܡܢ ܡܬܠܘܗܝ ܕܫܠܝܡܘܢ

1 + ܡܬܠܘܗܝ ܕܫܠܝܡܘܢ ܒܪܗ ܕܕܘܝܕ ܀ ܗܕ
2 ܕܡܠܟ ܒܐܝܣܪܐܝܠ ܀ ܕܝܕܥ ܚܟܡܬܐ ܘܡܪܕܘ ܀ ܘܕܝܣܬܪ̈
3 ܡܠܝ ܕܦܘܫܩܐ ܘܡܩܒܠ ܗܦܟܝܢ ܕܡܠܝܢ ܀ ܢܛܘܪ ܕܝ, ܙܕܩ
4 ܩܘܫܛ ܀ ܘܕܝܢܐ ܡܬܩܢܐ ܕܝܗܒ ܠܚܠܠ ܕܝܬܠ ܠܬܡܝܡܝܐ f. 141b
5 ܡܣܪܕܘ ܀ ܘܠܛܠܝܐ ܕܥܠܝܡܐ ܐܪ̈ܓܫܘ ܘܬܪ̈ܥܝܬܐ ܀ ܫܡܥ
ܓܝܪ ܐ ܥܒܕ ܗܠܝܢ ܀ ܚܟܝܡ ܗܘܐ ܀ ܬܘܕܪ̈ܐ ܕܝ,
6 ܡܕܒܪ̈ܢܘ ܩܢܐ ܀ ܢܬܘܪ̈ ܡܬܠ ܘܡܠܠܐ ܡܦܠܠܐ ܀ ܘܡܠܝܢ
7 ܕܚܟܝܡܝܢ ܘܐܘܚ̈ܕܝܢ ܀ ܪ̈ܫܗ ܕܚܟܡܬܐ ܕܚܠܬܗ ܕܐܠܗܐ ܀
ܘܣܘܟܠܐ ܛܒܐ ܠܟܘܠ ܗܠܝܢ ܕܥܒܕܝܢ ܝܬܗ ܀ ܙܕܩܐ ܕܝ, f. 142a

ܠܘܬ ܐܠܗܐ ܀ ܕܫܠܡܘܬܗ ܕܡܪܝܐ ܪܚܡܗ ܕܐܪܥܠܘܬܐ ܀
8 ܫܡܥܬܐ ܕܝ ܘܡܪܕܘܬܐ ܕܝܢܝܐ ܦܩܠܝܢ ܀ ܫܡܥܢܗ ܒܪܝ
ܡܕܟܪܘܬܗ ܕܐܢܦܫܢ ܀ ܘܠܐ ܬܗܘܐ ܫܡܥ ܐܬܘܒܘܬܗ
9 ܕܐܢܦܫܢ ܀ ܒܠܠ ܒܪ ܕܢܦܫ ܪܘܚܢ ܡܢܟܠ ܀ ܘܡܢܚܝܢ
ܕܕܗܒ ܥܠ ܪܘܚܢ

62

Isaiah 40. 1—8.

f. 142b ܩܪܝܢܐ ܬܠܝܬܝ ܡܢ ܐܫܥܝܐ ܢܒܝܐ ܡܬܘܪܓܡܐ
1, 2 ܀ ܢܚܡܘ ܢܚܡܘ ܥܡܝ ܐܡܪ ܐܠܗܐ ܀ ܟܗܢܝܐ
ܡܠܠܘ ܠܠܒܗ ܕܐܘܪܫܠܡ ܀ ܢܚܡܘ ܠܗ ܕܗܐ ܫܠܡ
ܡܟܡܟܘܟܗ ܐܫܬܪܝܬ ܚܘܛܝܬܗ ܀ ܕܗܐ ܩܒܠܬ ܡܢ ܐܝܕܗ
3 ܕܡܪܝܐ ܟܦܠܝܐ ܚܛܝܬܗ ܀ ܩܠ ܩܪܐ ܒܡܕܒܪܐ ܛܝܒܘ
f. 143a ܐܘܪܚܗ ܕܡܪܝܐ ܀ ܥܒܕܘ ܒܕܪܘ ܫܒܝܠܘܗܝ ܕܐܠܗܢ ܀
4 ܟܠ ܢܚܠ ܢܬܡܠܐ ܀ ܘܟܠ ܛܘܪ ܘܪܡܐ ܢܬܡܟܟܘܢ ܀
ܘܢܗܘܘܢ ܟܠ ܐܘܥܪܝܬܐ ܦܫܝܛܐ ܀ ܘܟܠ ܡܫܪܬܐ
5 ܠܡܫܪܝܢ ܀ ܘܬܬܓܠܐ ܬܫܒܘܚܬܗ ܕܡܪܝܐ ܀ ܘܢܚܙܐ
6 ܟܠ ܒܣܪ ܚܝܝܗ ܕܐܠܗܐ ܀ ܕܡܪܝܐ ܡܠܠ ܀ ܐܡܪ
ܐܝܬܝ ܘܐܡܪܬ ܡܢܐ ܐܩܪܐ ܀ ܟܠ ܒܣܪ ܗܝܟ ܥܣܒ ܀
f. 143b ܘܟܠ ܬܫܒܘܚܬܗ ܕܒܢܝܢܫܐ ܗܝܟ ܢܘܪܗ ܕܥܣܒܐ ܀
7 ܝܒܫ ܥܣܒܐ ܘܢܦܠ ܢܘܪܗ ܀ ܘܡܠܬܗ ܕܐܠܗܢ ܩܝܡܐ
ܠܥܠܡ ܀ ܪܘܚܗ ܕܡܪܝܐ ܢܫܒܬ ܒܗ ܀ ܡܢ ܩܘܫܛ
8 ܥܣܒ ܗܘ ܥܡܐ ܀ ܝܒܫ ܥܣܒܐ ܘܢܦܠ ܢܘܪܗ ܀
ܘܡܠܬܗ ܕܐܠܗܢ ܩܝܡܐ ܠܥܠܡ ܥܠܡ

ܫܡܝܢܐ ܠܬܪܥܐ ܪܒܐ ܠܟ ܫܦܝܪܐ ܫܪܬܐ ܐܠܗܐ Ps. 64. 1
ܒܨܗܝܘܢ ܀ ܘܠܟ ܡܬܦܪܥܐ ܢܕܪܐ ܒܝܪܘܫܠܡ ܒܫܠܡܗ
Ps. 64. 5 ≡ܥܢܝܢ ܡܢ ܐܠܗܐ ܡܚܝܢ ܀ ܣܒܪܐ ܕܟܘܠ ܣܘܦܝܗ f. 144a
ܕܐܪܥܐ

63

Genesis 6. 9—9. 19.

ܥܘܡ ܬܠܬܐ ܕܟܐ ܦܘܪܫܐ ܡܢ ܡܢ ܠܒܣܘܣ

9 ⁜ ܘܗܠܝܢ ܕܝ ܬܘܠܕܬܗ ܕܢܘܚ ܀ ܢܘܚ ܗܘܐ ܓܒܪ
10 ܙܕܝܩ ܫܠܡ ܒܕܪܗ ܀ ܘܫܦܪ ܢܘܚ ܠܐܠܗܐ ܀ ܘܐܘܠܕ
11 ܢܘܚ ܬܠܬܐ ܒܢܝܢ ܀ ܠܫܝܡ ܘܠܚܡ ܘܠܝܦܬ ܀ ܘܐܬܚܒܠܬ
ܐܪܥܐ ܩܕܡ ܐܠܗܐ ܀ ܘܐܬܡܠܝܬ ܐܪܥܐ ܥܘܠ ܀
12 ܘܚܡܐ ܡܪܝܐ ܐܠܗܐ ܠܐܪܥܐ ܘܗܘܬ ܚܒܝܠܐ ܀ ܕܚܒܠ f. 144b
13 ܟܘܠ ܒܣܪ ܐܘܪܚܗ ܥܠ ܐܪܥܐ ܀ ܘܐܡܪ ܐܠܗܐ ܠܢܘܚ
ܩܨܗ ܕܟܘܠ ܒܣܪ ܡܛܐ ܩܕܡܝ ܀ ܕܐܬܡܠܝܬ
ܐܪܥܐ ܥܘܠ ܀ ܡܢܗܘܢ ܘܐܢܐ ܡܚܒܠ ܠܗܘܢ ܘܠܐܪܥܐ ܀
14 ܥܒܕ ܠܟ ܬܝܒܘ ܕܩܝܣܝܢ ܕܐܪܒܥ ܙܘܝܢ ܀ ܘܩܢܝܢ
ܩܢܝܢ ܬܥܒܕ ܬܝܒܘܬܐ ܀ ܘܬܚܦܐ ܝܬܗ ܡܢ ܠܓܘ ܘܡܢ ܠܒܪ
15 ܒܟܘܦܪ ܀ ܘܗܟܕܝܢ ܬܥܒܕ ܬܝܒܘܬܐ ܬܠܬ ܡܐܐ ܐܡܝܢ f. 145a
ܐܘܪܟܗ̈ ܕܬܝܒܘܬܐ ܀ ܘܚܡܫܝܢ ܐܡܝܢ ܦܬܝܗ̈ ܀
16 ܘܬܠܬܝܢ ܐܡܝܢ ܪܘܡܗ̈ ܀ ܒܢܝܢܐ ܬܥܒܕ ܝܬܗ
ܠܬܝܒܘܬܐ ܀ ܘܥܠ ܐܡܬܐ ܬܫܠܡ ܝܬܗ ܡܢ ܠܥܠ ܀ ܘܬܪܥܗ
ܬܥܒܕ ܡܢ ܣܛܪܗ ܀ ܬܚܬܝܢ ܐܪ̈ܬܝܢ[1] ܘܬܠܝܬܝܢ ܘܬ̈ܦܝܢ
17 ܬܥܒܕ ܝܬܗ ܀ ܐܢܐ ܕܝ ܗܐ ܐܢܐ ܡܝܬܐ ܛܘܦܢܐ

[1] Cod. ܐܪ̈ܬܝܢ

f. 145b ܠܛܘܦܢܐ ܡܝܐ ܥܠ ܐܪܥܐ ܀ ܕܢܚܒܘܠ ܟܠ ܒܣܪ ܕܐܝܬ
ܒܗ ܪܘܚ ܕܚܝܐ ܬܚܝܬ ܫܡܝܐ ܀ ܘܟܠ ܡܐ ܕܐܝܬ
18 ܥܠ ܐܪܥܐ ܢܡܘܬ ܀ ܘܐܩܝܡ ܕܝܬܩܝ ܕܝܠܝ ܥܡܟ ܀
ܘܬܥܘܠ ܠܩܒܘܬܐ ܐܢܬ ܘܒܢܝܟ ܘܐܢܬܬܟ ܘܢܫܐ ܕܒܢܝܟ
19 ܥܡܟ ܀ ܘܡܢ ܟܠ ܒܥܝܪ̈ܐ ܀ ܘܡܢ ܟܠ ܪ̈ܚܫܬܐ ܀
ܘܡܢ ܟܠ ܚܝܘܬܐ : ܘܡܢ ܟܠ ܒܣܪ ܀ ܬܪ̈ܝܢ ܬܪܝܢ ܡܢ
f. 146a ܟܠܗܘܢ ܬܥܠ ܠܩܒܘܬܐ : ܕܢܚܘܢ ܢܗܘܘܢ ܥܡܟ ܀
20 ܕܟ̈ܪܐ ܘܢܩܒܐ ܢܗܘܘܢ ܡܢ ܟܠ ܦܪܚ ܕܦܪܚ ܠܓܢܣܗܘܢ ܀
ܘܡܢ ܟܠ ܪ̈ܚܫܬܐ ܠܓܢܣܗܘܢ ܀ ܬܪ̈ܝܢ ܬܪܝܢ ܡܢ
ܟܠܗܘܢ ܢܥܠܘܢ ܠܘܬܟ ܕܥܡܟ ܢܬܚܝܘܢ ܕܟ̈ܪܐ
21 ܘܢܩܒܐ ܀ ܐܢܬ ܕܝ ܣܒ ܠܟ ܡܢ ܟܠ ܡܐܟܘ̈ܠܬܐ ܗܠܝܢ
f. 146b ܕܡܬܐܟ̈ܠܢ ܀ ܘܬܟܢܫ ܠܘܬܟ ܘܢܗܘܘܢ ܠܟ ܘܠܗܠܝܢ
22 ܠܡܐܟ̈ܠ ܀ ܘܥܒܕ ܢܘܚ ܟܠ ܡܐ ܕܦܩܕ ܗܘܐ ܐܠܗܐ
7. 1 ܗܟܢ ܥܒܕ ܀ ܘܐܡ̈ܪ ܡܪܝܐ ܐܠܗܐ ܠܢܘܚ ܥܘܠ ܐܢܬ
ܘܟܠ ܒܝܬܟ ܠܩܒܘܬܐ ܀ ܕܠܟ ܚܙܝܬ ܙܕܝܩ ܩܕܡܝ
2 ܒܗܢ ܕ̈ܪܐ ܀ ܡܢ ܒܥܝܪܐ ܕܝ ܕܕܟܝܐ ܐܥܠ ܠܘܬܟ
ܫܒܥܐ ܫܒܥܐ ܀ ܕܟ̈ܪܐ ܘܢܩܒܐ ܘܡܢ ܒܥܝܪ̈ܐ ܕܠܐ
f. 147a 3 ܕܟܝܢ ܬܪ̈ܝܢ ܕܟ̈ܪܐ ܘܢܩܒܐ ܀ ܘܡܢ ܦܪܚܬܐ
ܕܕܟܝܢ ܫܒܥܐ ܫܒܥܐ ܕܟ̈ܪܐ ܘܢܩܒܐ ܀ ܘܡܢ
ܦܪܚܬܐ ܕܠܐ ܕܟܝܢ ܬܪ̈ܝܢ ܬܪ̈ܝܢ ܕܟ̈ܪܐ ܘܢܩܒܐ ܀
4 ܘܬܘܒܢ ܙܢܒ ܥܠ ܟܠܗ ܐܪܥܐ ܀ ܒܥܕ ܚܕ ܫܒܥܐ
ܝܘܡܝܢ ܐܢܐ ܡܚܬ ܡܛܪ̈ܐ ܥܠ ܐܪܥܐ ܀ ܐܪܒܥܝܢ
ܝܘܡܝܢ ܘܐܪܒܥܝܢ ܠܠܝܢ ܘܡܥܦܪ ܟܠ ܡܐ ܕܐܝܬ

5 ܟܡܐ ܕܥܒܕܬ ܡܢ ܐܦܝܗ ܕܐܪܥܐ ܃ ܘܥܒܕ ܢܘܚ ܟܘܠ f. 147b
6 ܟܡܐ ܕܦܩܕ ܝܬܗ ܡܪܝܐ ܐܠܗܐ ܃ ܢܘܚ ܕܝ ܗܘܐ ܒܪ ܫܬ
ܡܐܐ̈ ܫܢܝܢ ܃ ܘܛܘܦܢܐ ܗܘܐ ܡܝܐ ܥܠ ܐܪܥܐ ܃
7 ܘܥܠ ܢܘܚ ܘܒܢܘܗܝ ܘܐܢܬܬܗ ܘܢܫܝܗܘܢ ܕܒܢܘܗܝ ܥܡܗ
8 ܠܩܒܘܬܐ ܠܓܒܝܠ ܡܝܐ ܕܛܘܦܢܐ ܃ ܘܡܢ[1] ܦܪ̈ܚܬܐ
ܕܟܝܬܐ ܘܡܢ ܦܪ̈ܚܬܐ ܕܠܐ ܕܟܝܢ ܃ ܘܡܢ ܟܘܠ
9 ܪ̈ܚܫܬܐ ܕܪ̈ܚܫܝܢ ܥܠ ܐܪܥܐ ܬܪ̈ܝܢ ܬܪ̈ܝܢ ܥܠܘ ܠܘܬ f. 148a
ܢܘܚ ܠܩܒܘܬܐ ܕܟܪ ܘܢܩܒܐ ܗܝܟ ܕܦܩܕ ܝܬܗ ܐܠܗܐ ܃
10 ܘܗܘܐ ܡܢ ܒܬܪ ܫܒܥܬܐ ܝܘܡܝܢ ܘܡܝܐ ܕܛܘܦܢܐ ܗܘܘ
11 ܥܠ ܐܪܥܐ ܒܫܢܬܐ ܕܫܬ ܡܐܐ ܕܚܝܘܗܝ ܕܢܘܚ ܒܝܪܚܐ
ܬܢܝܢܐ ܒܥܣܪܝܢ ܘܫܒܥܐ ܝܘܡܝܢ ܒܗ ܒܝܘܡܐ ܗܢܐ f. 148b
ܐܬܒܙܥܘ ܡܒܘܥܐ ܕܬܗܘܡܐ ܘܟܘ̈ܘܝܬܐ ܕܫܡܝܐ
12 ܐܬܦܬܚܘ ܃ ܘܗܘܐ ܡܛܪܐ ܥܠ ܐܪܥܐ ܐܪ̈ܒܥܝܢ ܝܘܡܝܢ
13 ܘܐܪ̈ܒܥܝܢ ܠܠܝܘܢ ܃ ܒܗ ܒܝܘܡܐ ܗܢܐ ܥܠ ܢܘܚ
ܠܩܒܘܬܐ ܃ ܘܫܡ ܘܚܡ ܘܝܦܬ ܃ ܒܢܘܗܝ ܕܢܘܚ
14 ܘܐܢܬܬܗ ܕܢܘܚ ܃ ܘܬܠܬܐ ܢܫܝܗܘܢ ܕܒܢܘܗܝ ܃ ܘܟܘܠ f. 149a
ܚܝܘܬܐ ܠܓܢܣܗ ܘܟܘܠ ܒܥܝܪܐ ܠܓܢܣܗ ܘܟܘܠ ܪ̈ܚܫܐ
ܕܪܚܫܐ ܥܠ ܐܪܥܐ ܠܓܢܣܗܘܢ ܃ ܘܟܘܠ ܥܘܦܐ
15 ܕܦܪ̈ܚ ܥܠ ܠܘܬ ܢܘܚ ܠܩܒܘܬܐ ܃ ܬܪ̈ܝܢ ܬܪ̈ܝܢ ܡܢ ܟܘܠ
16 ܒܣܪ ܕܐܝܬ ܒܗ ܪܘܚ ܕܚܝܝܢ ܃ ܘܗܠܝܢ ܕܥܠܘ ܕܟܪ ܘܢܩܒܐ
ܡܢ ܟܘܠ ܒܣܪ ܥܠܘ ܗܝܟ ܕܦܩܕ ܐܠܗܐ ܠܢܘܚ ܃ f. 149b
17 ܘܐܚܕ ܡܪܝܐ ܐܠܗܐ ܩܒܘܬܐ ܡܢ ܠܒܪ ܡܢܗ ܘܛܘܦܢܐ
ܗܘܐ ܥܠ ܐܪܥܐ ܐܪ̈ܒܥܝܢ ܝܘܡܝܢ ܘܐܪ̈ܒܥܝܢ ܠܠܝܘܢ ܃

[1] One clause of *v.* 8 is omitted.

18 ܘܥܫܢܘ ܡܝܐ ܘܬܠܘ ܒܣܓܝܘܬܐ ܀ ܘܪ̈ܐܡܬ ܡܢ
ܐܪܥܐ ܀ ܘܡܝܐ ܗܘܘ ܡܬܩܦܝܢ ܘܣܠܩܝܢ ܗܘܘ ܥܠ
f. 150 a ܐܪܥܐ ܠܚܕܐ ܀ ܀ ܘܩܒܘܬܐ ܗܘܬ ܛܦܝܐ ܠܥܠ ܡܢ
19 ܡܝܐ ܀ ܘܡܝܐ ܗܘܘ ܡܬܩܦܝܢ ܠܚܕܐ ܠܚܕܐ ܥܠ ܐܪ̈ܥܐ ܀
ܘܟܣܘ ܟܠ ܛܘܪܝܐ ܪ̈ܡܝܐ ܕܗܘܘ ܬܚܘܬ ܫܡܝܐ ܀
20 ܚܡܫܥܣܪ̈ܐ ܐܡܝܢ ܪ̈ܡܘ ܡܝܐ ܠܥܠ ܀ ܘܟܣܘ
21 ܟܠܗܘܢ ܛܘܪ̈ܝܐ ܘܡܝܬ ܟܠ ܒܣܪ̈ ܕܡܬܪܚܫ ܥܠ
ܐܪ̈ܥܐ ܀ ܕܦܪܚܬܐ ܘܕܚܝܘܬܐ ܘܕܟܠ ܪ̈ܚܫܐ ܕܪܚܫܐ
f. 150 b 22 ܥܠ ܐܪܥܐ ܀ ܘܟܠ ܒܪܢܫ ܘܟܠ ܕܒܗ ܢܫܡܬܗ sic ܀
23 ܘܟܠ ܕܗܘܐ ܥܠ ܝܒܫܬܐ ܡܝܬ ܀ ܘܐܥܦܪ ܟܠ
ܩܝܡܐ ܕܗܘܐ ܥܠ ܐܦܘܗܝ ܕܐܪ̈ܥܐ ܀ ܡܢ ܒܪܢܫ ܥܕ
ܒܥܝܪ̈ ܀ ܀ ܘܪ̈ܚܫܐ ܘܦܪ̈ܚܬܐ ܕܫܡܝܐ ܀ ܘܐܬܥܦܪܘ
ܡܢ ܐܪ̈ܥܐ ܀ ܘܐܫܬ̈ܬܪ ܢܘܚ ܒܠܚܘܕܘܗܝ ܘܗܠܝܢ ܕܥܡܗ
24 ܒܩܝܒܘܬܐ ܀ ܘܐܬܪ̈ܡܪܡܘ ܡܝܐ ܥܠ ܐܪ̈ܥܐ ܡܐܐ̈
f. 151 a 8. 1 ܘܚܡܫܝܢ ܝܘܡܝܢ ܀ ܘܐܬܕܟܪ ܐܠܗܐ ܠܢܘܚ ܘܠܟܠ
ܚܝܘܬܐ ܀ ܘܠܟܠ ܒܥܝܪ̈ܐ : ܘܠܟܠ ܦܪ̈ܚܬܐ ܘܪ̈ܚܫܬܐ :
ܘܠܟܠ ܡܐ ܕܗܘܐ ܥܡܗ ܒܩܝܒܘܬܐ ܀ ܘܐܥܒܪ ܐܠܗܐ
2 ܪ̈ܘܚܐ ܥܠ ܐܪ̈ܥܐ : ܘܐܬܢܦܠܘ ܡܝܐ : ܘܐܬܟܠܝܘ
ܡܒܘܥܝܐ ܕܬܗܘܡܐ : ܘܦܬ̈ܟܝܐ ܕܫܡܝܐ ܀
3 ܘܐܬܢܓܕ ܡܛܪ̈ܐ ܡܢ ܫܡܝܐ ܀ ܘܗܦܟܘ ܡܝܐ ܐܙܠܝܢ
f. 151 b 4 ܡܢ ܐܪ̈ܥܐ : ܗܦܟܝܢ ܗܘܘ ܀ ܘܗܘܘ ܡܝܐ ܚܣܝܪܝܢ ܡܢ
ܐܪ̈ܥܐ ܡܢ ܒܬܪ̈ ܡܐܐ̈ ܘܚܡܫܝܢ ܝܘܡܝܢ ܀ ܘܢܚܬܬ
ܩܒܘܬܐ ܒܝܪ̈ܚܐ ܫܒܝܥܝܐ ܒܥܣܪ̈ܝܢ ܘܫܒܥܐ ܒܝܪ̈ܚܐ
ܥܠ ܛܘܪܝܐ ܕܐܪ̈ܪܛ sic ܀ ܡܝܐ ܕܝ ܗܘܘ ܚܣܝܪܝܢ ܥܕ ܡܐ

5 ܠܝܪܚܐ ܥܣܝܪܝܐ ܀ ܘܒܝܪܚܐ ܥܣܝܪܝܐ ܒܚܕ ܒܝܪܚܐ ܀
6 ܐܬܚܙܝܘ ܪܫܝܗܘܢ ܕܛܘܪܝܐ ܀ ܘܗܘܐ ܡܢ ܒܬܪ ܐܪܒܥܝܢ
7 ܝܘܡܝܢ ܦܬܚ ܢܘܚ ܟܘܬܐ ܕܩܒܘܬܐ ܕܥܒܕ ܀ ܘܫܠܚ f. 152a
ܠܥܘܪܒܐ ܕܢܚܙܐ ܐܢ ܩܠܘ ܡܝܐ ܀ ܘܢܦܩ ܘܠܐ ܗܦܟ
8 ܥܕ ܡܐ ܕܝܒܫܘ ܡܝܐ ܡܢ ܐܪܥܐ ܀ ○ܘܫܠܚ ܠܝܘܢܐ
ܡܢ ܠܘܬܗ ܕܢܚܙܐ ܐܢ ܩܠܘ ܡܝܐ ܡܢ ܐܦܝܗ
9 ܕܐܪܥܐ ܀ ܘܟܕ ܠܐ ܐܫܟܚܬ ܠܗ ܝܘܢܐ ܢܝܚ ܠܦܪܣܬ ܪܓܠܝܗ ܀
ܬܒܬ ܠܘܬܗ ܠܩܒܘܬܐ ܀ ܕܗܘܘ ܡܝܐ ܥܠ ܟܠ
ܐܦܝܗ ܕܐܪܥܐ ܀ ܘܦܫܛ ܐܝܕܗ ܘܢܣܒ ܝܬܗ ܘܥܠ f. 152b
10 ܝܬܗ ܠܘܬܗ ܠܩܒܘܬܐ ܀ ܘܟܬܪ ܬܘܒ ܫܒܥܐ ܝܘܡܝܢ ܀
11 ܘܫܠܚ ܬܘܒ ܠܝܘܢܐ ܡܢ ܩܒܘܬܐ ܀ ܘܐܬܬ ܠܘܬܗ ܝܘܢܐ
ܠܦ ܪܡܫܐ: ܘܗܘܐ ܒܦܘܡܗ ܛܪܦ ܕܙܝܬ ܢܫܝܩ ܒܦܘܡܗ ܀
12 ܘܝܕܥ ܢܘܚ ܕܩܠܘ ܡܝܐ ܡܢ ܐܪܥܐ ܀ ܘܟܬܪ ܬܘܒ ܥܘܕ
ܫܒܥܐ ܝܘܡܝܢ ܐܚܪܢܝܢ ܘܫܠܚ ܠܝܘܢܐ ܘܠܐ ܐܘܣܦܬ f. 153a
13 ܕܬܬܒ ܠܘܬܗ ܀ ܘܗܘܐ ܒܫܢܬܐ ܕܫܬ ܡܐܐ ܘܚܕܐ
ܫܢܝܢ ܕܚܝܘܗܝ ܕܢܘܚ ܒܝܪܚܐ ܩܕܡܝܐ ܒܚܕ ܒܝܪܚܐ ܀
ܢܓܒܘ ܡܝܐ ܡܢ ܐܪܥܐ ܀ ܘܫܠܚ ܢܘܚ ܬܩܦܐ ܕܩܒܘܬܐ
ܘܚܙܐ ܕܢܓܒܘ ܡܝܐ ܡܢ ܐܦܝܗ ܕܐܪܥܐ ܀
14 ܒܝܪܚܐ ܕܝ ܬܢܝܢܐ ܒܥܣܪܝܢ ܘܫܒܥܐ ܒܝܪܚܐ ܝܒܫܬ
15, 16 ܐܪܥܐ ܀ ܘܐܡܪ ܡܪܝܐ ܐܠܗܐ ܠܢܘܚ ܕܐܡܪ ܀ ܦܘܩ f. 153b
ܡܢ ܩܒܘܬܐ ܐܢܬ ܘܐܢܬܬܟ ܘܒܢܝܟ ܘܢܫܝܗܘܢ ܕܒܢܝܟ
17 ܥܡܟ ܀ ܘܟܠ ܚܝܘܬܐ ܘܟܠ ܕܥܡܟ ܀ ܘܟܠ ܒܣܪ
ܡܢ ܦܪܚܬܐ ܥܕ ܒܥܝܪܐ ܀ ܘܟܠ ܪܚܫܐ ܕܪܚܫܐ
ܥܠ ܐܪܥܐ ܐܦܩ ܥܡܟ ܀ ܘܦܪܘ ܘܣܓܘ ܥܠ

ܐܪܥܐ ܀ ܘܢܦܩ ܢܘܚ ܘܐܢܬܬܗ ܘܒܢܘܝ ܘܢܫܝܗܘܢ ܕܒܢܘܝ 18
ܥܡܗ ܀ ܘܟܠ ܚܝܘܬܐ ܘܟܠ ܒܥܝܪܐ ܘܟܠ ܪ̈ܚܫܐ 19
f. 154 a ܕܪܚܫܐ ܥܠ ܐܪ̈ܥܐ ܠܓܢܣܝܗܘܢ ܀ ܢܦܩܘ ܡܢ
ܩܒܘܬܐ ܀ ܘܒܢܐ ܢܘܚ ܡܕܒܚ ܠܐܠܗܐ ܘܢܣܒ ܡܢ 20
ܟܠ ܒܥܝܪܐ ܕܕܟܝܢ ܘܐܣܩ ܥܠ ܡܕܒܚܐ ܀ ܘܐܪܝܚ 21
ܡܪܝܐ ܐܠܗܐ ܪܝܚ ܒܣܡ: ܘܐܡܪ ܡܪܝܐ ܐܠܗܐ ܀
ܐܬܚܫܒܬ ܕܠܐ ܢܘܣܦ ܕܐܠܛ ܐܪܥܐ ܠܓܠܠ
ܒܥܒܕܝܗܘܢ ܕܒܢܝܢܫܐ ܀ ܕܡܬܚܫܒܐ ܗ̇ܝ ܚܫܒܬܗ
f. 154 b ܕܒܢ̈ܝܢܫܐ ܚܦܝܛܐ ܥܠ ܒܝܫܬܐ ܡܢ ܛܠܝܘܬܗ ܀ ܠܐ
ܐܘܦ ܢܘܣܦ ܕܐܡܚ ܟܠ ܒܣ̈ܪ ܚܝ ܗܝܟ
ܕܥܒܕܬ ܀ ܟܠ ܝܘܡܝܗ ܕܐܪܥܐ ܙܪܥܐ ܘܚܨܕܐ: 22
ܩܪܝܐ ܘܫܘܪܒܐ: ܩܝܛܐ ܘܣܬܘܐ: ܐܝܡܡܐ ܘܠܠܝܐ
f. 155 a ܢܒܛܠܘܢ ܀ ܘܒܪܟ ܐܠܗܐ ܠܢܘܚ ܘܠܒܢܘܝ ܘܐܡܪ ܠܗܘܢ ܀ 9. 1
ܦܪܘ ܘܣܓܘ ܘܡܠܘ ܐܪܥܐ ܘܡܪܘ ܥܠܝܗ ܀ ܘܐܪ̈ܬܬܘܬܟܘܢ 2
ܘܕܚܠܬܟܘܢ ܬܗܘܐ ܥܠ ܟܠ ܚܝܘܬܐ ܕܐܪܥܐ ܀ ܘܥܠ
ܟܠ ܦ̈ܪܚܬܐ ܕܫܡܝܐ ܀ ܘܥܠ ܟܠ ܕܡܬܪܚܫܝܢ ܥܠ
ܐܪܥܐ ܀ ܘܥܠ ܟܠ ܢܘܢܝ ܕܝܡܐ ܀ ܡܗܟ ܬܗܘܐ ܝܗܒܬܗܘܢ
f. 155 b ܠܟܘܢ ܬܗܘܬ ܐܟܝܠܘܢ ܀ ܘܟܠ ܟܠ ܪ̈ܚܫܐ ܚܝܐ 3
ܠܟܘܢ ܬܗܘܐ ܠܡܐܟܘܠܐ: ܗܝܟ ܝܪܩܐ ܕܥܣܒܐ ܝܗܒܬ
ܠܟܘܢ ܀ ܒܪܡ ܕܝ ܢܦܫ ܒܐܕܡܐ ܕܢܦܫܐ ܠܐ 4
ܬܐܟܠܘܢ ܀ ܐܕܡܟܘܢ ܒܪ̈ ܕܠܒܟܘܢ ܕܢܦܫܬܟܘܢ 5
ܡܬܒܥܐ ܀ ܡܢ ܐܝܕܐ ܕܟܠ ܚܝܘܬܐ ܐܬܒܥܝܢܗ ܀ ܘܡܢ
f. 156 a ܐܝܕܗ ܕܐܢܫܘܝ ܕܒܪ̈ܢܫ ܕܢܫܘܕ ܐܕܡ ܕܒܪ̈ܢܫ ܡܬܒܥ 6
ܐܕܡܗ ܫܐܠܢܗ ܀ ܕܒܨܘܪܬܗ ܕܐܠܗܐ ܥܒܕܬ ܒܪܢܫܐ ܀

7 ܐܬܘܢ ܕܝ ܦܪܘ ܘܣܓܘ ܘܡܠܘ ܝܬܗ ܠܐܪܥܐ ܘܡܪܘ
8 ܒܠܝܗ ⁘ ܘܐܡܪ ܐܠܗܐ ܠܢܘܚ ܘܠܒܢܘܗܝ ܥܡܗ ܕܐܡܪ̈
9 ܐܢܐ ܗܐ ܐܢܐ ܡܩܝܡ ܕܝܬܩܝ̈ ܕܥܡ ܠܟܘܢ f. 156b
10 ܘܠܙܪܥܟܘܢ ܡܢ ܒܬܪܟܘܢ ⁘ ܘܠܟܘܠ ܢܦܫ ܚܝܐ
ܕܥܡܟܘܢ ⁘ ܡܢ ܦܪܚܬܐ ܘܡܢ ܒܥܝܪܐ ܘܟܘܠ ܚܝܘܬܐ
ܕܐܪ̈ܥܐ ⁘ ܟܘܠ ܕܥܡܟܘܢ ⁘ ܡܢ ܟܘܠ ܗܠܝܢ ܕܢܦܩܘ
11 ܡܢ ܩܒܘܬܐ ⁘ ܘܡܩܝܡ ܕܝܬܩܝ̈ ܕܥܡ ܠܘܬܟܘܢ ⁘
ܘܠܐ ܢܡܘܬ ܒܣܪ̈ ܡܢ ܡܝܐ ܕܛܘܦܢܐ ⁘ ܘܠܐ ܝܗܐ f. 157a
12 ܥܘܕ ܛܘܦܢ ܕܒܥܝܢ ܕܡܚܪܘܒ ܟܘܠܗ ܐܪܥܐ ⁘ ܘܐܡܪ
ܡܪ̈ܝܐ ܐܠܗܐ ܠܢܘܚ ⁘ ܗܕܐ ܗܝ ܐܬܐ ܕܕܝܬܩܝ̈ ܗܕܐ
ܕܐܢܐ ܝܗܒ ܒܝܢܝ ܠܒܝܢܟܘܢ ܘܒܝܢ ܟܘܠ ܢܦܫ ܚܝܐ
13 ܕܥܡܟܘܢ ܠܕܪ̈ܝܐ ܕܥܠܡܝܢ ⁘ ܡܥܠܠ ܐܢܐ ܩܫܬܝ f. 157b
ܒܥܢܢܐ ⁘ ܘܬܗܘܐ ܠܐܬܐ ܕܕܝܬܩܐ ܕܠܥܠܡ ܒܝܢܝ ܠܒܝܢ
14 ܐܪܥܐ ⁘ ܘܝܗܘܐ ܟܕ ܡܗܝ ܐܢܐ ܡܥܢܢ ܥܢܢܐ ܥܠ
15 ܐܪ̈ܥܐ ܬܬܚܙܐ ܡܥܠܠ ܒܥܢܢܐ ܘܐܬܕ̈ܟܪ ܕܝܬܩܐ ܕܥܠ
ܗܕܐ ܕܗܝ ܒܝܢܝ ܘܒܝܢܟܘܢ ܘܒܝܢ ܟܘܠ ܢܦܫ ܚܝܐ f. 158a
ܕܒܟܘܠ ܒܣܪ̈ ⁘ ܘܠܐ ܝܗܘܐ ܬܘܒ ܡܝܐ ܕܛܘܦܢ
16 ܕܡܚܪܒܘܢ ܟܘܠ ܒܣܪ̈ ⁘ ܘܬܗܘܐ ܡܥܠܠ ܒܥܢܢܢܐ
ܘܐܚܙܝܢܗ ܘܐܬܕ̈ܟܪ ܕܝܬܩܐ ܕܥܠ ܕܠܥܠܡ ⁘ ܒܝܢ ܘܠܒܝܢ
17 ܟܘܠ ܢܦܫ ܚܝܐ ܕܟܘܠ ܒܣܪ̈ ܥܠ ܐܪܥܐ ⁘ ܘܐܡܪ
ܐܠܗܐ ܠܢܘܚ ⁘ ܗܕܐ ܗܝ ܐܬܐ ܕܕܝܬܩܐ ܗܕܐ f. 158b
ܕܐܩܝܡܬ ܒܝܢܝ ܠܒܝܢ ܟܘܠ ܒܣܪ̈ ܕܝܗܒ ܥܠ ܐܪܥܐ ⁘
18 ܗܘܘ ܕܝ ܒܢܘܝ ܕܢܘܚ ܗܠܝܢ ܕܢܦܩܘ ܡܢ ܩܒܘܬܐ ܫܡ ܘܚܡ
19 ܘܝܦܬ ⁘ ܚܡ ܗܘܐ ܐܒܘܝ ܕܟܢܥܢ ⁘ ܬܠܬܐ ܗܠܝܢ ܗܢܘܢ
ܒܢܘܝ ܕܢܘܚ ⁘ ܡܢ ܗܠܝܢ ܐܙܕܪ̈ܥܘ ܥܠ ܟܘܠܗ ܐܪܥܐ f. 159a

64

PROVERBS 9. 1—11.

ܩܪܝܢܐ ܬܠܝܬܝܐ ܡܢ ܡܬܠܘܗܝ ܕܫܠܝܡܘܢ

1 ⁜ ܚܟܡܬܐ ܒܢܬ ܠܗ ܒܝܬ :· ܘܫܪܪܬ ܒܗ ܥܡܘܕܐ
2 ܒܥܡܘܕܝܡ :· ܘܢܟܣܬ ܝܬܗܘܡ ܠܢܟܣܬܗ :· ܘܡܙܓܬ ܚܡܪܐ
3 ܒܐܓܢܐ :· ܘܥܬܕܬ ܝܬܗ ܠܦܬܘܪܗ :· ܫܕܪܬ ܝܬܗܘܢ
f. 159b 4 ܠܥܒܕܝܗ ܩܪܝܐ ܒܩܠ ܪܡ ܥܠ ܐܓܢܐ ܐܡܪܐ ܒܩܠ
ܡܢ ܕܒܟܘܢ ܩܕܡ ܠܘܬܝ :· ܘܠܚܣܝܪܝ ܒܗܘܢܬܐ ܐܡܪܬ :·
5 ܐܬܘ ܐܟܘܠܘ ܡܢ ܠܚܡܐ ܕܝܠܝ :· ܘܐܫܬܘ ܚܡܪܐ
6 ܕܡܙܓܬ ܠܟܘܢ :· ܫܒܘܩܘ ܦܟܝܗܘܬܐ ܘܐܚܘܢ
f. 160a ܚܝܝܢ :· ܘܒܥܘ ܦܘܟܗܬܐ ܕܬܬܚܪܘܢ :· ܘܐܫܬܘ
7 ܒܐܪܘܬܗ ܠܒܘܢܬܐ : ܗܕܢ ܕܪܕܐ ܒܝܫܝܢ ܝܠܦ
ܗܘ ܢܣܒ ܠܗ :· ܘܕܡܟܣ ܠܪܫܝܥܐ ܡܚܝܒ ܠܢܦܫܗ :·
8 ܠܐ ܬܟܣ ܒܝܫܝܢ ܕܠܐ ܢܣܢܘܢ ܝܬܟ :· ܒܟܣ
ܚܟܝܡܐ ܘܗܘ ܪܚܡ ܠܟ :· ܘܗܕܢ ܕܠܝܬ ܒܗ ܚܟܡܐ
9 ܘܗܘ ܡܘܣܦ ܕܣܢܝܐ ܝܬܟ :· ܗܒ ܗܘܝ ܚܟܡ ܠܐ
f. 160b ܠܚܟܝܡܐ ܘܗܘܐ ܚܟܝܡ :· ܘܗܘܝ ܡܘܕܥ ܠܙܕܝܩܐ ܘܗܘ
10 ܡܘܣܦ ܕܢܣܒ :· ܪܫܗ ܕܚܟܡܬܐ ܕܚܠܬܗ ܕܡܪܝܐ :·
ܘܡܠܟܘܬܗܘܢ ܕܩܕܝܫܝܐ ܒܝܘܢܐ :· ܕܡܕܥ ܐܢܫ ܕ܂
11 ܢܡܘܣܐ ܬܪܢܐ ܛܒܐ ܗܝ :· ܒܗܕܢ ܛܒܘܣܐ ܣܓ ܐܬܝ
ܚܝܐ ܣܘܓܠ ܕܐܢܫܘܢ :· ܘܫܢܝܢ ܕܚܝܝܢ ܡܬܘܣܦܝܢ ܠܟ ≡

65

Isaiah **40**. 9—17.

ܩܪ̈ܝܢ ܬܠܝܬܝ، ܡܢ ܐܫܥܝܐ ܢܒܝܐ f. 161 a
9 ⁜ ܠܛܘܪ ܪ̈ܡ ܣܩܘ ܗܘܢ ܕܡܣܒ̈ܪܝܢ ܨܝܘܢ ∴ ܬܠܘ
ܡܢ ܚܝܠܗ ܚܝܠܟܘܢ ܩܠܟܘܢ ܗܘܢ ܕܡܣܒ̈ܪܝܢ ܝܪܘܫܠܡ ∴ ܬܠܘ
ܘܠܐ ܬܕܚܠܘܢ ∴ ܐܡܪܘ ܠܩܪ̈ܝܬܐ ܕܝܗܘܕܐ ܗܐ
10 ܐܠܗܟܘܢ ∴ ܗܐ ܡܪܝܐ ܒܚܝܠ ܐܬܐ: ܘܐܕܪܥܗ
11 ܒܡܪܘ ∴ ܘܐܓܪܗ ܥܡܗ ܘܥܒܕܐ ܩܕܡܘܗܝ، ∴ ܗܝܟ f. 161 b
ܪܥܝܐ ܕܪ̈ܥܐ ܡܪܥܝܬܗ ∴ ܘܡܟܢܫ ܐܡܪ̈ܐ ܒܐܕܪ̈ܥܗ
12 ܘܒܥܘܒܗ ܛܥܢ ∴ ܘܠܗܠܝܢ ܕܟܠܝܢ ܡܫܚܣ ∴ ܡܢ ܐܟܝܠ
ܡܝܐ ܒܐܝܕܗ ܘܡܢ ܡܫܚ ܫܡܝܐ ܒܙܪܬܗ ∴ ܘܟܘܠ
ܐܪܥܐ ܒܩܘܡܨܗ ∴ ܡܢ ܐܩܝܡ ܛܘܪܝܐ ܒܡܬܩܠ
13 ܘܓܠܡܬܐ ܒܡܘܙܢܝܐ ∴ ܡܢ ܝܕܥ ܫܒܬܗ ܕܡܪܝܐ ∴ f. 162 a
14 ܐܘ ܡܢ ܐܬܒܥܕ ܒܪ ܡܠܟܗ ܕܠܝܦܬܗ ∴ ܐܘ ܕܡܢ
ܐܬܡܠܟ ܘܐܠܦܗ ܗܬܗ ∴ ܐܘ ܡܢ ܐܘܕܥ ܠܗ ܕܝܢܐ
ܘܐܘܪܚܐ ܕܒܘܝܢܬܐ ∴ ܡܢ ܐܘܕܥ ܠܗ ∴ ܐܘ ܡܢ
15 ܐܘܕܥ ܠܗ ܕܐܬܦܢܝܐ ܚܘܒܗ ∴ ܒܥܠܡܝܢ ܡܚܫܒܐ ܗܝܟ
ܠܦܢܐ ܕܚܛܦ ܡܢ ܕܘܠܐ ∴ ܘܗܝܟ ܦܪܚܬ ܕܡܘܙܢܝܐ
16 ܐܬܚܫܒܘ ∴ ܠܒܢܢ ܕ، ܠܐ ܡܠܐ ܠܝܩܕ ∴ ܘܟܘܠ ܚܝܘܬܐ f. 162 b
17 ܠܐ ܕܡܠܝܢ ܠܥܠܘܬ ∴ ܘܟܘܠ ܡܚܫܒܐ ܗܝܟ ܠܐ
ܟܠܘܡ ܗܘܝܢ ∴ ܘܠܠܐ ܟܠܘܡ ܐܬܚܫܒܘ ܠܗ ܥܡܡܝܢ
ܠܝܘܡ ܐܬܠܬܐ ܠܥܬܝܢ ܡܪܝܐ ܬܠܝܬܝ ܢܦܫ ∴ ܐܠܗܝ، Ps. **24**. 1 Ps. **24**. 2
ܥܠܝܟ ܐܬܪܚܨܬ ܠܐ ܡܒܗܬ ≡ ܚܝܠܗ ܘܠܐ ܢܚܫܒܘܢ
ܥܠ ܟܘܠ ܕܒܗ

66

Genesis 18. 1—19. 30.

ܡܢ ܐܘܪܝܬܐ ܕܡܘܫܒܬܐ ܡܕܒܪܬܐ ≡ ܩܪܝܢܐ ܡܢ
ܡܢ ܒܪܫܝܬ

f. 163 a ✠ ܐܬܚܙܝ ܐܠܗܐ[1] ܠܐܒܪܗܡ ܒܝܢ ܒܠܘܛܐ 1
ܕܡܡܒܪܝ ∴ ܘܗܘ ܝܬܒ ܥܠ ܬܪܥܐ ܕܡܫܟܢܗ ܒܚܘܡܗ
ܕܝܘܡܐ ∴ ܘܙܩܦ ܥܝܢܘܝ ܘܚܡܐ ܘܗܐ ܬܠܬܐ ܓܒܪܝܢ 2
ܗܘܘ ܩܝܡܝܢ ܠܥܠ ܡܢܗ ∴ ܘܟܕ ܚܙܐ ∴ ܪܗܛ
ܠܩܕܡܘܬܗܘܢ ܡܢ ܬܪܥܐ ܕܡܫܟܢܗ ∴ ܘܣܓܕ ܥܠ
f. 163 b ܐܪܥܐ ܘܐܡܪ ∴ ܡܪܝ، ܐܢ ܐܫܟܚܬ ܚܢܐ ܩܕܡܝܟ 3
ܠܐ ܬܥܒܪ ܡܠܘܬܟ ∴ ܢܬܢܣܒܘܢ ܟܥܢ ܡܝܐ ܘܐܫܝܓܘܢ 4
ܪܓܠܝܟܘܢ ∴ ܘܐܬܪܘܚܘ ܬܚܘܬ ܐܝܠܢܐ ∴ ܘܐܣܒ 5
ܠܚܡ ܘܬܣܥܕܘܢ ∴ ܘܡܢ ܒܬܪ ܟܢ ܬܥܒܪܘܢ
ܠܐܘܪܚܟܘܢ ∴

Here follows a blank leaf. On the margin of f. 164 b is written

ܐܫܬܟܚ ܡܢ ܗܘܐ ܘܪܫܗ ܐܢ ܐܘܓܪܝܬܐ ܐܠܗܝܐ
ܦ ܗܕܐ ܐܠܦܢܐ

Genesis 18. 18—19. 30.

f. 165 a ...ܗܐ ܕܗܘܐ ܠܥܡ ܪܒ ܘܣܓܝ ܘܢܬܒܪܟܘܢ ܒܗ ܟܠ 18
ܟܘܠ ܥܡܡܝܗ ܕܐܪܥܐ ∴ ܝܕܥ ܐܢܐ ܠܗ ܕܝ ܕܡܦܩܕ ܗܘ 19

[1] Cod. ܐܠܗܠܐ

ܐܒܪܗܡ ܠܒܢܘܗܝ ܘܠܒܝܬܗ sic ܡܢ ܒܬܪܗ ܕܝܛܪܘܢ
ܐܘܪܚܬܗ ܕܡܪܝܐ ܕܝܥܒܕܘܢ ܙܕܩܘ ܘܕܝܢܐ ܀ ܠܡܝܬܝܐ
ܕܝܬܐ ܡܪܝܐ ܥܠ ܐܒܪܗܡ ܟܠ ܡܐ ܕܡܠܠ ܠܘܬܗ ܀
20 ܘܐܡܪ ܡܪܝܐ ܨܘܚܬܐ ܕܣܕܘܡ ܘܕܥܡܘܪܬ ܣܓܝܬ f. 165 b
21 ܠܘܬܝ ܀ ܘܚܛܝܬܗܘܢ ܝܩܝܪܐ ܠܚܕܐ ܀ ܢܚܘܬ ܐܘ
ܢܚܙܐ ܐܢ ܗܟܢ ܨܘܚܬܗܘܢ ܕܐܬܝܐ ܠܘܬܝ ܫܠܡܘܢ
22 ܫܠܡܝܢ ܘܐܢ ܠܐ ܐܚܟܡ ܀ ܘܐܬܦܢܘ ܠܒܪܐ ܡܢ ܬܡܢ ܀
ܘܐܙܠܘ ܠܣܕܘܡ ܀ ܘܐܒܪܗܡ ܥܕ ܟܡ ܗܘܐ ܩܐܡ ܩܕܡ
23 ܡܪܝܐ ܐܠܗܐ ܀ ܘܩܪܒ ܐܒܪܗܡ ܘܐܡܪ ܠܐ ܬܘܒܕ
ܙܕܝܩܐ ܥܡ ܪܫܝܥܐ ܀ ܘܝܗܘܐ ܙܕܝܩܐ ܗܟܢ ܪܫܝܥܐ ܀ f. 166 a
24 ܐܢ ܗܘܘܢ ܚܡܫܝܢ ܙܕܝܩܝܢ ܒܡܕܝܢܬܐ ܬܘܒܕ ܐܢܬ
ܠܗܘܢ ܀ ܠܝܬ ܐܢܬ ܫܒܩ ܐܬܪܐ ܠܟܠܗ ܚܡܫܝܢ :
25 ܙܕܝܩܝܢ ܐܢ ܗܘܘܢ ܒܗ ܀ ܠܐ ܬܥܒܕ ܗܟܢ ܡܠܬܐ
ܗܕܐ ܕܬܩܛܘܠ ܙܕܝܩܐ ܥܡ ܪܫܝܥܐ ܘܝܗܘܐ ܙܕܝܩܐ
ܗܟܢ ܪܫܝܥܐ ܀ ܠܐ ܒܕ ܐܢܬ ܕܕܐܝܢ ܟܠܗ ܐܪܥܐ
26 ܠܝܬ ܐܢܬ ܥܒܕ ܕܝܢܐ ܀ ܘܐܡܪ ܡܪܝܐ ܐܢ ܢܫܟܚ f. 166 b
ܒܣܕܘܡ ܚܡܫܝܢ ܙܕܝܩܝܢ ܒܡܕܝܢܬܐ ܫܒܩܢܐ ܟܠܗ
27 ܐܬܪܐ ܠܒܓܠܠܗܘܢ ܀ ܘܥܢܐ ܐܒܪܗܡ ܘܐܡܪ ܀ ܗܐ ܀ ܒܪܘ
ܫܪܝܬ ܠܡܡܠܠ ܠܘܬ ܡܪܝܐ ܀ ܐܢܐ ܕܝ ܥܦܪ ܐܢܐ ܘܩܛܡ ܀
28 ܐܢ ܕܝ ܢܒܨܪܘܢ ܚܡܫܝܢ ܙܕܝܩܝܢ ܚܡܫܐ ܀ ܬܚܒܠ
ܐܢܬ ܒܟܠ ܡܕܝܢܬܐ ܠܟܠ ܚܡܫܐ ܀ ܘܐܡܪ ܠܝܬ
ܐܢܐ ܡܚܒܠ ܐܢ ܐܫܟܚܬ ܬܡܢ ܐܪܒܥܝܢ ܘܚܡܫܐ ܀ f. 167 a
29 ܘܐܘܣܦ ܬܘܒ ܠܡܡܠܠ ܠܘܬܗ ܘܐܡܪ ܀ ܘܐܢ ܕܝ

ܡܫܬܟܚܝܢ ܬܡܢ ܐܪܒܥܝܢ ܀ ܘܐܡܪ ܠܝܬ ܐܢܐ ܡܚܒܠ
30 ܠܡܛܠ ܐܪܒܥܝܢ ܀ ܘܐܡܪ ܕܠܡܐ ܡܪܝ ܐܢ ܡܡܠܠ ܀
ܐܢ ܕܝ ܡܫܬܟܚܝܢ ܬܡܢ ܬܠܬܝܢ ܀ ܘܐܡܪ ܠܝܬ ܐܢܐ
31 ܡܚܒܠ ܐܢ ܡܫܬܟܚܝܢ ܬܡܢ ܬܠܬܝܢ ܀ ܘܐܡܪ ܗܐ
ܫܪܝܬ ܠܝ ܕܐܡܠܠ ܥܡ ܡܪܝ ܀ ܐܢ ܕܝ ܡܫܬܟܚܝܢ
ܬܡܢ ܥܣܪܝܢ ܀ ܘܐܡܪ ܠܝܬ ܐܢܐ ܡܚܒܠ ܠܡܛܠ ܥܣܪܝܢ ܀
f. 167 b 32 ܘܐܡܪ ܕܠܡܐ ܡܪܝ ܐܢ ܡܡܠܠ ܚܕܐ ܙܒܢܐ ܐܚܪܝܢ ܀
ܘܐܢ ܕܝ ܡܫܬܟܚܝܢ ܬܡܢ ܥܣܪܐ ܀ ܘܐܡܪ ܠܝܬ ܐܢܐ
33 ܡܚܒܠ ܠܡܛܠ ܥܣܪܐ ܀ ܘܐܙܠ ܡܪܝܐ ܟܕ ܫܠܡ ܡܢ
19. 1 ܡܡܠܠ ܥܡ ܐܒܪܗܡ ܀ ܘܗܦܟ ܐܒܪܗܡ ܠܐܬܪܗ ܘܐܬܘ ܬܪܝܢ
ܡܠܐܟܐ ܐܬܘ ܠܣܕܘܡ ܒܪܡܫܐ ܀ ܘܠܘܛ ܝܬܒ ܗܘܐ
ܥܠ ܬܪܥܐ ܕܣܕܘܡ ܀ ܘܠܘܛ ܟܕ ܚܙܐ ܩܡ
ܠܐܘܪܥܗܘܢ ܀ ܘܣܓܕ ܥܠ ܐܦܘܗܝ ܥܠ ܐܪܥܐ ܘܐܡܪ
f. 168 a 2 ܘܐܡܪ ܗܐ ܡܪܝ ܣܛܘ ܠܒܝܬܗ ܕܥܒܕܟܘܢ ܀
ܘܒܘܬܘ ܘܐܫܝܓܘ ܪܓܠܝܟܘܢ ܘܐܩܕܡܘܢ ܩܘܡܘ ܐܙܠܘ
ܠܐܘܪܚܟܘܢ ܀ ܘܐܡܪܘ ܠܐ ܐܠܐ ܒܫܘܩܐ ܢܒܘܬ ܀
3 ܘܐܠܨ ܐܢܘܢ ܘܣܛܘ ܠܒܝܬܗ ܀ ܘܥܒܕ ܠܗܘܢ
4 ܡܫܬܝܐ ܘܦܛܝܪܐ ܐܦܐ ܠܗܘܢ ܀ ܘܐܟܠܘ ܘܥܕܠܐ
ܕܢܫܟܒܘܢ ܀ ܘܓܒܪܐ ܕܡܕܝܢܬܐ ܣܕܘܡܝܐ ܚܕܪܘ
ܒܝܬܐ ܡܢ ܛܠܝܐ ܘܥܕܡܐ ܠܣܒܐ ܀ ܟܠܗ ܥܡܐ ܒܟܠܗ
f. 168 b 5 ܗܝܟ ܚܕܐ ܀ ܘܩܥܘ ܩܪܘ ܠܠܘܛ ܘܩܥܘ ܐܡܪܝܢ ܠܗ ܀
ܐܝܟܐ ܗܢܘܢ ܓܒܪܐ ܕܥܠܘ ܠܒܝܬܟ ܒܠܠܝܐ ܀ ܐܦܩ
6 ܐܦܩܝܗܘܢ ܠܘܬܢ ܕܢܕܥ ܐܢܘܢ ܀ ܘܢܦܩ ܠܘܬ
ܠܘܬܗܘܢ ܠܘܛ ܠܬܪܥܐ ܘܐܚܕ ܬܪܥܐ ܒܬܪܗ ܀

ܘܐܡܪ̈ ܠܗܘܢ ܠܐ ܟܕܢ ܐܚܝ ܠܐ ܬܒܐܫܘܢ ∴ 7
8 ܐܝܬ ܠܝ ܬܪܬܝܢ ܒܢ ܕܓܒܪ̈ ܠܐ ܐܚܟܢ, ∴ ܡܦܩ ܝܬܗܝܢ
ܠܘܬܟܘܢ ܘܐܥܒܕܘܢ ܒܗܝܢ ܗܝܟ ܕܫܦܪ ܠܟܘܢ ∴
ܒܠܚܘܕ ܒܓܒܪܝܢ ܓܒܪܝܐ ܠܐ ܬܥܒܕܘܢ ܟܠܘܡ ܕܥܠܠܘ ∴ f. 169a
9 ܠܛܠܠ ܕܟܠܘ ܠܬܘܩܝܬ ܫܠܠܐ ܕܫܪ̈ܝܬܝ, ∴ ܘܐܡܪܘ ܩܪ̈ܘܒ
ܠܗܠ ∴ ܘܐܡܪܘ ܐܬܝܬ ܕܬܬܥܡܪ̈ ∴ ܕܥܒܪܐ ܐܘܦ ܕܬܕܘܢ
ܕܝܢܐ ∴ ܟܕܘ ܐܘܢ ܠܟ ܢܒܐܫ ܡܢ̈ܬ ܡܢ ܕܠܗܠܝܢ ∴
ܘܗܘܘ ܠܚܝܝܢ ܠܓܒܪܐ ܠܠܘܛ ܠܚܕܐ ∴ ܘܩܪ̈ܒܘ
10 ܕܢܫܘܒܘܢ ܬܪ̈ܥܐ ∴ ܘܦܫܛܘ ܓܒܪܝܐ ܐܝܕܝܗܘܢ
ܘܢܓܕܘ ܠܠܘܛ ܠܘܬܗܘܢ ܠܒܝܬܐ ∴ ܘܐܚܕܘ ܬܪܥܗ
11 ܕܒܝܬܐ ∴ ܠܓܒܪܝܐ ܕܝ, ܕܟܠ ܬܪܥܗ ܕܒܝܬܐ ܥܡܘܢ f. 169b
ܡܚܘܢ ܒܒܗܘܬܐ ܡܢ ܙܥܘܪ̈ܐ ܘܥܕܡܐ ܪ̈ܒܐ ∴
12 ܘܗܘܘ ܡܫܬܟܫܝܢ ܒܒܥܝ ܬܪ̈ܥܐ ∴ ܘܐܡܪܘ ܗܠܝܟ
ܓܒܪܝܐ ܠܠܘܛ ܐ ܐܝܬ ܠܟ ܗܟܐ ܚܬܢܝܢ ܐ̇ܘ ܒܢܝܢ
ܐ̇ܘ ܒܢܢ ∴ ܐ̇ܘ ܐ ܐܝܬ ܠܟ ܐܢܫ ܚܘܪܢ ܒܡܕܝܢܬܐ
13 ܐܦܩ ܡܢ ܗܕܐ ܐܬܪܐ ∴ ܠܒܕܠ ܕܐܢܢ ܡܚܒܠܝܢ ܐܬܪܐ
ܗܕܐ ∴ ܕܢܘܣܬܗܘܢ ܐܬܪܘܡܡܬ ܩܕܡ ܡܪܝܐ ∴ f. 170a
14 ܘܫܕܪ̈ ܝܬ ܕܢܚܒܠܝܢ ܝܬܗ ∴ ܘܢܦܩ ܠܘܛ ܘܡܠܠ ܥܡ
ܚܬܢܘ, ܕܢܣܒܝܢ ܒܢܬܗ ܘܐܡܪ : ܩܘܡܘ ܘܦܘܩܘ ܡܢ
ܐܬܪܐ ܗܕܐ ܠܒܕܠ ܕܡܚܪ̈ܒܐ ܚܒܠ ܗܕܐ ܡܕܝܢܬܐ ∴
15 ܘܐܬܚܫܒ ܗܝܟ ܠܓܚܘܟ ܩܘܕܡ ܚܬܢܘ, ∴ ܟܕ ܕܝ, ܗܘܐ
ܨܦܪܐ ܗܘܘ ܡܠܐܟܝܐ ܡܥܒܥܝܢ ܠܠܘܛ ܘܐܡܪܝܢ : ܩܘܡ f. 170b
ܣܒ ܐܢܬܬܟ ܘܬܪܬܝܢ ܒܢܬܟ ܗܠܝܢ ܕܐܝܬ ܠܟ ܘܦܘܩ

ܕܠܐ ܐܘܦ ܐܢܬ ܬܡܗܘܢ ܒܒܪܝܫܡܘܣܐ ܕܡܕܝܢܬܐ ܀
ܘܐܬܦܢܝܘ ܘܩܡܘ ܡܠܐܟܝܐ ܥܡܗ ܘܒܐܢܗ ܕܐܬܬܗ 16
ܘܒܐܢܗܘܢ ܕܬܬܢܝܢ ܥܡܗ ܀ ܥܡܐ ܕܢܦܩ ܟܠܗܝ ܡܕܝܪܐ ܀
f. 171 a ܘܐܬܒܢܒܘ ܒܕ ܐܦܘ ܡܬܗܘ ܠܒܪ ܐܡܪܘ ܐܢܫ ܢܦܩܝܢ ܀ 17
ܠܐ ܬܬܡܬܠ ܠܣܘܪܝܐ ܘܠܐ ܬܗܘܘܢ ܒܒܠ ܗܕܐ
ܐܪ̈ܒܥܐ ܀ ܠܦܘܪܐ ܐܬܦܩܝ ܕܠܐ ܐܘܦ ܐܢܬ ܒܡܗܘܢ
ܬܬܢܫܒ ܀ ܘܐܡܪ ܠܦܘܠ ܒܒܐ ܐܢܐ ܡܢܝ ܡܪ̈ܝ ܒܠ 18, 19
ܕܐܥܒܕ ܠܦܠܝ ܕܡܚܡ ܘܡܕܡܝܢ ܀ ܘܐܪܒܢܬ ܝܕܘܥ
ܡܢ ܕܐܢܬ ܒܒܕ ܒܠܗ ܕܬܢܫ ܢܦܥ ܀ ܐܢܐ ܕ̇ܝ ܠܢܬ ܐܢܐ
f. 171 b ܡܠ ܕܬܦܩܝ ܠܦܘܪܐ ܀ ܕܠܐ ܡܕܒܘܡ ܡܢܝ ܒܢܥܬܐ
ܘܡܥܘܬ ܀ ܗܐ ܗܕܐ ܡܕܝܢܬܐ ܩܪܝܒܐ ܕܡ̈ܟܘܢ ܠܢܦܫܝ 20
ܘܬܦܩܝܢ ܗ ܕܗܝ ܘܒܘܪܐ ܀ ܘܬܢܫ ܢܦܥ ܠܒܕܠܟ ܀
ܘܐܡܪ ܠܗ ܗܐ ܬܡܡܬ ܐܦܝܟ ܒܠ ܗܕܐ ܡܠܬܟ 21
ܕܠܐ ܡܦܘܟ ܡܕܝܢܬܐ ܗܕܐ ܕܡܠܠܬ ܒܠ ܕܦܠܛܗ ܀
ܠܬܡܢ ܐܬܦܩܝ ܠܡܬ ܐܢܐ ܒܪ ܡܠ ܕܥܒܕ ܒܠܗܘܢ 22
f. 172 a ܒܕܡܐ ܕܬܒܠܗ ܠܬܡܢ ܀ ܠܒܕܠ ܒܕ ܡܢ ܥܒܕܗ
ܕܬܗ ܡܕܝܢܬܐ ܘܒܪܐ ܀ ܥܒܕܐܐ ܕܢܫ ܒܠ ܐܪ̈ܒܐ 23
ܘܠܘܦ ܒܠ ܠܢܒܪ ܀ ܘܐܡܠܦܪ ܡܪܐ ܡܢ ܠܘܬ ܡܪܐ 24
ܒܠ ܗܘܡ ܘܒܠ ܠܒܡܪܬ ܢܘܪ ܘܠܒܦܪܝ ܡܢ ܥܡܡܝܐ ܀
ܘܗܦܟܝ ܗܠܝܢ ܡܕܝܢܬܐ ܘܒܠ ܒܢܬ ܠܒܡܪܬܗܘܢ ܘܒܘܠ 25
ܗܠܝܢ ܕܒܡܪܝܢ ܒܡܕܝܢܬܐ ܀ ܘܡܐܐ ܕܝܡܚܫ ܡܢ ܐܪ̈ܒܐ ܀
f. 172 b ܘܐܬܡܕܝܬ ܐܢܬܬܗ ܕܠܘܦ ܠܣܘܪܝܐ ܘܐܬܥܒܕܬ ܡܝܡܐ 26

27 ܕܡܠܚ ∻ ܘܩܕܡ ܐܒܪܗܡ[1] ܠܐܬܪܐ ܗܘ ܕܗܘܐ ܩܐܡ
28 ܗܘ ܩܕܡ ܡܪܝܐ ∻ ܘܐܕܝܩ ܠܘܬ ܣܕܘܡ ܘܥܡܘܪܬ
ܘܠܘܬ ܟܠ ܐܪܥܐ ܕܡܝܫܪܬܐ ܕܫܚܠܝܢ ∻ ܘܚܙܐ ܘܗܐ ܗܘܬ
ܣܠܩܐ ܬܢܢܬܗ ܕܐܪܥܐ ܗܝܟ ܬܢܢܗ ܕܐܬܘܢܐ ∻
29 ܘܗܘܐ ܟܕ ܚܒܠ ܐܠܗܐ ܟܘܠ ܡܕܝܢܬܐ ܕܐܪܥܐ
ܗܕܐ ∻ ܐܬܕܟܪ ܐܠܗܐ ܠܐܒܪܗܡ ܘܫܠܚ ܠܠܘܛ ܡܢ f. 173a
ܡܨܥܬ ܗܦܝܟܬܐ ∻ ܟܕ ܗܘܐ ܡܪܐ ܗܦܟ ܡܕܝܢܬܐ
30 ܕܗܘܐ ܠܘܛ ܝܬܒ ܒܗܘܢ ∻ ܘܣܠܩ ܠܘܛ ܡܢ ܨܥܪ
ܘܗܘܐ ܝܬܒ ܒܛܘܪܐ ܘܬܪܬܝܢ ܒܢܬܗ ܥܡܗ ∻ ܕܕܚܠ
ܡܢ ܕܝܬܒ ܒܨܥܪ ∻ ܘܝܬܒ ܒܡܥܪܬܐ ܗܘ
ܘܬܪܬܝܢ ܒܢܬܗ ܥܡܗ ܬܡܢ ∻

67

Proverbs 1. 10—19.

ܩܪܝܢܐ ܬܢܝܢܐ ܡܢ ܡܬܠܝܐ f. 173b
10 ⁜ ܒܪܝ ܠܐ ܢܛܥܘܢܟ ܓܒܪܝܢ ܪܫܝܥܝܢ ܘܠܐ
11 ܬܒܥܐ ܐܢ ܒܥܘ ܡܢܟ ܘܐܡܪܘ ∻ ܐܬܐ ܥܡܢ
ܘܐܫܬܬܦ ܒܐܕܡ : ܘܢܛܫܪ ܠܓܒܪ ܒܐܪܥܐ ܙܟܝ
12 ܡܓܢ ∻ ܘܢܒܠܥ ܝܬܗ ܚܝ ܗܝܟ ܡܐ ܕܫܐܘܠ ∻
13 ܘܢܣܒ ܕܘܪܗ ܡܢ ܐܪܥܐ ∻ ܢܣܒ ܕܝ ܩܢܝܢܗ ܕܝܩܝܪ
14 ܡܠܝܢ ܘܢܡܠܐ ܒܝܬܢ ܒܙܐ ∻ ܢܒܙܘܙ ܕܝ ܢܦܠ ܒܝܢܬܢ f. 174a

[1] Cod. ܐܒܪܗܒ

ܘܠܡܢܐ ܚܫܒ ܀ ܕܡܠܝܢ ܡܣܐܒܬܐ ܘܡܬܚܫܒ ܚܕ ܗܘܐ ܠܗ :

15 ܒܪܝ ܠܐ ܬܘܒܠ ܒܡܐܟܘܠܟܘܢ ܒܐܘܪܚܐ[1] ܀ ܐܠܐ ܐܪܚܡ

16 ܕܬܫܠܚ ܡܢ ܚܘܫܒܢܟܘܢ ܀ ܕܬܫܠܚܘܢ ܒܪ̈ ܕܡܫܝܚ

17 ܠܒܢܝܢ ܘܠܝܠܝܢ ܕܡܫܝܚܢ ܐܢܫ ܀ ܠܐ ܒܪ ܠܐ ܒܪ ܠܡܠܟܝܢ

18 ܡܬܡܬܢܝܢ ܡܢ ܕܠ ܠܦܘܪܢܘܬܐ ܀ ܗܘܝܢ ܒܪ̈ ܗܘܠܝܢ

f. 174 b ܕܡܫܬܬܦܝܢ ܒܐܝܕܝܢܐ ܐܝܟ̈ܢ ܠܗܘܢ ܒܢܝܢ ܀

ܘܗܘܦܟܘܢ ܕܒܪ̈ܝܐ ܒܪ̈ܝ ܢܡܘܣܐ ܒܢܝܢ ܗܘ ܀

19 ܗܠܝܢ ܐܘܪܚܬܐ ܗܢܝܢ ܕܒܥܠ ܗܠܝܢ ܕܡܫܠܡܝܢ ܫܠܘܬܐ ܀

ܒܪ̈ܘܫܒܐ ܒܪ ܗܘܝܢ ܡܬܝܡܝܢ ܢܦܫܬܗܘܢ ܀

68

ZECHARIAH 11. 11 b—14.

ܩܪܝܢܐ ܬܠܝܬܝ ܡܢ ܙܟܪܝܐ ܢܒܝܐ

f. 175 a ✠ ܘܝܕܥܘ ܚܫܝܟܐ ܐܡܪ̈ܬܐ ܕܡܬܢܛܪܝܢ ܠܝ ܀ ܠܝ ܀ ܠܡܠܠ 11 b

12 ܕܡܠܬܗ ܗܝ ܕܡܪܝܐ ܀ ܘܐܡܪܬ ܠܗܘܢ ܐܢ ܫܦܝܪ

ܗܘ ܒܥܝܢܝܟܘܢ ܗܒܘ ܠܝ ܐܓܪܝ ܀ ܐܢ ܠܐ ܦܠܘܓܘ ܐܬܘܢ

13 ܠܝ ܀ ܘܬܩܠܘ ܐܓܪܝ ܬܠܬܝܢ ܕܟܣܦ ܀ ܘܐܡܪ ܠܝ ܡܪܝܐ

ܪܡܝ ܐܢܘ ܠܒܝܬ ܓܘܙܐ ܀ ܘܚܙܝ ܐܢ ܐܬܒܚܪ ܗܘ ܒܝܕ ܗܘܘ

ܕܐܬܝܩܪܬ ܥܠ ܕܠܗܘܢ ܀ ܘܢܣܒܬ ܬܠܬܝܢ ܕܟܣܦ

f. 175 b 14 ܘܪܡܝܬ ܐܢܘܢ ܒܒܝܬܗ ܕܡܪܝܐ ܒܓܘܙܐ ܀ ܘܩܨܝܬ

ܚܘܛܪܝ ܬܢܝܢܐ ܚܒܠܐ ܕܢܬܦܣܩ ܐܚܘܬܐ ܒܝܢ ܝܗܘܕܐ

ܕܗܘܬ ܒܝܢ ܝܗܘܕܐ ܘܠܒܝܢ ܐܝܣܪܐܝܠ ܀ ܫܒܝܚܘ ܠܡܪܝ Ps. 40. 1

[1] Cod. ܒܘܪܚܐ

ܡܢ ܕܡܬܦܢܝܢ ܒܡܣܒܝܢܘܬܐ ܘܒܪܓܝܘܬܐ ≡ ܚܢܝܬܗ[1] ܐܢܐ Ps. 40. 4
ܐܡܪܬ ܡܪܝܐ ܐܬܪܝܫ ܒܠ ∴ ܐܦ ܢܦܫ ܕܐܫܠܡܬ
ܠܟ

ܘܪܥܝܢܐ ܕܡܫܝܚܘܬܐ ܕܚܡܝܫܬܐ ܩܕܝܫܬܐ ܕܦܣܚܐ ∴ f. 176a
ܡܢ ܫܘܪܝ ܥܕܡ ܒܘܥܐ ܡܥܪܒ،

69

Genesis 22. 1—19.

ܩܪܝܢܐ ܡܢ ܡܢ ܒܪܫܝܬ

1 ⁜ ܘܐܬܥܒܕ ܡܢ ܒܬܪ ܗܠܝܢ ܡܠܝܐ ܘܐܠܗܐ
ܗܘܐ ܡܢܣܐ ܠܐܒܪܗܡ ܘܐܡܪ ܠܗ ܐܒܪܗܡ ܐܒܪܗܡ:
2 ܘܐܡܪ ܗܐ ܐܢܐ ∴ ܘܐܡܪ ܣܒ ܒܪܟ ܐܝܣܚܩ ܗܢ f. 176b
ܝܚܝܕܐ ܕܐܚܒܬ ∴ ܘܐܙܠ ܠܐܪܥܐ ܪܡܬܐ ܘܐܣܩ
ܝܬܗ ܬܡܢ ܠܥܠܐ ∴ ܥܠ ܚܕ ܡܢ ܛܘܪܝܐ ܗܠܝܢ
3 ܕܐܡܪ ܠܟ ∴ ܘܩܡ ܐܒܪܗܡ ܒܨܦܪܐ ܘܙܪܙ ܚܡܪܗ
ܘܕܒܪ ܬܪܝܢ ܥܠܝܡܘܗܝ ܥܡܗ ∴ ܘܠܐܝܣܚܩ ܒܪܗ ∴ ܘܨܠܚ
ܩܝܣܝܢ ܠܥܠܬܐ ܘܩܡ ܘܐܙܠ ∴ ܘܐܬܐ ܥܠ ܐܬܪܐ
4 ܕܐܡܪ ܠܗ ܐܠܗܐ ܠܝܘܡܐ ܬܠܝܬܝܐ ∴∴ ܘܐܣܬܟܠ f. 177a
5 ܐܒܪܗܡ ܒܥܝܢܘܗܝ ܘܚܙܐ ܐܬܪܐ ܡܢ ܪܚܘܩܐ: ܘܐܡܪ
ܐܒܪܗܡ ܠܥܠܝܡܘܗܝ ܬܒܘ ܗܢܐ ܥܡ ܚܡܪܐ ܐܢܐ ܕܝ
ܘܛܠܝܐ ܢܐܙܠ ܥܕܡܐ ܠܗܠ ∴ ܘܢܣܓܘܕ ܘܢܬܘܒ
6 ܠܘܬܟܘܢ ∴ ܘܢܣܒ ܐܒܪܗܡ ܩܝܣܝܐ ܕܥܠܬܐ ܘܐܣܝܡ

[1] Cod. ܚܢܢܬܗ

f. 177b ܥܠ ܐܝܣܚܩ ܒܪܗ ܀ ܘܢܣܒ ܐܘܦ ܢܘܪܐ ܒܐܝܕܗ
ܘܣܟܝܢܐ ܀ ܘܐܙܠܘ ܬܪ̈ܝܗܘܢ ܐܟܚܕܐ ܀ ܘܐܡܪ̈ 7
ܐܝܣܚܩ ܠܐܒܪܗܡ ܐܒܘܝ܂ ܕܐܡܪ ܐܒܐ ܀ ܘܐܡܪ ܗܐ
ܗܘ ܒܪܝ ܀ ܘܐܡܪ ܗܐ ܢܘܪܐ ܘܩܝܣܐ ܗ̈ ܗܘ
ܐܡܪܐ ܕܠܥܠܬܐ ܀ ܘܐܡܪ̈ ܐܒܪܗܡ ܐܠܗܐ ܢܚܙܐ ܠܗ 8
f. 178a ܐܡܪܐ ܠܥܠܬܗ ܒܪܝ ܀ ܘܐܙܠܘ ܬܪ̈ܝܗܘܢ ܐܟܚܕܐ ܀
ܘܐܬܘ ܥܠ ܐܬܪܐ ܕܐܡܪ ܠܗ ܐܠܗܐ ܀ ܘܒܢܐ 9
ܐܒܪܗܡ ܡܕܒܚܐ ܘܐܣܕܪ ܩܝܣܐ ܘܟܦܬܗ ܠܐܝܣܚܩ
ܒܪܗ ܘܐܣܩܗ ܥܠ ܡܕܒܚܐ ܠܥܠ ܡܢ ܩܝܣܐ ܀
f. 178b ܘܦܫܛ ܐܒܪܗܡ ܐܝܕܗ ܘܢܣܒ ܣܟܝܢܐ ܕܢܟܘܣ ܠܒܪܗ ܀ 10
ܘܩܪܐ ܠܗ ܡܠܐܟܗ ܕܡܪ̈ܝܐ ܡܢ ܫܡܝܐ ܘܐܡܪ 11
ܠܗ ܀ ܐܒܪܗܡ ܐܒܪܗܡ ܘܐܡܪ ܗܐ ܐܢܐ ܀ ܘܐܡܪ̈ 12
ܠܐ ܬܘܫܛ ܐܝܕܟ ܥܠ ܛܠܝܐ ܘܡܕܡ ܠܐ ܬܥܒܕ ܠܗ ܀
ܟܕܘ ܓܝܪ ܝܕܥܬ ܕܐܢܬ ܕܚܠ ܡܢ ܐܠܗܐ : ܘܠܐ ܚܣܟܬ
f. 179a ܥܠ ܒܪܟ ܚܒܝܒܟ ܠܒܕܠܝ ܀ ܘܐܣܬܟܠ ܐܒܪܗܡ 13
ܒܥܝܢܘܗܝ ܘܚܙܐ ܘܗܐ ܕܟܪ̈ ܚܕ ܐܚܝ̈ܕ ܒܐܝܠܢ ܥܒܐ
ܒܩܪ̈ܢܘܗܝ ܀ ܘܐܙܠ ܐܒܪܗܡ ܘܢܣܒ ܕܟܪܐ ܘܐܣܩܗ ܠܗ
ܠܥܠܬܐ ܚܠܦ ܐܝܣܚܩ ܒܪܗ ܀ ܘܩܪ̈ܐ ܐܒܪܗܡ ܫܡܗ 14
ܕܐܬܪܐ ܗܘ ܡܪܝܐ ܚܙܐ ܀ ܕܡܬܐܡܪ ܝܘܡܢ
f. 179b ܒܛܘܪ̈ܐ ܐܬܚܙܝ ܡܪܝܐ ܀ ܘܩܪܐ ܡܠܐܟܗ ܕܡܪ̈ܝܐ 15
ܠܐܒܪܗܡ ܡܢ ܬܢܝܢܘܬ ܡܢ ܫܡܝܐ ܘܐܡܪ ܠܗ ܀
ܒܢܦܫܝ ܐܢܐ ܡܝܡܬ ܐܡܪ ܡܪܝܐ ܀ ܠܒܕܠ ܕܥܒܕܬ 16
ܗܕܐ ܡܠܬܐ ܘܠܐ ܚܣܟܬ ܥܠ ܒܪܟ ܚܒܝܒܟ ܠܒܕܠܝ ܀

17 ܐܠܐ ܒܪܘܚܟ ܒܪܝܟ ܬܠܟ ܀ ܘܗܣܘܐ ܣܥܘܪܐ ܙܙܟ
ܗܘܝܟ ܒܥܒܒܝܫܐ ܕܙܕܘܩܝܬܐ ܘܗܘܝܟ ܫܠܡܐ ܕܟܠ ܣܦܘܪܗ f. 180 a
18 ܕܫܡܥܐ ܀ ܘܒܘܙܬܐ ܘܙܠܟ ܒܕܫܝܢܬܐ ܕܗܡܐܝܐ ܀ ܘܬܒܪܬܐ ܒܢܘ
ܒܬܪܥܝܟ ܒܗܠ ܡܚܝܢܗ ܕܐܪܥܐ ܀ ܘܫܠܦ ܕܫܒܚܬ ܒܗܠ
19 ܘܬܗܒ ܐܒܪܗܡ ܠܗܬ ܠܡܠܟܝ ܀ ܘܗܡܟܐ ܐܝܠܘ ܗܘܝܟ ܫܪܐ
ܒܠ ܒܢܝܐ ܕܡܫܒܚܢܐ ܀ ܘܒܢܕܪ ܐܒܪܗܡ ܒܠ ܒܢܝܐ
ܕܡܫܒܚܢܐ

70

Isaiah 61. 1—11.

ܩܪܝܢܐ ܬܠܝܬܝܐ ܡܢ ܐܫܥܝܐ ܢܒܝܐ f. 180 b

1 ⁜ ܪܘܚܗ ܕܡܪܝܐ ܥܠܝ܆ ܗܘܐ ܕܠܒܝܠ ܟܢ
ܡܫܚ ܝܬܝ܆ ܕܐܣܒܪ ܠܡܣܟܢܝܐ ܫܠܚ ܝܬܝ܆ ܘܠܐܣܝܐ
ܠܗܠܝܢ ܕܬܒܝܪܝܢ ܠܒܗܘܢ ܀ ܘܡܟܪܙ ܠܫܒܝܐ ܫܒܘܩܢ
2 ܘܠܥܘܝܪܐ ܕܢܚܙܘܢ ܀ ܘܡܟܪܙ ܫܢܬܗ ܕܡܪܝܐ ܡܩܒܠܬܐ ܀
3 ܘܝܘܡ ܕܦܘܪܥܢܐ ܠܐܠܗܢܐ ܀ ܘܡܒܝܐܣ ܒܗܠ ܗܠܝܢ f. 181 a
ܕܡܬܐܒܠܝܢ ܠܨܝܘܢ ܀ ܘܗܒ ܠܗܘܢ ܫܘܒܚܐ ܚܠܦ ܕܩܛܡܐ ܀
ܘܫܘܠܦ ܐܒܠܐ ܠܗܘܢ ܕܬܫܒܘܚܬܐ ܀ ܘܫܘܠܦ ܪܘܚܐ
ܥܩܝܡܬܐ ܀ ܘܬܬܩܪܘܢ ܕܪܝܢ ܕܙܕܩܘ ܀ ܢܨܒܬܗ ܕܡܪܝܐ
4 ܠܬܫܒܘܚܬܐ ܀ ܘܝܒܢܘܢ ܚܪܒܢ ܕܥܠܡ ܀ ܘܚܪܒܢ ܕܩܕܡܝܢ
ܢܩܝܡܘܢ ܀ ܘܡܚܕܬܝܢ ܩܪܝܢ ܚܪܒܬܗܘܢ ܀ ܗܠܝܢ ܕܗܘܝ f. 181 b
5 ܚܪܒܢ ܠܕܪܝܢ ܀ ܘܐܝܬܘܢ ܒܢܝ ܢܘܟܪܝܢ ܪܥܝܢ ܥܢܟܘܢ
ܐܡܪܬܟܘܢ ܀ ܘܡܦܠܚܢܝܐ ܢܘܟܪܝܢ ܗܘܢ ܠܟܘܢ ܐܟܪܝܢ
6 ܘܟܪܡܝܢ ܀ ܐܢܬܘܢ ܕܝ ܟܗܢܝ ܕܐܠܗܐ ܬܬܩܪܘܢ

ܘܡܫܡܫܝ̈, ܕܐܠܗܐ ܀ ܚܝܠ ܕܥܡܡܝܢ ܬܐܟܠܘܢ ܀
ܘܒܥܘܬ̈ܪܗܘܢ ܬܬܥܒܪܘܢ ܀ ܚܠܦ ܒܗܬܬܗܘܢ 7
f. 182a ܘܐܟܠܡܬܗܘܢ ܢܪܘܬܐ ܬܐܚܣܢܘܢ ܬܬܝܪܬܘܢ ܚܕܘܗ
ܠܐܪܥܐ ܀ ܘܚܕܘܐ ܕܠܥܠܡ ܥܠ ܪܫܗܘܢ ܀ ܐܢܐ ܗܘ 8
ܡܪ̈ܝܐ ܕܪܚܡ ܕܝܢܐ ܘܣܢܐ ܚܛܘܦܝܐ ܘܥܘܠܐ ܀
ܘܐܢܐ ܝܗܒ ܠܦܥܠܬܗܘܢ ܠܨܕܝܩܝܢ ܀ ܘܕܝܬܝܩܐ ܕܠܥܠܡ
f. 182b ܐܢܐ ܡܩܝܡ ܠܗܘܢ ܀ ܘܡܬܝܕܥ ܒܥܡܡܝܐ ܙ̈ܪܥܗܘܢ 9
ܘܒܢܝ ܒܢܝܗܘܢ ܒܥܡܡܝܐ ܀ ܘܟܠ ܡܢ ܕܚܙܐ ܠܗܘܢ
ܢܟܪ̈ ܠܗܘܢ ܕܗܢܘܢ ܙܪܥ ܡܒܪ̈ܟܝܢ ܡܢ ܐܠܗܐ ܀
ܘܚܕܘ ܡܬܚܕܝܢ ܒܡܪܝܐ ܀ ܐܬܦܨܚܬ, ܢܦܫܝ ܒܡܪܝܐ 10
ܒܐܠܗܐ ܕܝ, ܕܗ ܠܒܫܢܝ ܕܦܘܪܩܢܐ ܘܡܐܢܐ ܕܚܣܝܘܬܐ ܕܟܣܢ
f. 183a ܐܬܝܡ ܥܠܝ ܗܝܟ ܚܬܢܐ ܡܟܠܠܐ ܀ ܘܗܝܟ ܟܠܬܐ
ܕܡܬܩܢܐ ܐܬܩܢ ܠܝ ܀ ܘܗܝܟ ܐܪܥܐ ܕܡܦܩܐ 11
ܨܡܚܗ ܀ ܘܗܝܟ ܓܢܬܐ ܕܡܨܡܚܐ ܙ̈ܪܥܗ ܀ ܗܟܢ
ܡܪܝܐ ܡܨܡܚ ܕܝܢܐ ܘܫܒܘܚܬܐ ܩܕܡ ܟܠܗܘܢ
Ps. 54. 21 ܥܡܡܝܐ ܒܝܢ ܫܒܒܘܗܝ ܗܘ ܡܬܦܪܥܐ ≡ ܪܟܝܟܝܢ ܡܠܘܗܝ,
ܫܦܝ ܡܢ ܡܫܚܐ ܀ ܘܗܢܘܢ ܐܢܘܢ ܓܐܪ̈ܝܢ[1] ≡
Ps. 54. 1 ܚܢܬܗ ܐܨܝܬ ܐܠܗܐ ܠܨܠܘܬܝ, ܘܠܐ ܬܒܣܪ ܒܥܘܬܝ, ܀
f. 183b ܗܠܠܘܝܐ ܠܝܬ ܠܗܕܡܝܢ

[1] Cod. ܓܐܪ̈ܝܢ

71

I Corinthians 11. 23—32.

ܫܠܝܚܐ ܡܢ ܕܠܘܬ ܩܘܪܢܬܝܡ

23 ✠ܐܢܐ ܓܪ ܩܒܠܬ ܡܢ ܡܪܢܐ ܡܕܡ ܕܐܘܦ ܐܢܐ
ܡܫܠܡܬ ܠܟܘܢ ⁘ ܕܡܪܢ ܝܫܘܥ ܒܠܠܝܐ ܕܒܗ ܐܬܡܣܪ
24 ܢܣܒ ܠܚܡܐ ܘܐܫܬܘܕܝ ܘܩܨܐ ܘܐܡܪ ⁘ ܗܕܝܢ ܗܘ
ܦܓܪܝ ܕܚܠ ܕܠܟܘܢ ⁘ ܗܕܐ ܗܘܘ ܥܒܕܝܢ ܠܕܘܟܪܢܐ
25 ܕܝܠܝ: ܟܢ ܘܟܣܬ ܐܘܦ ܡܢ ܒܬܪ ܕܐܚܫܡܘ ܐܡܪ ⁘ ܗܕܝܢ
ܟܣܐ ܕܕܝܬܩܐ ܚܕܬܐ ⁘ ܒܐܕܡܐ ܕܝܠܝ ⁘ ܗܕܝܢ ܗܘܘ 184a
26 ܥܒܕܝܢ ܟܘܠ ܐܡܬܝ ܕܐܬܘܢ ܫܬܝܢ ܠܕܘܟܪܢܝ ⁘ ܕܝܠܝ
ܟܘܠ ܐܡܬܝ ܕܐܬܘܢ ܐܟܠܝܢ ܡܢ ܗܕܝܢ ܠܚܡܐ ⁘
ܘܫܬܝܢ ܡܢ ܗܕܝܢ ܟܣܐ ⁘ ܡܘܬܗ ܕܡܪܢܐ ܐܬܘܢ
27 ܡܟܪܙܝܢ ⁘ ܥܕ ܡܐܬܐ ܕܝܐܬܐ ⁘ ܗܘܐ ܟܘܠ ܡܢ ܕܐܟܠ
ܝܬܗ ܠܠܚܡܐ ܗܕܝܢ ܐܘ ܫܬܐ, ܟܣܗ ܕܡܪܢܐ ⁘ ܘܠܐ
ܫܘܐ ܒܗ ⁘ ܚܝܒ ܝܗܐ ܒܦܓܪܗ ܘܒܕܡܗ[1] ܕܡܪܢܐ ⁘
28 ܝܗܐ ܕܝ ܒܚܝܢܐ ܒܪܢܫ ܢܦܫܗ ⁘ ܘܗܟܢ ܡܢ ܠܚܡܐ f. 184b
29 ܝܗܐ ܐܟܠ ܘܡܢ ܟܣܐ ܝܗܐ ܫܬܐ ⁘ ܗܕܝܢ ܓܪ
ܕܐܟܠ ܘܫܬܐ ܝܗܐ ܘܠܝܬ ܗܘ ܫܘܐ ܕܝܢ ܠܦܓܪܗ ܗܘ
30 ܐܟܠ ܘܫܬܐ ܕܠܐ ܐܫܡ ܝܬܗ ܠܦܓܪܗ ⁘ ܠܒܕܝܠ
ܒܢ ܣܓܝ ܒܟܘܢ ܟܐܒܝܢ ܘܡܟܪܝܗܝܢ ܘܕܡܟܝܢ
31 ܣܓܝ ⁘ ܐܠܘ ܓܪ ܗܘܝܢ ܕܐܢܝܢ ܢܦܫܢ ⁘ ܐܠܘ ܕܠܐ

[1] Cod. ܘܒܐܕܡܗ

f. 185 a ܟܡ ܠܐ ܗܘܝܢ ܡܬܕܝܢܝܢ ܀ ܡܬܕܝܢܝܢ ܕܝ ܡܢ ܡܪܢܐ 32
ܐܝܟ ܡܬܪܕܝܢܝܢ ܀ ܠܡܕܝܠ ܕܠܐ ܥܡ ܥܠܡܐ
Ps. 22. 5 ܢܬܚܝܒ ≡ ܥܠܘܗܝ ܣܒܪܘ ≡ ܒܬܪܬ ܘܦܪܩܬ ܩܘܫܪ
ܠܡܘܟܠ ܟܘܠ ܗܠܝܢ ܕܠܚܝܡ ܠܗ
Ps. 22. 1 ≡ ܡܪܝܐ ܪܒܢܐ ܠܗ ܀ ܘܚܠܘܩ ܀ ܠܐ ܡܫܬܒܩ ܠܗ ≡
ܫܠܘܡ ܗܠܠܝܢܐ ܫܠܝܚܘ ܦܪܝܫܐ

72

ZECHARIAH 11. 11 b—14.

≡ ܗܕܝܢ ܗܘܘ ܫܒܘܥܝܐ ܘܢܒܝܐ ܘܦܪܝܫܐ ܘܫܠܝܚܐ
ܗܘܘ ܡܬܩܪܝܢ ܚܕ ܡܢ ܢܒܝܐ ܘܚܕ ܡܢ ܦܘܠܘܣ
Ps. 34. 11 ܕܒܪܘܟܬܐ ܗܕܘ ܘܗ ܫܒܘܥܘ ܡܢܗ ≡ ܕܗܡܟܘ ܟܠܗ
ܩܕܝܫܝܢ ܕܚܠܘܡ ܀ ܘܡܢܟܐ ܕܠܐ ܗܘܝܬ ܡܚܣܪ ܗܘܘ
Ps. 34. 1 ܐܢܫܝܢ ܠܗ ܚܢܘܬܗ ܕܘ ܡܪܢܐ ܠܗܠܝܢ ܕܕܚܠܝܢ ܠܗ ܀
ܡܫܟܚ ܦܪܢܣܐ ܟܡ ܗܠܝܢ ܕܡܚܝܢ ܟܡܢ ܦܪܢܣܐ ≡
+ ܦܪܝܫܐ ܡܢܟ ܡܢ ܐܦܪܝܐ

f. 185 b ⁜ ܘܡܪܢܘ ܚܒܝܒ ܐܡܪܬܐ ܕܡܬܢܛܪܝܢ ܠܗ ܀ 11 b
ܠܡܕܝܠ ܕܡܠܬܗ ܕܡܪܝܐ ܗܝ ܗܕܐ ܀ ܘܐܡܪܬ ܠܗܘܢ 12
ܐܢ ܫܦܝܪ ܒܥܝܢܝܟܘܢ ܗܒܘ ܠܝ ܐܓܪܝ ܀ ܘܐܢ
ܠܐ ܫܒܘܩܘ ܘܬܩܠܘ ܐܓܪܝ ܬܠܬܝܢ ܕܟܣܦ ܀ ܘܐܡܪ ܠܝ ܡܪܝܐ ܀ 13
ܪܡܝܐ ܠܗܘ ܒܒܘܪܐ ܀ ܘܚܙܝ ܐܢ ܐܝܬ ܗܘ ܒܕܝܩ ܀
ܗܒܘܐ ܕܐܬܒܪܘܬ ܥܠ ܕܝܠܗܘܢ ܀ ܘܢܣܒܬ ܬܠܬܝܢ
f. 186 a ܕܟܣܦܐ ܘܪܡܝܬ ܐܢܘܢ ܒܒܝܬܗ ܕܡܪܝܐ ܒܒܘܪܐ ܀

14 ܘܬܒܪܬ ܚܘܛܪܝ. ܬܫܒܘܚܬܐ ܚܒܠܐ ܀ ܕܠܒܪܬ ܕܡܬܠܠ
ܕܬܘܣܦܬܐ ܕܠܐ ܀ ܗܕܐ ܕܗܘܬ ܒܝܢ ܡܫܘܕܐ ܘܠܒܝܢ
ܐܝܣܪܐܠ

73

GALATIANS 6. 14—18.

14 ܥܠܝܢܐ ܡܢ ܕܠܘܬ ܟܠܦܠܐܡ + ܐܚܝܢܐ ܠܝ ܕܝ ܠܐ
ܗܘܐ ܕܐܫܬܒܚ ܐܠܐ ܐܢ ܒܨܠܝܒܗ ܕܡܪܢ ܝܫܘܥ
ܡܫܝܚܐ ܀ ܗܘ ܕܒܗ ܥܠܡܐ ܀ ܨܠܝܒ ܠܝ ܠܗ ܘܐܢܐ
15 ܠܥܠܡܐ ܀ ܠܐ ܓܝܪ ܓܙܘܪܬܐ ܡܕܡ ܗܝ ܘܠܐ ܥܘܪܠܘܬܐ ܀
16 ܐܠܐ ܒܪܝܐ ܚܕܬܐ ܀ ܘܟܠ ܗܠܝܢ ܕܫܠܡܝܢ ܠܗܕܐ ܕܝ f. 186b
ܐܘܪܚܬܐ ܀ ܫܠܡܐ ܥܠܝܗܘܢ ܘܪܚܡܐ ܀ ܘܥܠ
17 ܐܝܣܪܐܝܠ ܕܐܠܗܐ ܀ ܡܢ ܟܕܘ ܐܢܫ ܠܥܡܠܐ ܠܐ
ܢܛܦ ܠܝ ܀ ܐܢܐ ܠܫܘܡܝ ܕܝܫܘܥ ܐܢܐ ܛܥܝܢ ܒܦܓܪܝ ܀
18 ܛܝܒܘܬܗ ܕܡܪܢ ܝܫܘܥ ܡܫܝܚܐ ܥܡ ܪܘܚܟܘܢ ܐܚܝܢܐ
ܐܡܝܢ ≡

74

ISAIAH 3. 9b—15.

ܗܕܝ ܥܒܘܕܝ ܬܘܢܝ · ≡ ܐܢܐ ܕܝ ܠܢܦܫܗܘܢ Ps. 37. 17
ܡܬܬܟܕ ܀ ܘܝܬܝܢ ܡܘܕܥܝܢ ܟܠܗܘܢ ܒܝ ܚܒܝܒܗ ≡ ܡܬܪܐ Ps. 37. 1
ܠܐ ܒܡܥܒܕܢ ܬܘܒܢ ܥܠܝ ܀ ܘܠܐ ܒܝܕܘܢ ܬܕܪܐ ܥܠܝ f. 187a
ܦܪܝܢ ܬܘܒܠܝ ܡܢ ܐܚܕܝܢܐ ܒܢܝܢܐ ܗܘ
9b ⁜ ܘܝ ܠܢܦܫܗܘܢ ܕܗܠܝܢ ܕܐܬܡܠܟܘ ܡܠܟܝܢ ܒܝܫ
10 ܘܐܡܪܘ ܀ ܢܦܫܬ ܥܠܗ ܠܙܕܝܩܐ ܕܗܘ ܛܒ ܠܢ ܀ ܒܪܡ

ܕܝ ܦܪܘܩܐ ܕܒܘܣܡܗܘܢ ܟܠܗܘܢ ܀ ܘܝ ܠܒܪܢܫܘܬܐ 11
ܒܥܫܐ ܕܐܘܪܥܘܬܐ ܀ ܕܗܘܝܢ ܒܒܢܝܬܗܘܢ ܕܐܪܥܝܗܘܢ
ܡܐܬܐ ܠܗܘܢ ܀ ܘܗܠܟ[1] ܒܒܝܬܗܘܢ ܡܒܒܪܝܢ ܠܗܘܢ ܀ 12
ܘܗܠܝܢ ܕܒܚܝܢ ܠܗܘܢ ܡܪܝܢ ܒܠܒܗܘܢ ܀ ܘܗܠܟ ܗܠܝܢ
f. 187b ܕܡܒܣܝܢ ܠܗܘܢ ܡܠܟܝܢ ܠܗܘܢ ܘܡܒܠܝܐ ܕܝܬܠܒܗܘܢ
ܗܘܝܢ ܡܒܪܟܝܢ ܀ ܒܪܘ ܕܝ ܣܘܦ ܡܪܝܐ ܠܕܝܢܐ ܀ 13
ܗܘ ܒܪ ܡܪܝܐ ܡܐܬܐ ܠܕܝܢܐ ܒܡ ܫܒܘܝ ܕܗܠܟܐ 14
ܘܒܡ ܐܪܒܥܘܝ ܀ ܐܬܐܘ ܕܝ ܠܒܟܐ ܐܘܣܕܬܘ ܠܗ
ܠܒܪܡܝ ܀ ܘܫܦܘܥܐ ܕܡܫܝܚܐ ܒܒܝܬܗܘܢ ܀ ܡܢܐ 15
ܐܬܐܘ ܒܝܢ ܠܝ ܗܠܟ ܀ ܘܐܦܝܗܘܢ ܕܡܫܝܚܐ
ܐܬܐܘ ܡܒܒܗܬܝܢ

75

PHILIPPIANS 2. 5—11.

ܩܪܝܢܐ ܕܫܠܝܚ ܡܢ ܐܓܪܬܗ ܕܦܝܠܝܩܘܣܝܢ +

ܗܕܐ ܒܪ ܗܘܘ ܡܬܚܫܒܝܢ ܡܢ ܡܐ ܕܐܘܦ ܒܡܪܢܐ 5
f. 188a ܝܫܘܥ ܡܫܝܚܐ ܀ ܗܕܝܢ ܕܗܘܐ ܒܠ ܕܡܘܬܗ ܕܐܠܗܐ ܀ 6
ܘܠܐ ܚܛܘܦܐ ܚܫܒ ܠܗ ܕܢܗܘܐ ܫܘܐ ܠܐܠܗܐ ܀ ܐܠܐ 7
ܪܘܩܢ ܢܦܫܗ ܘܢܣܒ ܕܡܘ ܕܥܒܕ ܀ ܘܒܕܡܘ ܕܒܢܝ
ܐܬܥܒܕ ܀ ܘܒܐܣܟܝܡ ܐܫܬܟܚ ܗܝܟ ܒܪܢܫ ܀ ܡܟܟ 8
ܢܦܫܗ ܘܐܬܥܒܕ ܫܡܘܥ ܥܕ ܡܘܬ ܡܘܬܐ ܀ ܕܨܠܘܒܬܐ
ܕܝ ܕܙܠܒܐ ܀ ܀ ܠܟܠܠ ܗܕܝܢ ܐܘܦ ܐܠܗܐ ܒܠ ܕܢܬܪ 9
f. 188b ܪܘܡܡܗ ܝܬܗ ܀ ܘܝܗܒ ܠܗ ܫܡܐ ܕܠܥܠ ܡܢ ܟܠ

[1] Cod. ܘܗܠܝܢ

10 ܥܠܡ ⁘ ܠܟܠܠ ܕܒܫܡܝܗ ܕܡܪܢܐ ܝܫܘܥ ܡܫܝܚܐ ⁘
ܬܫܒܘܚܕ ܥܘܠ ܐܪܥܘܬܐ ܒܫܡܝܐ ܘܒܐܪܥܐ ܘܬܫܒܘܬܬ
11 ܐܪܥܐ ⁘ ܘܥܘܠ ܠܝܬ ܡܬܘܕܝ ܒܡܪܢܐ ܝܫܘܥ ܡܫܝܚܐ
Ps. 40. 6 ܠܬܫܒܘܚܬܗ ܕܐܠܗܐ ܥܒܕܘܢ ܬܠܬܝ ≡ ܠܒܗ ܚܒܪ
ܠܗ ⁘ ܒܒܢܝܫܬܗ ܠܟܪܣܗ ⁘ ܢܥܡ ܗܘܐ ܠܒܪ ⁘ ܘܡܟܠܠ
Ps. 40. 1 ܡܢ ܘܥܘܬ ܚܝܠܬܗ ≡ ܛܘܒܝ ܡܢ ܕܡܬܒܘܢܢ ܒܡܣܟܝܢܐ
ܘܡܝܬܒܐ ⁘ ܕܡܢ ܝܘܡܐ ܒܝܫܐ ܦܪܩ ܠܗ ܡܪܝܐ

76

Isaiah 50. 4—9a.

ܩܪܝܢܐ ܚܡܫܥܣܪܐ ܡܢ ܐܫܥܝܐ ܢܒܝܐ ܗܘ
4 ⁜ ܡܪܝܐ ܡܪܝܐ ܝܗܒ. ܠܝ ܠܫܢ ܕܡܪܕܘ ܕܢܕܥ ⁘ ܗܘ f. 189a
5 ܕܝ ܐܡܪ ⁘ ܡܠܐ ܐܡܫܟ ܠܝ ܡܨܦܪܐ ⁘ ܡܨܦܪܐ ܐܘܣܦ
ܠܝ ܐܕܢܐ ܂ ܠܡܫܡܥ ܘܡܪܕܘܬܗ ܕܡܪܝܐ ܦܬܚܬ
ܐܕܢܝ ⁘ ܐܢܐ ܕܝ ܠܝܬ ܐܢܐ ܕܠܐ ܡܬܦܝܣ ܘܠܐ
6 ܡܪܘܒ ⁘ ܚܨܝ ܝܗܒܬ ܠܡܚܝܢ ܘܦܟܝ ܠܡܚܦܝܢ ⁘
7 ܐܦܝ ܕܝ ܠܐ ܗܦܟܬ ܡܢ ܒܗܬܬܗ ܕܪܘܩܐ ⁘ ܘܡܪܝܐ
ܡܪܝܐ ܗܘܐ ܡܣܝܥ ܠܝ ⁘ ܡܛܠܠ ܟܢ ܂ ܠܐ ܒܗܬܬ ⁘
ܐܠܐ ܐܬܡܝܬ ܐܦܝ ܂ ܐܝܟ ܫܥܝܐ ܥܫܢܐ ⁘ f. 189b
8 ܘܝܕܥܬ ܕܠܝܬ ܐܢܐ ܒܗܬ ⁘ ܕܩܪܝܒ ܗܘ ܗܘ ܕܡܙܕܕܩ
ܠܝ ⁘ ܡܢ ܗܘ ܗܕ ܂ ܕܕܐܢ ܠܝ ܢܩܘܡ ܠܩܘܒܠܝ ⁘ ܘܡܢܘ
9a ܗܕ ܂ ܕܕܐܢ ܥܡܝ ܢܩܪܒ ܠܘܬܝ ⁘ ܗܐ ܡܪܝܐ ܡܪܝܐ
ܡܣܝܥ ܠܝ ܡܢ ܡܚܝܒ ܠܝ ⁘

77

Romans 5. 6—11.

ܩܪܝܢ ܫܠܝܚܬܝ, ܡܢ ܐܓܪܬܗ ܕܪܗܘܡܝܢ

f. 190 a ✳ܐܢ ܒܪ̈ ܡܫܝܚܐ ܟܕ ܗܘܝܢ ܒܐܟܝܢ ܀ ܒܥܕ 6
ܒܨܪܘܗ ܥܠ ܛܒ ܕܝܟܝܢ ܡܝܬ ܒܚܘܣ ܒܪ̈ ܥܠ ܛܒ 7
ܝܕܝܟ ܐܢܫ ܡܣܐܪ ܀ ܥܠ ܛܒ ܛܒܐ ܒܪ̈ ܀ ܛܒܐ
ܡܚܘܦ ܐܢܫ ܕܡܝܘܬ ܀ ܡܩܝܡ ܕܝ ܐܠܗܐ ܚܒܬܗ 8
ܥܠܝܢ ܀ ܕܟܕ ܐܢܢ ܚܛܝܢ ܡܫܝܚܐ ܥܠ ܕܝܠܢ ܡܝܬ ܟܕ 9
ܟܡܐ ܐܘܦ ܥܠ ܕܣܓܝ ܐܝܬ ܀ ܟܕܘ ܕܐܙܕܕܩܢ
ܒܐܕܡܗ ܀ ܢܫܬܘܙܒ ܒܝܬܗ ܡܢ ܪܘܓܙܐ ܀ ܐܢ ܕܝ 10
f. 190 b ܥܠ ܕܟܕ ܗܘܝܢ ܡܢ ܩܘܕܡ ܀ ܘܐܬܪܥܝܢ ܠܐܠܗܐ
ܒܡܘܬܗ ܕܒܪܗ ܀ ܟܕ ܟܡܐ ܡܢ ܕܣܓܝ ܡܢ ܕܐܬܪܥܝܢ
ܢܫܬܘܙܒ ܒܚܝܘܗܝ ܀ ܠܐ ܕܝ ܒܠܚܘܕ ܐܠܐ ܐܘܦ ܡܫܬܒܚܝܢ 11
ܐܢ ܒܐܠܗܐ ܀ ܒܝܬܗ ܕܡܪܢ ܝܫܘܥ ܡܫܝܚܐ ܀
ܗܘ ܕܒܗ ܟܕܘ ܢܣܒܝܢ ܫܘܦܝܢܐ ܫܠܝܢ ܕܒܝܒܢ ≡
ܦܠܓܘ ܡܢܝ ܒܝܢܬܗܘܢ ܀ ܘܥܠ ܠܒܘܫܝ ܪܡܘ ܢܒܝܢ ≡ Ps. 21. 18
ܚܝܠܬܗ ܐܠܗܐ ܐܠܗܝ ܀ ܐܕܡܢ ܒ ܠܡܢܐ ܫܒܩܬ ܝܬܝ ܀ Ps. 21. 1
f. 191 a ܪ̈ܚܝܩܐ ܡܢ ܡܚܝܘܬܝ ܡܠܝܢ ܕܡܫܪܘܒܝܬܝ

78

Amos 8. 9—12.

ܩܪܝܢ ܫܒܝܚ ܡܢ ܥܡܘܣ ܢܒܝܐ

✳ ܘܝܗܘܐ ܒܗܘ ܝܘܡܐ ܡܥܪܒ ܫܡܫܐ ܒܦܠܓܗ 9
ܕܝܘܡܐ ܐܡܪ ܡܪܐ ܐܠܗܐ ܀ ܘܢܚܫܟ ܥܠ ܐܪܥܐ

10 ܒܢܡܘܣܐ ܠܢܗܘܪܐ ܀ ܘܐܢܐ ܗܦܩ ܡܘܟܒܕܢܘܢ
ܠܐܡܝܐ ܀ ܘܡܬܡܪܘܢ ܠܐܠܘܦܐ ܀ ܘܐܢܐ ܐܡܪ
ܟܠ ܥܘܠ ܣܬܝ ܗܘܐ ܀ ܘܟܠ ܥܘܠ ܕܢ ܡܘܪܝܐ ܀
ܘܒܒܒܕ ܡܬܗ ܗܦܩ ܐܟܠ ܕܣܒܝܒ ܀ ܘܠܗܠܝܢ ܕܒܒܗ
11 ܗܦܩ ܡܘܟܐ ܕܒܥܬܐ ܀ ܗܐ ܡܘܟܝܢ ܐܬܝܢ ܐܡܪ ܡܪܝܐ f. 191b
ܘܥܠܝܗ ܟܠ ܐܪܒܥܐ ܒܥܝܢ ܣܘܠ ܀ ܠܐ ܒܥܝܢ ܕܠܣܝܢ ܘܠܐ
ܝܗܘܐ ܡܢ ܕܒܝܢ ܀ ܐܠܐ ܒܥܝܢ ܠܟܢ ܕܠܐ ܡܬܡܟܒܘܢ
12 ܟܠܬܗ ܕܐܠܗܐ ܀ ܘܥܕܒܘܢ ܡܢ ܡܟܐ ܠܡܟܐ ܀
ܘܡܢ ܝܦܘܢܐ ܒܕܡܐ ܠܡܕܢܚܐ ܀ ܡܟܒܘܢ ܕܝܬܗܘܦܟܘܢ
ܒܬܪ ܟܠܬܗ ܕܡܪܝܐ ܘܠܐ ܡܫܟܚܘܢ

79

I Corinthians 1. 18—25.

ܠܘܬ ܩܘܪܢܬܝܐܝܢ ܩܕܡܝܐ

18 ⁜ ܡܠܬܗ ܓܝܪ ܕܨܠܝܒܐ ܠܗܠܝܢ ܕܐܒܕܝܢ ܫܛܝܘ ܗܝ ܀ f. 192a
19 ܠܢ ܕܝܢ ܠܗܠܝܢ ܕܚܝܝܢ ܚܝܠܗ ܕܐܠܗܐ ܗܝ ܀ ܟܬܝܒ ܓܝܪ
ܕܐܢܐ ܡܘܒܕ ܚܟܡܬܗܘܢ ܕܚܟܝܡܝܐ ܘܣܘܟܬܗܘܢ
20 ܕܒܝܢܘܬܗܘܢ ܕܡܒܝܢܝܐ ܐܢܐ ܡܛܫ ܀ ܗܢ ܗܘ
ܚܟܝܡܐ ܗܢ ܗܘ ܣܦܪܐ ܀ ܗܢ ܗܘ ܕܒܥܐ
ܒܥܘܬܗ ܕܗܢ ܥܠܡܐ ܀ ܠܐ ܐܣܟܠ ܐܠܗܐ ܚܟܡܬܗ
21 ܕܗܢ ܥܠܡܐ ܀ ܠܒܬܪ ܕܒܚܟܡܬܗ ܕܐܠܗܐ ܠܐ ܝܕܥ f. 192b
ܥܠܡܐ ܒܚܟܡܬܐ ܠܐܠܗܐ ܀ ܨܒܐ ܐܠܗܐ
ܕܒܫܛܝܘܬܐ ܕܐܟܪܙܘܬܐ ܢܚܝܐ ܠܗܠܝܢ

22 ܕܡܗܝܡܢܝܢ ⁘ ܠܟܕܠ ܕܐܘܦ ܕܝܗܘܕܝܢ ܐܬܝܢ ܫܐܠܝܢ

23 ܘܐܪ̈ܡܝܢ ܚܟܡܐ ܒܥܝܢ ⁘ ܐܢܢ ܕܝ ܡܟܪ̈ܙܝܢ ܡܫܝܚܐ

ܨܠܝܒ ܠܝܗܘܕܝܢ ܕܝ ܡܢ ܡܬܩܠ ܠܚܢܦܐ ܕܝ ܫܛܘ ⁘

24 ܠܗܘܢ̰ ܕܝ ܠܩܪ̈ܝܢ ܠܝܗܘܕܝܐ ܕܝ ܘܠܐܪ̈ܡܝܢ ⁘

f. 193 a ܠܟܕܠ ⁘ ܕܐܠܗܐ ܘܚܟܡܬܗ ܕܐܠܗܐ ܚܝܠܗ ܡܫܝܚܐ 25

ܕܡܟܐ ܕܫܛ̈ܝܐ ܠܘܬ ܐܠܗܐ ܚܟܝܡ ܗܘ ܡܢ ܒܢܝܫܐ ⁘

ܘܡܟܐ ܕܠܘܬ ܐܠܗܐ ܬܥܫܝܢ ܚܝܠ ܗܘ ܡܢ ܒܢܝܫܐ

Ps. 30. 5 ≡ ܫܒܚܘܢ̰ ܒܝܢ ܐܘܕܝܟ ܐܢܐ ܡܥܒܕ ܙܘܝܢ ܒܝܢܬܗ

Ps. 30. 1 ܐܥܠܝܟ ܡܪܝܐ ܡܪܝܡܬܢ ≡

80

Isaiah 52. 13—53. 12.

ܩܪ̈ܝܢܘ̰ ܐܫܥܝܐ ܡܢ ܢܒܝܐ

13 ⁜ ܗܐ ܡܣܬܟܠ ܥܠܝܡܝ ܘܡܬܥܠܐ ܗܘ ܘܡܬܪܘܡܡ

14 ܠܣܓܝܐܐ ܘܡܬܬܠܝܐ ⁘ ܗܟܢܐ ܕܬܡܗܘܢ̰ ܥܠ ܗܘܝ ⁘

ܡܫܬܒܫܐ ܗܝ ܕܡܬܚܙܝܬܗ ܡܢ ܒܢܝܗܘܢ̰ ܕܒܢܝܢܫܐ ⁘

f. 193 b 15 ܗܟܕܝܢ ܝܢ ܬܡܗܘܢ̰ ܥܠܘܝ ܥܡܡܝܢ ܣܓܝ ⁘ ܘܡܠܟܝܢ

ܝܚܕܘܢ̰ ܥܠܘܝ ܒܦܘܡܗܘܢ̰ ⁘ ܠܟܕܠ ܕܗܠܝܢ ܕܠܐ

ܐܬܬܢ̈ܝ ܠܗܘܢ̰ ܚܡܘܢ̰ ܝܬܗ ⁘ ܘܗܠܝܢ ܕܠܐ ܫܡܥܝܢ

53. 1 ܝܬܒܝܢܘܢ̰ ※ ܡܪܝܐ ܡܢ ܗܝܡܢ ܠܡܫܡܥܘܬܢ ⁘ ܘܐܕ̈ܪܥܗ

2 ܕܡܪܝܐ ܠܡܢ ܐܬܓܠܝ ⁘ ܬܢܝܢܢ ܝܬܗ ܗܝܟ ܛܠܝܐ

ܘܩܕܡܘܗܝ ⁘ ܘܗܝܟ ܫܪܘܫ ܒܐܪ̈ܥ ܨܗܝܐ ⁘ ܠܝܬ ܠܗ

ܕܡܚܘ ܘܠܐ ܬܫܒܘܚܐ ܚܡܝܢܢ ܝܬܗ ⁘ ܘܠܐ ܗܘܐ

3 ܠܗ ܕܢܚܡܗ ܘܠܐ ܫܘܦܪ ⁘ ܐܠܐ ܕܡܫܘܬܗ ܡܟܠܠܐ f. 194 a
ܘܡܚܣܪܐ ܡܢ ܟܠܗܘܢ ܕܒܢܝ ܐܢܫܐ ⁘ ܓܒܪ ܕܗܘܐ
ܒܡܚܘܬܐ ܘܝܕܥ ܕܝܣܘܒܪ ܟܐܒܝܢ ⁘ ܘܗܦܟܝܢ ܐܦܝܢ
4 ܡܢܗ ⁘ ܐܬܒܙܝ ܘܠܐ ܐܬܚܫܒ ⁘ ܗܕܢ ܕܗܘܐ ܫܩܠܬ
ܗܘ ܡܣܝܒܪ ⁘ ܘܥܠ ܕܝܠܢ ܗܘ ܡܬܟܐܒ ⁘ ܘܐܚܢܢ
ܐܬܚܫܒܢ ܥܠܘܗܝ ܕܗܘܐ ܒܡܚܘܬ ܘܒܟܐܒ ܘܒܡܚܘܬܐ ⁘
5 ܗܘ ܕܝ ܐܬܥܠܒ ܠܚܘܒܝܢ ܫܩܠܬ ܘܐܬܡܟܟ ܠܥܘܠܢ f. 194 b
ܒܚܒܪܘܗܝ ⁘ ܘܡܪܕܘܬܐ ܕܫܠܡܢ ܥܠܘܗܝ ⁘ ܒܡܚܘܬܗ
6 ܐܢܢ ܐܬܐܣܝܢ ⁘ ܟܘܠܢ ܗܝܟ ܥܢܐ ܐܛܥܝܢ ⁘ ܐܢܫ ܠܐܘܪܚܗ
ܕܥܘܠ ܓܒܪ ܒܐܘܪܚܬܗ sic ܠܚܛܐ ⁘ ܘܡܪܝܐ ܡܣܪ ܝܬܗ
7 ܠܚܘܒܝܢ ܫܩܠܬ ⁘ ܘܗܘ ܒܟܐܒ ܕܡܐܟ ܠܗ ܠܐ ܦܬܚ
ܦܘܡܗ ⁘ ܘܗܝܟ ܐܡܪܐ ܠܢܟܣܬܐ ܐܬܐ ⁘ ܘܗܝܟ
ܪ̈ܚܠܐ ܩܕܡ ܓܙܘܙ ܗܝ ܕܫܬܩ ܠܗ ܕܠܐ ܦܬܚ ⁘ ܦܘܡܗ f. 195 a
8 ܠܐ ܦܬܚ ܦܘܡܗ ⁘ ܒܡܟܟܘܬܗ ܐܬܢܣܒ ܕܝܢܗ ⁘ ܕܪ̈ܗ
ܕܝ ܡܢ ܡܬܢܝܐ ⁘ ܕܗܘܐ ܡܬܦܪܫ ܡܢ ܐܪ̈ܥܐ ܚܝܘܗܝ ⁘
ܡܢ ܠܚܘܒܝ ܕܝ ܒܢܝ ܥܡܗ ܕܝܠܗ ܐܬܐ ܠܡܘܬܐ ⁘
9 ܘܐܬܠ ܒܝܫܐ ܚܠܦ ܩܒܘܪܗ ⁘ ܘܥܬܝܪܐ ܚܠܦ
ܡܘܬܗ ⁘ ܕܚܛܝܘܬܗ ܠܐ ܥܒܕ ܘܠܐ ܢܦܠ ܒܦܘܡܗ ⁘
10 ܘܡܪܝܐ ܨܒܐ ܕܝܕܟܐ ܝܬܗ ܡܢ ܡܚܘܬܐ ⁘ ܐܢ f. 195 b
ܬܬܠܘܢ ܥܠ ܕܝܠܟ ܚܛܝܬܐ ܢܦܫܟܘܢ ܬܚܙܝܢ
11 ܙܪ̈ܥܐ ܕܐܪܝܟ ܚܝܘܗܝ ⁘ ܘܡܪܝܐ ܨܒܐ ܠܡܣܒܐ
ܕܝܣܒ ܡܢ ܡܚܘܬܐ ܢܦܫܗ ⁘ ܘܡܚܘܐ ܠܗ ܢܘܗܪܐ
ܘܝܓܒܠ ܝܬܗ ܒܚܟܡܬܐ ⁘ ܘܝܙܕܩ ܠܙܕܝܩܐ ܗܕܝܢ

ܕܡܫܡܫܝܢ ܚܘܐܬ ܠܥܠܡܝܢ ⁘ ܘܫܒܠܬܗܘܢ ܗܘ ܐܫܡܫ ⁘

f. 196 a ܘܠܒܢܝܠ ܒܢܝ ܗܘ ܢܬܬ ܠܥܠܡܝܢ ⁘ ܘܒܪܝܢ ܕܝܫܠܡ 12

ܗܘ ܡܠܟܐ ⁘ ܫܠܚ ܕܐܬܡܣܪܬ ܢܡܘܣܗ ܠܡܘܫܐ ⁘

ܘܡܢ ܒܒܪܝܫܘܬܐ ܗܘ ܐܬܝܗܒ ⁘ ܘܫܒܠܬܗܘܢ

ܕܡܠܟ ܐܫܡ ܘܡܢ ܠܒܓܠ ܒܒܪܝܫܘܬܗܘܢ ܐܬܡܣܪܬ

81

HEBREWS 2. 11—18.

ܩܪܝܢܐ ܠܦܘܠ ܒܒܪܐܝܡ ܒܥܒܪܝ

✠ ܒܕ ܓܪ̈ ܗܘܕܝ ܕܡܩܕܫ ܘܠܗܠܝܢ ܕܡܬܩܕܫܝܢ ⁘ 11

f. 196 b ܟܘܠ ܗܢܘܢ ܡܢ ܚܕ ⁘ ܠܒܓܠ ܕܝ ܠܐ ܒܗܬ ܩܪܐ

ܠܗܘܢ ܐܚܝܢ ⁘ ܐܡܪ ܡܬܢܐ ܫܡܟ ܠܐܚܝ ⁘ ܘܒܡܨܥ 12

ܟܢܫܬܐ ܐܢܐ ܡܫܒܚ ܠܟ ⁘ ܘܬܘܒ[1] ܐܢܐ ܘܛܠܝܐ 13

ܗܠܝܢ ܕܝܗܒ ܠܝ ܐܠܗܐ ⁘ ܠܒܓܠ ܐܘ ܕܛܠܝܐ 14

ܐܫܬܬܦܘ ܒܐܕܡܐ ܘܒܒܣܪܐ ⁘ ܐܘܦ ܗܘ ܒܗ

f. 197 a ܐܫܬܬܦ ܒܗܘܢ ܒܡܫܘܝܘܬܐ ⁘ ܠܒܓܠ ܕܒܡܘܬܗ

ܕܡܘܬܗ ܢܒܛܠ ܠܗܘܢ ܕܒܚܝܠܗ ܕܡܘܬܐ ܗܢܘ

ܕܗܘ ܣܛܢܐ ⁘ ܘܡܦܢܐ ܟܘܠ ܗܠܝܢ ܕܡܢ ܠܒܓܠ ܕܚܠܬܗ 15

ܕܡܘܬܐ ܒܟܘܠ ܚܝ̈ ܚܝܝܗܘܢ ⁘ ܗܘܘ ܡܫܥܒܕܝܢ

ܠܥܒܕܘܬܐ ⁘ ܠܐ ܓܪ̈ ܥܠ ܡܠܐܟܝܢ ܗܘ ܢܣܒ ܕܬܢܝܐ 16

ܐܠܗܐ ⁘ ܐܠܐ ܥܠ ܙܪܥܗ ܕܐܒܪܗܡ ܗܘ ܢܣܒ

f. 197 b ܕܬܢܝܐ ⁘ ܠܒܓܠ ܕܝ ܗܘܐ ܢܦܠ ܠܗ ܕܒܟܘܠ ܡܕܡܢܐ 17

ܢܬܕܡܐ ܠܐܚܘܝ ⁘ ܠܒܓܠ ܕܪܚܡܢ ܢܬܥܒܕ ⁘ ܘܪܒ

[1] The first clause of *v.* 13 is wanting.

ܒܗܝܢ ܕܡܫܝܚ ܠܘܬ ܐܠܗܐ ܀ ܕܗܘ ܥܡܗ ܒܒܪܢܫܘܬܗ
18 ܕܘܡܠܐ ܀ ܒܒܟܐ ܚܕ̈ ܕܚܙ ܘܐܬܢܚܡ ܀ ܡܛܠ ܐܘܦ ܗܘ
ܠܗܠܝܢ ܕܡܬܢܚܡܝܢ ܡܢܚܡ ≡

f. 198a ܒܡܘܪ̈ܐ ܡܬܡܪ̈ܝ ≡ ܡܢ ܒܬܪ ܒܡܘܪܐ ≡ ܥܒܕܘ
ܝܗܒܘ ܒܡܐܟܘܠܬܝ ܡܪܪ̈ܐ ܀ ܘܠܨܗܘܬܝ ܐܫܩܘ ܢܝ ܚܠܐ Ps. 68. 21
ܒܒܝܥܬܗ ≡ ܐܦܨ ܢܝ ܐܠܗܐ ܕܥܠܘ ܡܝܐ ܀ ܥܕܡܐ Ps. 68. 1, 2
ܠܢܦܫܝ ܀ ܐܬܛܒܥܬ ܒܓܠܐ ܕܥܘܡܩܐ ܘܠܝܬ ܡܩܡܐ

82

Isaiah 63. 1—7 a.

ܩܪ̈ܝܢܐ ܕܫܒܥܬܐ ܡܢ ܫܥܝܐ

⁜ ܡܢ ܗܘ ܗܕܢ ܕܐܬܐ ܡܢ ܐܕܘܡ ܘܣܡܩܘܡܝܢ 1
ܡܐܢܘܗܝ ܗܢܘܢ ܕܡܢ ܒܨܪ̈ܐ ܀ ܀ ܘܗܕܝܪ ܗܘ ܫܦܝܪ
ܒܠܒܫܬܗ ܀ ܒܚܝܠܗ ܒܡ ܚܝܠ ܀ ܕܐܢܐ ܡܡܠܠ
f. 198b ܙܕܩܐ ܘܕܝܢܐ ܕܦܘܪܩܢܐ ܀ ܠܡܐ ܡܐܢܝܟ ܣܡܩܘܡܝܢ 2
ܘܠܒܘܫܬܟ ܗܢܘܢ ܕܡܢ ܡܥܨܪܬܐ ܕܥܨܪܐ ܀ ܗܕܐ
ܕܫܘܠܡܬܐ ܐܬܥܨܪܬ ܀ ܡܥܨܪܐ ܚܕ̈ ܥܨܪܬ ܠܒܘܫܝ ܀ 3
ܘܡܢ ܥܡܡܝܐ ܓܒܪ̈ ܠܝܬ ܥܡܝ ܀ ܘܕܫܬ ܐܢܘܢ
ܒܪܓܙܝ ܘܪܦܣܬ ܐܢܘܢ ܒܚܡܬܝ ܀ ܘܫܦܟܬ ܐܢܘܢ
f. 199a ܗܢܘܢ ܕܒܘܫܝܐ ܀ ܘܐܚܬܬ ܐܕܡܗܘܢ ܠܐܪܥ ܠܐܪܥܐ ܀
ܘܠܒܘܫܬ ܡܐܢܝ ܀ ܝܘܡܐ ܓܝܪ ܕܦܘܪܥܢܐ ܐܬܐ 4
ܠܗܘܢ ܀ ܘܫܢܬܐ ܕܦܘܪܩܢܐ ܐܬܬ ܠܗܘܢ ܀ ܘܐܣܬܟܠܬ
ܘܠܐ ܗܘܐ ܡܢ ܕܡܥܕܪ ܀ ܘܐܬܕܡܪܬ ܘܠܐ ܗܘܐ ܡܢ 5

ܕܡܣܒܠ ܀ ܘܐܕܪ̈ܟ ܦܪ̈ܘܫ ܠܗ̇، ܘܫܡܫܬܗ̇، ܗܝ ܗܕܐ

ܕܡܫܡܫܬ̇ ܠܗ ܀ ܘܒܬܪܬ ܢܬܗܘܢ ܒܪ̈ܘܟܐ، ܘܐܪܘܚܬ 6

f. 199 b ܢܬܗܘܢ ܒܫܡܫܬ̇، ܀ ܘܐܫܬܠܬ ܐܕܡܗܘܢ ܥܠ ܐܪܥܐ ܀

ܙ̈ܘܡܢ، ܕܡܕܪ̈ܐ ܐܬܕܒܪܬ̇ ܀ ܘܬܫܡܫܬܗ ܕܡܕܪ̈ܐ 7

ܡܕ̈ܒܪ ܒܟܘܠ ܚܕܐ ܕܗܘ ܥܐ̈ܠ ܠܗ

83

Hebrews 9. 11—15.

ܦܪ̈ܟܣܢ ܕܬܘܪ̈ܫܡܬ ܠܘܬ ܥܒܪ̈ܐܝܢ ܗܘ

܀ ܡܫܝܚܐ ܕܝ ܐܬܐ ܪܒ ܟܗܢܐ ܕܛܒܬܐ 11

f. 200 a ܕܐܬܥܒܕܝ، ܒܡܫܟܢܐ ܪܒܐ ܘܡܫܠܡܢܐ ܀ ܕܠܐ ܒܥܒܕ

ܒܐܝܕܝܢ ܀ ܗܢܐ ܕܗܘ ܕܠܐ ܡܢ ܗܕܐ ܒܪ̈ܝܬܐ ܀ ܘܠܐ 12

ܡܢ ܐܕܡ ܕܬܝܫܝܢ ܘܥܓܠܝܢ ܀ ܒܐܕܡܐ ܕܢܦܫܗ ܥܐܠ

ܡܢ ܚܕܐ ܠܒܝܬ ܩܘܕܫ ܩܘܕܫܝܐ ܘܦܪ̈ܩܢ ܕܠܥܠܡ

ܐܫܟܚ ܀ ܐܢ ܓܝܪ ܐܕܡܐ ܕܬܘܪ̈ܝܐ ܘܕܬܝܫܝܐ ܀ 13

f. 200 b ܘܩܛܡܐ ܕܥܓܠܬܐ ܕܡܬܪ̈ܣܩܝ ܠܛܡܝܢ ܕܗܘܘ ܡܬܩܕܫܝܢ

ܗܘ ܡܕܟܝ ܠܕܘܟܝܗ ܕܒܣܪܐ ܀ ܟܕ[1] ܟܡܐ ܝܬܝ̈ܪ 14

ܐܕܡܗ ܕܡܫܝܚܐ ܫܘܘ ܡܫܝܚܐ ܀ ܗܕܝܢ ܕܒܪ̈ܘܚܐ

ܕܩܘܕܫܐ ܠܢܦܫܗ ܩܪ̈ܒ ܕܠܐ ܡܘܡ ܗܘ ܠܐܠܗܐ ܀

f. 201 a ܘܗܘ ܡܕܟܐ ܬܐܪ̈ܬܢ ܡܢ ܥܒܕ̈ܝܢ ܡܝ̈ܬܝܢ ܀

ܕܬܗܘܢ ܓܝܪ ܡܫܡܫܝܢ ܠܐܠܗܐ ܚܝܐ ܀ ܘܠܗܕܐ ܗܘ 15

ܗܘ ܬܠܝܬ، ܗܘ ܕܕܝܬܩܐ ܚܕܬܐ ܀ ܕܒܡܘܬܐ ܕܐܬܥܒܕ

[1] Cod. ܚܕ

ܘܡܘܬܐ ܠܦܪܘܩܢܐ ܀ ܕܗܠܝܢ ܒܩܘܪܝܐ ܀ ܕܟܠ ܕܡܬܘܡܐ
ܣܓܝܐܬܐ ܡܪܝܣܬܐ ܡܫܝܚܘ ܗܠܝܢ ܕܩܝܡ ܠܫܝܪܬܘܬܐ
Ps. 87. 4 ܕܠܟܠܗ ܒܠܚܡ ܥܡܡܐ = ܐܬܚܫܒܬ ܗܝܟ ܒܪܢܫ ܀
Ps. 87. 1 ܕܠܝܬ ܠܗ ܡܕܒܪܘ ܀ ܒܡܫܝܚܘܬܐ ܒܪ ܚܝܝܢ ܒܚܝܘܬܗ ܡܪܢܐ f. 201 b
ܐܠܗܐ ܕܡܫܝܚܘܬܝ ܀ ܒܝܘܡܐ ܐܩܥܝܬ ܘܒܠܠܝܐ
ܘܩܕܡܝܟ

84

Jeremiah 11. 18—20.

ܩܪܝܢܐ ܢܒܝܐ ܕܬܬܠܡܫܪ ܡܢ ܐܪܡܝܐ

18 ܀ ܡܪܝܐ ܚܘܝ ܠܝ ܘܐܘܕܥ ܠܝ ܀ ܒܥܪܢܝܬܐ ܐܘܕܥܬ
19 ܠܝ ܀ ܒܥܒܕܝܗܘܢ ܘܐܢܐ ܗܝܟ ܐܡܪܐ ܬܡܝܡܐ
ܕܡܬܝܒܠ ܠܢܟܣܬܐ ܀ ܘܠܐ ܝܕܥܬ ܕܐܬܚܫܒܘ ܥܠܝ
ܚܫܒܐ ܒܝܫܐ ܘܐܡܪܘ ܀ ܬܥܠ ܢܡܣܐ ܩܝܣܐ ܒܠܚܡܗ
ܘܢܟܒܝ ܡܢܗ ܡܢ ܐܪܥܐ ܕܚܝܐ ܀ ܘܫܡܗ ܠܐ ܢܬܕܟܪ ܥܘܕ
20 ܀ ܡܪܝܐ ܚܝܠܬܢܐ ܕܕܐܢ ܕܟܐܢܘܬܐ ܀
ܕܒܚܪ ܟܘܠܝܬܐ ܘܠܒܐ ܀ ܐܚܙܐ ܕܝ ܬܒܥܬܟ ܡܢܗܘܢ
ܡܛܠ ܕܠܟ ܓܠܝܬ ܕܝܢܝ

85

Hebrews 10. 19—25.

ܩܪܝܢܐ ܕܐܦܣܛܠܘܣ sic ܠܘܬ ܥܒܪܝܐ

19 ܀ ܐܝܬ ܠܢ ܐܘ ܐܚܝܐ ܦܪܗܣܝܐ ܀ ܕܒܡܥܠܬܐ
20 ܕܩܘܕܫܝܐ ܒܐܕܡܗ ܕܝ ܕܝܫܘܥ ܀ ܗܕܐ ܕܚܕܬ ܠܢ ܐܘܪܚܐ f. 202 b

ܚܕܬܐ ܘܚܝܐ ∻ ܒܬܪܥ ܦܪܣܐ ܗܢܐ ܕܗܘ ܒܣܪܗ ∻
21, 22 ܘܟܗܢ ܪ̈ܒ ܥܠ ܒܝܬܗ ܕܐܠܗܐ ∻ ܢܩܪ̈ܘܒ ܐܘܢ ܒܠܒ
ܩܫܝܛ ܒܗܝܡܢܘ, ܕܗܝܡܢܘ ܡܕ̈ܟܝܢ ܠܒܒܝܢ ܡܢ ܚܫܒܐ
23 ܒܝܫܐ ∻ ܘܣܚܝܢ ܦܓܪ̈ܝܢ ܒܡܝܢ ܕܟܝܢ ∻ ܢܚ̈ܘܕ
f. 203 a ܐܘܕܝܘܬܐ ܕܣܒܪ̈ܐ ܕܠܐ ܙ̈ܐܥܝܢ ∻ ܡܗܝܡܢ ܗܘ ܐܠܗܐ
24 ܗܕܢ ܕܗܘ ܩܐܝܡ ∻ ܘܢܚܙܐ ܡܕܒܪܝܢ ܦܠܓ ܒܦܠܓ ∻
25 ܠܚ̈ܘܒ ܕܚܒܝܒܐ ܘܕܥܒܕܝܢ ܛܒܝܢ ∻ ܕܠܐ ܫܒܩܝܢ
ܟܢܫܝܢ ∻ ܗܝܟ ܕܐܢܫܝܢ ܐܠܦܝܢ ∻ ܐܠܐ ܡܒܝܐܝܢ
ܚ̈ܕܕܝܢ ∻ ܘܝܬܝܪ ܟܕܢ ܟܠ ܕܚܙ̈ܝܬ ∻ ܟܕ ܩܪܒ ܝܘܡܗ,
ܕܐܬܘܢ ܚܙܝܢ ܕܩܪܒ ܗܘ ܝܘܡܐ ܥܒܝܘܢ ≡ ܠܐ Ps. 101. 2
ܬܛܫܝ ܐܦܝܟ ܡܢܝ ܒܝܘܡܐ ܕܐܘܢܐ ܡܬܐܠܨ ∻
ܒܥܘܩܬ ܥܒܘܕ ܡܢܝ ܒܝܘܡܐ ܕܐܚܢܐ ܩܪܐ ܥܒܘܕ Ps. 101. 1
f. 203 b ܠܨܠܘܬܝ, ∻ ܘܩܥܬܝ, ܠܘܬܟ ܬܬܝ, ≡ ܘܬܒܥܘܢ ܡܪܝܐ ܫܡ,
ܠܝ ≡ ܐܬܬ ܠܝ ܐܘܢ ܐܚܝܐ ≡ Heb. 10. 19

ܘܬܘܩܠ ≡ ܐܡܫܝܘ ܠܗ, ܒܠܡܝܐ ∻ ܐܬܚܢܝܐ Ps. 87. 6
ܒܫܘܒܩܐ ܘܒܢܠܠܘܬܗ ܕܡܘܬܐ ≡ ܚܫܝܬܗ ܫܠܚܘ ܠܗ, Ps. 87. 17
ܗܝܟ ܡܢܐ ܕܡܝܬܐ ܒܠܠܗ ܢܡܘܬܐ ܢܗܝ ܠܗ, ܗܝܟ
ܚܝܐ

ܬܦܪܐ ܐܝܓܠ ܢܣܝܒ ≡

86

I CORINTHIANS 15. 1—11.

ܗܕܐ ܠܥܘܒܕܬܐ ܕܒܢܐ ܠܘܬ ܩܘܪ̈ܢܬܝܝܢ

1 ✠ ܡܘܕܥ ܐܢܐ ܠܟܘܢ ܕܝ ܐܚܝܐ ܒܣܘܪܬܐ ܗܕܢ
ܕܣܒܪܬ ܝܬܟܘܢ ܃ ܕܝ ܐܘܦ ܩܒܠܬܘܢ ܃ ܗܕܢ ܕܒܗ f. 204 a
2 ܐܬܘܢ ܩܝܡܝܢ ܃ ܗܕܢ ܕܒܬܪܒܗ ܐܬܘܢ ܚܝܝܢ ܃ ܡܢ
ܠܒܙܠ ܗܕܐ ܡܠܬܐ ܕܣܒܪܬ[1] ܝܬܟܘܢ ܃ ܐܢ ܐܚܕ ܐܬܘܢ
ܐܝܠܗܝܢ ܢܗܘ ܐܢ ܕܝ ܠܐ ܡܢ ܠܡܓܢ ܗܝܡܢܬܘܢ ܃
3 ܒܣܪܬ ܠܟܘܢ ܓܝܪ ܒܩܕܡܝܬܐ[2] ܡܢ ܕܐܘܦ ܩܒܠܬ ܃
ܕܡܫܝܚܐ ܡܝܬ ܥܠ ܕܚܛܝܗܘܢ ܕܡܫܠܡܬ ܗܘܟܢܐ
4 ܕܟܬܒܝܢ ܃ ܘܕܐܬܩܒܪ[3] ܘܕܩܡ ܠܝܘܡܐ ܬܠܝܬܝܐ f. 204 b
5 ܗܟܡܐ ܕܟܬܒܝܢ ܃ ܘܕܐܬܚܙܝ ܠܟܐܦܐ ܐܘܦܠܐ
6 ܠܬܪ̈ܬܥܣܪܬܐ ܒܬܪ̈ܟܢ ܕܝ ܐܬܚܙܝ ܠܟܠ ܡܢ ܚܡܫ
ܡܐܐ̈ ܐܚܝܢ ܡܢ ܚܕܐ ܃ ܡܢܐ ܕܣܘܓܝܗܘܢ ܡܩܝ̈ܡܝܢ
7 ܥܕ ܟܕܘ ܐܢܫܝܢ ܕܝ ܡܢܗܘܢ ܕܕܡܟܘ ܃ ܡܢ ܒܬܪ ܟܕܢ
8 ܐܬܚܙܝ ܠܝܥܩܘܒ ܐܘܦܠܐ ܠܟܘܠܗܘܢ ܫܠܝܚܝܐ ܃ ܒܬܪ
ܕܝ ܟܘܠܗܘܢ ܗܝܟ ܕܠܝܦܠܐ ܐܬܚܙܝ ܐܘܦ ܠܝ ܃ f. 205 a
9 ܐܢܐ ܓܝܪ ܗܘ ܙܥܘܪܗܘܢ ܕܫܠܝܚܝܐ ܃ ܕܢ ܕܠܝܬ
ܐܢܐ ܫܘܐ ܕܡܬܩܪܐ ܫܠܝܚ ܃ ܠܒܙܠ ܕܪܕܦܬ ܒܥܕܬܗ
10 ܕܐܠܗܐ ܃ ܒܚܝܕܗ ܕܐܠܗܐ ܃ ܐܢܐ ܗܘ ܕܐܢܐ
ܘܛܝܒܘܬܗ ܗܕܢ ܕܗܘܬ ܠܘܬܝ ܠܐ ܐܬܥܒܕܬ ܣܪ̈ܝܩ ܃
ܐܠܐ ܝܬܝ̈ܪ ܡܢ ܟܘܠܗܘܢ ܕܐܢܝܬ ܠܐ ܃ ܕܝ ܐܠܐ
11 ܛܝܒܘܬܗ ܕܐܠܗܐ ܕܥܡܝ ܃ ܐܝܠܐ ܐܘܢ ܐܝܠܐ ܗܠܝܢ ܃
ܗܢ ܐܝܢ ܡܟܪ̈ܙܝܢ ܘܗܟܢ ܗܝܡܢܬܘܢ ......

[1] Cod. ܒܣܪܬ [2] Cod. ܒܩܕܡܝܬܐ [3] Cod. ܘܕܐܬܩܒܪ

87

Isaiah 60. 1—22.

f. 205 b ܘܩܠܝܢ ܒܢܒܘܬܗ ܕܐܫܥܝܐ ܘܕܢܚܐ ܡܢ ܫܪܝܐ
ܢܒܝܐ
1 + ܢܗܘܪܝ ܢܗܘܪܝ ܐܘܪܫܠܡ ⁘ ܐܬܐ ܓܝܪ ܢܗܘܪܟܝ
2 ܘܡܫܒܚܟܝ ܘܬܫܒܚܬܗ ܕܡܪܝܐ ܥܠܝܟܝ ܕܢܚ ⁘ ܗܐ
ܓܝܪ ܩܒܠܐ ܡܟܣܐ ܐܪܥܐ ܘܥܪܦܠܐ ܥܠ ܐܘܡܝܢ
ܗܟܝ ⁘ ܥܠܝܟܝ ܕܝ ܝܬܚܙܐ ܡܪܝܐ ⁘ ܘܬܫܒܚܬܗ ܥܠܝܟܝ
f. 206 a 3 ܬܬܗܟܢ ⁘ ܘܐܙܠܘܢ ܡܠܟܝܢ ܒܢܗܘܪܟܝ ⁘ ܘܡܠܟܝܢ
4 ܒܢܗܘܪܗ ܕܡܕܢܚܟܝ ⁘ ܙܩܦܝ ܥܝܢܝܟܝ ܠܣܚܪܢܘܬܟܝ
ܘܚܙܝ ܟܘܠ ܒܢܝܟܝ ܡܬܟܢܫܝܢ ⁘ ܕܐܬܘ ܟܘܠ ܒܢܝܟܝ
ܡܢ ܪܘܚܩܐ ⁘ ܘܒܢܬܟܝ ܥܠ ܟܬܦܐ ܬܬܛܥܢܢ ⁘
5 ܘܒܗܝܢ ܬܚܙܝܢ ܘܬܕܚܠܝܢ ܘܬܬܡܗܝܢ
f. 206 b ܒܠܒܟܝ ⁘ ܕܗܐ ܡܬܗܦܟ ܠܘܬܟܝ ܥܘܬܪܗ ܕܝܡܐ
6 ܘܥܘܬܪ ܕܥܡܡܝܢ ܘܕܝܗܘܕܝܢ ⁘ ܘܝܬܘܢ ܠܟܝ ܥܕܪ̈ܐ
ܕܓܡܠܝܢ ⁘ ܘܢܚܦܘܢ ܝܬܟܝ ܓܡܠܝܐ ܕܡܕܝܢ
ܘܥܝܦܐ ⁘ ܘܟܘܠܗܘܢ ܝܬܘܢ ܡܢ ܫܒܐ ܝܒܠܘܢ ܕܗܒ
ܘܠܒܘܢܐ ⁘ ܘܐܬܘܢ ܠܟܝ ܒܣܡ ܡܢܝܢ ⁘ ܘܡܫܒܚܝܢ
7 ܕܡܪܝܐ ܡܣܒܪܝܢ ⁘ ܘܬܬܟܢܫ ܠܟܝ ܐܡܪܬܐ ܕܩܝܕܪ ⁘
f. 207 a ܘܕܟܪܝܐ ܕܢܒܝܘܬ ܢܐܬܘܢ ܠܟܝ ⁘ ܘܬܬܩܪܒܘܢ
ܡܩܒܠܝܢ ܥܠ ܡܕܒܚܝ ⁘ ܘܒܝܬܐ ܕܒܝܬ ܫܒܚܬܝ
8 ܐܫܬܒܚ ⁘ ܡܢ ܗܢܘܢ ܗܠܝܢ ܗܟܢ ܦܪ̈ܚܝܢ ܐܝܟ
9 ܥܢܢܝܢ ܠܘܬܝ ⁘ ܠܝ ܢܣܬܟܝ ܓܙܪܝܢ ܘܐܠܦܝܐ

ܕܬܪܫܝܫ ܒܩܕܡܝܢ ܀ ܘܡܝܬܝܘܢ ܒܢܝܟܝ ܡܢ ܪܘܚܩܐ
ܘܟܣܦܗܘܢ ܘܕܗܒܗܘܢ ܥܡܗܘܢ ܀ ܘܫܡܗ ܕܡܪܝܐ
ܩܕܝܫܐ ܢܬܝܬܘܢ ܀ ܘܠܒܓܠ ܩܕܝܫܐ ܕܐܝܣܪܐܝܠ f. 207 b
10 ܕܡܫܒܚ ܐܝܬ ܗܘ ܀ ܘܢܒܢܘܢ ܒܢܝܗܘܢ ܕܢܘܟܪܝܢ
ܫܘܪܝܟܝ ܀ ܘܡܠܟܝܗܘܢ ܢܫܡܫܘܢ ܩܘܕܡܝܟܝ ܀ ܠܒܓܠ
ܓܪ ܪܘܓܙܝ ܡܚܝܬܟܝ ܀ ܘܠܒܓܠ ܪܚܡܝ ܐܚܒܬܟܝ
11 ܐܡܪ ܀ ܘܢܬܦܬܚܘܢ ܬܪܥܝܟܝ ܒܟܠ ܓܪ ܒܐܝܡܡܐ
ܘܒܠܠܝܐ ܀ ܘܠܐ ܢܬܚܕܘܢ ܀ ܘܡܥܠ ܠܘܬܟܝ ܚܝܠܗܘܢ f. 208 a
12 ܕܥܡܡܝܐ ܘܟܘܠ ܡܠܟܝܗܘܢ ܗܝܟ ܚܕܐ ܀ ܡܠܟܘܬܐ
ܓܪ ܘܥܡܡܝܐ ܗܠܝܢ ܕܠܐ ܡܫܥܒܕܝܢ ܠܟܝ ܢܐܒܕܘܢ ܀
13 ܘܥܡܡܝܐ ܚܪܒ ܢܚܪܒܘܢ ܀ ܘܬܫܒܚܬܗ ܕܠܒܢܢ ܬܐܬܐ
ܠܟܝ ܀ ܒܐܪܙܐ ܘܒܠܘܒܢܐ ܘܒܫܘܪܒܝܢܐ ܗܝܟ ܚܕܐ ܀
ܡܫܒܚܐ ܗܘ ܠܐܬܪܝ ܩܕܝܫܐ ܀ ܘܐܬܪܗܘܢ ܕܪܓܠܝ f. 208 b
14 ܡܬܝܩܪ ܐܡܪ ܡܪܝܐ ܀ ܘܐܬܘܢ ܠܘܬܟܝ ܕܚܝܠܝܢ
ܒܢܝܗܘܢ ܕܗܠܝܢ ܕܡܟܟܘ ܠܟܝ ܀ ܘܗܠܝܢ ܕܐܚܪܦܘ
ܠܟܝ ܀ ܘܢܣܓܕܘܢ ܠܥܩܒܬܗܘܢ ܕܪܓܠܝܟܝ ܀ ܟܘܠ
ܗܠܝܢ ܕܐܚܪܦܘ ܠܟܝ ܀ ܘܐܬܝ ܬܬܩܪܝܢ ܡܕܝܢܬܗ
15 ܕܡܪܝܐ ܨܝܘܢ ܩܕܝܫܐ ܕܐܝܣܪܐܝܠ ܀ ܡܢ ܠܒܓܠ
ܕܐܬܥܒܕܬܝ ܫܒܝܩܐ ܘܡܣܬܢܝܐ ܘܠܐ ܗܘܐ ܡܢ f. 209 a
ܕܡܥܒܕ ܠܗܝ ܀ ܘܐܥܒܕ ܠܗܝ ܚܕܘܐ ܕܠܥܠܡ ܘܒܥܡܪ
16 ܠܕܪ ܘܕܪܝܢ ܀ ܘܬܝܢܩܝܢ ܚܠܒ ܕܥܡܡܝܢ ܀ ܘܒܬܕܝ ܕܡܠܟܝܢ
ܬܬܢܩܝܢ ܀ ܘܬܕܥܝܢ ܕܐܢܐ ܗܘ ܡܪܝܐ ܡܪܗ ܕܦܪܩ
ܐܡܪ ܀ ܘܗܕܝܢ ܕܡܦܨܐ ܠܟܝ ܐܠܗܗ ܕܐܝܣܪܐܝܠ ܀
17 ܘܚܠܦ ܢܚܫܐ ܐܝܬܐ ܠܟܝ ܕܗܒ ܀ ܘܚܠܦ ܦܪܙܠܐ f. 209 b

ܐܬܪ̈ܟܝ ܠܝܟܝ ܒܢܦܩ ⁘ ܘܢܦܠ ܡܢܚܡܐ ܐܬܪ̈ܟܝ ܠܝܟܝ

ܢܚܫܐ ⁘ ܘܢܦܠ ܒܢܦܩ ܐܬܪ̈ܟܝ ܠܝܟܝ ܦܪܙܠ ⁘ ܘܢܬܠ

18 ܐܪ̈ܟܘܢܝܟܝ ܒܫܠܡ ⁘ ܘܠܦܘܩܕܝܟܝ ܒܙܕܩܘ ⁘ ܘܠܐ ܡܬܫܡܥ

ܥܘܕ ܛܠܘܡ ܒܐܪܥܟܝ ⁘ ܘܠܐ ܫܒܪܐ ܘܠܐ ܕܘܘܢ

f. 210a ܒܬܚܘܡܝܟܝ ⁘ ܐܠܐ ܬܬܩܪܘܢ ܫܘܪ̈ܝܟܝ ܚܝܢ ⁘ ܘܬܪ̈ܥܝܟܝ

19 ܫܒܚܐ ⁘ ܘܠܐ ܝܗܐ ܠܝܟܝ ܬܘܒ ܫܡܫܐ ܠܢܗܘܪ

ܒܐܝܡܡܐ ⁘ ܘܠܐ ܢܗܘܪܗ ܕܝܪܚܐ ܒܠܠܝܐ ⁘ ܐܠܐ

ܝܗܐ ܠܝܟܝ ܡܪܝܐ ܠܢܗܘܪ ܕܠܥܠܡ ⁘ ܘܐܠܗܐ ܠܝܟܝ

20 ܠܬܫܒܘܚܬܐ ⁘ ܠܐ ܝܥܪܒ ܬܘܒ ܠܝܟܝ ܫܡܫܐ ⁘ ܘܝܪ̈ܚܐ

f. 210b ܠܐ ܢܚܣܪ ܠܝܟܝ ⁘ ܘܝܗܝ ܠܝܟܝ ܡܪܝܐ ܠܢܗܘܪ ܕܠܥܠܡ ⁘

21 ܘܬܫܬܠܡܘܢ ܝܘܡܝ ܕܐܒܠܟܝ ⁘ ܘܥܡܟܝ ܟܘܠܗܘܢ ܙܕܝܩܝܢ

ܝܪܬܘܢ ܠܥܠܡ ⁘ ܘܢܛܪܘܢ ܢܨܒܬܗ ⁘ ܥܒܕ ܐܝܕܝ̈ܐ

22 ܠܫܘܒܚܗ ⁘ ܘܙܥܘܪܐ ܝܗܐ ܠܐܠܦܐ ⁘ ܘܒܨܝܪܐ ܠܥܡܐ

ܪܒܐ ⁘ ܐܢܐ ܡܪܝܐ ܒܙܒܢܗ ܐܣܘܚܦ ⁘ ܘܐܝܬܝ

f. 211a ܐܢܘܢ ⁘ ≡

88

JONAH 1. 1—4. 11.

ܩܪܝܢܐ ܕܝܘܢܢ ܢܒܝܐ ܒܥܪܘܒܬܐ ܕܦܨܚܐ

1 ⁜ ܘܗܘܬ ܡܠܬܗ ܕܡܪܝܐ ܠܘܬ ܝܘܢܢ ܒܪ ܐܡܬܝ

2 ܐܡܪ ⁘ ܩܘܡ ܘܐܙܠ ܠܢܝܢܘܐ ܡܕܝܢܬܐ ܪܒܬܐ ܘܐܟܪܙ

3 ܥܠܝܗ ⁘ ܕܣܠܩܬ ܩܕܡܝ ܒܝܫܘܬܗ ܠܘܬܝ ⁘ ܘܩܡ

ܝܘܢܢ ܕܢܥܪܘܩ ܠܬܪܫܝܫ ܡܢ ܩܕܡ ܐܦܘܗܝ ܕܡܪܝܐ ⁘

f. 211b ܘܢܚܬ ܠܝܘܦܐ ܘܐܫܟܚ ܐܠܦܐ ܐܙܠ ܠܬܪܫܝܫ ⁘ ܘܝܗܒ

ܐܓܪܗ ܘܥܠ ܠܓܘܗ ⁘ ܕܡܦܪܘܫ ܥܡܗܘܢ ܠܬܪܫܝܫ
4 ܡܢ ܩܕܡ ܐܦܘ̈ܝ ܕܡܪܝܐ ⁘ ܘܐܘܩܡ ܡܪ̈ܝܐ ܪܘܚ
ܒܝܡܐ ⁘ ܘܐܬܥܒܕ ܡܫܥܠ ܪ̈ܒ ܒܝܡܐ ⁘ ܘܐܠܦܐ
5 ܗܘܬ ܡܣܒܪ̈ܐ ܕܬܬܒܪ̈ ⁘ ܘܕܚܠܘ ܐܠܦܢ̈ܝܐ ܕܚܠܐ
ܪ̈ܒܐ ܘܗܘܘ ܡܙܥܩܝܢ ܐܢܫ ܐܢܫ ܠܘܬ ܐܠܗܗ ⁘ ܘܗܘܘ
ܡܦܩܝܢ ܘܡܫܕܝܢ ܡܐܢܝܐ ܕܗܘܘ ܒܐܠܦܐ ܠܝܡܐ f. 212a
ܕܢܩܠܠܘܢ ܡܢܗܘܢ ⁘ ܝܘܢܣ ܕܝ ܢܚܬ ܠܗ ܠܒܡܡܘܗ
6 ܕܐܠܦܐ ܘܗܘܐ ܕܡܟܝܢ ܘܡܢܚܪ̈ ⁘ ܘܩܪ̈ܒ ܡܕܒܪܢܐ
ܕܐܠܦܐ ܠܘܬܗ ܘܐܡܪ ܠܗ ⁘ ܡܢܐ ܐܢܬ ܕܡܟܝܢ ܘܡܢܚܪ̈ ⁘
ܩܘܡ ܩܪܝ ܠܐܠܗܟ ܕܡܐ ܚܝܣ ܥܠܢ ܐܠܗܐ ܘܠܐ
7 ܢܐܒܕ ⁘ ܘܐܡܪܘ ܐܢܫ ܐܢܫ ܠܩܪܝܒܗ ܐܬܘ ܢܪ̈ܡܐ
ܢܕܥܡ ܘܢܕܘܥ ܠܒܓܠ ܡܢ ܗܝ ܗܕܐ ܒܝܫܬܐ ܥܠܝܢ ⁘ f. 212b
8 ܘܪܡܘ ܢܕܥܡ ܘܢܦܠ ܢܕܝܐ ܥܠ ܝܘܢܣ ⁘ ܘܐܡܪ̈ܘ
ܠܘܬܗ ⁘ ܐܘܕܥ ܠܢ ܡܢܐ ܗܝ ܥܒܝܕܬܟ ܘܡܢ ܗܢ
ܐܬ ܐܬܐ ܘܠܐܢ ܐܬ ܐܙܠ ⁘ ܘܡܢ ܗܝܕܐ ܐܪܥ ܘܡܢ
9 ܗܝܕܢ ܥܡ ܐܢܬ ܐܬ ⁘ ܘܐܡܪ ܠܗܘܢ ܝܘܢܣ ܥܒܕܗ
ܕܡܪܝܐ ܐܢܬ ⁘ ܘܠܡܪ̈ܝܐ ܐܠܗܐ ܕܫܡܝܐ ܐܢܐ
10 ܕܚܠ ⁘ ܗܘ ܕܥܒܕ ܝܡܐ ܘܝܒܫܐ ⁘ ܘܕܚܠܘ ܓܒܪ̈ܝܐ f. 213a
ܕܚܠܐ ܪ̈ܒܐ ܘܐܡܪ̈ܘ ܠܘܬܗ ⁘ ܡܢܐ ܗܘ ܗܕܢ
ܕܥܒܕܬ ܠܢ ⁘ ܠܒܓܠ ܕܝܕܥܘ ܓܒܪ̈ܝܐ ܕܡܢ ܩܕܡ
11 ܐܦܘ̈ܝ ܕܡܪܝܐ ܗܘܐ ܥܪ̈ܩ ⁘ ܕܐܘܕܥ ܠܗܘܢ ⁘ ܘܐܡܪ̈ܘ
ܠܗ ܡܢܐ ܢܥܒܕ ܠܟ ܘܢܫܬܩ ܝܡܐ ܡܢܢ ⁘ ܕܝܡܐ ܥܒܠ
ܕܗܘܐ ܐܙܠ ܗܘܐ ܡܬܩܦ ܢܬܝܪ̈ ܐܬܐ ܡܫܥܠ
12 ܥܠܝܗܘܢ ⁘ ܘܐܡܪ ܠܗܘܢ ܝܘܢܣ ܫܩܘ ܝܬܝ ܘܪܡܘ f. 213b

ܠܝ، ܠܝܡܐ ܘܫܠܝܐ ܝܡܐ ܡܢܟܘܢ ܀ ܠܒܓܝܠ ܕܝܕܥܬ
ܐܢܐ ܕܡܢ ܠܒܓܝܠ ܐܢܬܘ، ܗܕܢ ܟܫܘܠܐ ܪ̈ܒܐ
ܚܠܝܦܘܢ ܀ ܘܗܘܘ ܓܒܪܝܐ ܚܝܪܝܢ ܕܝܬܘܒܘܢ ܠܗܘܢ 13
ܠܝܒܫܐ ܀ ܘܠܐ ܗܘܘ ܝܟܠܝܢ ܀ ܠܒܓܝܠ ܕܝܡܐ ܗܘܐ
f. 214a ܐܙܠ ܘܗܘܐ ܡܐܢܣ ܠܗ ܡܬܬܐܪܥܫ ܥܠܝܗܘܢ ܀
ܘܐܝܚܣܘ ܓܒܪܝܐ ܠܘܬ ܡܪܝܐ ܘܐܡܪܘ ܀ ܠܐ ܠܐ ܗܕܢ 14
ܡܪܝܐ ܀ ܠܐ ܢܐܒܕ ܠܒܓܝܠ ܢܦܫܗ ܕܗܕܢ ܒܪܢܫܐ ܀܀
ܘܠܐ ܬܬܠ ܥܠܝܢ ܐܕܡ ܙܟܝ ܀ ܠܒܓܝܠ ܕܐܢܬ ܡܪ̈ܝܐ
f. 214b ܗܝܟܢܐ ܕܨܒܝܬ ܥܒܕܬ ܀ ܘܟܢ ܢܣܒܘ ܠܝܘܢܢ ܘܪܡܘ 15
ܝܬܗ ܠܝܡܐ ܀ ܘܩܡ ܠܗ ܝܡܐ ܡܢ ܫܓܘܫܝܗ ܀ ܘܕܚܠܘ 16
ܓܒܪܝܐ ܕܚܠܐ ܪ̈ܒܐ ܡܢ ܡܪ̈ܝܐ ܀ ܘܢܟ̈ܣܘ ܢܟ̈ܣܝܢ
ܠܡܪ̈ܝܐ ܘܢܕܪܘ ܢܕܪܝܢ ܀ ܘܦܩܕ ܡܪܝܐ ܠܩܝܛܘܣ[1] ܪ̈ܒ 2. 1
ܘܒܠܥ ܝܬܗ ܠܝܘܢܢ ܡܥܘܗܝ ܘܗܘܐ ܝܘܢܢ ܒܟܪܣܗ
f. 215a ܕܩܝܛܘܣܐ ܬܠܬܐ ܝܘܡܝܢ ܘܬܠܬܐ ܠܠܝܘܢ ܀ ܘܨܠܝ 2
ܝܘܢܢ ܡܢ ܟܪܣܗ ܕܩܝܛܘܣܐ ܠܘܬ ܡܪܝܐ ܐܠܗܐ
ܘܐܡ̈ܪ ܀ ܐܝܚܣܬ ܒܠܘܚܨܝ ܠܘܬ ܡܪܝܐ ܐܠܗܝ، ܘܥܢܝܢܝ 3
ܡܢ ܀ ܡܢ ܟܪܣܗ ܕܫܝܘܠ ܩܥܝܬ، ܫܡܥܬ ܩܠܝ ܀ ܫܕܪܬ 4
ܠܝ، ܠܥܘܡܩܝܐ ܕܠܒܗ ܕܝܡܐ ܘܢܗܪܐ ܚܕܪ ܠܝ، ܀
f. 215b ܘܟܘܠ ܬܒܪ̈ܝܟ ܘܓܠܠܝܟ ܥܠܝ ܥܒܪܘ ܀ ܘܐܢܐ ܐܡܪܬ 5
ܕܐܫܬܒܩܬ ܡܢ ܩܕܡ ܥܝܢܝܟ ܀ ܐܪ̈ܐ ܡܘܣܦ ܐܢܐ
ܕܐܚܙܐ ܠܗܝܟܠܐ ܕܩܘܕܫܟ ܀ ܐܬܦܦܘ ܡܝܢܐ ܥܠܝܠܝܢ 6
ܠܝ ܥܕ ܡܛܐ ܠܢܦܫܝ ܀ ܘܫܟܠ ܠܝ، ܬܗܘܡܐ ܒܝܡܐ ܀
ܠܦܥܕ ܪ̈ܝܫ ܒܪܝܫܝܗܘܢ ܕܛܘܪܝܐ ܀ ܘܢܚܬܬ ܠܐܪ̈ܥ 7
f. 216a ܗܕܐ ܕܡܛ̈ܟܪܝܗ ܨܝܕܝܢ ܠܥܠܡ ܀ ܘܬܣܩܘܢ ܡܢ ܚܒܘܠܬܐ

[1] Cod. ܠܩܝܛܘܒ

8 ܚܝ ܡܪܝܐ ܐܠܗܝ ܀ ܟܡܐ ܕܗܐܫܦܬ ܥܠܝ ܢܦܫܝ ܠܡܪܝܐ
ܐܬܕܟܪܬ ܀ ܘܬܥܠܐ ܨܠܘܬܝ ܠܘܬܟ ܠܗܝܟܠܐ ܕܩܘܕܫܟ ܀
9 ܗܠܝܢ ܕܢܛܪܝܢ ܕܒܘܠܘܬܐ ܘܕܓܠܝܐ ܕܫܩܪܐ ܚܣܕܘ
10 ܢܣܒܘܢ ܀ ܐܢܐ ܕܝ ܒܩܠ ܕܬܘܕܝܐ ܘܕܐܫܬܒܘܚܬܐ ܐܕܒܚ f. 216b
ܠܟ ܀ ܘܟܠ ܡܐ ܕܢܕܪܬ ܐܫܠܡ ܠܟ ܒܦܘܪܩܢܝ
11 ܠܡܪܝܐ ܀ ܘܐܬܦܩܕ ܡܢ ܡܪܝܐ ܠܢܘܢܐ ܘܐܦܩ ܠܝܘܢܢ
3. 1 ܥܠ ܝܒܫܬܐ ܀ ܘܗܘܬ ܡܠܬܗ ܕܡܪܝܐ ܠܘܬ ܝܘܢܢ ܡܢ
2 ܬܢܝܢܘܬ ܐܡܪ ܀ ܩܘܡ ܘܐܙܠ ܠܢܝܢܘܐ ܡܕܝܢܬܐ ܪܒܬܐ
ܘܐܟܪܙ ܒܓܘܗ ܗܝܟ ܐܟܪܙܘܬܐ ܩܕܡܝܬܐ ܀ ܗܕܐ f. 217a
3 ܕܡܠܠܬ ܠܘܬܟ ܀ ܘܩܡ ܝܘܢܢ ܘܐܙܠ ܠܢܝܢܘܐ ܗܝܟ
ܕܐܡܪ ܠܗ ܡܪܝܐ ܀ ܘܢܝܢܘܐ ܗܘܬ ܡܕܝܢܬܐ ܪܒܐ
4 ܠܐܠܗܐ ܗܝܟ ܡܗܠܟ ܐܘܪܚ ܕܬܠܬܐ ܝܘܡܝܢ ܀ ܘܫܪܝ
ܝܘܢܢ ܠܡܥܠ ܠܢܝܢܘܐ ܡܕܝܢܬܐ ܗܝܟ ܡܗܠܟ ܐܘܪܚ f. 217b
ܕܚܕ ܝܘܡ ܀ ܘܐܟܪܙ ܘܐܡܪ ܥܘܕ ܬܠܬܐ ܝܘܡܝܢ
5 ܘܢܝܢܘܐ ܡܬܗܦܟܐ ܀ ܘܗܝܡܢܘ ܓܒܪܝܐ ܕܢܝܢܘܐ ܠܐܠܗܐ
ܘܐܟܪܙܘ ܨܘܡܐ ܀ ܘܠܒܫܘ ܣܩܝܢ ܡܢ ܪܒܗܘܢ
6 ܥܕܡܐ ܠܙܥܘܪܗܘܢ ܀ ܘܡܛܬ ܡܠܬܐ ܠܘܬ ܡܠܟܐ
ܕܢܝܢܘܐ ܘܩܡ ܠܗ ܡܢ ܡܬܘܬܒܬܗ ܘܐܥܒܪ ܡܐܢܗ f. 218a
ܐܣܛܠܬܗ ܀ ܘܟܣܐ ܣܩܐ ܘܝܬܒ ܠܗ ܥܠ ܩܛܡܐ ܀
7 ܘܐܬܟܪܙ ܘܐܬܐܡܪ ܒܢܝܢܘܐ ܡܢ ܠܘܬ ܡܠܟܐ ܘܡܢ
ܠܘܬ ܪܒܪܒܢܘܗܝ ܐܡܪ ܒܢܝܢܫܐ ܘܒܥܝܪܐ ܘܬܘܪܝܐ
ܘܐܡܪܥܝܬܐ ܠܐ ܢܛܥܡܘܢ ܟܠܘܡ ܘܠܐ ܢܪܥܘܢ f. 218b
8 ܘܡܝܢ ܠܐ ܢܫܬܘܢ ܀ ܘܢܬܟܣܘܢ ܣܩܝܢ ܒܢܝܢܫܐ
ܘܒܥܝܪܐ ܘܐܙܥܩܘ ܠܘܬ ܐܠܗܐ ܚܝܠܬܢܐܝܬ ܀ ܘܬܒܘ

ܐܢܫ ܐܢܫ ܡܢ ܐܘܪܚܗ ܒܝܫܬܐ ܘܡܢ ܛܠܘܡܝܐ ܕܒܐܝܕܘܗܝ ܀
f. 219a ܐܡܪܝܢ ܡܢ ܝܕܥ ܐܢ ܗܦܟ ܐܠܗܐ ܘܬܐܒ. ܡܢ ܪ̈ܘܓܙܐ 9
ܕܚܡܬܗ ܘܠܐ ܢܐܒܕ ܀ ܘܚܙܐ ܡܪܝܐ ܒܥܒܕܝܗܘܢ 10
ܕܬܒܘ ܠܗܘܢ ܡܢ ܐܘܪܚܬܗܘܢ ܒܝܫܬܐ ܀ ܘܬܗܐ
ܐܘܦ ܐܠܗܐ ܡܢ ܒܝܫܬܐ ܕܡܠܠ ܕܢܥܒܕ ܠܗܘܢ ܘܠܐ
f. 219b ܥܒܕ ܀ ܘܐܬܒܐܫ ܝܘܢܢ ܒܝܫܐ ܪܒܐ ܘܐܬܥܝܩ ܀ ܘܨܠܝ 4. 1, 2
ܠܘܬ ܡܪܝܐ ܘܐܡܪ ܀ ܐܘ ܡܪܝܐ ܠܐ ܗܠܝܢ ܗܘܝܢ ܡܠܝ
ܟܕ ܐܝܬܝ ܒܐܬܪܝ ܀ ܘܠܒܓܠ ܕܢ ܩܕܡܬ ܘܥܪܩܬ
ܠܬܪܫܝܫ ܠܒܓܠ ܕܝܕܥܬ ܕܐܢܬ ܪܚܡܢ ܘܚܢܢ ܀ ܐܪܝܟ
f. 220a ܪܘܚ ܘܣܓܝ ܪ̈ܚܡܝܢ ܘܬܗܘܐ ܥܠ ܒܝܫܬܐ ܀ ܐܘܦ ܟܥܢ 3
ܡܪܝ, ܣܒ ܢܦܫܝ ܡܢܝ ܀ ܕܛܒ ܠܝ ܕܐܡܘܬ ܡܢ ܕܐܚܝܐ ܀
ܘܐܡܪ ܡܪܝܐ ܠܝܘܢܢ ܠܚܕܐ ܐܬ ܡܬܥܝܩ ܀ ܘܐܡܪ 4
ܝܘܢܢ ܠܚܕܐ ܐܢܐ ܡܬܥܝܩ ܥܕ ܡܛܠ ܡܘܬܐ ܀ ܘܢܦܩ 5
ܠܗ ܝܘܢܢ ܡܢ ܡܕܝܢܬܐ ܘܝܬܒ ܡܢ ܠܡܕܢܚܐ ܀ ܘܥܒܕ
ܠܗ ܬܡܢ ܡܛܠܠܐ ܘܗܘܐ ܝܬܒ ܬܚܘܬܗ ܒܛܠܠܐ ܀
f. 220b ܒܥܕܢܐ ܕܚܫܟܐ ܡܢܐ ܕܗܘܐ ܠܡܕܝܢܬܐ ܀ ܘܦܩܕ ܡܪܝܐ 6
ܐܠܗܐ ܠܩܪܩܣܐ ܕܡܪܝ, ܘܣܠܩܬ ܠܥܠ ܡܢ ܪ̈ܝܫܗ ܕܝܘܢܢ ܀
ܕܬܗܘܐ ܡܛܠܠܐ ܠܥܠ ܡܢ ܪ̈ܝܫܗ ܀ ܕܬܗܘܐ ܡܛܠܠܐ ܠܗ
ܡܢ ܒܝܫܬܗ ܀ ܘܚܕܝ, ܝܘܢܢ ܥܠ ܩܪܘܬܐ ܚܕܘܐ ܪܒܐ ܀
ܘܦܩܕ ܐܠܗܐ ܠܬܘܠܥܬܐ ܕܩܦܪ ܠܨܦܪ ܘܡܚܬܬ ܠܗ 7
f. 221a ܠܩܪܘܬܐ ܘܝܒܫܬ ܀ ܘܗܘܐ ܟܕ ܕܢܚ ܫܡܫܐ ܦܩܕ 8
ܡܪܝܐ ܐܠܗܐ ܠܪܘܚܐ ܕܩܕܘܡܐ ܕܫܬܠܝܩ ܀ ܘܡܚܬ
ܫܡܫܐ ܥܠ ܪ̈ܝܫܗ ܕܝܘܢܢ ܘܐܬܪܦܬ ܢܦܫܗ ܀ ܘܫܐܠ
ܠܢܦܫܗ ܡܘܬܐ ܘܐܡܪ ܛܒ ܠܝ ܕܐܡܘܬ ܡܢ ܕܐܚܝܐ ܀

9 ܘܐܡܪ ܡܪ̈ܝܐ ܐܠܗܐ ܠܡܘܫܐ ܐ̄ ܠܝܫܪܐ ܝܘܡܪܬ ܠܝ
ܥܠ ܡܪ̈ܟܒܬܐ ⁘ ܘܐܡܪ̈ ܡܘܫܐ ܠܝܫܪܐ ܐܝܕܐ ܡܝܘܡܐ f. 221 b
10 ܒܡܥܒܪܐ ܠܡܘܫܘܬܐ ⁘ ܘܐܡܪ ܠܗ ܡܪ̈ܝܐ ⁘ ܐܬ ܫܡܥܬ ܥܠ
ܡܦ̈ܘܪܬܐ ܥܠ ܗܕܐ ܕܠܐ ܠܐܫܬ ܒܗ ܘܠܐ ܬ̈ܚܝܬ
ܠܗ̇ ⁘ ܗܕܐ ܕܬ̈ܪܬ ܠܝܠܝܐܗ̇ ܐܬܥܒܕܬ ܘܬܪܬ ܠܝܠܝܗ̇
11 ܐܚܪܬ ⁘ ܐܝܢܐ ܕ݁ ܠܐ ܫܡܥ ܥܠ ܫܢܝܐ̇ ܡܬܢܚܬܐ
ܬ̈ܚܬܝܐ ⁘ ܗܕܐ ܕܒܗ ܒܟܢܝܫ ܠܬ̈ܪ ܡܢ ܬ̈ܪܬܥܣܪܐ
ܬ̈ܒܘ̄ ܕܒܫܢܝܐ ܗܠܝܢ ܕܠܐ ܐܚܪܘ ܡܬܢܒܝܢܘܢ̄ ܐܢܐ f. 222 a
ܫܠܝܚܘܢ̄ ܘܒܟܢܝܫ ܫܠܡ ⁘

89

Acts 1. 1—8.

ܠܝܫ ܒܥܘܒܐ ܕܦܩܣܝܐ ܡܥܒܕܐ ܡܢ ܦ̈ܪܟܣܝܣ
1 ⁜ ܡܠܬܐ ܡܢ ܩܕܡܝܬܐ ܥܒܕܬ ܥܠ ܟܠ ܟܘܠ
ܐܘ ܬܐܘܦܝܠܐ ⁘ ܗܠܝܢ ܕܫܪܝ ܡܪܢܐ ܝܫܘܥ ⁘ ܥܒܕ ܘܡܠܦ
2 ܥܕ ܝܘܡܐ ܠܝܘܡܐ ܕܦܩܕ ܠܫܠܝܚܝܐ ܒܪ̈ܘܚܐ ܕܩܘܕܫܐ
3 ܗܠܝܢ ܕܓܒܪ̈ ⁘ ܘܐܣܬܠܩ ܠܗܠܝܢ ܕܐܘܣܦ ܠܗܘܢ ܓܪ̈ܡܗ: f. 222 b
ܚܝ݂ ܡܢ ܒܬܪ ܕܚܫ ܒܣܓܝ ܐܬܝܢ ܘܬܚܡܝܢ ܐܪ̈ܒܥܝܢ
ܝܘܡܝܢ ⁘ ܕܗܘܐ ܡܬܚܙܐ ܠܗܘܢ ܘܐܡܪ̈ ܠܗܘܢ ܠܟܠ
4 ܡܠܟܘܬܗ ܕܐܠܗܐ ⁘ ܘܗܘܐ ܐܟ̈ܠ ܥܡܗܘܢ ܘܦܩܕ
ܬܗܘܢ ܕܡܢ ܝܪܘܫܠܡ ܠܐ ܬܦܪܩܘܢ ⁘ ܐܠܐ ܡܣܟ̈ܘܢ
5 ܠܡܘܠܟܢܗ ܕܐܒܐ ⁘ ܗܕܐ ܕܫܡܥܬܘܢ ܡܢܝ ⁘ ܕܝܘܚܢܢ
ܡܢ ܐܥܡܕ ܒܡ̈ܝܐ ܐܢܬܘܢ ܕܝ ܒܪܘܚܐ ܕܩܘܕܫܐ f. 223 a

6 ܬܬܥܡܕܘܢ ܀ ܘܠܐ ܡܢ ܒܬܪ ܝܘܡܝܢ ܣܓܝ ܀ ܘܗܢܘܢ
ܩܪܒܘ ܗܘܘܢ ܫܐܠܝܢ ܠܗ ܘܐܡܪܝܢ ܀ ܡܪܢ ܐܢ ܒܗ
ܒܗܕܢ ܐܫܘܢܐ ܐܢܬ ܡܬܩܢ ܡܠܟܘܬܐ ܠܐܝܣܪܐܝܠ ܀
7 ܘܗܘܐ ܐܡܪ ܠܗܘܢ ܠܐ[1] ܕܝܠܟܘܢ ܗܝ ܕܬܕܥܘܢ ܐܫܘܢܝܢ
f. 223 b ܐܘ ܩܝܪܘܣܝܢ ܀ ܗܠܝܢ ܕܐܒܐ ܐܣܝܡ ܒܫܠܛܢܘܬܗ
8 ܕܝܠܗ ܀ ܐܠܐ ܬܣܒܘܢ ܐܢܬܘܢ ܚܝܠܐ ܡܢ ܡܪܘܡܐ ܀
ܒܡܐ ܕܐܬܝܐ ܥܠܝܟܘܢ ܪܘܚܐ ܕܩܘܕܫܐ ܀ ܘܐܬܘܢ
ܗܘܝܢ ܠܝ ܣܗܕܝܢ ܒܐܘܪܫܠܡ ܀ ܘܒܟܠܗ ܝܗܘܕܐ ܘܒܫܡܪܝܢ
ܘܥܕܡܐ ܠܣܝܦܗ ܕܐܪܥܐ ≡

90

ACTS **2.** 22—28.

ܠܬܪܝܢܐ ܕܦܣܚܐ ܡܢ ܦܪܟܣܝܣ

f. 224 a 22 ⁜ ܓܒܪܝܐ ܕܐܝܣܪܐܝܠ ܫܡܥܘ ܡܠܬܐ ܗܠܝܢ
ܕܝܫܘܥ ܢܨܪܝܐ ܓܒܪ ܕܐܬܒܚܪ ܝܕܒ ܡܢ ܐܠܗܐ
ܠܘܬܟܘܢ ܒܐܬܝܢ ܘܒܚܝܠܝܢ ܗܠܝܢ ܥܒܕ ܐܠܗܐ
ܒܐܝܕܗ[2] ܐܘܦ ܒܡܨܥܬܟܘܢ[3] ܗܝܟ ܕܐܬܘܢ
23 ܝܕܥܝܢ ܀܀ ܠܗ ܠܗܕܢ ܕܝ ܡܨܒܝܢܗ ܕܗܘܐ ܡܬܩܘܡ ܀
ܘܒܡܠܟ ܕܝ ܐܒܘܢܬܗ ܕܐܠܗܐ ܀ ܡܫܪܬܘܢ ܠܒܝܢ
f. 224 b ܐܕܝܗܘܢ ܕܒܪܢܫܘܬܐ ܀ ܗܕܝܡ ܕܝ ܕܙܩܦܬܘܢ
24 ܘܩܛܠܬܘܢ ܀ ܗܕܢ ܕܐܠܗܐ ܐܩܝܡ ܝܬܗ ܕܫܪܝ ܚܒܠܝ
ܫܝܘܠ ܕܡܘܬܐ ܀ ܠܐ ܗܘܐ ܕܝ ܓܒ ܝܟܠ ܕܝܬܐܚܕ
25 ܡܢܗ ܀ ܕܘܝܕ ܓܝܪ ܐܡܪ ܘܐܡܪ ܥܠܘܗܝ ܀ ܡܚܙܐ ܗܘܝܬ

[1] Cod. ܠܕܝܠܟܘܢ [2] Cod. ܒܐܝܕ
[3] Cod. ܡܨܥܬܟܘܢ

ܘܣܟܝ ܠܡܪܝܐ ܩܘܕܡܝ ܒܟܘܠ ܙܒܢ ܀ ܕܗܘ ܡܢ ܝܡܝܢܝ
ܠܐ ܐܙܕܥܙܥ ܀ ܠܒܓܠܠ ܗܟܢ ܚܕܝ ܠܒܝ ܘܐܬܦܨܚ 26
ܠܫܢܝ ܀ ܥܘܕ ܕܝ ܐܘܦ ܒܣܪܝ ܝܫܪܐ ܥܠ ܣܒܪ ܀ ܕܠܝܬ 27 f. 225 a
ܐܬ ܫܒܩ ܢܦܫܝ ܒܫܝܘܠ ܀ ܘܠܐ ܝܗܒ ܐܬ ܠܚܣܝ̈ܕܟ
ܕܝܚܡܐ ܬܘ̈ܒܠܐ ܀ ܗܘܕܥܬ ܐܬ ܠܝ ܐܘ̈ܪܚܝܢ ܕܚܝܝܢ ܀ 28
ܡܠܐ ܐܬ ܠܝ ܒܚܕܘ ܥܡ ܐܦܝܟ[1] ܀

91

ACTS 2. 29—36.

ܠܝܘܡܐ ܬܠܝܬܝܐ ܕܦܢܛܩܘܣܛܐ ܡܢ ܦ̈ܪܟܣܝܣ

29 ⁜ ܓܒܪ̈ܝܐ ܐܚܝܢ ܀ ܫܠܝܛ ܗܘ ܠܝ ܕܐܡܪܐ
ܒܦ̈ܪܗܣܝܐ ܠܘܬܟܘܢ ܀ ܥܠ ܕܘܝܕ ܕܗܘܐ ܪܝܫ ܐܒܗܬܐ ܀ f. 225 b
ܕܡܝܬ ܐܘܦ ܘܐܬܩܒܪ ܀ ܘܒܝܬ ܩܒܘܪܬܗ ܐܝܬ ܗܘ
30 ܠܘܬܢ ܥܕܡܐ ܠܝܘܡܢܐ ܀ ܢܒܝܐ ܗܘܐ ܗܘܐ ܘܝܕܥ
ܕܝ ܕܒܡܘܡܬܐ[2] ܕܝܡܐ ܠܗ ܐܠܗܐ ܀ ܕܡܢ ܦܐܪ̈ܝܐ
31 ܕܚܨ̈ܝܟ ܝܬܒ ܥܠ ܟܘܪܣܘܬܟ ܀ ܘܩܕܡ ܚܙܐ ܘܡܠܠ
ܥܠ ܩܝ ܩܝܡܬܗ ܕܝ ܕܡܫܝܚܐ ܀ ܕܠܐ ܐܫܬܒܩ
32 ܒܫܝܘܠ ܀ ܘܠܐ ܒܣܪܗ ܚܡܐ ܕܝ ܬܘ̈ܒܠܐ ܀ ܠܗ ܠܗܕܝܢ
ܕܝ ܝܫܘܥ ܐܩܝܡ ܐܠܗܐ ܀ ܗܕܝܢ ܕܐܢܢ ܟܘܠܝܢ ܠܗ f. 226 a
33 ܣܗܕܝܢ ܀ ܒܝܡܝܢܗ ܕܝ ܕܐܠܗܐ ܟܕ ܐܬܪ̈ܘܡܡ ܀
ܘܡܘܥܕܬܐ ܕܪ̈ܘܚܐ ܕܩܘܕܫܐ ܢܣܒ ܡܢ ܐܒܐ ܀ ܐܘܦ
ܘܫܦܥ ܗܘܐ ܥܠܝܢ ܗܕܐ ܀ ܐܘܦ ܚܙܘ ܐܬܘܢ ܕܝ ܫܡܥܝܢ

[1] Cod. ܐܦܝܟ [2] Cod. ܕܒܡܘܡܘ,

ܘܡܫܡܥܝܢ ⁘ ܠܐ ܓܪ̈ ܕܘܝܕ ܣܠܩ ܠܫܡܝܐ ܕܗܘܐ ܐܡܪ 34
f. 226 b ܐܡܪ̈ ⁘ ܐܡܪ ܡܪ̈ܝܐ ܠܡܪ̈ܝ ܬܒ ܡܢ ܝܡܝܢܝ ⁘ ܥܕ 35
ܡܢܐ ܕܐܫܘܐ ܒܥܠܕܒܒܝܟ ܟܒܫ ܬܚܘܬ ܪ̈ܓܠܝܟ ⁘ ܫܪܪ̈ 36
ܐܘܢ ܝܗܘܐ̈ ܝܕܥܐ ܟܘܠ ܒܝܬܐ ܕܝ ܕܐܝܣܪܐܝܠ ⁘
ܕܐܘܦ ܡܪܐ ܘܡܫܝܚ ܐܬܥܡ ܐܠܗܐ ܠܗܕܢ ܕܝ ܝܫܘܥ
ܕܝ ܕܐܬܘܢ ܨܠܒܬܘܢ

92

Acts 1. 9—14.

ܠܫܠܝܚܐ ܡܢ ܦ̈ܪܟܣܝܣ

9 ⁜ ܘܟܕ ܐܡܪ̈ ܗܠܝܢ ܗܘܘܢ ܚܡܝܢ ܠܗ ܕܐܬܢܣܒ
f. 227 a ܡܢܗܘܢ ܘܐܬܪ̈ܘܡܡ ܘܥܢܢܐ ܩܒܠ ܝܬܗ ܡܢ ܥܝܢܝܗܘܢ ⁘
ܘܗܘܝܢ ܕܗܘܐ ܐܙܠ ⁘ ܘܗܐ ܬ̈ܪܝܢ ܓܒ̈ܪܝܢ ܗܘܘ ܩܐܡܝܢ 10
ܓܒܗܘܢ ܒܠܒܘܫܝܢ ܚܘܪ̈ܝܢ ⁘ ܘܗܘܝܢ ܐܡ̈ܪܝܢ ܠܗܘܢ ⁘ 11
ܓܒ̈ܪܝܐ ܓܠܝܠܝܝܢ ܠܡܐ ܐܬܘܢ ܩܝܡܝܢ ܡܕܡܝܢ
ܠܫܡܝܐ ⁘ ܗܕܢ ܗܘ ܝܫܘܥ ܕܐܬܢܣܒ ܠܫܡܝܐ
f. 227 b ܡܢܟܘܢ ⁘ ܘܗܟܕܢ ܗܘ ܝܐܬܐ̈ ܒܕܡܘܬܐ ܕܚܡܝܬܘܢ
ܝܬܗ ܐܙܠ ܠܫܡܝܐ ܒܟܢܒܘܢ ⁘ ܗܦܟܘ ܠܗܘܢ 12
ܠܝܪܘܫܠܡ ܡܢ ܛܘܪܐ ܗܕܢ ܕܡܬܩܪܐ̈ ܛܘܪܐ ܕܙܝܬܝܐ ⁘
ܗܕܢ ܕܗܘܐ ܩܪܝܒ ܠܝܪܘܫܠܡ ⁘ ܕܒܗ ܐܘܪܚ ܫܒܬܐ
ܕܫܒܬܐ ⁘ ܘܟܕ ܥܐܠܘ ܠܥܠܝܬܐ ⁘ ܣܠܩܘ ܠܗ ܕܗܘܘ 13
f. 228 a ܡܬܒ̈ܝܢ ⁘ ܦ̈ܛܪܘܣ ⁘ ܘܝܥܩܘܒܘܣ ⁘ ܘܝܘܚܢܢܣ ⁘
ܘܐܢܕܪܝܐܣ ⁘ ܘܦ̈ܝܠܝܦܘܣ ⁘ ܘܬܐܘܡܣ ⁘ ܘܒ̈ܪܬܘܠܡܘܣ ⁘

ܘܢܫܘܪ ܟܝ ܐܝܠܐ ∴∴ ܘܬܫܒܚܢ ܠܫܢܗ ܕܥܠܓܐ ∴ ܘܐܪܥܐ

14 ܟܝ ܢܫܘܪ ∴ ܗܠܝܢ ܟܘܠܗܘܢ ܗܘܘ ܚܙܝܢ ܗܝܟ

ܫܪܐ ܠܝܘܩܬܐ ∴ ܘܡܫܒܚܝܢ ܐܠܗܐ ܕܝܫܪܐܝܠ ܘܟܠܡ

ܐܡܝܢ،

93

ISAIAH **25**. 1—3a.

ܠܩܢܛܩܘܢ ܡܢ ܐܫܥܝܐ ܢܒܝܐ

1 ⁜ ܐܡܪܝܐ ܐܢܬ ܐܠܗܝ، ܡܫܒܚ ܘܐܘܕܐ ܠܫܡܟ ∴ f. 228b

ܕܥܒܕܬ ܥܒܕܝܢ ܡܫܒܚܝܢ ∴ ܡܠܟܝܢ ܩܕܡܝܐ، ܘܩܫܝܛ ∴

2 ܘܫܘܝܬ ܩܘܪܝܢ ܠܬܠ ∴ ܩܘܪܝܢ ܕܐܬܩܪܝܬ ܥܡܝܢ ܠܢܦܠ ∴

ܘܥܡܝܢ ܥܘܝܢ ܢܦܠܘܢ ∴ ܫܬܐܣܝܗܝܢ ܕܥܡܝܢܬܗܘܢ

ܕܢܘܟܪܝܐ ܡܬܬܒܢܝܢ ܕܝܩܕܝܢ ܕܠܥܠܡ ܠܐ ܝܬܒܢܝܢ ∴

3 ܠܗܕܐ ܝܒܪܟܘܢ ܐܢܬ ܐܢܬ................

ff. 229 to 237 are wanting.

HYMN TO SS. PETER AND PAUL.

Two leaves in Palestinian Syriac found by Dr Rendel Harris in the cover of the Syriac MS. No. 8. They were published by me in No. I. of *Studia Sinaitica* from a photograph taken in 1893, and were re-copied more fully from the MS. on Mount Sinai in Feb. 1895. They appear to be fragments of a hymn in honour of the Apostles Peter and Paul.

I.

ܘܒܡܫܡܫܘܬܐ : ܠܡܫܡܫܐ ܕܠܐ ܡܬܕܪܟܢ
ܦܫܛܘ : ܘܒܐܡܢܘ ܠܡܫܟܢ ܡܦܠܘ : ܘܠܟܠܥܡ
ܐܪܘܝܘ ܠܒܪܝܢ ܡܢܘܪܐ ܒܐܩܢܘܬܗܘܢ
ܘܕܒܠ ܡܕܢܚܐ : ܐܠܗܐ ܐܬܪܘܡ ܥܠܝܢ
ܫܠܝܚܐ ܕܠܝܢ ܡܫܝܚܐ : ܠܟܠܗ ܒܡܘܪܬܐ
ܐܢܗܪܘ : ܘܠܟܠܥܡܐ ܡܢ ܛܥܘܬܐ ܦܪܘ
ܕܡܢ ܕܒܠ ܒܟܠܐ ܡܪܐ ܬܫܒܘܚܐ ܠܟ...
ܡܢܗܘܢ ܟܠ ܚܕ ܒܪܒܢܝܐ ܠܦܛܪܘܣ ܘܦܘܠܘܣ
ܚܕܝ ܠܟ ܒܢܝܟܝ ܡܪܐ ܐܠܗܟܝ
ܚܕܝ ܠܟ ܒܢܝܟܝ ܡܪܐ ܐܠܗܟܝ ܠܚܡ ܐܘܦ
ܕ̈ ܠܫܠܝܚܝܢ ܐܬ ܫܠܝܬ ܬܗܘܢ ܡܪܘܢܐ
ܠܘܬ ܡܫܝܚܐ : ܕܡܪܘܢ ܡܠܟܘܬܟ : ܕܐ...
ܕܠܝܬ ܠܗ ܫܘܪ، ܘܕܠܐ ܡܬܡܠܠ
ܒܗܠܝܢ ܡܡܝܢ ܡܝܡܢܘ : ܒܐܠܗܐ
ܦܛܪܘܣ ܘܦܘܠܘܣ ܫܡܫܝܐ : ܒܪܘܚܐ

ܕܫܪܪܐ : ܠܬܪ̈ܘܝܢܐ ܡܫܡܫܢܐ ܀ ܕܡܢ ܕܗܘ
ܡܫܡܫܝܢ ܠܡܘܠܐ ◦◦
ܦܛܪܘܣ ܫܘܪ̈ܪܐ ܕܥܕܬܐ
ܘܦܘܠܘܣ ܐܘܣܝܐ ܕܠܐ ܡܬܕܢܝܢܐ

On the page preceding

.................ܬܐ ܕܫܡܝ̈ܢܬܐ
.................ܬܝ ܗܘ ܕܥܒܪ
.................[ܐ]ܠܗܐ ܡܬܝܣܪ
.................ܘܝܢܐ ܦܛܪܘܣ
..............ܡܢܐ ܐܝܬ ܗܘ
..............ܡܫܝܚܐ ܦܘܠܘܣ
...........ܘܡܢ ܟܠ ܡܢ ܠܠܟܐ
....................ܦܛܪܘܣ ܐܬܬܢܝܚ
..............ܒܪ̈ܘܡܡܐ ܐܘܕܝ ⁘
..............ܫܢܐ : ܕܡܡܠܠ
..............ܐ... ܡܫܬܡܥ
...........ܐܬܡܪ : ܒܡܫܘܚ
..........[ܦ]ܘܠܘܣ ܒܐܕܝܡ
..............ܒܡܫܘܚ ܘܕܠܐ
.................ܗܘ ܬܘܒ ≡
.................ܠܐ ܕܡܒܥܐ
.................ܪ̈ܪܗ ܕܗܕܡ
....

II.

ܗܝܡܢܘܬܐ ܫܘܬܐ ܫܒܝܚܬܐ
ܢܚܝܗ
ܕܒܢܐ ܠܥܠܡܐ: ܕܒܘܪܐ ܗܘܝܘܢ
ܒܗܘܢ ܐܝܬ ܗܘ ܪܘܚܐ ܕܦܘܫܩܐ
ܦ̈ܛܪܘܣ ܘܦܘܠܘܣ ܫܠܝ̈ܚܐ: ܟܪ̈ܘܙܐ
ܕܛܠܝܘܬܐ: ܘܬܚܡܝܢ ܕܒܢ̈ܝܢ:
ܒܠܫܢܐ ܗܘܝܘܢ ܐܡܠܘ ܒܠ ܠܐ ܐܬܥ̈ܝܪܘ
ܡܦܩܗܘܢ ܕܫܠܝܐ ܐܬܒܥܝܬ ○○
ܠܦܛܪܘܣ ܐܒܘܗܘܬܐ ܕܪܘܚܐ
ܘܠܗܝܢ ܡܫܝܚܐ ܠܦܘܠܘܣ ܒܪܘܡܘܣܐ
ܕܥܠܡܐ ܟܘܠܗ ܠܝܡܐ ܕܛܒ:
ܒܥܠܡܐ ܒܝܬ ܡܦܩܕܐ ܬܫܘܝ ≡
ܦ̈ܛܪܘܣ: ܟܪܝܗ ܐܬܪܝܢ: ܒܡܫܝܬ
ܘܬܗ ܘܒܫܪܗ ܕܡܫܝܚܢܐ:
ܘܡܫܝܚܐ ܡܪ̈ܘܬܐ ܝܗܒ:
ܠܥܠܡܐ ܗܘܐ ܡܬܝܢ ○○○○
ܕܡܣܟܘܣ: ܠܦܘܠܘܣ ܕܠܐ ܢܦܘ̈ܪ
ܡܠܬܐ ܘܡܫܝܚܘܬܐ ܗܝ
ܪܝܚܬ ܗܘܬ ܡܙ̈ܪܘ̈ܪ
ܠܗܝܡܢܘܬܐ ܕܐܪܡܝܗ ܗܘܬ

On the following page

....

ܦܛܪܘܣ ܡܢ ܝܗܒܐ ....

ܘܗܝܡܢ ܕܗܘܐ ܪܒ ....

ܦܘܠܘܣ: ܘܬܪ̈ܝܗܘܢ ....

ܕܝܠܟܐ ܗ̇ܝ ܐܘܪ ....

=ܫܘܒܚܐ ܡܢ ܬܫܒܘܚܬܗ ....

ܠܬܫܒܘܚܬܐ ܝܗܒ ....

ܠܡܪ̈ܘܚܐ ܝܫܘܫܗ ....

ܕܐܚ̈ܝܢ: ܘܡܪ̈ܐ ....

ܠܦܘܠܘܣ ܟܕ ܩܪ ....

ܡܢ ܬܓܘܪ ܬܐ ....

ܦܛܪܘܣ ܐܬܒ ....

ܦܘܠܘܣ ܐܬܝ ....

ܘܡܪܘܚܐ ܬܪ ....

ܡܢ ܢܘܚܐ ܕܠ ....

ܦܛܪ̈ܘܣ ܘܠ ....

ܫܒܚܐܬ: ....

ܕܫܠܡ ܕܗܘ ....

ܠܚܘܬܗ ܘܠܐ ....

For EU product safety concerns, contact us at Calle de José Abascal, 56–1°, 28003 Madrid, Spain or eugpsr@cambridge.org.

www.ingramcontent.com/pod-product-compliance
Ingram Content Group UK Ltd.
Pitfield, Milton Keynes, MK11 3LW, UK
UKHW030900150625
459647UK00021B/2718

* 9 7 8 1 1 0 8 0 4 3 4 9 6 *